冲击荷载作用下
隧道围岩结构稳定性分析
及聚能爆破控制技术研究

于洋 黄龙华 张捍东 耿大新 著

人民交通出版社股份有限公司

北 京

内 容 提 要

本书主要由华东交通大学于洋博士、黄龙华博士、耿大新博士，以及昌九城际铁路股份有限公司张捍东高工等人主持出版，通过室内实验、数值计算、现场监测与理论分析相结合的手段展开研究工作。首先，针对冲击荷载作用下的岩体结构特征、力学特性及其破坏机制展开系统研究；然后，通过数值模拟计算分析了爆破开挖对施工隧道及既有临近隧道衬砌、围岩的动力响应特征，以及爆破开挖后围岩卸荷的时空效应及长期稳定性特征；最后，针对高地应力条件下隧道爆破开挖过程中岩爆灾害的孕育及发生过程进行分析，并建立了基于分形理论的动态预警指标。在上述研究成果的指导下，结合隧道的真实开挖为背景，建立了一种新型聚能光面爆破成套施工方法以及高效的现场施工工艺，有效提高了爆破施工效率，同时控制了爆破不利影响。

本书可作为岩土工程、隧道工程、爆破工程相关领域技术人员参考用书。

图书在版编目（CIP）数据

冲击荷载作用下隧道围岩结构稳定性分析及聚能爆破控制技术研究 / 于洋等著. —北京：人民交通出版社股份有限公司，2019.12

ISBN 978-7-114-16103-2

Ⅰ.①冲…　Ⅱ.①于…　Ⅲ.①隧道工程－围岩稳定性－研究 ②隧道施工－凿岩爆破法　Ⅳ.①U452.1 ②U455.6

中国版本图书馆CIP数据核字（2019）第279467号

Chongji Hezai Zuoyong Xia Suidao Weiyan Jiegou Wendingxing Fenxi ji Juneng Baopo Kongzhi Jishu Yanjiu

书　　名：冲击荷载作用下隧道围岩结构稳定性分析及聚能爆破控制技术研究
著 作 者：于　洋　黄龙华　张捍东　耿大新
责任编辑：刘楚馨
文字编辑：张江成
责任校对：孙国靖　扈　婕
责任印制：刘高彤
出版发行：人民交通出版社股份有限公司
地　　址：（100011）北京市朝阳区安定门外外馆斜街3号
网　　址：http://www.ccpress.com.cn
销售电话：（010）59757973
总 经 销：人民交通出版社股份有限公司发行部
经　　销：各地新华书店
印　　刷：北京印匠彩色印刷有限公司
开　　本：787×1092　1/16
印　　张：16
字　　数：300千
版　　次：2019年12月　第1版
印　　次：2019年12月　第1次印刷
书　　号：ISBN 978-7-114-16103-2
定　　价：60.00元

作者简介

于洋，男，1982 年 7 月生，工学博士，华东交通大学副教授，江西省科技创新杰出青年人才、江西省岩土工程基础设施安全与控制重点实验室主任、国家自然科学基金委员会评审专家、江西省自然科学基金委员会评审专家。主持国家自然科学基金 / 江西省自然科学基金（含重点课题）等纵向课题 8 项，同时参与国家及省部级课题 10 余项；参编教材 1 部，专著 2 部，发表 SCI/EI 检索学术论文 20 余篇，申请 / 授权发明专利 9 项，授权实用新型专利 7 项、软件著作 7 项。

黄龙华，男，1974 年 1 月生，工学博士，华东交通大学讲师，2008 年获得北京理工大学博士学位。参与国家自然科学基金面上项目 2 项，国家自然科学基金青年项目 1 项，江西省自然科学基金项目 2 项，技术服务项目 20 余项。发表学术论文 10 余篇，其中 EI 检索 3 篇，授权专利 2 项。

张捍东，男，1963 年 9 月生，高级工程师，中共党员，昌九城际铁路股份有限公司（沪昆客专江西公司）副总工程师兼工程管理部部长，长期从事铁路建设技术及建设管理工作，先后主持完成沪昆高铁江西段、昌赣客运专线等 6 条长大干线铁路技术管理工作。参编著作 3 部，参与中国国家铁路集团有限公司（原中国铁路总公司、原铁道部）重大科研课题 5 项，获中国铁道学会科学技术奖二等奖 1 项，获原铁道部火车头奖 1 项。

耿大新，男，1977 年 4 月生，工学博士，华东交通大学教授，交通运输青年科技英才，主持在研或完成国家自然科学基金项目 2 项，铁道部重点项目 1 项，江西省自然科学基金 1 项，厅局级及横向项目近 20 项，出版著作 1 部，编著 1 部，主编教材 2 部，发表论文 40 余篇，获批软件著作权 2 项，授权发明专利 6 项，获江西省科技进步二等奖 1 项，教学成果二等奖 1 项，教学成果三等奖 2 项。

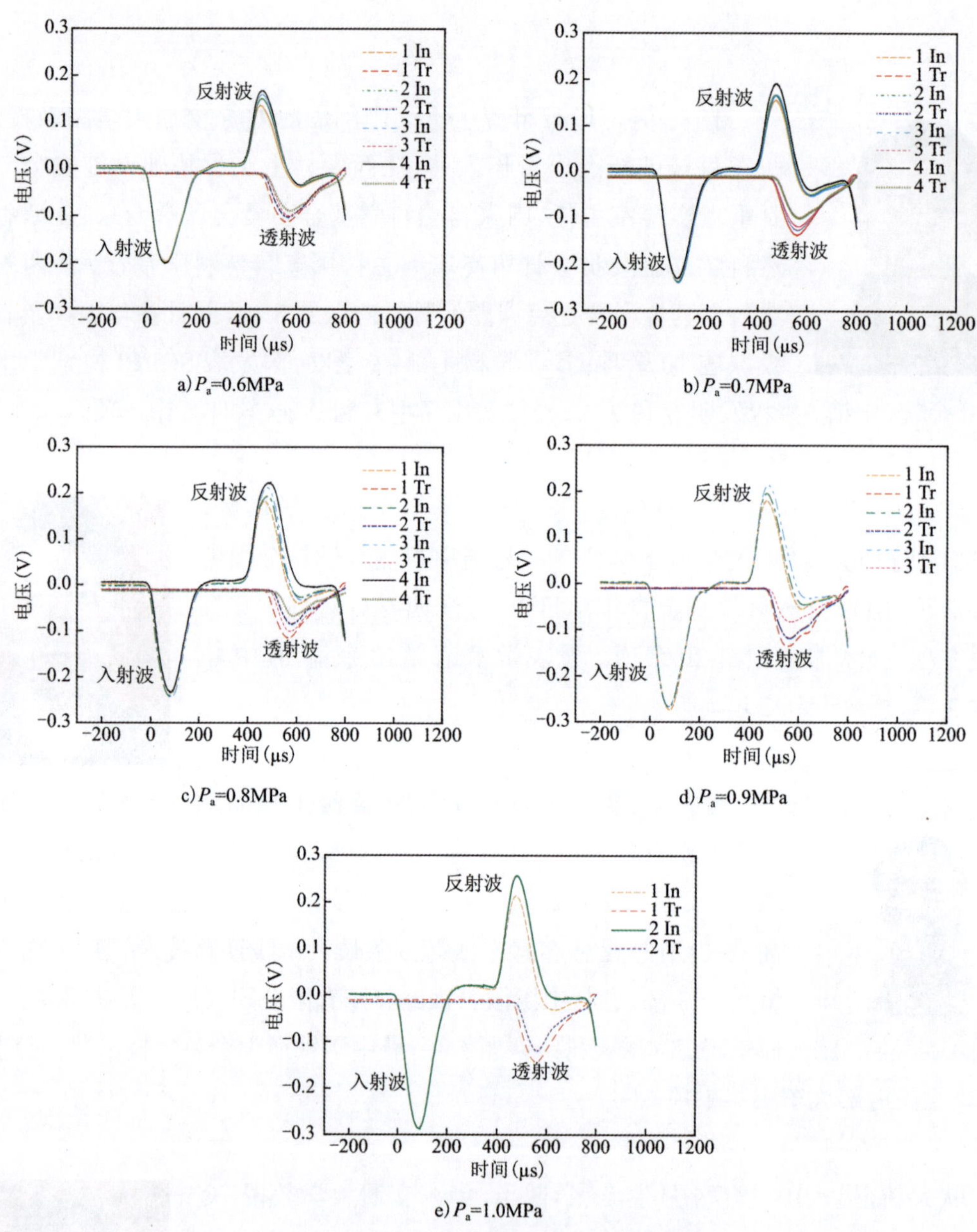

a) P_a=0.6MPa

b) P_a=0.7MPa

c) P_a=0.8MPa

d) P_a=0.9MPa

e) P_a=1.0MPa

图 2-3-1　透射波峰值电压时间与冲击次数关系曲线

注：In 表示入射杆上应变片收集到的电信号；Tr 表示透射杆应变片上收集到的电信号；英文字母前的数字 1～4 表示冲击次数。余下类同。

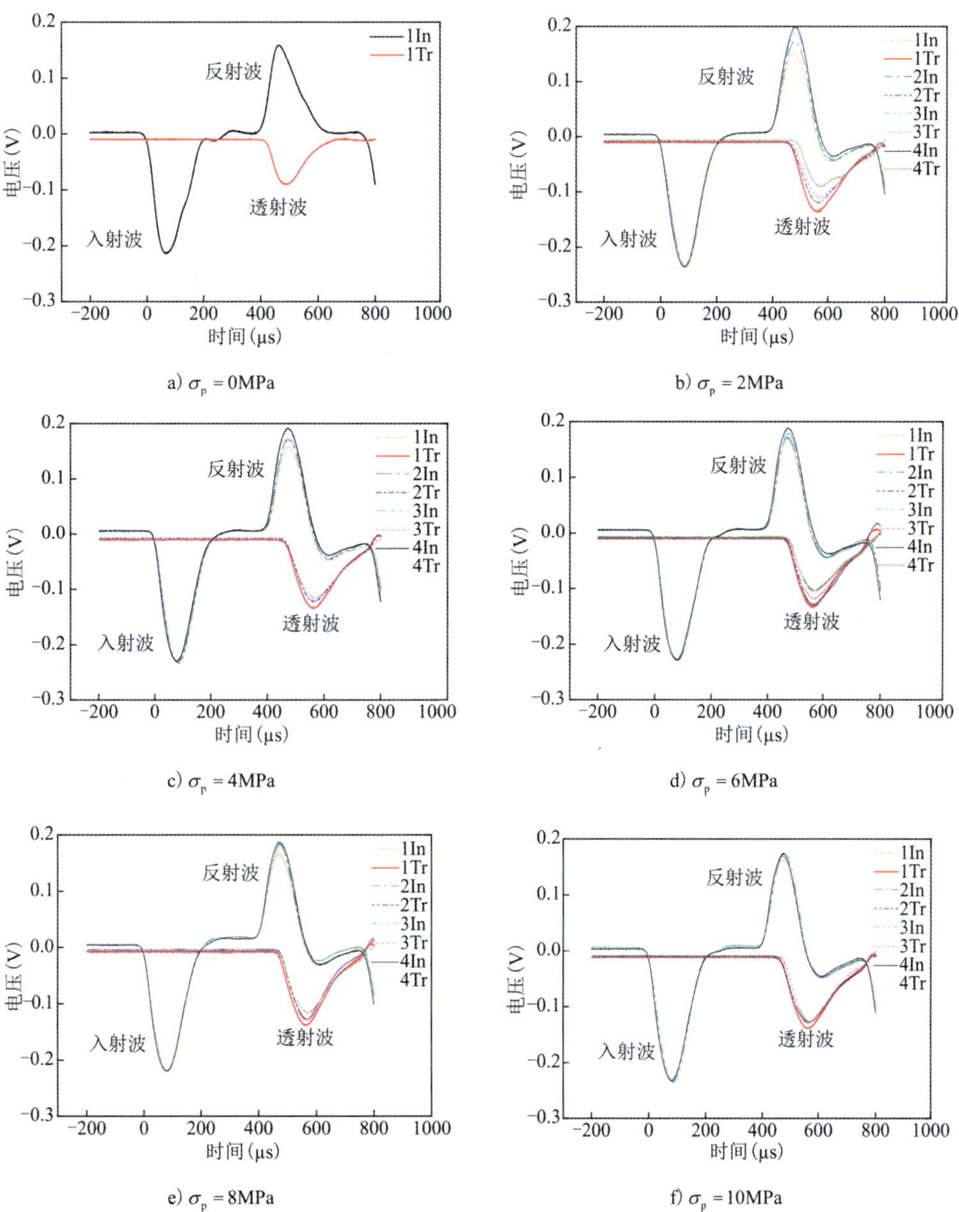

a) $\sigma_p = 0\text{MPa}$　　b) $\sigma_p = 2\text{MPa}$

c) $\sigma_p = 4\text{MPa}$　　d) $\sigma_p = 6\text{MPa}$

e) $\sigma_p = 8\text{MPa}$　　f) $\sigma_p = 10\text{MPa}$

图 2-3-3　不同围压下砂岩时间—应变波电压图

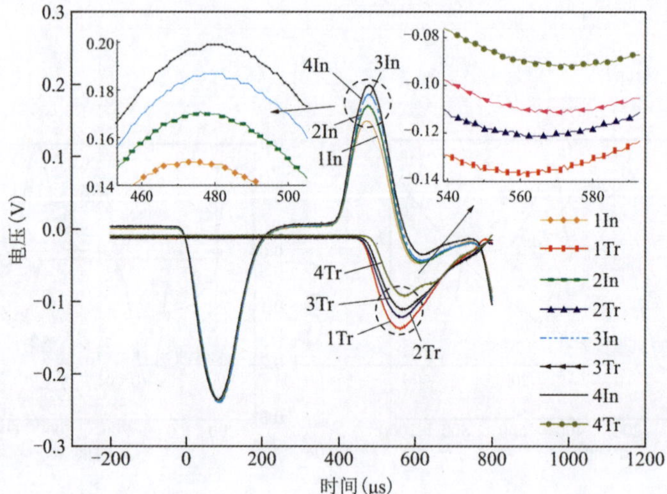

图 2-3-4　2MPa 围压下砂岩应变波形图

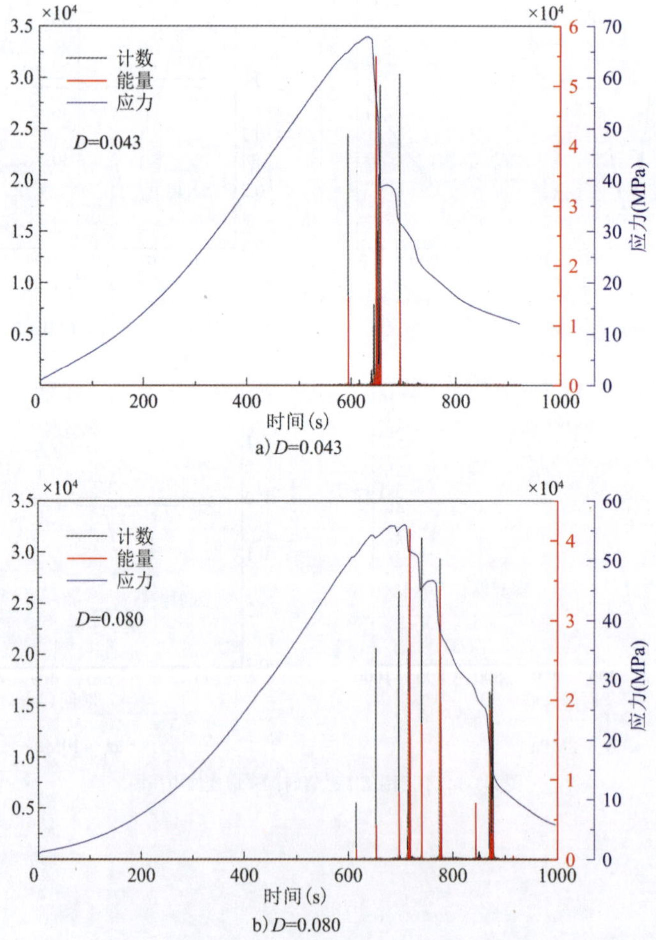

图 3-5-2　损伤因子 D 介于 0 ～ 0.1 的声发射振铃计数和能量

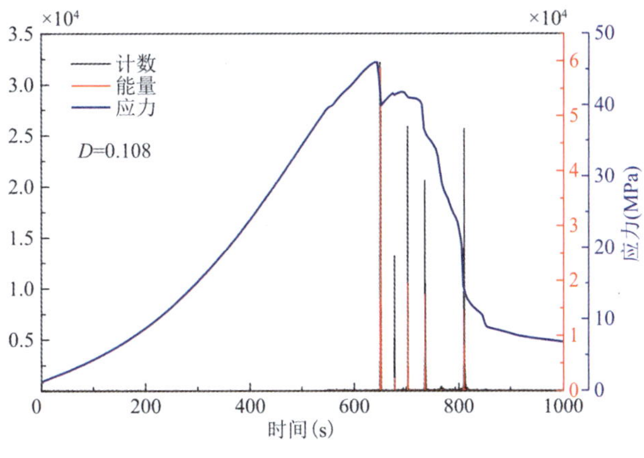

a) D =0.108

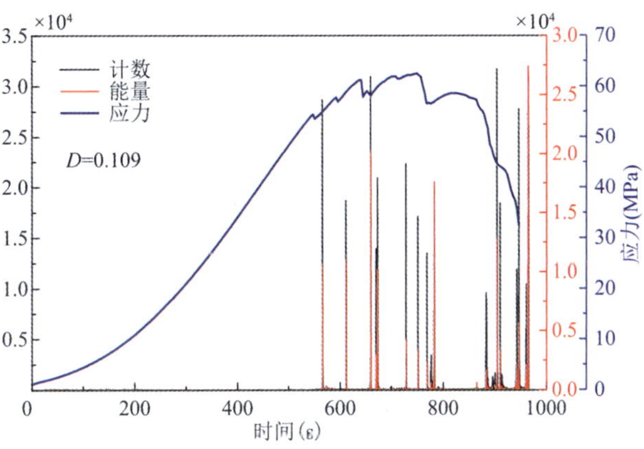

b) D =0.109

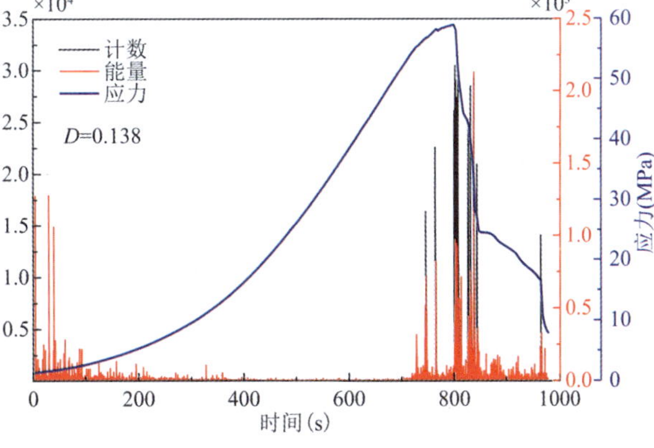

c) D =0.138

图 3-5-3

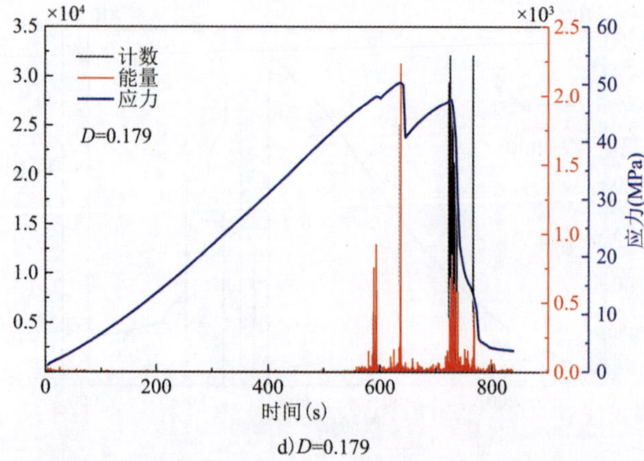

d) D=0.179

图 3-5-3 损伤因子 D 介于 0.1 ～ 0.2 的声发射振铃计数和能量

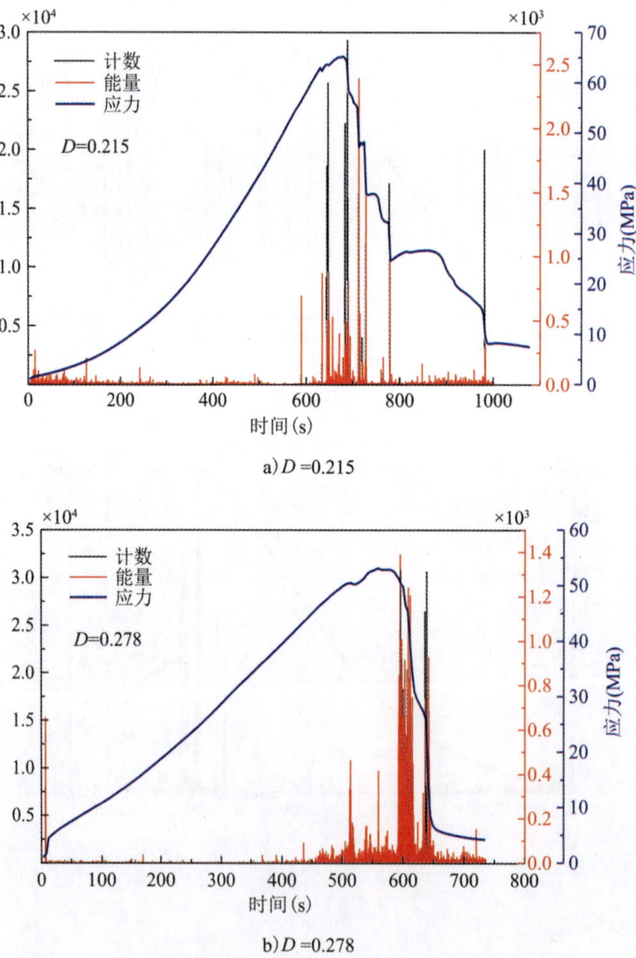

a) D =0.215

b) D =0.278

图 3-5-4 损伤因子 D 介于 0.2 ～ 0.3 的声发射振铃计数和能量

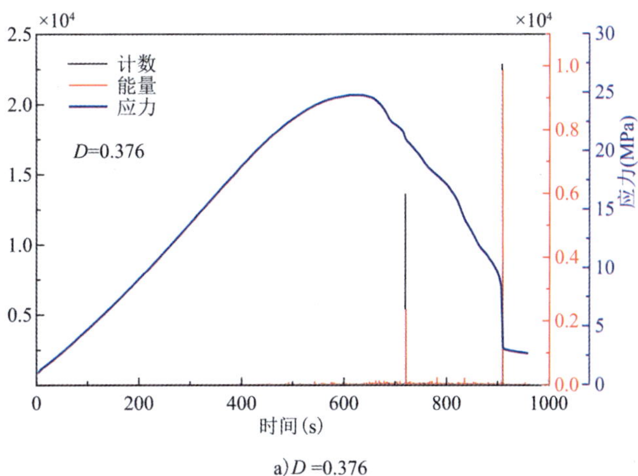

a) D =0.376

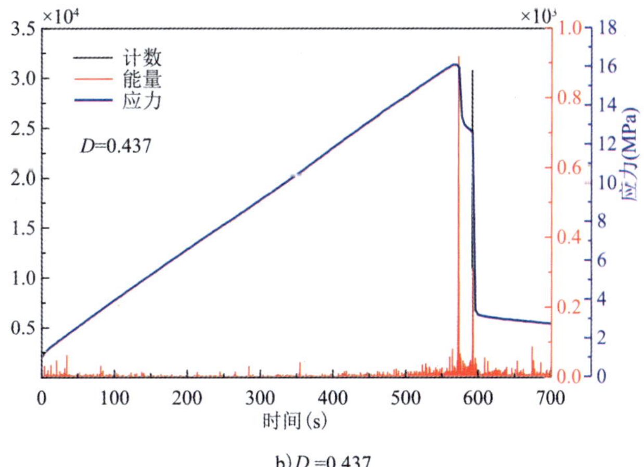

b) D =0.437

图 3-5-5　损伤因子 D 介于 0.3 ～ 0.5 的声发射振铃计数和能量

前　言

作为一个发展中国家，铁路、公路等交通运输业对我国地区经济和社会发展均起着极其重要的先导性作用，工农业生产、人民生活以及国防建设的诸多方面都和交通运输业的发展有着紧密的联系。铁路、公路的高速发展使得隧道工程的快速发展成为其必然趋势，将隧道工程用于交通线路上能克服地形障碍，能使路线平直、线路缩短，并且能避免不良地质条件对线路的不利影响，往往能有效提高线路标准。

目前，隧道最常用的开挖方式为钻爆法。在隧道爆破施工过程中，工作面附近的岩体处于炸药爆破所产生的冲击荷载作用下，上述爆破冲击荷载不仅可以实现高效破岩的目的，也会对围岩及衬砌产生动力响应，同时诱导围岩岩体致裂，进而改变开挖面附近岩体的结构特征，并导致岩体灾害的产生。综上所述，探明冲击荷载对岩体结构特征及长期力学性能的影响机制，进而对其进行调整与控制，对于预测与防治岩体灾害的产生具有重要的工程意义。

本书主要由华东交通大学于洋、黄龙华、耿大新，以及昌九城际铁路股份有限公司张捍东等人合作完成。其中，第 1 章、9 章由耿大新、于洋撰写，第 2 章、3 章、6 章、7 章由于洋撰写，第 4 章由于洋、黄龙华、张捍东撰写，第 5 章由耿大新、黄龙华、郭立军、苏玉宝、周双喜撰写，第 8 章由黄龙华、于洋撰写。书稿在定稿前由于洋、耿大新、黄龙华统编整理。项目研究得到了国家自然科学基金委员会、中国中铁四局集团第一工程有限公司以及核工业华东建设工程集团公司的大力支持，并得到东北大学冯夏庭教授、华东交通大学徐长节教授等专家的指导，在本专著撰写过程中参考了国内外有关文献，在此一并感谢。本书出版同时得到了国家自然科学基金（No.51509092、No.51969007）、江西省科技创新杰出人才资助计划，以及江西省重点研发计划（No.2018BBG70052）等项目的资助，在此深表感谢！

全书共分 9 章。第 1 章为绪论，介绍了我国隧道工程的发展概况，并系统论述了隧道爆破开挖的概念、特点及存在的问题。第 2 章为冲击荷载作用下岩体的结构特征分析，针对冲击荷载作用下的岩体结构损伤特征、力学特性及破坏机制展开了系统研究。第 3 章为爆破冲击作用后岩体力学特性及声发射特征研究，针对冲击荷载作用后，具有不同损伤结构的岩体在单轴压缩状态下的破坏特征及声发射特性展开研究。第 4 章为隧道爆破开挖过程中衬砌及围岩的动力响应分析，采用数值模拟针对不同围岩条件下爆破开挖对施工隧道及邻近既有隧道衬砌及围岩的动力响应展开研究，并提出了相关工程建议。第 5 章为爆破施工后围岩卸荷的时空效应及长期稳定性分析，根据具体工程针对不同围岩条件下爆破施工后围岩卸荷的时空变形特征，以及其后 10 年的长期稳定性展开研究。第 6 章为高地应力条件下隧道岩爆灾害的微震特征分析，对开挖方案、速度及埋深等条件对岩爆的影响进行了探讨，在此基础上，系统的研究了岩爆灾害孕育及发生过程中微震信息的演化特征。第 7 章为爆破开挖方式下岩爆孕育过程微震信息分形特征研究，提出了一种适用于深部隧道的微震信息分形计算方法，基于上述计算方法针对了不同类型、等级岩爆孕育的全过程展开计算与分析，并建立了相应的预警指标，对上述预警指标进行工程应用，有效抑制岩爆灾害的发生。第 8 章为新型聚能光面爆破的工艺、参数及应用研究，提出了一种聚能光面爆破的施工方法及工艺，并实现了工程应用，在减少隧道爆破施工过程中超、欠挖现象产生、进而节省施工成本的基础上，有效控制了爆破不利影响。第 9 章为结论与展望，总结了本书的主要成果与结论，并对下一步研究的开展加以思考。

由于作者水平有限，书中难免产生些许错误和不足，恳请专家批评指正。

于 洋

2019 年 7 月 8 日

目　录

第1章　绪　论

1.1　隧道爆破施工概述

1.1.1　我国隧道工程的发展

作为一个发展中国家，铁路、公路等交通运输方式对我国经济和社会发展均起着极其重要的先导性作用，工农业生产、人民生活以及国防建设的诸多方面都与交通运输业的发展有着紧密的联系。铁路、公路的高速发展必然带动隧道工程的快速发展，交通线路上的隧道工程能克服地形障碍，保持路线平直、缩短线路里程，且能避免不良地质条件对线路的不利影响，往往能有效提高线路标准。

如今，我国已是世界上隧道及地下工程规模最大、数量最多、地质条件和结构形式最复杂、修建技术发展速度最快的国家，各领域的隧道总数与总长度均呈现快速增长的趋势：

（1）铁路隧道：截至2018年底，全国在建铁路隧道3477座，总长7645km；规划隧道6327座，总长15634km；表1-1-1为截至2018年底全国铁路隧道的情况汇总。根据2016年《中长期铁路网规划》，到2020年铁路网规模达到15万km（其中隧道占20%左右），覆盖80%以上的大城市，为完成"十三五"规划任务、实现全面建成小康社会目标提供有力支撑。

我国铁路隧道情况汇总（截至2018年底）　　表1-1-1

设计单位	阶段	正线隧道总数（座）	正线隧道总长度（km）	长及特长隧道				枢纽及连接隧道		数量小计（座）	长度小计（km）
				3～10km		10km以上					
				数量（座）	长度（km）	数量（座）	长度（km）	数量（座）	长度（km）		
铁一院	在建	453	1388	130	692	32	443	10	28	463	1416
	规划	527	1630	86	483	38	512	26	33	553	1663
铁二院	在建	1712	3842	339	1940	68	877	69	87	1781	3929
	规划	2078	6439	283	1590	127	1820	93	118	2171	6557

续上表

设计单位	阶段	正线隧道总数（座）	正线隧道总长度（km）	长及特长隧道				枢纽及连接隧道		数量小计（座）	长度小计（km）
				3～10km		10km以上		数量（座）	长度（km）		
				数量（座）	长度（km）	数量（座）	长度（km）				
铁三院	在建	180	530	35	256	13	180	9	10	189	540
	规划	515	1569	55	350	15	220	12	19	527	1588
铁四院	在建	838	1360	99	580	25	384	18	25	856	1385
	规划	1434	1649	130	627	54	848	84	99	1518	1748
铁五院	在建	85	181	17	80	4	54	2	7	87	188
	规划	851	2652	118	614	52	812	4	3	855	2655
中铁咨询	在建	101	187	10	43	3	51	0	0	101	187
	规划	657	1368	78	390	19	292	46	55	703	1423
合计	在建	3369	7488	630	3591	145	1989	108	157	3477	7645
	规划	6062	15307	750	4054	305	4504	265	327	6327	15634

（2）公路隧道：截至2018年底，我国内地运营公路隧道17738座，总长17236km；近两年新增运营公路隧道2557座（3196km）。

（3）地铁隧道：截至2018年底，我国内地已有35个城市开通了地铁，总里程达5761km；在建126条线路，总里程超过3000km；到2020年将有40个城市建有地铁，总里程可达7000km。

1.1.2 爆破施工概述

矿山法，因最早应用于矿山开采而得名，由于在这种方法中，多数情况下都需要采用钻眼爆破进行开挖，故又称为钻爆法。习惯上将凡是采用钻爆法施工的方法都称为矿山法。自20世纪60年代，新奥地利隧道施工方法（简称新奥法）正式问世以后，矿山法有了长足的发展。由于新奥法从理论到施工都与旧的矿山法有很大的不同，为了明确概念，将矿山法分为传统矿山法和新奥法。从隧道工程的发展趋势来看，矿山法中的新奥法仍将是今后山岭隧道最常用的开挖方法，该法是以钻孔、装药、爆破为开挖手段，以围岩—结构共同作用为支护设计理论，采用复合式衬砌结构，以钻爆开挖作业线、装渣运输作业线、初期支护与防排水作业线、二次模筑衬砌作业线、辅助施工作业线为特点的隧道最重要的首选开挖方法。目前，我国每年隧洞挖掘总工程量为3600万m^3以上，其中约3000万m^3为钻爆法施工。我国采用钻爆法已成功修建了全国90%以上的隧道，是采用钻爆法修建隧道数量较多的国家之一。

1.2 项目概述

1.2.1 吴家边隧道

吴家边隧道位于张家界市永定区吴家边西北侧，隧道位于低山丘陵区。进口位于沟谷口一侧斜坡处，坡度较陡，基岩出露，表层局部覆盖有坡积粉质黏土。洞身地形起伏，山体陡峻，植被茂密，交通不便。出口位于沟谷一侧斜坡处，坡度较陡，基岩出露，表层风化严重。起讫里程DK194+407.16～DK198+883，全长4475.84m，最大埋深320m，为双线隧道。隧道为单面坡，坡度依次为–17.4‰(长度3122.84m)、5.4‰(长度1353m)。隧道设计斜井1处，斜井与线路交会里程为DK197 + 170.00，斜井长L=181.00m，斜井与线路平面交角为97°，斜井内设计坡度2%(长度30m)和11 %(长度151m)。吴家边隧道洞身穿越岩层岩性主要为页岩夹泥质砂岩，岩质软硬相间，节理裂隙发育，岩体较破碎。Ⅳ级围岩1723.00m，Ⅴ级围岩870.84m，Ⅳ级和Ⅴ级围岩占隧道总长的58%，Ⅲ级围岩1882.00m，占隧道总长的42%(表1-2-1)，以台阶法施工为主。进、出口附近有乡村道路抵达，周围道路相通，交通较为便利。

吴家边隧道围岩分类表　　表1-2-1

序号	隧道名称	进出洞口	Ⅳ、Ⅴ级围岩长(m)	占掘进总长比例(%)	备注
1	吴家边隧道	进口	468	34	Ⅳ、Ⅴ级围岩长占总长的58%
2		斜井向进口	423	31	
3		出口	1713	100	

隧道区地表水极为发育，多呈树枝状分布在隧道两侧，长年流水，流量随季节动态变化较大。隧道洞身上方主要有长年流水的3条沟通过。地下水主要为基岩裂隙水，主要赋存于页岩夹砂岩的节理裂隙中。地下水的补给来源为大气降水，岩体节理较为发育，裂隙随着深度增加，逐渐闭合，连通性较差，不利于地下水向深部径流和运移。环境水对混凝土无侵蚀性。

隧道施工坚持“弱爆破、短进尺、强支护、早封闭、勤量测”的原则。洞口暗洞段施工前均采用洞口长管棚超前预支护，双线隧道Ⅱ级围岩段采用全断面法施工，Ⅲ级、Ⅳ级围岩段采用台阶法施工(图1-2-1)，Ⅴ级围岩硬岩地段采用三台阶临时横撑法施工，Ⅴ级围岩软岩、破碎带采用三台阶临时仰拱法施工(图1-2-2)，浅埋偏压及断层破碎带采用

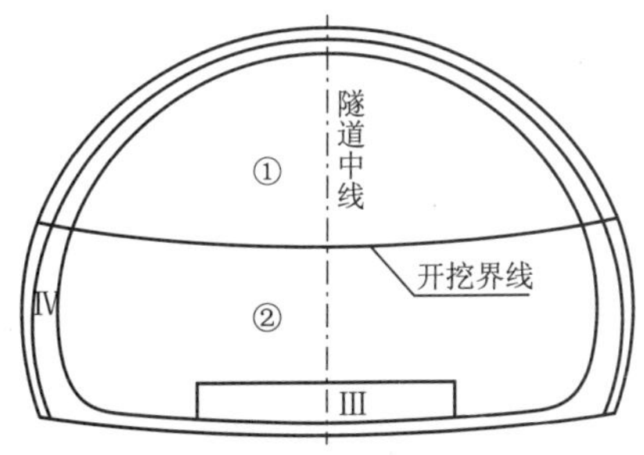

图1-2-1 台阶法施工工艺流程图

CD 法施工(图 1-2-3)。

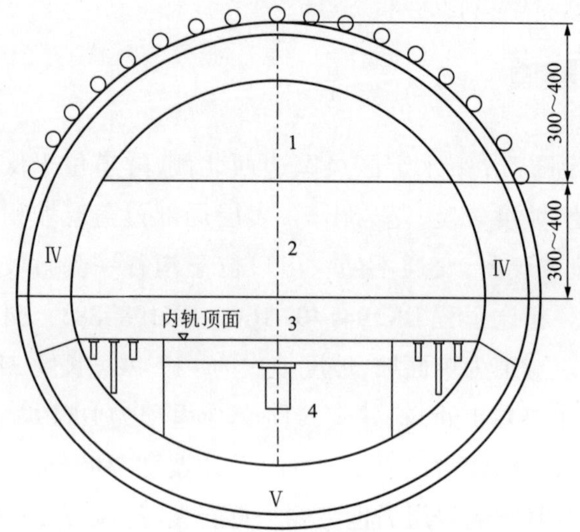

图 1-2-2　三台阶法施工工艺流程图(尺寸单位:cm)

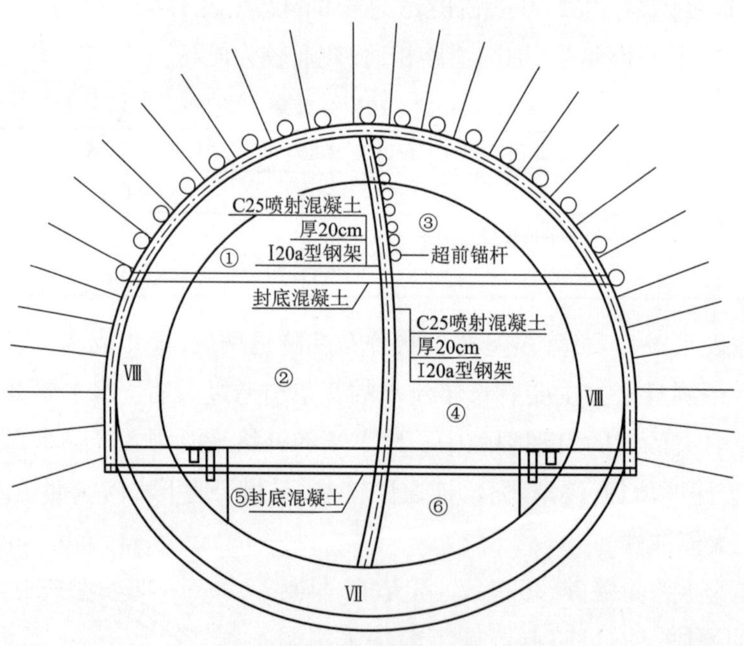

图 1-2-3　CD 法施工工艺流程图

1.2.2　锦屏二级水电站深部岩体隧道

锦屏二级水电站位于四川省凉山彝族自治州境内的雅砻江锦屏大河湾处雅砻江干

流上(图 1-2-4),系利用雅砻江锦屏 150km 长大河湾的天然落差,裁弯取直凿洞引水。电站装机容量为 24800MW,单机容量 600MW,多年平均发电量 242.3 亿 kW/h,保证输出力 1972MW,年利用 5048h。它是雅砻江上水头最高,装机规模最大的水电站,属雅砻江梯级开挖中的骨干水电站,工程枢纽主要由首部抵闸,引水系统,尾部地下厂房三大部分组成,成为一低闸、长隧洞、大容量引水式电站。

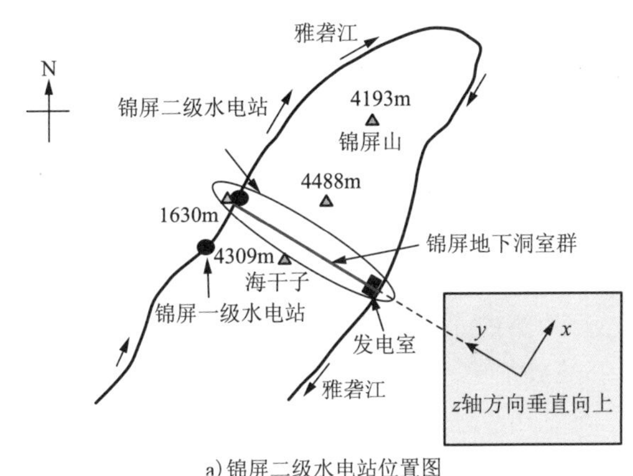

a)锦屏二级水电站位置图

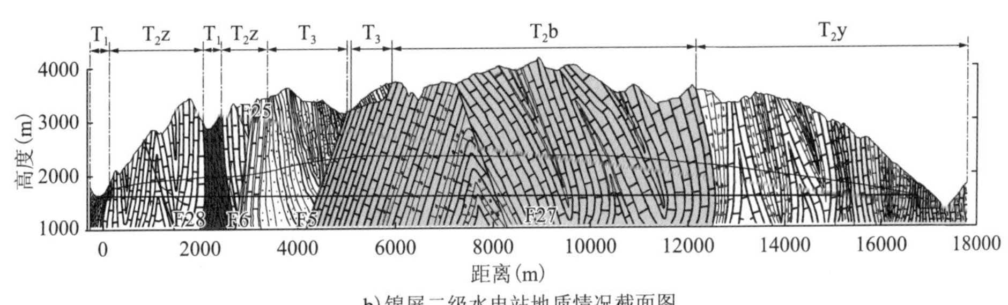

b)锦屏二级水电站地质情况截面图

图 1-2-4 锦屏二级水电站引水隧洞位置

锦屏二级水电站处于青藏高原向四川盆地过渡的位置。锦屏山以近似于南北向在河湾内布局,山势雄厚、重峰叠嶂、沟谷深切,主体山峰高程达到 4000m 以上,最高高程达 4488m,最大高差为 3000m 以上。引水隧洞自东向西分别穿越盐塘组大理岩(T_2y)、白山组大理岩(T_2b)、三叠系上统砂板岩(T_3)、杂谷脑组大理岩(T_2z)、三叠系下统绿泥石片岩和变质中细砂岩(T_1)等地层。引水隧洞平均长度约为 17.3 km,埋深超过 1500m 的洞段占隧洞总长度的 80% 以上,其中最大埋深为 2525m,隧洞大部分洞段以Ⅱ～Ⅲ类围岩为主,占隧洞总长度的 82.8% 左右,岩体完整且致密、坚硬,单轴抗压强度为 55～114MPa,弹性模量为 25～40GPa,变形模量为 8～16GPa,引水隧洞轴线上的最大主应力约为 72MPa,中间主应力约为 34MPa,最小主应力约为 26MPa。围岩具有较强的自承载能力,成洞条件良好。

锦屏二级水电站地下隧洞工程主要由图 1-2-5 所示的辅助洞 A 号、B 号及本次研究所针对的 1 ～ 4 号引水隧洞及施工排水洞 7 条相互平行的隧洞组成,其中 1 号、3 号引水洞开挖断面为圆形,直径为 13m;2 号、4 号引水洞开挖上断面为半圆,下段面为马蹄形,直径为 13m;施工排水洞为圆形断面,开挖直径为 8m。引水洞和排水洞施工表明:锦屏深埋隧洞在开挖过程中产生多次岩爆,其程度以轻微～中等为主,局部洞段发生强～极强岩爆。

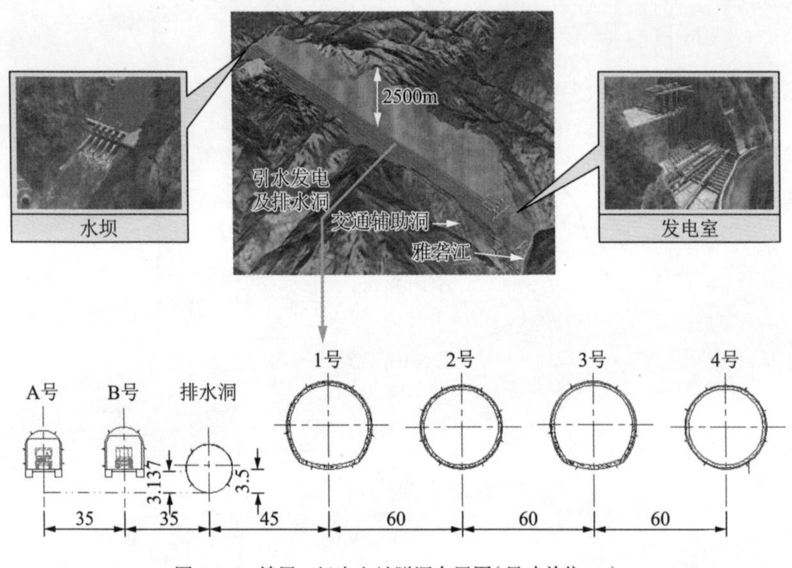

图 1-2-5　锦屏二级水电站隧洞布置图(尺寸单位:m)

1.2.3　凤潭隧道

凤潭隧道位于梅林街道凤潭村与洪桥村之间,隧址区属丘陵地貌,地形起伏较大。隧道范围内中线高程 57 ～ 94.9m,最大高差约 37.9m。山体自然坡度 15° ～ 30°,植被较发育。进、出口均处于山前斜坡地带,山坡处于基本稳定状态。根据设计图纸地质勘察结果,隧址区第四系覆盖层主要为更新统坡积成因(Q_p^{dl})粉质黏土,分布厚度较小,下伏地层岩性为侏罗系上统 c–1 段(J_3)凝灰岩等,经现场取样试验围岩强度在 60 ～ 160 MPa 之间。

凤潭隧道为双洞单向行车双车道形式,左线隧道起讫桩号 ZK11+310 ～ ZK11+485,右线隧道起讫桩号 YK11+305 ～ YK11+480,左右洞测设线距离为 18m,左右线隧道净距为 13.4m。隧道与宁波市白溪水库引水工程中的黄坛至皂溪段输水隧洞相交,两者交角约为 74°,输水隧洞拱顶到凤潭隧道设计高程处距离为 11.028m,到仰拱底距离为 8.228m，输水隧洞正常运营时水压 0.4MPa，内径 4m，为割线圆断面。隧道桩号 ZK11+432.468 的设计高程为 55.054m，该处输水隧洞设计高程 41.989m，拱高 2m，输水隧洞拱顶到凤潭隧道设计高程处距离为 11.065m，到仰拱底距离 8.265m；YK11+422.558 处的设计高程 54.979m，该处输水隧洞设计高程为 41.951m，拱高 2m。隧洞采用喷锚支护（喷 12cm 厚的 C25 混凝土，锚杆 422，长 2.5m，间距 3.0 ～ 3.5m，排距 1.2m）的结构形式，新建隧道和既有隧道所处位置如图 1-2-6 所示。

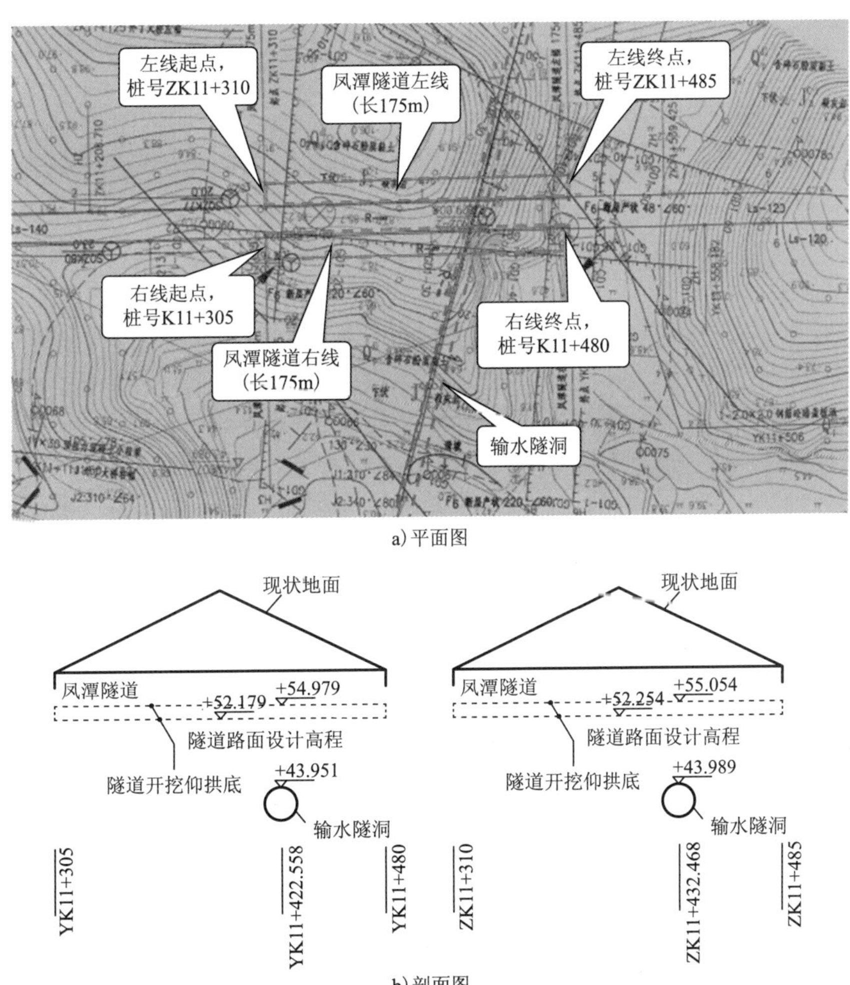

图 1-2-6　凤潭隧道平面及其与输水隧洞相对位置关系图（高程单位：m）

在确保凤潭隧道下方输水隧洞安全情况下，凤潭隧道开挖采用机械法与钻爆法（导硐控制爆破、导硐周边围岩预裂松动爆破）协同开挖方式。采用控制爆破技术在凤潭隧道起拱线上方开凿导硐（图 1-2-7 中 1、6 部分），为后续的机械法开挖提供临空面。导硐形成后，再采用机械法开挖导硐周边围岩。导硐炮孔布置图如图 1-2-8 所示。

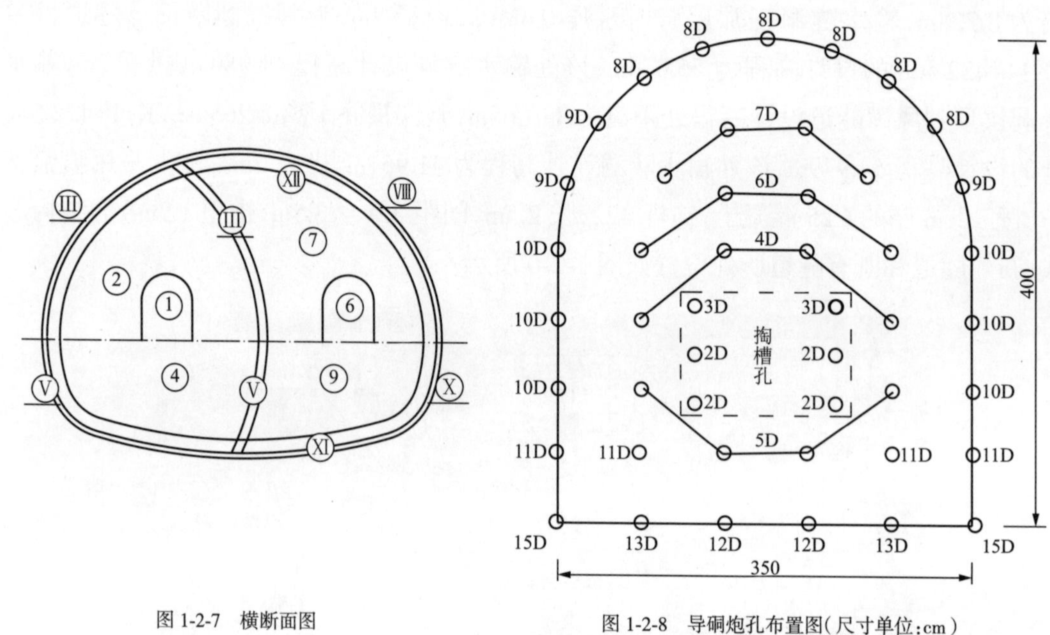

图 1-2-7 横断面图

图 1-2-8 导硐炮孔布置图(尺寸单位:cm)

1.3 隧道爆破开挖的特点及存在的问题

利用爆破方式进行工程岩体开挖时,炸药产生的能量一部分用来破碎剥离岩体达到工程开挖的目的,另一部分以爆炸冲击波的形式传递给周围岩体,不可避免地对周围岩体造成一定程度的损伤和破坏,从而威胁工程岩体的稳定性。同时,由于复杂环境条件下爆破参数的不确定性以及施工、监测技术水平等方面问题,使得传统爆破开挖方式普遍存在一些弊端,主要包括:

(1)爆破冲击、爆破振动、爆破粉尘以及爆破产生的污染物对隧道围岩及周边环境的不利影响。炸药爆炸所产生的冲击和振动效应常使开挖界线以外的围岩完整性遭到破坏,进而导致衬砌的开裂[图 1-3-1 a)]以及围岩裂损、片帮、落石等灾害的产生;爆破冲击荷载还会造成大量深入岩体内部的裂隙产生,进而改变岩体的结构特征,在高地应力条件下甚至会导致岩爆灾害的发生[图 1-3-1 b)]。同时,爆破所产生的有害气体(一氧化碳、一氧化硫、二氧化硫等)以及粉尘会对爆破作业人员的身体健康造成巨大危害,爆破所产生的污染物也会对周边环境造成污染。

(2)爆破荷载作用下围岩结构的监测与诊断技术还很传统,稳定性的评价指标有待建立。目前主要是运用一些测试及无损检测技术对掌子面前方的岩体进行超前地质预报，并没有系统性地建立起爆破冲击荷载作用下围岩结构的智慧监测体系及相应的诊断技术，同时复杂地质环境下岩爆等各种围岩灾害的系统性评价指标还处于探索阶段。

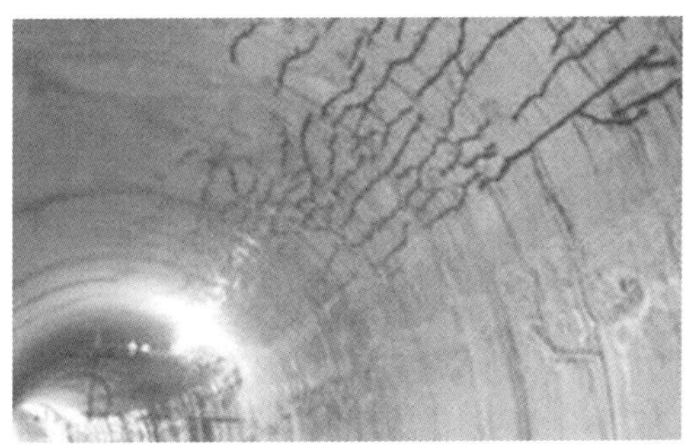

a）爆破荷载致使衬砌开裂

b）爆破荷载诱发岩爆

图 1-3-1 爆破冲击荷载对隧道围岩的不利影响

（3）炮眼的施工及封堵工艺仍不完善，不成系统，技术储备严重不足。目前钻爆法的炮眼施工效率还有待提高。同时，爆破法施工还面临缺少合适的封堵材料以及封堵工艺耗时、低效的现状，很多情况下施工作业人员为了加快施工进度，甚至在不封堵炮孔的情况下进行爆破作业，造成爆破资源的严重浪费。

（4）复杂地质条件下炮眼施工参数不精准导致的超、欠挖问题严重。由于受到复杂地质环境的影响，不同环境特征下的炮眼施工参数没有进行系统性的规范，很容易导致超挖、欠挖现象的产生，特别是隧道超挖严重影响了隧道工程的健康发展。目前隧道的平均超挖范围为 18 ～ 20cm，有的隧道甚至达到 50cm 以上，远远超出了铁路隧洞施工规范的规定值（15cm）。上述问题的产生不仅大大增加了出渣量和初喷混凝土量，引发超额成本的产生，同时还会破坏围岩岩体的稳定性，给后续的喷、锚、挂网支护以及施工防水等作业造成不利影响。

第2章　冲击荷载作用下岩体的结构特征分析

2.1　概　　述

历时周期极短是冲击荷载作用的明显特征，表现为运动参量在毫秒甚至纳秒级的短暂时间量级上发生显著变化，如此必定会导致高应变率的出现。一般常规静态试验中的应变率为 $1\times10^{-5}\sim1\times10^{-1}s^{-1}$ 量级，而冲击试验中的应变率一般为 $1\times10^{1}\sim1\times10^{4}s^{-1}$，甚至可高达 $1\times10^{7}s^{-1}$，即比静态实验中多数个量级。已有试验表明，应变率不同时，材料的力学性能也将发生较大的变化，主要表现为随着应变率的增加，材料的屈服极限及强度极限均相应增加。同时，材料的延伸率随之降低，屈服滞后和断裂滞后等现象逐渐变得明显。因此，研究冲击荷载对岩石力学性能影响时需考虑不同应变率的情况。

冲击荷载常常会改变岩体的力学性能及结构特征，不利于岩体承载。而事实上，工程岩体在开挖或掘进时，常常受到频繁的扰动，这种扰动可简化为循环冲击荷载，岩体内部结构发生破裂产生损伤，但外观上破坏显现并不明显，此种损伤破坏是否影响了岩体安全性及承载力不得而知，但若破坏达到一定程度使岩体在工程运营阶段承载失效，将造成严重的后果。因此，开展相关试验以研究循环冲击荷载对岩石结构的影响极其必要，对工程设计及安全都具有十分重要的理论和实践价值，为地下工程的施工及运营安全提供重要的理论支撑和技术储备。

2.2　冲击试验原理及方案

2.2.1　岩石试样的选择与制备

由于砂岩具有更好的颗粒均匀性和完整性，故本章选取砂岩为研究对象。原始岩样采自湖南省浏阳焦溪地区，该岩样主要由石英、方解石和斜长石等组成，经检测得到该砂岩岩样的矿物组成，如表 2-2-1 所示。考虑到压力作用下应力均匀，将砂岩制作成直径 50mm、高度 70mm 的圆柱形试样，图 2-2-1 为制作完成的砂岩试样图。

砂岩矿物成分组成　　表 2-2-1

矿物成分	石英	方解石	斜长石	钾长石	其他
百分含量（%）	42	28	16	8	6

图 2-2-1　砂岩试样图

试验前测量砂岩试样的初始参数，主要测量砂岩试样的密度和初始纵波波速，密度测量采用精度为 0.01g 的电子天平，首先称量砂岩试样的质量，并利用精度为 0.02mm 的游标卡尺测量岩样的直径和长度，即可得到砂岩试样的体积，最终计算得到砂岩试样的密度约为 2300kg/m³；波速测量所用仪器为 NM-4A 非金属超声波检测仪，测量岩样的初始波速，获得对岩样力学性质的直观认识，为减少试验中的误差，剔除其中波速离散性较大的岩样。

利用 RTM-150B 试验机对砂岩试样进行单轴抗压强度试验（图 2-2-2、表 2-2-2），测得岩石试样平均单轴抗压强度为 81MPa，变形模量为 5.945GPa，弹性模量为 9.519GPa。

a)

b)

图 2-2-2　单轴抗压试验

岩样单轴抗压强度 表 2-2-2

岩样单轴抗压强度		砂　岩
抗压强度(MPa)	第一组	79
	第二组	82
	第三组	82
	平均值	81

2.2.2　霍普金森冲击试验原理

试验设备主要为 SHPB 系统,用以模拟施加循环冲击荷载。该系统主要由三个部分组成,即压杆系统、动力驱动系统、数据接收和采集系统。压杆系统由入射杆和透射杆构成,杆件为 40Cr 高强钢。为保证波在杆内传播时,杆始终处于弹性状态,入射杆和透射杆的波阻抗 $\rho_e C_e$ 相等,杆件的直径均为 50mm,长度为 2000mm,弹性模量为 210GPa,密度为 7850kg/m^3。

将岩样放置于入射杆与透射杆之间,同时利用空气加压给射弹加速,撞击入射杆,以实现冲击过程。本试验主要研究不同围压下砂岩受循环冲击的影响,因此采用改进了的试验系统,即在试样周围安装围压装置,并对其液压加压。测量和数据采集系统为 SDY2017A 超动态应变仪和 DL850 示波器,SHPB 系统装置示意图如图 2-2-3 所示。

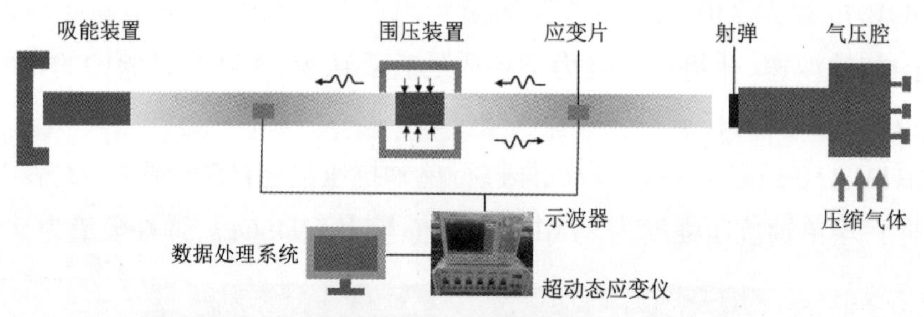

图 2-2-3　SHPB 系统装置示意图

因入射杆、透射杆与岩样波阻抗不同,入射波 $\sigma_I(t)$ 传播至岩样与入射杆交界面处会发生反射并产生反射波 $\sigma_R(t)$,同样在岩样与透射杆交界面处会产生透射波 $\sigma_T(t)$。由贴在入射杆中间的应变片所测的入射应变 $\varepsilon_I(t)$ 和反射应变 $\varepsilon_R(t)$ 可得到入射波 $\sigma_I(t)$ 和反射波 $\sigma_R(t)$,而透射波 $\sigma_T(t)$ 则可由贴在透射杆中间的应变片所测透射应变 $\varepsilon_T(t)$ 得到。

SHPB 系统装置满足以下两个基本假定:①岩样与两杆件交界面处的质点位移、速度连续;②岩样与两杆件交界面处的内力相等。基于第一个假定和一维应力波理论,得到岩样与入射杆端面位移 u_1 及岩样与透射杆断面位移 u_2。

$$\begin{cases} u_1 = \int_0^{\tau} C_e \varepsilon_1(t) \mathrm{d}t \\ u_2 = \int_0^{\tau} C_e \varepsilon_2(t) \mathrm{d}t \end{cases} \tag{2-2-1}$$

式中：$\varepsilon_1(t)$、$\varepsilon_2(t)$——岩样与入射杆、透射杆端面处的应变；

C_e——杆件的纵波波速；

τ——应变波持续时长。

由于 $\varepsilon_1(t)$ 是由入射波和反射波共同作用的结果，而 $\varepsilon_2(t)$ 则是透射波的结果，因此，位移 u_1 和 u_2 又可表示为：

$$\begin{cases} u_1 = C_e \int_0^{\tau} [\varepsilon_I(t) - \varepsilon_R(t)] \mathrm{d}t \\ u_2 = C_e \int_0^{\tau} \varepsilon_T(t) \mathrm{d}t \end{cases} \tag{2-2-2}$$

进而，可得到岩样的平均应变：

$$\varepsilon_s(t) = \frac{u_1 - u_2}{L_s} \tag{2-2-3}$$

式中：L_s——岩样长度。

将式（2-2-2）代入式（2-2-3），得到岩样的应变：

$$\varepsilon_s(t) = \frac{C_e}{L_s} \int_0^{\tau} [\varepsilon_I(t) - \varepsilon_R(t) - \varepsilon_T(t)] \mathrm{d}t \tag{2-2-4}$$

对应变求导，即可得到岩样的应变率公式：

$$\dot{\varepsilon}(t) = \frac{C_e}{L_s} [\varepsilon_I(t) - \varepsilon_R(t) - \varepsilon_T(t)] \tag{2-2-5}$$

根据基本假定②，岩样两端面的荷载 $F_1(t)$ 和 $F_2(t)$ 分别为：

$$\begin{cases} F_1(t) = E_e A_e [\varepsilon_I(t) + \varepsilon_R(t)] \\ F_2(t) = E_e A_e \varepsilon_T(t) \end{cases} \tag{2-2-6}$$

式中：E_e、A_e——杆件的弹性模量、横截面面积。

故可计算得到岩样的平均应力为：

$$\sigma_s(t) = \frac{F_1(t) + F_2(t)}{2A_s} = \frac{E_e A_e}{2A_s} [\varepsilon_I(t) + \varepsilon_R(t) + \varepsilon_T(t)] \tag{2-2-7}$$

式中：A_s——岩样的横截面积。

根据入射杆、透射杆上的应变片测得的入射波 $\varepsilon_I(t)$、反射波 $\varepsilon_R(t)$ 和透射波 $\varepsilon_T(t)$，

并结合式（2-2-4）、式（2-2-5）和式（2-2-7）可计算得到岩石的应变、应变率和应力。

图 2-2-4 为试验所用分离式霍普金森压杆系统实物图。

a) 分离式霍普金森压杆（SHPB 压杆）

b) 数据采集系统（SDY2017A 超动态应变仪和 DL850 示波器）

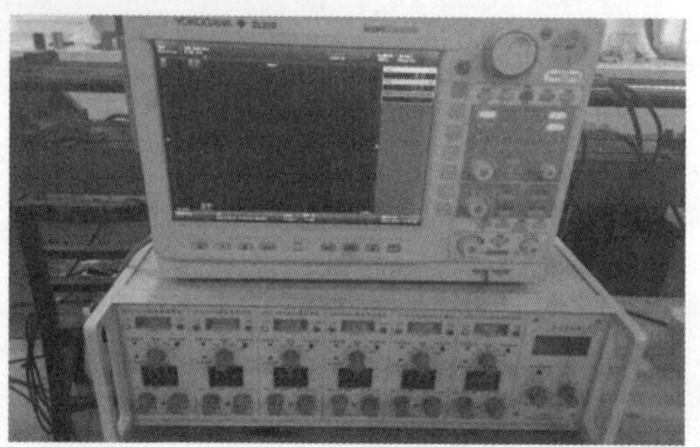

c) 围压装置细部图

图 2-2-4 分离式霍普金森压杆系统

2.2.3 声波检监测原理

试验采用 NM-4A 非金属超声波检测仪进行波速测量，主要测定砂岩试样冲击前及每次冲击后的波速，对同一块试件进行循环冲击直至波速不变或变化很小时停止。超声波检测仪主要包括主体部分和两个压电传感器，主体内部设有波形发生器和数据接收处理装置。测量波速时，为了保证试样和压电传感器的有效接触，将试件放置于两个压电传感器之间并在接触面上均匀涂抹黄油。在每块砂岩试件端面各取 5 个测点以减小试验误差，操作时将压电传感器的圆心对准各个测点进行波速测量，将 5 次测量结果的平均值作为测定波速，砂岩波速测点布置及超声波检测仪结构如图 2-2-5 所示。

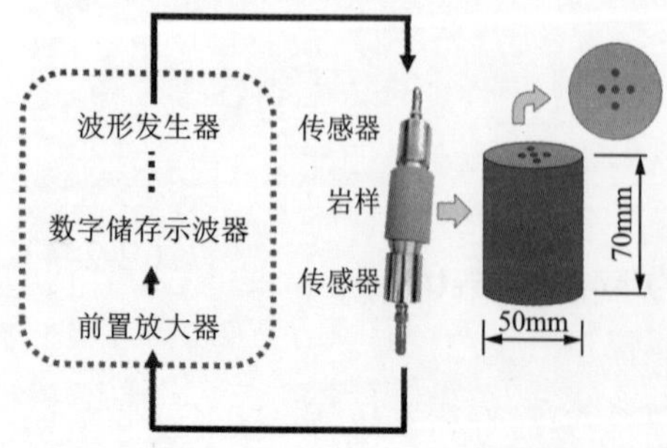

图 2-2-5 砂岩波速测点布置及超声波检测仪结构图

超声波检测仪工作时先由波形发生器产生驱动信号作用于上压电传感器，同时将产生的虚拟信号传送至数字储存示波器中，之后上压电传感器将产生的超声波经由岩石样本传送至底部压电传感器，同时数字储存示波器以 10MHz 的频率记录接收到的信号，记录信号到达的时间差为信号传播总行程时间，最后可利用试验前设置的试件基本参数（主要为直径和高度）和此时间差计算，得到波在试件中传播波速。

非金属超声波检测仪向砂岩试件发射超声波，波在岩样中的传播速度由应变片收集到电信号的时间差可计算得到，而此传播速度与岩样的弹性模量有关，故可通过观察此传播波速的变化情况来研究讨论砂岩的冲击损伤。

超声波在介质材料中传播的平均速度：

$$V=\frac{L}{t} \tag{2-2-8}$$

式中：L——传播介质的长度（传播距离）（m）

t——超声波经由介质的传播时间（s）。

岩石材料形成复杂且结构多样，在自然状态下便存在大量微裂隙和初始缺陷，因此，超声波在岩石中传播时，不仅要经过岩石固体介质，还需要经过微裂隙和缺陷中的空气介质。故可以计算超声波在岩石试样中的传播波速：

$$V_r=\frac{L_s+L_q}{\dfrac{L_s}{V_s}+\dfrac{L_q}{V_q}} \tag{2-2-9}$$

式中：L_s——超声波在岩石试件中经由的固体介质长度（m）；

L_q——超声波传播路径中试件微裂隙间气体介质的总长度（m）；

V_s——岩样固体介质中超声波的传播速度（m/s）；

V_q——岩样微裂隙间空气介质中超声波的传播速度（m/s）。

由于在完整岩石中，L_s 远大于 L_q，可认为：

$$L_s+L_q\approx L_s \tag{2-2-10}$$

将式（2-2-10）代入式（2-2-9）中，得到超声波在砂岩试件中近似的传播速度公式：

$$V=\frac{L_s}{\dfrac{L_s}{V_s}+\dfrac{L_q}{V_q}} \tag{2-2-11}$$

通过式（2-2-11）可发现：当破损加剧时，岩石内部微裂纹增多或扩大，故只有 L_q 增加时，导致测得超声波在岩样中传播的波速 V 减小。

2.2.4 试验操作方案

SHPB系统通过调整压力室气压以控制射弹施加的冲击荷载,气压室冲击气压变化时,通过射弹向入射杆施加的冲击气压和撞击速度也会不同。正式试验前对岩样进行试冲发现,当冲击气压小于0.4MPa时,冲击能量不足以推动射弹撞击入射杆;当冲击气压为0.5MPa时,循环冲击产生的冲击能量对岩石的内部损伤影响较小。故本试验选取的冲击气压分别设定为0.6MPa、0.7MPa、0.8MPa、0.9MPa和1.0MPa。因为需考虑循环冲击荷载下不同围压对砂岩动态力学性能的影响,所以需在冲击气压固定时变动围压,因试验所用设备围压阈值的限制,围压分别设定为0MPa、2MPa、4MPa、6MPa、8MPa及10MPa。

围压值为0MPa时,将砂岩试样放置于入射杆与透射杆之间,使两端面对齐,同时施加2MPa的轴压以固定试件,避免试验过程中因自重作用掉落,然后施加相应的冲击荷载;有围压冲击试验时,将试样放置于围压压力室中,并使其两端与入射杆、透射杆相互配合,此时仍施加2MPa轴压,以满足单一变量原则,然后利用手动液压装置将围压加至相应值,最后施加冲击荷载。图2-2-6为手动液压装置和应变片细部图。

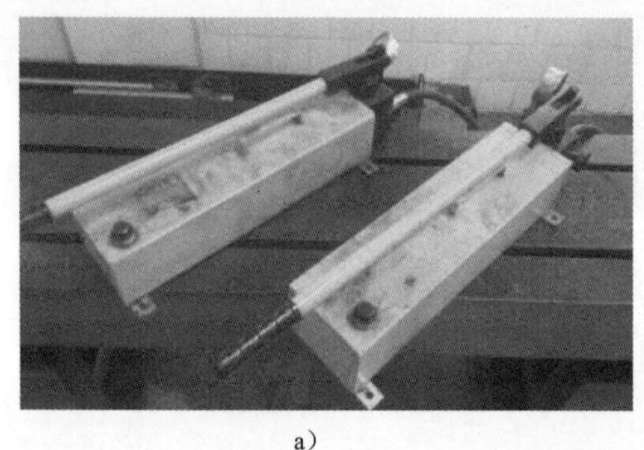

a)

b)

图2-2-6 手动液压装置及应变片细部图

试验中利用NM-4A非金属超声波检测仪测定砂岩试样冲击前及每次冲击后的波速,对同一块试件进行循环冲击,直至波速不变或变化很小时停止。本试验循环冲击次数为4～5次。砂岩波速测点布置及超声波检测仪结构如图2-2-7所示。

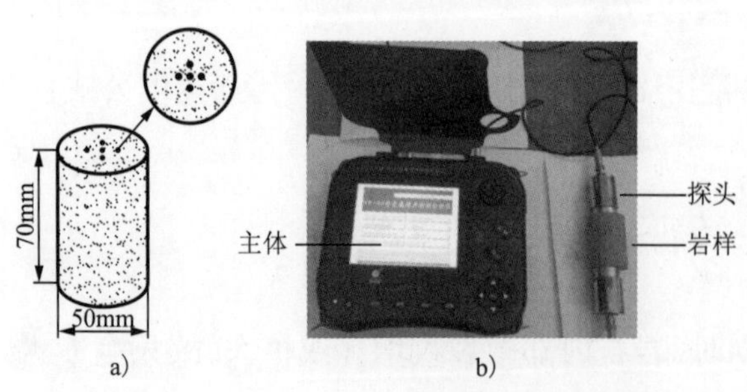

图2-2-7 砂岩波速测点布置及超声波检测仪结构示意图

SHPB循环冲击试验步骤具体如下:

(1)在入射杆及透射杆中间位置

粘贴应变片，并用胶带固定应变片周边电线，线路的另一边连接数据采集系统，以在试验过程中实时采集数据。

（2）关闭组合阀，打开液化氮气瓶开关，通过调压阀控制输入气压室内的气压值，并设置数据采集系统参数。

（3）在入射杆与透射杆之间放置试样的位置安置与杆件相同材质的试块，并利用手动液压装置施加 2MPa 轴压，以保证冲击试验过程中试块不会掉落，打开气压球阀进行空冲，空冲完成后及时关闭气压球阀。

（4）通过空冲波形调试设备，校准应变仪，检验应变片连接是否有效。

（5）利用超声波检测仪测量砂岩波速，并取多次测量的平均值作为砂岩的初始波速 V_0。

（6）在砂岩两侧均匀涂抹黄油，并将砂岩试件放置于入射杆及透射杆端面之间，以实现岩样与杆件间的有效接触，并利用手动液压装置施加 2MPa 轴压。进行有围压试验时，需在放置试样前安装围压装置，放置好试样后利用围压手动液压装置施加围压至相应值。

（7）设置氮气瓶气压至相应值，并打开开关，使氮气充分进入到冲击气压室内，迅速关闭开关。

（8）打开气压球阀，冲击气压推动射弹迅速撞击入射杆，数据采集系统同时进行数据采集，并及时关闭气压阀。

（9）利用手动液压装置卸载轴压（围压），取下砂岩试样并多次测量冲击后波速，取其平均值作为第 i 次冲击波速。

（10）清理入射杆与透射杆断面残留的砂岩破碎颗粒，根据需要选择是否进行下一次冲击。

（11）数据处理与分析。

（12）试验完成后，关闭所有开关，拧紧氮气瓶开关，清理并养护试验设备。

2.3　冲击荷载作用下岩体的波形特征研究

2.3.1　不同冲击气压下的波形特征

图 2-3-1 为围压 2MPa、冲击气压分别为 0.6MPa、0.7MPa、0.8MPa、0.9MPa 和 1.0MPa 下的应变波形图，冲击气压为 0.6 ～ 0.8MPa 时循环冲击 4 次后停止。在冲击气压为 0.9MPa 下

冲击 3 次后岩样出现明显裂纹，而 1.0MPa 下冲击 2 次后岩样出现宏观破裂，分析原因为冲击气压越大时输入能量也越大，相应的破岩能量也越大，所以在较大的冲击气压下较少次冲击后岩样则发生破坏。同时，发现入射波幅值随冲击气压增大逐渐增大，说明试验中利用冲击气压控制入射能大小是可靠的，且冲击气压值与每次冲击对砂岩造

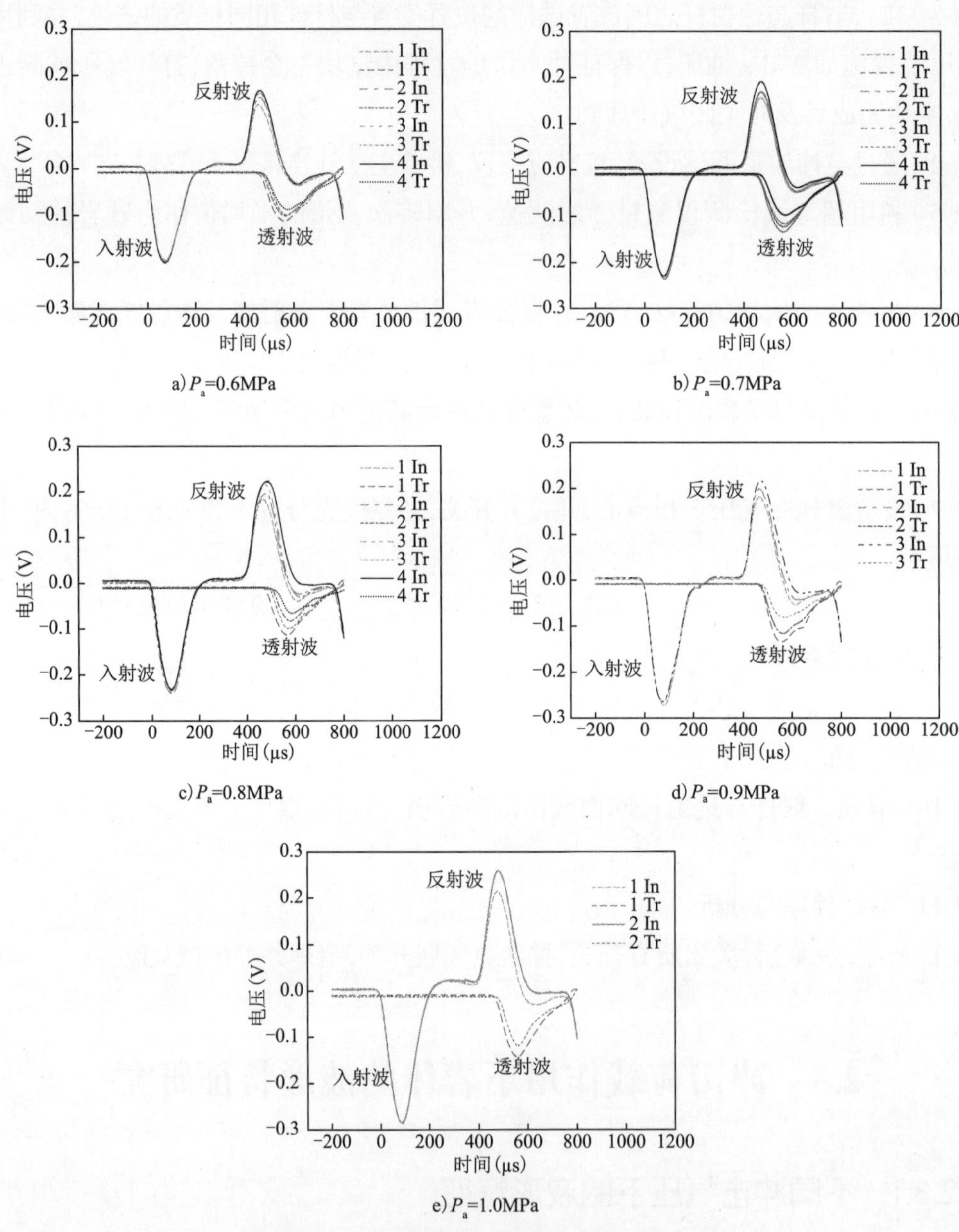

a) P_a=0.6MPa

b) P_a=0.7MPa

c) P_a=0.8MPa

d) P_a=0.9MPa

e) P_a=1.0MPa

图 2-3-1　透射波峰值电压时间与冲击次数关系曲线

注：In 表示入射杆上应变片收集到的电信号；Tr 表示透射杆应变片上收集到的电信号；英文字母前的数字 1 ～ 4 表示冲击次数。余下类同。

成的损伤程度正相关，表现在图 2-3-1 中，透射波幅值的绝对值随冲击次数增加而减小的幅度越大。计算不同冲击气压下透射波幅值与入射波幅值之比，以研究冲击气压对岩石损伤的影响，但由于砂岩的初始波速的差异，故将算得的幅值比数据进行归一化处理，定义其为归一化幅值比，计算结果如图 2-3-2 所示。

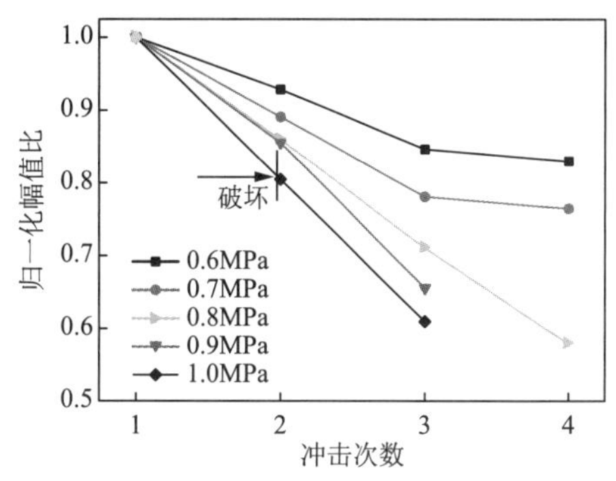

图 2-3-2　归一化幅值比随冲击次数变化曲线

冲击气压不变时，归一化幅值比随冲击次数的增加而逐渐减小，相同冲击次数下，冲击气压越大，归一化幅值比越小。当冲击气压较小时（0.6MPa、0.7MPa），归一化幅值比在前 3 次冲击之前下降了约 20%，反映了砂岩内部微裂隙的发育和扩展，但第 4 次冲击造成的幅值比下降明显小于前 3 次。分析其原因为第 4 次冲击荷载对砂岩内部的微裂隙进行了压密，使其强度得到了一定提升。冲击气压较大时（0.8 ～ 1.0MPa），归一化幅值比随冲击次数的增加迅速下降至破坏，且基本呈线性变化，冲击气压越大，曲线下降的斜率越大，说明较大的冲击气压能有效加速岩石损伤，提高破岩效率（曲线虚线部分表示砂岩已经破坏）。

2.3.2　不同围压条件下的波形特征

图 2-3-3 为 0.7MPa 冲击气压、不同围压作用下砂岩试样受循环冲击荷载作用的时间—应变波电压曲线，入射杆及透射杆上的应变片收集电压信号，并传送至超动态应变仪进行处理（电压—应变转换系数 $\gamma = 208\mathrm{V}/\varepsilon$）。

分析图 2-3-3，发现围压级别相同时（如 2MPa 围压）随着冲击次数的增加，反射波电压幅值越来越大，透射波电压幅值相应越来越小。透射波幅度的减小主要由于波在砂岩试样两端的反射（砂岩试样与入射杆、透射杆的接触面）及入射波在砂岩试样传播过程中的衰减。从应变波能量耗散角度分析，当冲击气压相同时，冲击次数的增加加剧了岩石内部破损程度，原始裂纹的扩展、新裂纹数量的能量传递率降低，使得冲击过程中透射能减少、反射能增加。

为更清楚地分析，将 2MPa 围压下砂岩的应变波形图入射波和透射波局部放大并进行分析，细化图如图 2-3-4 所示。观察发现反射波峰值随冲击次数增加而增大，透射波峰值随冲击次数增加而减小；反射波与入射波到达峰值电压的时间均随冲击次数的增加而推迟，且其他围压下同样存在此规律，将不同围压下反射波及透射波到达峰值电压的时间提取出来并绘制成表，具体如表 2-3-1 所示。从岩石内部微裂纹发展角度分析：

砂岩承受循环冲击荷载时,内部结构损伤随循环冲击次数增加而增大,损伤的加剧使岩石的弹性模量减小,而弹性模量与岩石波速的平方成正比,所以弹性模量的减小将直接导致波在砂岩中的传播速度降低,又由于试件未破坏时冲击荷载引起的试件长度变化很小,可忽略不计,所以出现图中传播波速降低使透射波及反射波到达峰值时间延迟的现象。

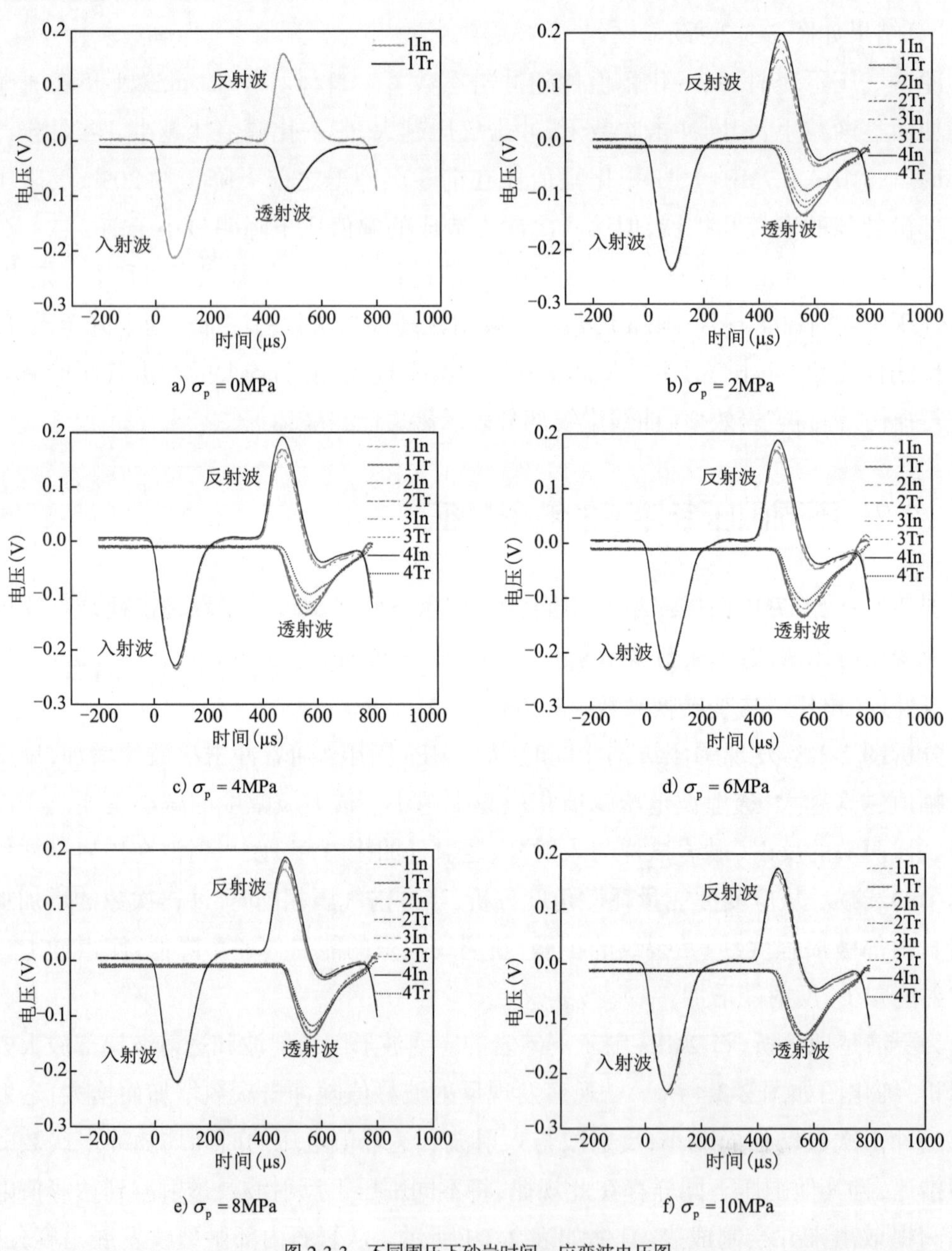

图 2-3-3 不同围压下砂岩时间—应变波电压图

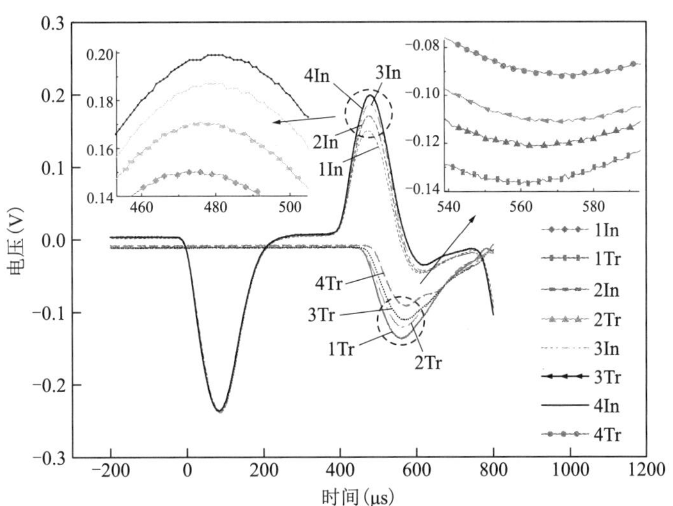

图 2-3-4　2MPa 围压下砂岩应变波形图

反射波和透射波到达峰值电压时间表　　表 2-3-1

围压(MPa)	冲击次数	反射波(ms)	透射波(ms)
2	1	0.471	−0.137
	2	0.476	−0.121
	3	0.477	−0.111
	4	0.478	−0.092
4	1	0.469	−0.135
	2	0.474	−0.124
	3	0.474	−0.117
	4	0.475	−0.098
6	1	0.466	−0.134
	2	0.469	−0.131
	3	0.473	−0.119
	4	0.474	−0.105
8	1	0.467	−0.14
	2	0.471	−0.129
	3	0.471	−0.129
	4	0.472	−0.118
10	1	0.464	−0.143
	2	0.464	−0.134
	3	0.466	−0.129
	4	0.472	−0.120

图 2-3-5 为不同围压下透射波峰值电压时间随冲击次数变化曲线，分析发现围压一定时，冲击次数越多，透射波到达峰值电压的时间相应越晚。而随围压增大，透射波到

达峰值的时间越早，传播波速相应越快，表示砂岩结构相对越完整。说明相同冲击能量下，围压可有效抑制裂隙发展或减缓其发育，提高砂岩承载力，且在一定范围内，围压值越大此规律越明显（虚线方框表示数据点重合点，余下类同）。

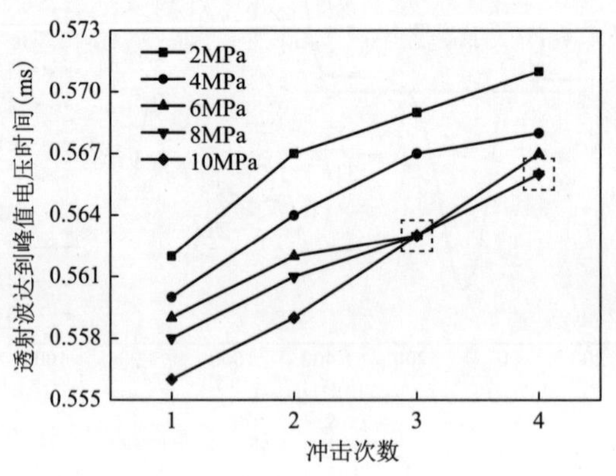

图 2-3-5　透射波峰值电压时间与冲击次数关系曲线

2.3.3　波形的非线性效应分析

图 2-3-6a）为砂岩在 4MPa 围压、0.7MPa 冲击气压下的第一次冲击应变波波形图，观察发现入射波以竖虚线为轴两侧基本对称，而透射波则在竖虚线两侧发生明显的波形畸变，可初步认为此为波在砂岩中传播时存在非线性效应。为了消除其他因素（主要排除杆的影响），进行了空冲对比试验，即去除杆件间的砂岩试件，然后在相同围压及冲击气压下进行冲击，得到的应变波形图如图 2-3-6b）所示，观察发现入射波和透射波在竖虚线轴两侧都基本对称，因此认为可忽略杆对非线性效应的影响。

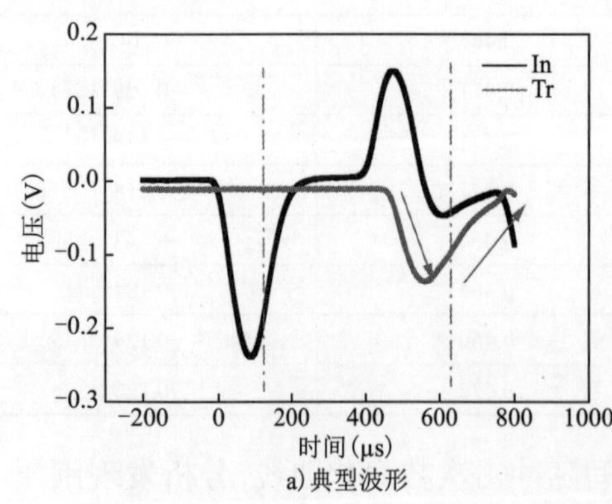

a）典型波形

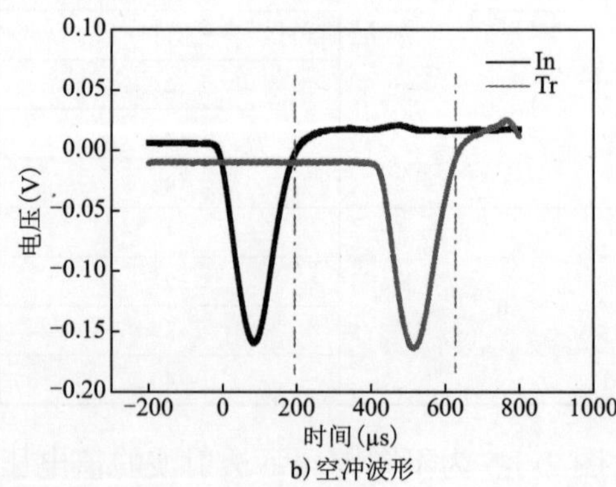

b）空冲波形

图 2-3-6　典型波形及空冲波形图

为了更好地表征砂岩试样在冲击荷载作用下的非线性影响,需对应变波形进一步进行频谱分析。由于对砂岩试样应变波的直接观测较困难,并且利用本试验现有的设备难以精确实现频谱分析,故选用 FFT 滤波以分析入射波和透射波的光谱。需先截取出波形图中透射波波段,但由于透射波的非线性导致其波段时间难以确定,所以需确定入射波波段时间,并从透射波起始点截取与入射波相同波段时间作为透射波波段,然后对所截取的透射波进行傅立叶变换,得到基波频率和各阶谐波的频率。典型波形(4MPa 围压、0.7MPa 冲击气压)的基波频率为 4016Hz,故对其用 4016 Hz,2 × 4016Hz 和 3 × 4016Hz 的输出信号进行带通滤波分析,得到频谱分析图 2-3-7a),空冲波形分基波频率为 4651Hz,对其用 4651Hz、2 × 4651Hz 和 3 × 4651Hz 的输出信号进行带通滤波分析,得到频谱分析图,见图 2-3-7b)。对图 2-3-7 分析发现,典型波形的二阶谐波幅值是基波的 13% 左右,三阶谐波是基波的 6% 左右;空冲波形的二阶谐波是基波的 3% 左右,三阶谐波是基波的 1% 左右。印证了砂岩材料存在明显的非线性。此外,此处还得到了三阶以上更高阶的频率成分,但是由于幅值非常小,故可忽略并未列出。

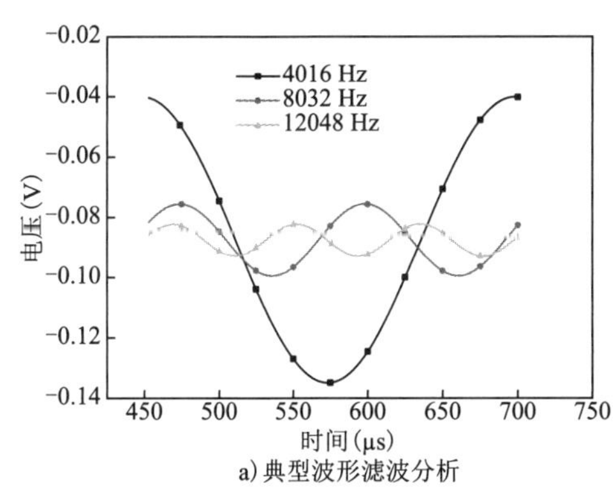

a) 典型波形滤波分析

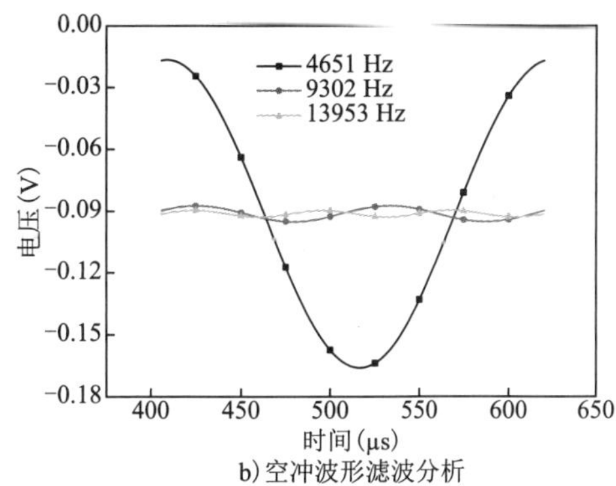

b) 空冲波形滤波分析

图 2-3-7　透射波滤波分析图

根据已有研究发现,小振幅波即弹性波在均匀介质中以固定波速进行传播,波速与坐标无关,而有限振幅波却不同,其在介质中的传播波速与传播点的声扰动大小有关。扰动的大小直接影响传播波速的快慢,扰动大波速大,扰动小则波速小,传播速度的非线性变化将导致波形发生改变。波初始传播时,波形曲线如图 2-3-8a)所示,此时 A 点的扰动最大其传播速度最快,B 点的扰动最小,其传播速度最慢。当波继续向前传播时,传播快的波追上前面传播慢的波,而传播慢的波逐渐落后。随传播距离不断增加,逐渐产生波形畸变[图 2-3-8b)],且距离越大,畸变越严重,直至在某一位置形成具有间断面的冲击波,如图 2-3-8c)所示。由于振速—位移曲线与电压—时间曲线波形一致,对比可发现透射波在砂岩中的传播处于波形畸变阶段,说明透射波在砂岩中为非线性传播,但未形成冲击波。

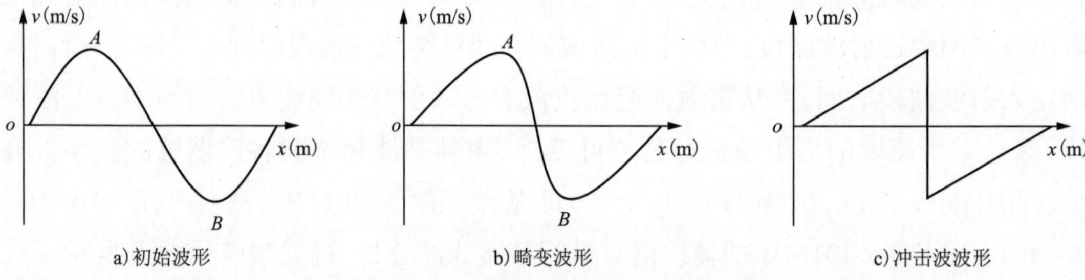

图 2-3-8　质点振动速度随传播距离增加而发生的变化

利用逐步近似法求解可得各向同性固体中间断冲击波的形成距离为:

$$X_p = -\frac{2c_l^2}{\beta\omega\dot{u}_0} \tag{2-3-1}$$

式中,$\beta = 3 + 2\dfrac{l+2m}{\lambda+2\mu}$;$\dot{u}_0 = \int_0^L \dot{\varepsilon}\mathrm{d}x$;$\lambda$、$\mu$为二阶弹性常数;$l$、$m$为三阶弹性常数;$c_l$为岩石试样的初始纵波波速;$\omega$为角速度;$\dot{u}_0$为沿$x$方向的质点速度振幅;$L$为试件高度。

参考相关研究,已知砂岩的二阶弹性常数分别为$\lambda = 14.72\text{GPa}$和$\mu = 21.83\text{GPa}$,三阶弹性模量分别为$l = -6532.37\text{GPa}$和$m = 11098.04\text{GPa}$。试验测量试件初始波速约为2.8km/s,$\dot{\varepsilon}$取0.7MPa冲击气压下砂岩承受冲击荷载时最大的应变率10/s,将各数值代入公式(2-3-1)计算得砂岩的X_p约为15cm,即波源至传播距离为15cm时会形成冲击波,本次试验试件长度为7cm,故应力波在传播过程中并不会产生冲击波。

利用公式(2-3-1)可计算得到不同冲击气压下透射波在砂岩内形成冲击波的距离,冲击波形成距离在冲击气压为1.0MPa时达到最大值,对不同冲击气压下的冲击波形成距离进行拟合,得到拟合公式$y = 13.5x + 23.9$,且拟合相关系数R_2为0.99,发现冲击波形成距离随着冲击气压的增大基本呈线性减小,即冲击气压越大越易在较短的距离内形成冲击波,具体规律如图2-3-9所示。

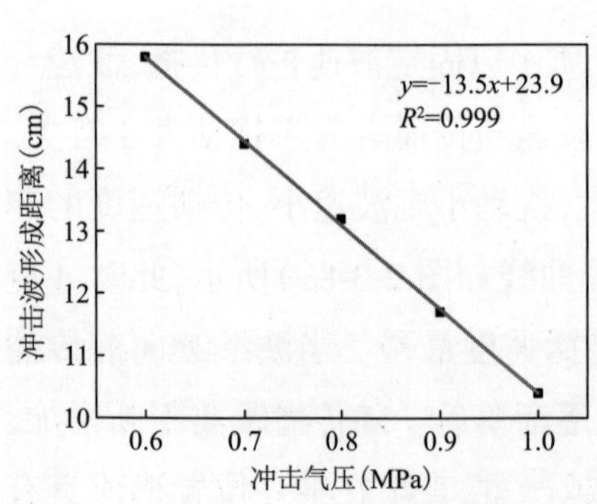

图 2-3-9　冲击波形成距离随冲击气压变化拟合曲线

2.4　冲击荷载作用下岩体的力学特性分析

2.4.1　典型应力—应变曲线分析

一般将材料受荷载作用时产生的应变率大于 10/s 时的试验称为动力学试验，动力学试验与静力学试验不同，存在明显的应变率效应。根据应变率的不同，应力—应变曲线主要分成两种不同的情况：当应变率较大时，岩样发生宏观破坏后，其应力开始下降，但变形将会持续增加，此现象称为峰后塑性；当应变率较小时，岩样承受动力荷载作用时会储存一部分的变形能，当应力达到峰值后，应变随应力下降逐渐减小，此现象称为峰后回弹。

图 2-4-1 为冲击气压 0.7MPa、围压 4MPa 下砂岩第一次受冲击荷载作用时的动应力—应变曲线，当应力达到峰值后出现明显的回弹现象。将其作为典型的动应力—应变曲线并对其分析，发现根据曲线斜率的变化可大致将应力—应变曲线划分为五个阶段，分别为阶段Ⅰ（*OA*）、阶段Ⅱ（*AB*）、阶段Ⅲ（*BC*）、阶段Ⅳ（*CD*）和阶段Ⅴ（*DE*），且每个阶段的曲线斜率逐渐减小。

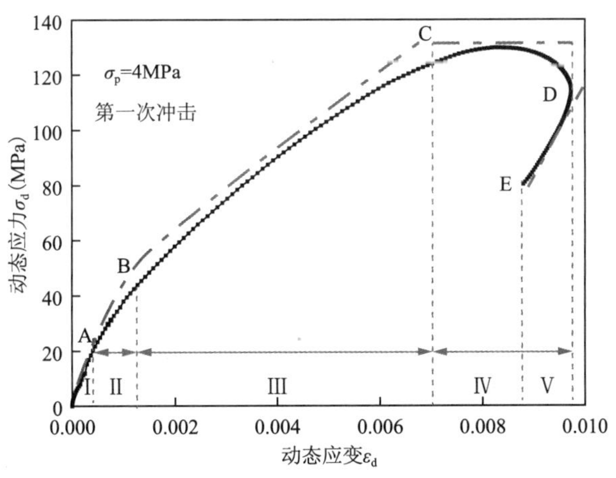

图 2-4-1　典型应力—应变曲线

阶段Ⅰ（*OA*）：*OA* 阶段曲线的斜率（图中虚曲线）明显大于之后各阶段，且持续时间较短。分析此为岩石压密阶段，冲击荷载刚作用在砂岩上时，给砂岩施加的冲击力很小，不足以对岩石内部结构产生破坏，但在此荷载的作用下，砂岩内部的初始裂隙、裂纹被压密了，使得砂岩的弹性模量增加，在应力—应变曲线图中表示为初始斜率较大。

阶段Ⅱ(*AB*):*AB* 阶段曲线斜率基本与应力—应变曲线重合,即曲线近似为直线,表明此阶段为弹性阶段,认为砂岩被压密后发生了弹性变形,此时应力—应变曲线基本符合胡克定律。

阶段Ⅲ(*BC*):*BC* 阶段应力—应变曲线持续时间最长,其斜率相对于前两个阶段有所降低。在动态荷载作用下,砂岩试样内部开始产生新的裂纹,初始裂隙裂纹进一步扩展、延伸,应力—应变曲线偏离直线开始进入塑性阶段,动态应力在 *C* 点达到最大值。

阶段Ⅳ(*CD*):*CD* 段刚开始时动态应力随应变增大基本不变,出现了一个短暂的塑性平台。随砂岩岩样内部裂纹进一步扩展,弹性模量急剧减小,砂岩开始产生少量塑性不可逆变形,说明砂岩内部的损伤累积不断增大,砂岩动态应力逐渐下降,动态应变不断增加并在 *D* 点达到最大塑性应变。

阶段Ⅴ(*DE*):*DE* 段可认为是材料的塑性回弹阶段,此阶段动态应力继续减小,动态应变在达到最大值之后开始减小直至 *E* 点,减小的应变值为冲击荷载作用下恢复的弹性变形,恢复的应变值越大表明岩石材料的弹性性能越好,相反表明材料的塑性变形越大,*DE* 阶段斜率可表示砂岩试样承受冲击荷载后的弹性模量。

2.4.2 不同冲击荷载下的力学特性分析

1)应力—应变曲线分析

为研究冲击气压对砂岩动力学性能的影响,固定围压值为 4MPa 时,对砂岩在不同冲击气压下各力学性能进行探讨。其余围压下规律类似,此处不展开分析。图 2-4-2 为围压 4MPa 时,砂岩试件在各冲击气压下承受循环冲击荷载作用时的应力—应变曲线。

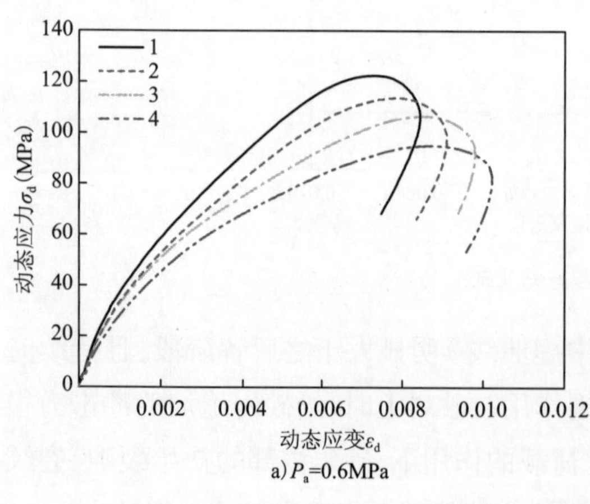

a) P_a=0.6MPa

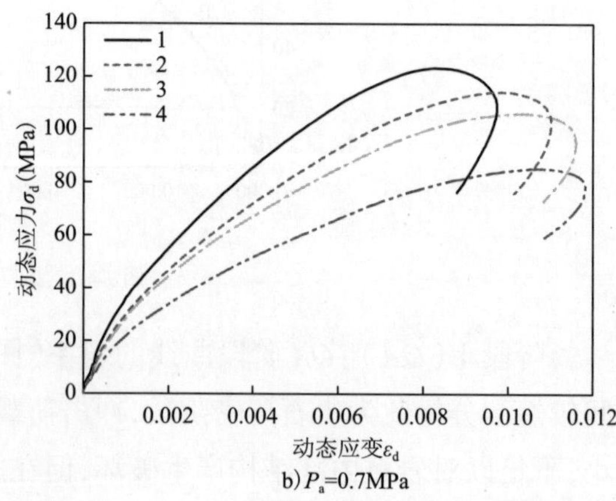

b) P_a=0.7MPa

图 2-4-2

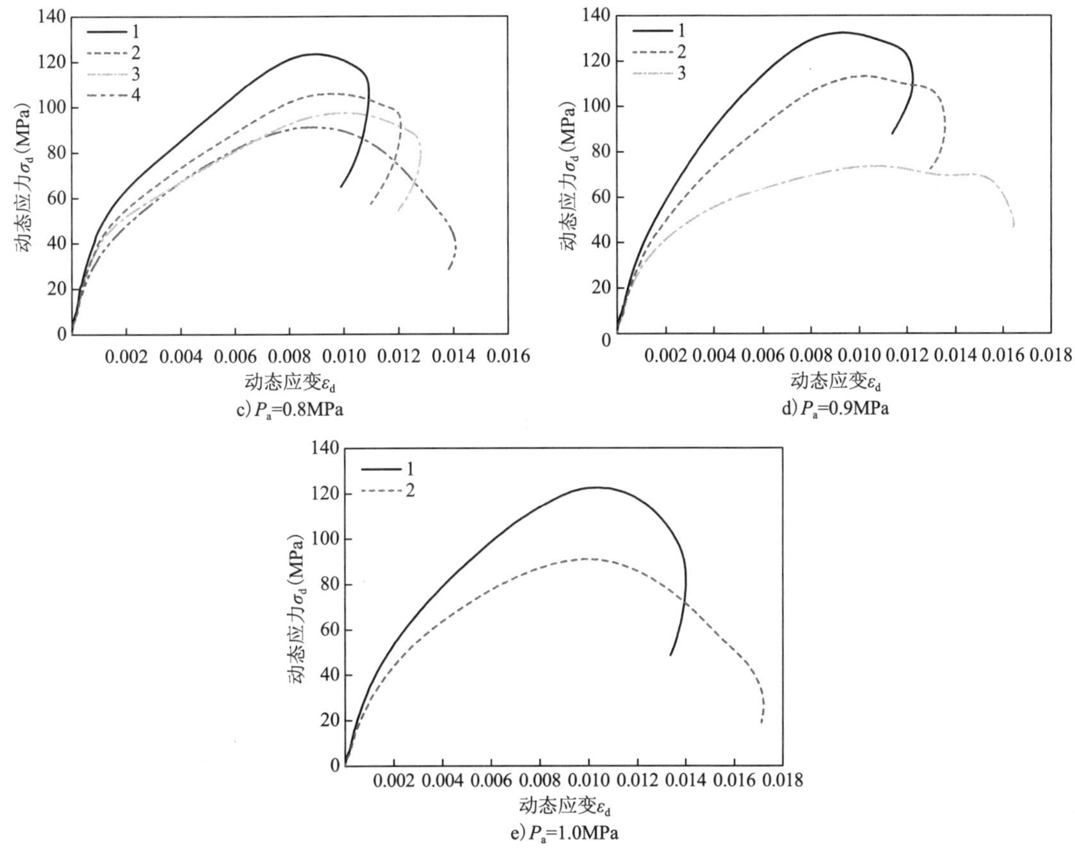

图 2-4-2　不同冲击气压下应力—应变曲线(续)

注:图例后的数字 1-4 表示冲击荷载循环作用次数。

对比图 2-4-2 中各分图,发现砂岩在 4MPa 围压下,各应力—应变曲线均存在明显的屈服平台,表明此时砂岩发生塑性破坏,其中冲击气压为 0.9MPa 时,塑性平台持续时间最长。由于本试验当砂岩出现明显损伤后停止冲击,故 0.8MPa 以前砂岩冲击 4 次后停止冲击,0.9MPa 冲击气压时冲击 3 次后停止冲击,1.0MPa 冲击气压时冲击 2 次时即停止了冲击,表明冲击气压越大,输入的破岩能量越大,使得砂岩内部结构损伤越严重,所以实际工程中可增加冲击气压即冲击能量,以提高破岩效率。

2)动态模量与冲击气压的关系

变形模量是岩石材料的重要参数,由于岩石的应力—应变曲线并非直线,对岩石变形模量选取有多种方法,包括切线模量、割线模量及平均模量等。一般截取应力—应变曲线在原点处切线的斜率作为切线模量,但由于原点处应力—应变曲线段非常短,对所涉及的两个小量的比值精度有较高要求,故此切线模量目前运用较少。平均模量一般取应力—应变曲线值近似直线段部分的斜率,而在本试验的动应力—应变曲线中,近似直线段的应力—应变段曲线较短，且此部分曲线在各冲击次数间的变化并不明显，故不研究平均模量。对岩石动应力—应变曲线的变形特征常用割线模量来表述，常用的割线模量有两种：一种取应力—应变曲线上升段中对应压缩强度为屈服强度的20%和80%的两点间的连线作为割线模量；一种取应力—应变曲线上升段对应压缩强度为屈服强度50%点的割线斜率作为割线模量。从便于操作的角度一般选第二种定义割线模量的方法，并定义此割线模量为E_{50}：

$$E_{50}=\frac{\sigma_{50}}{\varepsilon_{50}} \tag{2-4-1}$$

式中：E_{50}——砂岩的割线模量（GPa）；

σ_{50}——压缩强度为屈服强度的50%的动应力（MPa）；

ε_{50}——σ_{50}对应的动应变值。

由于砂岩存在一定的初始结构离散性，所以采用归一化割线模量来研究岩石动态模量在不同冲击气压下随循环冲击次数增加的变化规律。即定义第一次冲击时试样的归一化割线模量为1，之后每一次冲击下的归一化割线模量为此次割线模量与第一次冲击下割线模量之比。图2-4-3为4MPa围压时，砂岩试件在不同冲击气压下归一化割线模量随循环冲击次数增加的变化曲线，小图为砂岩承受第一次冲击荷载作用时，割线模量E_{50}随冲击气压增大的变化曲线。

观察图2-4-3，发现砂岩试样的割线模量随冲击气压增加逐渐增大，说明在一定范围内冲击气压能增加岩石的致密性、提高其承载能力。冲击气压越大，归一化割线模量越大，0.6～0.8MPa时循环冲击荷载可作用4次，归一化割线模量变化规律相似且最终值均为0.7左右；冲击气压0.9MPa时循环冲击荷载可作用3次，归一化割线模量在第3次冲击时达到0.71，而冲击气压1.0MPa时，归一化割线模量在循环冲击第2次时已达到0.75。说明冲击气压越大，对砂岩结构造成的损伤越严重，且0.9MPa以上的冲击气压可明显加速砂岩损伤。

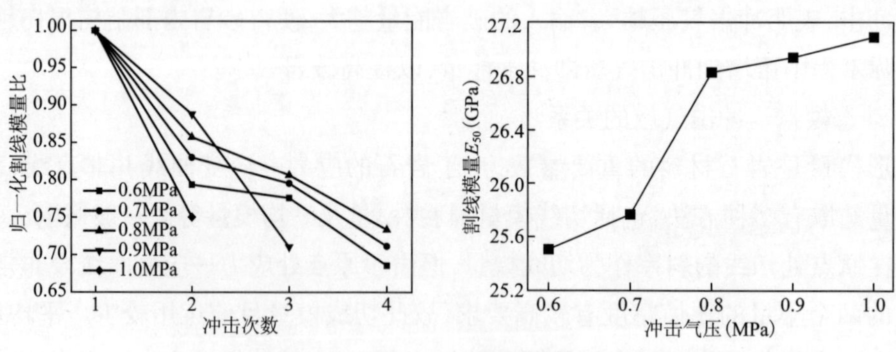

图2-4-3　不同冲击气压下归一化割线模量比随冲击次数变化曲线

3）峰值应力与冲击气压的关系

取砂岩应力—应变曲线上最高点对应的应力值作为砂岩在冲击荷载作用下的峰值应力，表明岩石此时抵抗外部荷载的最大能力。图 2-4-4 为不同冲击气压下砂岩峰值应力随冲击次数的变化曲线。

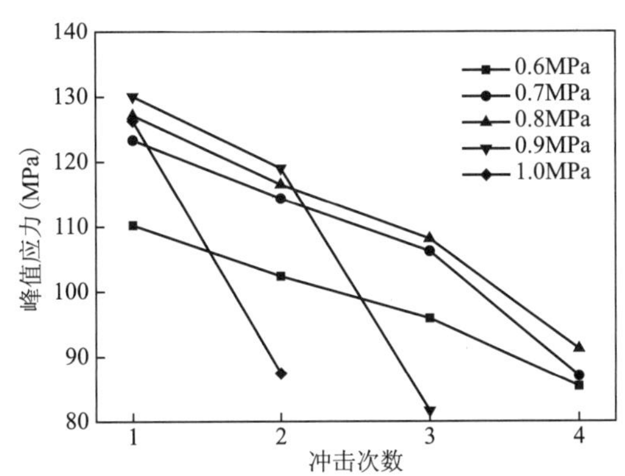

图 2-4-4　不同冲击气压下砂岩峰值应力随冲击次数的变化曲线

分析图 2-4-4，发现冲击气压值一定时，冲击次数增加，砂岩的峰值应力相应降低，表征了岩石内部的损伤累积，前一次冲击产生的细小裂纹在下一次冲击作用下进一步发育扩展，降低了岩石的承载能力。冲击气压越大，岩石的峰值应力越大，但同时却随冲击次数的增加下降得越快，如在第一次冲击荷载作用时，明显可见冲击荷载越大峰值应力越大，但在 4 次循环冲击作用后，0.6 ～ 0.8MPa 下砂岩最终的峰值应力均达到了 90MPa 左右，而 0.9MPa、1.0MPa 冲击气压下岩样分别在第 3 次、第 2 次冲击作用下峰值应力就已小于 90MPa，此时的损伤程度已与 0.6 ～ 0.8MPa 下循环冲击 4 次时相似，说明一定大小的冲击气压可增加岩石的致密性，使岩石内部部分裂隙压密提高其承载力，但随冲击次数增多，岩石吸收的冲击能量越多，裂隙压密的速度远远跟不上新裂纹发育、扩展的速度，岩石损伤累积增加，最终发生破坏。

4）时间—应变曲线分析

图 2-4-5 为围压 4MPa 时，不同冲击气压下动态应变随时间变化的时程曲线。

观察图 2-4-5，发现动态应变同样基本呈现三个阶段，分别为“加速增加—减速增加—加速下降”，且冲击气压越小此规律越明显，如 0.6MPa 和 0.7MPa 时，动态应变在 120μs 之前呈加速增加状态；120μs 之后，动态应变增加速度减慢直至达到最大应变，随后应变值略微减小至最终应变，到达峰值应变后减小部分的应变为恢复应变，最终达到的不可恢复的应变为残余应变。随冲击气压增大，动态应变“加速下降”阶段逐渐缩短，且冲击次数越大此阶段越短，如 0.9MPa 第 3 次冲击及 1.0MPa 第二次冲击时，应变恢复阶段明显缩短，说明此时砂岩的弹性恢复能力逐渐减弱。

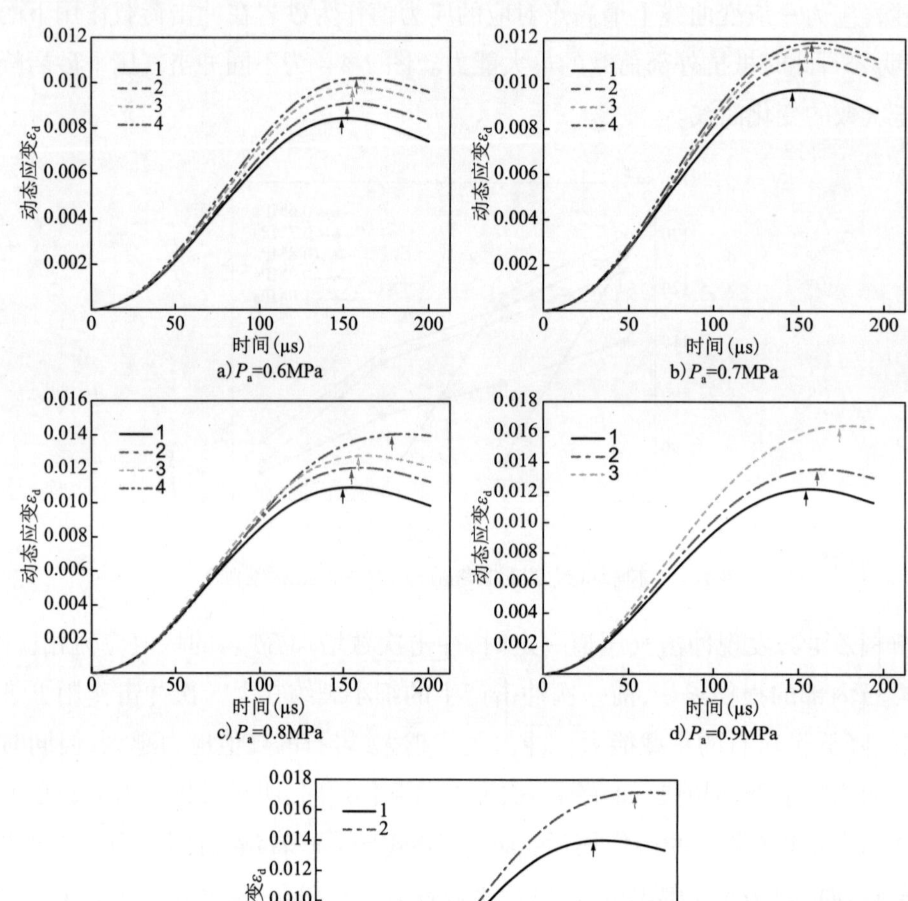

图 2-4-5 不同冲击气压下应变时程曲线

注：ε_d 表示受冲击荷载作用时的动态应变；左上角图例表示循环冲击的次数；图上各小箭头指向点为砂岩在该次冲击作用下的峰值应变对应点。

2.4.3 不同围压条件下的力学特性分析

1）应力—应变曲线分析

当冲击气压固定时变动围压，砂岩试样的应力—应变曲线随冲击次数增加表现出明显的变化规律。图 2-4-6 为 0.7MPa 冲击气压时，岩样受循环冲击荷载作用时各围压下的动态应力—应变曲线。

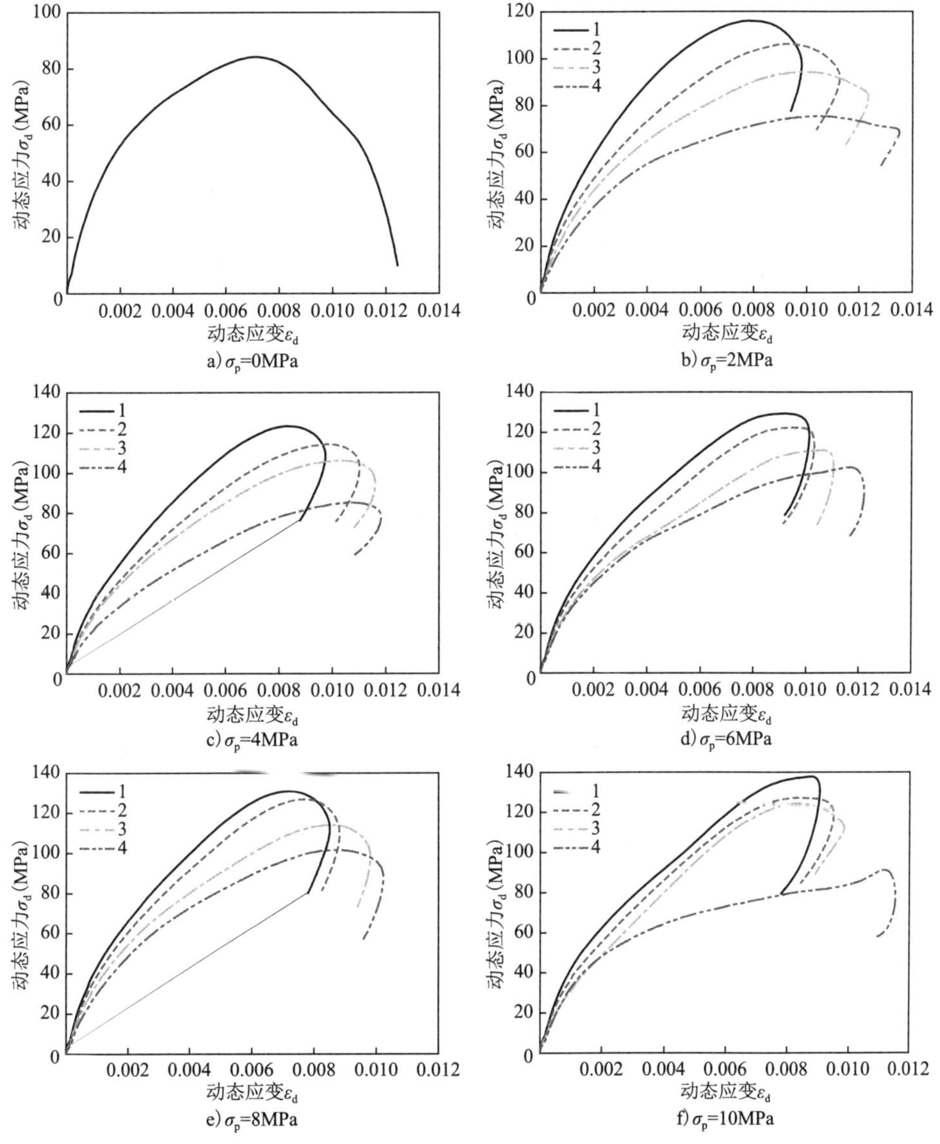

图 2-4-6　不同围压下应力—应变曲线

注：图例前的数字 1-4 表示冲击荷载循环作用的次数。

通过对比图 2-4-6a）与图 2-4-6b），发现砂岩在无围压时，即单轴冲击荷载作用下发生脆性破坏，表现为动应力—应变曲线达到峰值应力后应力开始持续下降，应变相应增加。在有围压作用下的动应力—应变曲线表现出明显的弹塑性特征，砂岩达到屈服应力时，应变随时间增长而应力变化较小，存在屈服平台，此时试件破坏为塑性破坏，说明围压是否存在会影响砂岩破坏特征。

围压一定时，动应力—应变曲线的上升段斜率随循环冲击次数增加而减小，即变形模量随冲击次数的增加逐渐减小，且动态峰值应力也相应减小，说明循环冲击的累积作用加剧了砂岩内部结构的破坏，循环冲击次数越大，砂岩结构破坏越严重，其承载能力下降越明显。围压增大，不同冲击次数下各动应力—应变曲线间差异减小，表现为各峰值应力间的差值减小，说明围压对提高砂岩承载力、抑制结构内部裂隙的发展及新裂隙的产生存在有利作用，且围压能明显减小循环损伤的累积。

2）动态模量与围压的关系

不同于静态模量，岩石的动态模量是指其在动荷载作用下，表现出的弹性模量，它是岩石的重要力学性能之一。此处仍选取 E_{50}（即岩石应力—应变上升段曲线中对应压缩强度为屈服强度 50% 点的割线斜率）来表示砂岩在冲击荷载作用下的动态模量。

图 2-4-7 为 0.7MPa 冲击气压、不同围压梯度下的归一化割线模量比随冲击次数变化的曲线，小图为第一次冲击作用时不同围压情况下砂岩割线模量的变化情况，可发现在第一次荷载冲击作用下，割线模量 E_{50} 随围压增大整体呈不断增大的趋势，且围压值越大割线模量增大趋势逐渐减缓，即可认为在一定围压范围内，围压能有效提高岩石承载力。

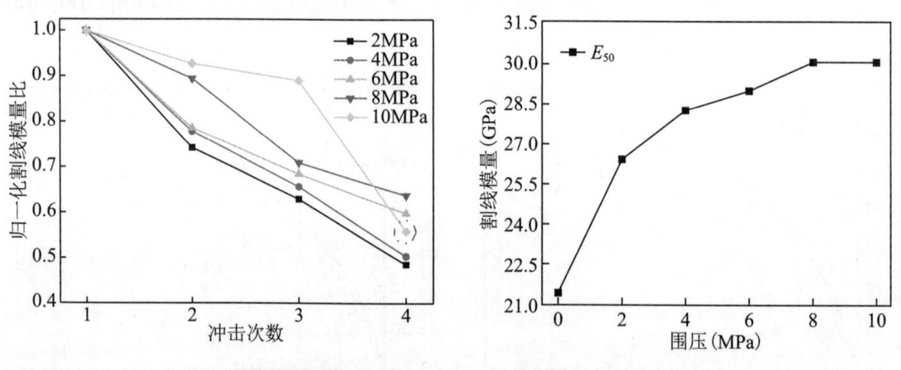

图 2-4-7　不同围压下归一化割线模量比随冲击次数变化曲线

围压值一定时，归一化割线模量比随冲击次数增加而下降，且围压越大曲线下降速率越慢。原因为砂岩在承受冲击荷载作用时，其内部初始裂纹与新生裂纹相互连接、贯通，材料性能不断下降，使得砂岩内部结构传递荷载能力降低，故变形模量不断减小。

观察图 2-4-7 发现，2MPa、4MPa 的曲线变化趋势相似，表现为第三次至第四次归一化割线模量比相较于第二次至第三次为加速下降，6MPa、8MPa 曲线第三次至第四次归一化割线模量比相较于第二次至第三次下降趋势逐渐减缓。说明围压增大能有效抑制砂岩内部结构裂隙的发展、减小结构损伤。10MPa 围压下的前三次冲击的归一化割线模量比基本均匀下降，但在第四次冲击时归一化割线模量比陡然减小，分析原因为前三次冲击对砂岩内部结构造成了一定的损伤累积，第四次冲击时围压并未抑制裂隙发展，而是与冲击荷载一起加速砂岩的损伤，说明围压对砂岩在冲击荷载下的有利作用仅限于一定围压范围内，当超过此范围则会增加岩石损伤。

3）峰值应力与围压的关系

峰值应力对岩石力学性能的研究有重要意义。岩石的峰值应力为岩石应力—应变曲线上最高点对应的应力值，表示岩石抵抗外界荷载的最大能力，当岩石达到该值时，岩石内部结构已破坏。此时，承载能力显著下降，且变形加剧，岩石峰值强度过后的强度称为残余强度。相对于静荷载作用，岩石在动荷载作用下峰值应力会有所提高。图 2-4-8 为不同围压下砂岩的峰值应力随冲击次数变化曲线。

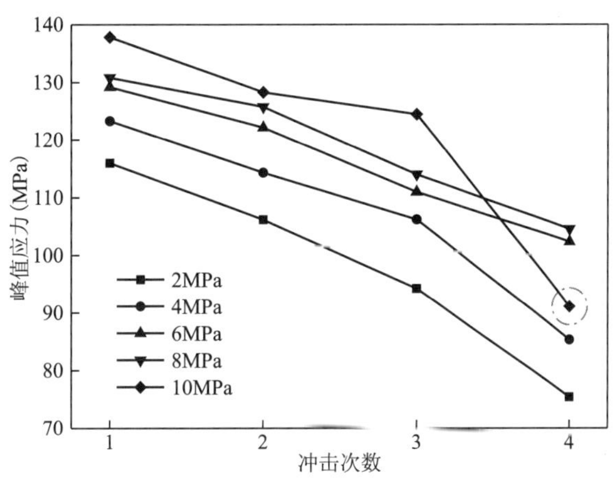

图 2-4-8　不同围压下峰值应力随冲击次数变化曲线

从图 2-4-8 中发现不同围压下砂岩承受第一次冲击荷载作用时，动态峰值应力明显大于静荷载作用下的峰值强度，且围压值越大，对应的动态峰值应力越大，说明在一定范围内，围压能有效提高岩石的抗冲击承载能力。此外，围压一定时，砂岩的动态峰值应力随着循环冲击次数的增加逐渐减小，表明砂岩抵抗外界荷载的能力逐渐减弱，但随着围压增大，峰值应力下降趋势减缓，这是由于岩石内部存在各个方向上的裂隙。无围压时，所有倾角大于内摩擦角的裂隙承载力为 0；而围压增大时，破坏面上的正应力也相应增大，导致裂隙截面摩擦承载力增加，抑制了岩石的滑移破坏，提高了岩石的抗冲击能力。

4）时间—应变曲线分析

图 2-4-9 为冲击气压 0.7MPa 时，不同围压作用下动态应变随时间变化的时程曲线。平均应变率或应变率是用来度量材料受到外界荷载作用时发生的变形在时间尺度上的

大小，表示材料变形的速度，应变则表示材料抵抗外部荷载时在单位时间内发生的变形大小。

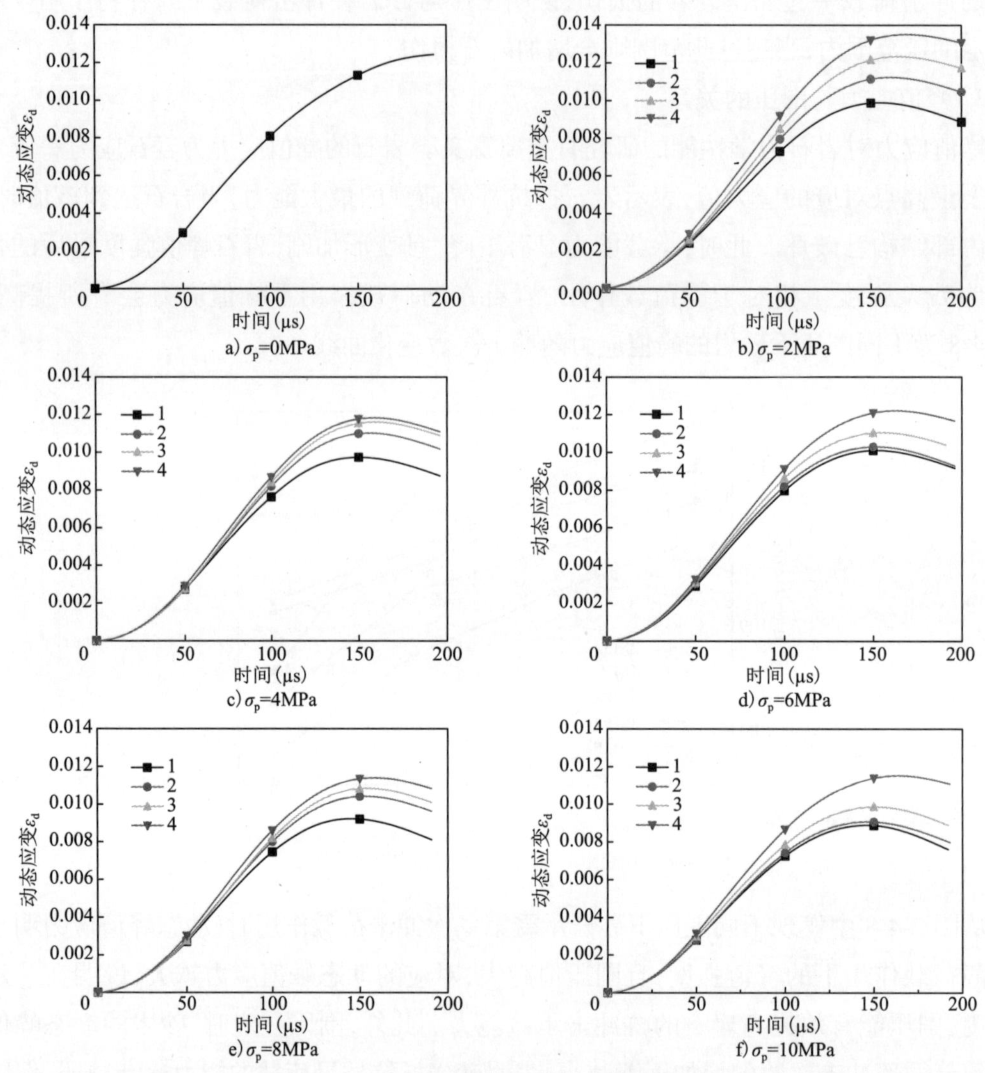

图 2-4-9　不同围压下应变时程曲线

注：图例中 1-4 表示循环冲击次数，ε_d表示受冲击荷载作用时的动态应变，各曲线上的箭头指向点为砂岩在该次冲击下的峰值应变对应点，余类同。

对比图 2-4-9a）和图 2-4-9b），发现无围压与有围压作用时砂岩的应变时程曲线有明显区别：无围压时，动态应变基本存在两个阶段，表现为“加速增加—减速增加”的变化趋势，直至达到岩石的最大动态应变。在 110μs 之前，动态应变时程曲线加速增加；110μs 之后，动态应变增加速度减慢直至达到最大应变，此时岩石发生宏观破坏。有围压时，动态应变基本存在三个阶段，表现为"加速增加—减速增加—加速下降"的变化趋势，在 110μs 左右之前，动态应变时程曲线呈加速增加状态；110μs 之后，动态应变增加速度减慢直至达到最大值；之后应变随时间增加逐渐减小并稳定在某一值。岩石达到峰值应变后减小的应变为恢复应变，最后稳定达到并不可恢复的应变值称为残余应变，残余应变可用来研究材料的疲劳特性。

在循环冲击作用下，砂岩发生明显损伤，表面出现明显裂纹，但此时岩石并没有压碎破坏，因此在冲击应力波卸载的阶段，冲击应力产生的能量小于岩石内部集聚的弹性能，导致试件变形出现较小幅度的回弹，表现为最后的残余应变小于峰值应变，峰值应变与残余应变的差值为恢复应变。表 2-4-1 表示砂岩在不同围压下峰值应变、残余应变及随冲击次数增加而变化的数值。围压值为 0MPa（无围压）时砂岩无恢复应变，即峰值应变与残余应变值相同；有围压时，峰值应变与残余应变均随冲击次数的增加逐渐增加，且均存在一定的相关性。

不同围压下应变数据　　表 2-4-1

围压（MPa）	冲击次数	峰值应变	残余应变	恢复应变
2	1	0.00988	0.00882	0.00106
	2	0.01124	0.01034	0.0009
	3	0.01234	0.01145	0.00089
	4	0.01351	0.01282	0.00069
4	1	0.00973	0.00874	0.00099
	2	0.01102	0.01005	0.00097
	3	0.0116	0.01069	0.00091
	4	0.01182	0.01102	0.0008
6	1	0.01012	0.00897	0.00115
	2	0.01031	0.00939	0.00092
	3	0.01106	0.01013	0.00093
	4	0.01222	0.01137	0.00085
8	1	0.00921	0.00811	0.0011
	2	0.01042	0.00945	0.00097
	3	0.01084	0.0099	0.00094
	4	0.0114	0.01059	0.00081
10	1	0.00889	0.00776	0.00113
	2	0.00907	0.00801	0.00106
	3	0.00986	0.00888	0.00098
	4	0.01153	0.010694	0.000836

2.5 冲击荷载作用下岩体的耗能机制与损伤特性分析

2.5.1 冲击荷载作用下岩体的耗能机制分析

在常规的 SHPB 冲击试验中，带有一定初始速度的射弹撞击入射杆，并以波的形式将能量传送给入射杆。由于入射杆与试件接触面处的传播介质不同，所以在此接触面处入射的总能量一部分被反射回入射杆，另一部分能量则传入试样。而这部分被传入试样的能量在试样与透射杆的接触面处又发生了一次反射和透射，一部分能量反射回试样，另一部分能量传入透射杆。

在 SHPB 冲击试验中，撞击岩石试样的初始入射能可分成以下几组能量：

$$E_{\mathrm{I}} = E_{\mathrm{R}} + E_{\mathrm{T}} + E_{\mathrm{K}} + E_{\mathrm{A}} + E_{\mathrm{O}} \tag{2-5-1}$$

式中：E_{I}——初始入射能；

E_{R}——反射回入射杆内的能量；

E_{T}——透过岩样传入透射杆内的能量；

E_{K}——岩石碎裂后碎块弹射的动能；

E_{A}——冲击过程中岩石吸收的能量；

E_{O}——其他形式消耗的能量，如与声音和产热有关的能量。

假定在冲击过程中，以其他形式消耗的能量很小，可忽略不计，岩石破裂后碎块弹射的动能也可忽略不计。根据能量守恒定律及公式（2-5-1），可得岩石试样在冲击荷载作用下吸收并用于破岩的能量 E_{A} 为：

$$E_{\mathrm{A}} = E_{\mathrm{I}} - E_{\mathrm{R}} - E_{\mathrm{T}} \tag{2-5-2}$$

式中，入射能 E_{I}、反射能 E_{R}、透射能 E_{T}，可分别通过应力波理论进行求解，具体计算公式为：

$$E_{\mathrm{I}} = \frac{A_{\mathrm{e}}E_{\mathrm{e}}^{\ 2}}{\rho_{\mathrm{e}}C_{\mathrm{e}}}\int_0^{\tau} \varepsilon_{\mathrm{I}}^2(t)\mathrm{d}t \tag{2-5-3}$$

$$E_{\mathrm{R}} = \frac{A_{\mathrm{e}}E_{\mathrm{e}}^{\ 2}}{\rho_{\mathrm{e}}C_{\mathrm{e}}}\int_0^{\tau} \varepsilon_{\mathrm{R}}^2(t)\mathrm{d}t \tag{2-5-4}$$

$$E_{\mathrm{T}} = \frac{A_{\mathrm{e}}E_{\mathrm{e}}^{\ 2}}{\rho_{\mathrm{e}}C_{\mathrm{e}}}\int_0^{\tau} \varepsilon_{\mathrm{T}}^2(t)\mathrm{d}t \tag{2-5-5}$$

式中：A_e、E_e、$\rho_e C_e$——弹性杆（入射杆、透射杆）横截面面积、弹性模量和波阻抗；

τ——应变波的持续时间；

ε_I、ε_R、ε_T——对应入射杆、透射杆上应变片收集到入射应变波、反射应变波和透射应变波。

根据一维应力波理论（应力波在试验试件、撞击杆件中传播始终是一维应力波）和第一个基本条件，计算得到以下理论公式：

$$\sigma(t)=\frac{E_e A_e}{2A_s}\left[\varepsilon_I(t)+\varepsilon_R(t)+\varepsilon_T(t)\right] \tag{2-5-6}$$

$$\varepsilon(t)=\frac{C_e}{L_s}\int_0^{\tau}\left[\varepsilon_I(t)+\varepsilon_R(t)+\varepsilon_T(t)\right] \tag{2-5-7}$$

$$\dot{\varepsilon}(t)=\frac{C_e}{L_s}\left[\varepsilon_I(t)+\varepsilon_R(t)+\varepsilon_T(t)\right] \tag{2-5-8}$$

式中：$\sigma(t)$、$\varepsilon(t)$、$\dot{\varepsilon}(t)$——总应力、总应变和平均应变率。

为保证砂岩试样在冲击过程中达到应力平衡，同时考虑到岩石的长径比一般比较小（本书所用砂岩试样的长径比为 1.4），故引入均匀性假设 $\varepsilon_I(t)+\varepsilon_R(t)=\varepsilon_T(t)$，则试件的应变率 $\dot{\varepsilon}(t)$ 可表示为：

$$\dot{\varepsilon}=-2\frac{C_e}{L_s}\varepsilon_R(t) \tag{2-5-9}$$

定义砂岩试样的体积为 V_s，则冲击荷载作用下砂岩试样单位体积的吸收能 E_v 为：

$$E_V=\frac{E_A}{V_S} \tag{2-5-10}$$

根据 SHPB 装置中波形储存器收集到的波形图，并运用式（2-5-4）、式（2-5-5）可计算冲击荷载作用施加的总能量及撞击试件时反射回入射杆中的能量 E_R 和透过试样进入透射杆中的透射能 E_T，根据能量守恒定律即可计算此时砂岩试样吸收的能量。在冲击试验中，由于试件存在尺寸差异，总的吸收能量不能代表岩石单位体积的破碎能耗，故可利用式（2-5-10）计算单位体积砂岩在冲击过程中吸收的能量，即单位体积岩石的破碎能耗。表 2-5-1 为冲击气压 0.7MPa 时部分试件的试验数据，其他冲击气压下数据由于篇幅限制未全部列出，0.7MPa 冲击气压对应的冲击入射能 E_I 约为 278J。

冲压气压 0.7MPa 时部分试件的试验数据　　表 2-5-1

围岩（MPa）	冲击次数	平均应变率（s^{-1}）	反射能（J）	透射能（J）	吸收能（J）	单位体积吸收能（J/cm^3）
2	1	71.04	83.27	118.40	76.33	0.557
	2	80.64	112.46	82.49	83.06	0.606
	3	86.52	127.41	62.38	88.21	0.644
	4	93.36	140.41	41.70	95.89	0.699
4	1	75.72	91.92	100.37	85.71	0.626
	2	81.58	113.17	76.99	87.84	0.641
	3	84.26	121.35	66.29	90.36	0.660
	4	86.14	127.95	55.76	94.29	0.688
6	1	77.45	105.52	94.90	77.58	0.566
	2	78.38	107.99	89.59	80.42	0.587
	3	80.20	119.29	76.77	81.94	0.598
	4	84.97	139.79	52.81	85.41	0.623
8	1	72.37	86.69	114.73	76.58	0.559
	2	79.27	107.56	88.22	82.21	0.600
	3	80.80	118.31	73.42	86.26	0.629
	4	82.69	127.13	61.33	89.54	0.654
10	1	73.66	89.92	114.03	74.05	0.540
	2	79.04	83.27	114.39	80.33	0.586
	3	84.49	92.09	92.92	92.98	0.679
	4	88.61	126.52	50.82	100.66	0.735

冲击气压相同时则表示输入的冲击能量相同。此时，围压相同情况下，冲击次数越大，反射能逐渐增大、透射能逐渐减小，同时砂岩的平均应变率和单位体积吸收能也相应增加，说明循环冲击荷载的增加使砂岩内部结构损伤逐渐增大。当冲击次数较小时，岩石内部只有初始裂纹和少量新产生的裂纹参与变形，当冲击次数增加时，前一次冲击产生的新裂纹继续扩展，同时冲击产生新的裂纹也逐渐扩展，累积应变相应增大，所以砂岩在相同的入射能情况下平均应变率增大，而每次冲击新裂隙的激活和扩展需要吸收更多的能量，导致对应的单位体积吸收能越大。砂岩内部裂纹越多，表明岩石越破碎、结构损伤越严重，冲击次数增加时，反射回入射杆的能量越来越多，在总能量一定时，对应的透射能越来越少，反映了砂岩在循环冲击荷载作用下动态力学性能的劣化。

定义 E_A/E_I 为岩石的吸能效率，表明在每次冲击荷载作用下用于破岩的能量所占比例，吸能效率值越大，能量利用率越高。在单次冲击荷载作用下，岩样与杆件接触面的能量损耗难以计算，且影响岩石吸收能耗的因素众多，故对此相关研究较少。

图 2-5-1 为 0.7MPa 冲击荷载作用时、不同围压下岩石吸收能量随冲击次数变化的相关数据，随冲击次数增加，能量吸收率随整体呈增加趋势，但在不同围压情况下规律不明显，这与砂岩试样结构初始离散性及试验过程中的环境误差有关，吸能效率最大值小于 0.38，这与已有研究中无论何种加载强度、延续时间和加载波形，岩石的吸能效率均小于 50% 的结论相同。

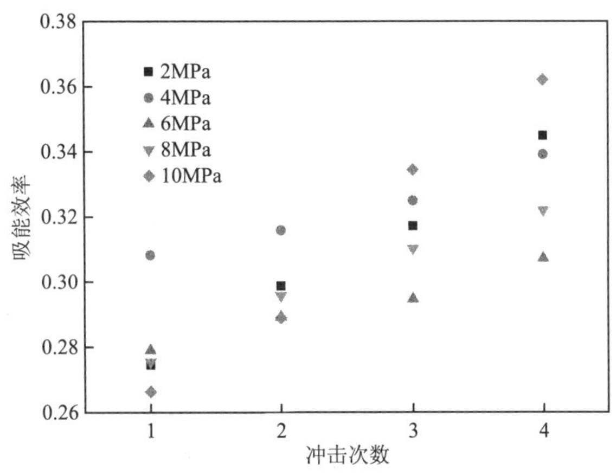

图 2-5-1　吸能效率随冲击次数变化

2.5.2　冲击荷载作用下岩体的损伤特征分析

1）损伤因子的测试及计算

岩石在长期的地质作用，不可避免地产生了大量随机分布、形状各异的初始裂纹及节理。岩石受到外界荷载作用时内部裂隙的分布和发育情况，将影响其宏观断裂、失稳情况。目前，针对岩石内部初始缺陷的研究，最为常用的理论为损伤理论。

冲击荷载作用于岩石时，会导致内部产生新的裂纹，同时已有裂纹、节理不断扩展、贯通，最终形成尺寸较大的主裂纹直至岩石发生宏观破裂。裂纹越多、岩石越破碎，而其抵抗变形的能力越弱。从宏观而言，弹性模量常被认为是衡量物体抵抗弹性变形能力大小的尺度，且弹性模量与纵波波速呈正比，故本章根据纵波波速的变化特征来量化岩石损伤，即选用声波波速法定义损伤变量。图 2-5-2 为

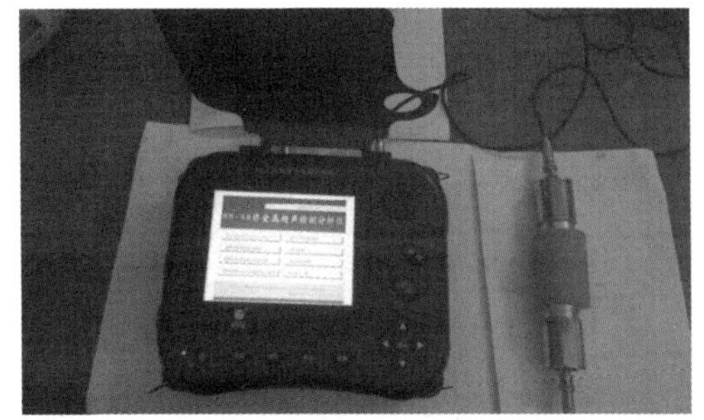

图 2-5-2　非金属超声波检测仪示意图

非金属超声波检测仪示意图。试验利用非金属超声波检测仪测量砂岩承受冲击前的初始波速和每次冲击后的波速，并定义损伤因子 D 为：

$$D = 1 - \left(\frac{V_i}{V_0}\right)^2 \tag{2-5-11}$$

式中：V_0——岩石试件未承受冲击荷载前纵波波速；

V_i——试件承受第 i 次冲击荷载后纵波波速。

损伤因子 D 表征了承受冲击荷载作用后砂岩内凝聚力性能减弱及体积单元破坏的情况。测量时需将每次冲击完的试件从 SHPB 系统上取下，然后利用超声波检测仪测量波速，过程重复且复杂，故可通过已有的试验数据，建立起不同冲击气压、围压、冲击次数与损伤因子之间的关系，为今后的工作提供参考。

2）损伤因子与平均应变率之间的关系

损伤因子 D 表征了承受冲击荷载作用后砂岩体积单元破坏及内凝聚力性能减弱的情况。$\dot{\varepsilon}$ 为平均应变率，表征了砂岩在承受冲击荷载过程中应变变化的速率。

图 2-5-3 为不同围压下损伤因子随平均应变率的变化情况，从图中可知，当围压不变时，砂岩的损伤因子随平均应变率增大而逐渐增大，说明应变率发展越快，材料内部由于微缺陷的产生和发展引起的结构劣化现象越明显；应变率相同时，砂岩的损伤因子随围压增大而减小，可认为围压的存在提高了砂岩的抗冲击强度，使其冲击荷载下内部结构损伤的演化速率降低了，且一定范围内围压越大，损伤演化速率越慢，说明围压能减缓其内部损伤演化，提高砂岩抵抗外部冲击的能力。

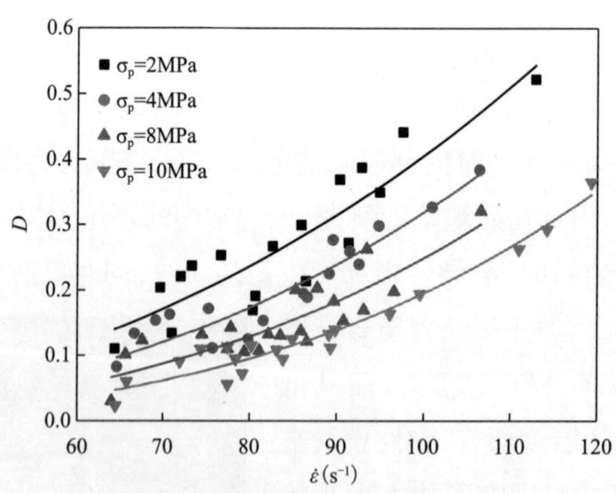

图 2-5-3　平均应变率—损伤因子关系图

利用幂函数（以 $D = a\dot{\varepsilon}^b$ 形式）对图 2-5-3 数据进行拟合，得到不同围压下损伤因子与平均应变率之间的关系表达式，判定系数 R^2 表示拟合公式的拟合度：

$$\begin{cases} \sigma_p = 2\ \text{MPa:} & D = 4.5\times10^{-6}\dot{\varepsilon}^{2.2032} & R^2 = 0.86 \\ \sigma_p = 4\ \text{MPa:} & D = 3.0\times10^{-6}\dot{\varepsilon}^{2.4855} & R^2 = 0.87 \\ \sigma_p = 8\ \text{MPa:} & D = 8.0\times10^{-7}\dot{\varepsilon}^{2.7979} & R^2 = 0.86 \\ \sigma_p = 10\ \text{MPa:} & D = 4.0\times10^{-8}\dot{\varepsilon}^{3.3242} & R^2 = 0.95 \end{cases} \tag{2-5-12}$$

图 2-5-4 为围压与系数 a、b 间的关系，对其进行线性拟合可得如下方程：

$$\begin{cases} a = 5\times10^{-6} - 6\times10^{-7}\sigma_p & R^2 = 0.9744 \\ b = 1.9199 + 0.1287\sigma_p & R^2 = 0.9346 \end{cases} \tag{2-5-13}$$

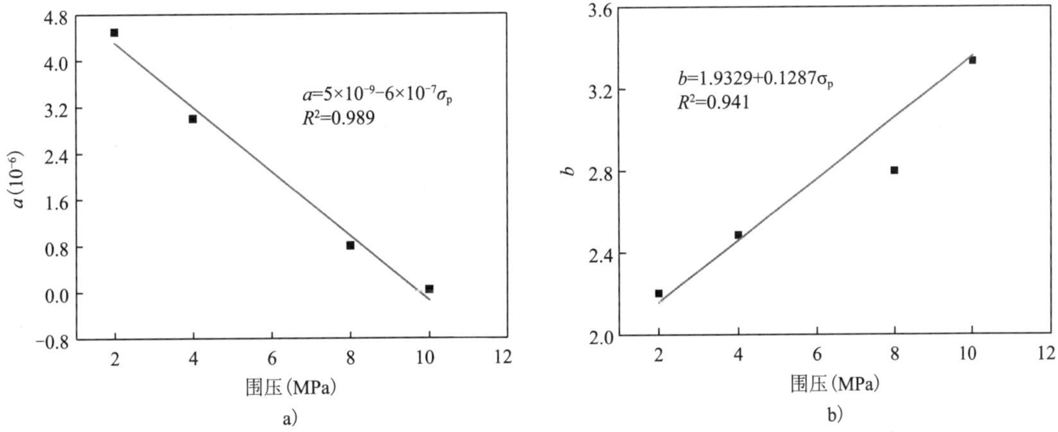

图 2-5-4　系数 a、b 与围压的关系

将围压作为参数内化，围压条件下砂岩损伤因子 D 与平均应变率 $\dot{\varepsilon}$ 的关系可表示为：

$$D = (5\times10^{-6} - 6\times10^{-7}\sigma_p)\dot{\varepsilon}^{1.8589+0.1502\sigma_p} \qquad \sigma_p \in [2,10] \tag{2-5-14}$$

对 $\sigma_p = 6\text{MPa}$ 的试验数据进行拟合，拟合曲线作为试验值，并将 $\sigma_p = 6\text{MPa}$ 代入公式（2-5-14）绘制曲线作为理论值，结果如图 2-5-5 所示。进行对比发现，二者曲线存在一定差值但数值不大且变化趋势相同，分析这种差异的原因与砂岩初始波速的离散性有关，可通过大量试验减小差异，故需要进一步的研究，但仍可利用公式（2-5-14）推算其他围压情况下损伤因子与平均应变率间的关系，建立砂岩承受冲击荷载作用时内部缺陷发展速率与承受冲击荷载后结构性能劣化情况间的联系，对工程实际具有一定的指导意义。围压为 0MPa 时，损伤因子数据较少，故经验公式未考虑此情况。

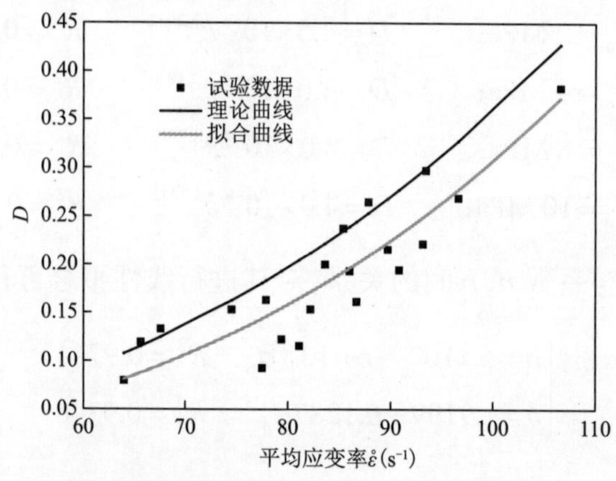

图 2-5-5　σ_p = 6MPa 时平均应变率—损伤因子关系

3）循环冲击荷载作用下岩体的损伤特征

（1）损伤因子与冲击气压之间的关系

图 2-5-6 为 6MPa 围压时、不同冲击气压下，损伤因子随冲击次数变化的情况。从图中可知在冲击气压值一定时，循环冲击次数越多，相应的损伤因子越大，即砂岩损伤越严重。冲击气压增大时，砂岩损伤因子随冲击次数增加而增大的趋势越明显，在图中表现为冲击气压为 0.6MPa、0.7MPa、0.8MPa 时，损伤因子随冲击次数增大的变化趋势相近，冲击气压为 0.9MPa、1.0MPa 时，损伤因子随冲击增大的趋势更明显。原因为冲击气压越大，对应输入砂岩内部的能量越大，用于砂岩破碎的能量也越大，所以损伤因子越大，说明增大冲击气压可明显提高岩石的破岩效率。为保证未施加冲击荷载作用时（即冲击次数为 0 时），砂岩的初始损伤值为 0，此处选用指数函数对图 2-5-6 数据进行拟合，指数函数、拟合公式及拟合相关系数分别如下。

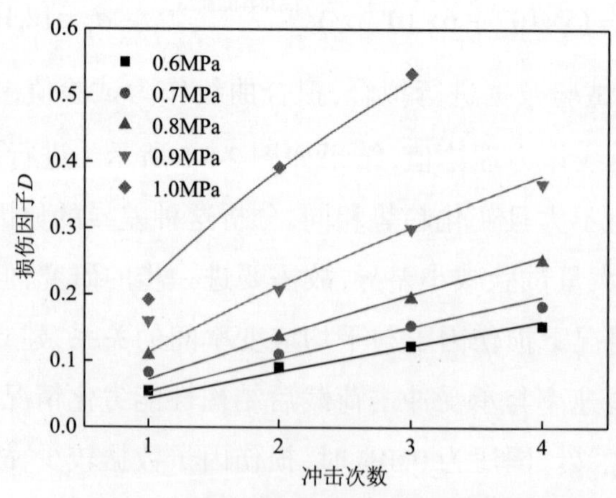

图 2-5-6　不同冲击气压下损伤因子随冲击次数变化

$$D=1-e^{-Ax}$$

$$\begin{cases} P_a=0.6\text{ MPa}: & D=1-e^{-0.04x} & R^2=0.844 \\ P_a=0.7\text{ MPa}: & D=1-e^{-0.05x} & R^2=0.905 \\ P_a=0.8\text{ MPa}: & D=1-e^{-0.06x} & R^2=0.865 \\ P_a=0.9\text{ MPa}: & D=1-e^{-0.11x} & R^2=0.907 \\ P_a=1.0\text{ MPa}: & D=1-e^{-0.24x} & R^2=0.986 \end{cases} \tag{2-5-15}$$

式中，D 表示损伤因子，指数标系数 A 可表示不同冲击气压下砂岩的损伤程度。将指数标系数 A 与冲击气压值进行拟合，拟合关系具体如图 2-5-7 所示。发现冲击气压从 0.6MPa 增至 0.8MPa 时，损伤呈匀速增加，冲击气压分别为 0.9MPa、1.0MPa 时，损伤因子增速加快，这与上文分析情况相同，说明冲击气压大于 0.8MPa 时，砂岩的吸能效率明显提升。其他围压下情况与此相似，不再赘述。

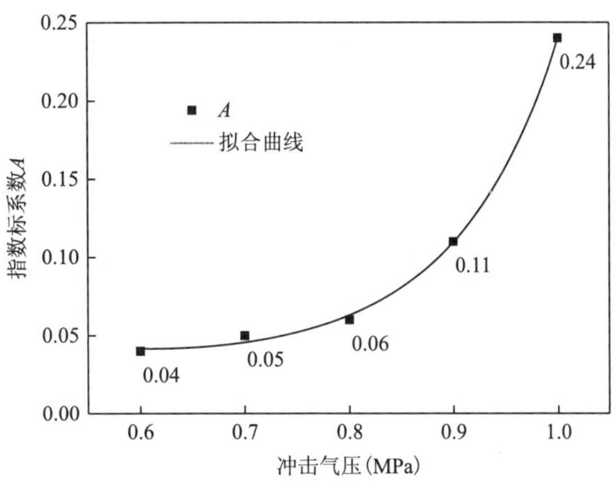

图 2-5-7　指数标系数 A 随围压变化曲线

（2）损伤因子与围压之间的关系

图 2-5-8 为 0.7MPa 冲击气压下时，损伤因子在不同围压下随冲击次数变化的情况。分析数据可知，围压相同时，损伤因子同样随冲击次数增大而增大；相同冲击次数下，围压越大，损伤因子越小，证明围压的存在不仅提高了砂岩的承载能力，还可以抑制岩样内部裂纹的发展，有效减小砂岩结构损伤。

为保证初始损伤因子为 0，同样利用指数函数对图 2-5-8 数据进行拟合，发现冲击次数较少时（如 1 ～ 2 次），拟合曲线偏离略大，冲击次数较大时（3 ～ 5 次），拟合曲线偏离程度较小。得到的不同冲击气压下损伤因子与冲击次数的关系表达式及拟合相关系数，如式（2-5-16）所示。

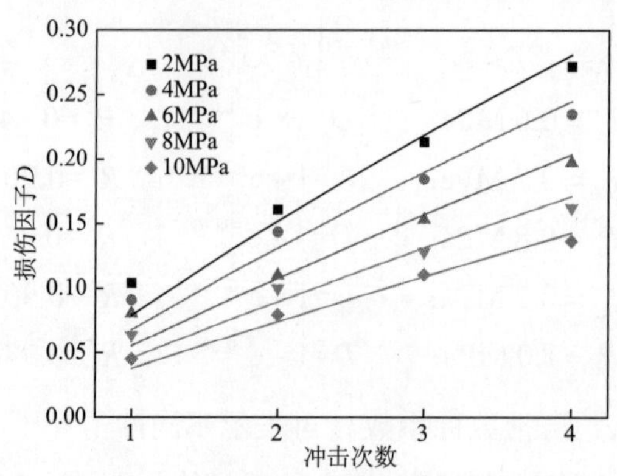

图 2-5-8　不同围压下损伤因子随冲击次数变化

$$D = 1 - e^{-Bx}$$

$$\begin{cases} \sigma_p = 2\ \text{MPa:} & D=1-e^{-0.084x} & R^2=0.975 \\ \sigma_p = 4\ \text{MPa:} & D=1-e^{-0.067x} & R^2=0.937 \\ \sigma_p = 6\ \text{MPa:} & D=1-e^{-0.053x} & R^2=0.906 \\ \sigma_p = 8\ \text{MPa:} & D=1-e^{-0.042x} & R^2=0.868 \\ \sigma_p = 10\ \text{MPa:} & D=1-e^{-0.036x} & R^2=0.840 \end{cases} \tag{2-5-16}$$

式中，D 为损伤因子；指数标系数 B 表示不同围压下岩石的损伤程度。

将指数标系数 B 与围压进行拟合，得到拟合图 2-5-9。在损伤因子随冲击次数变化图中（图 2-5-8），发现当围压范围在 2 ～ 6MPa 时，损伤因子随冲击次数增加速度较快，当围压增至 8 ～ 10MPa 时，损伤因子随冲击次数增加速度减缓，这在系数 B 与围压拟合关系曲线中保持了很好的一致性，系数 B 随围压增大而减小，且增速先快后慢，说明围压能减小砂岩在冲击荷载作用下的损伤，并且在一定范围内，围压越大，抑制损伤效果越好。

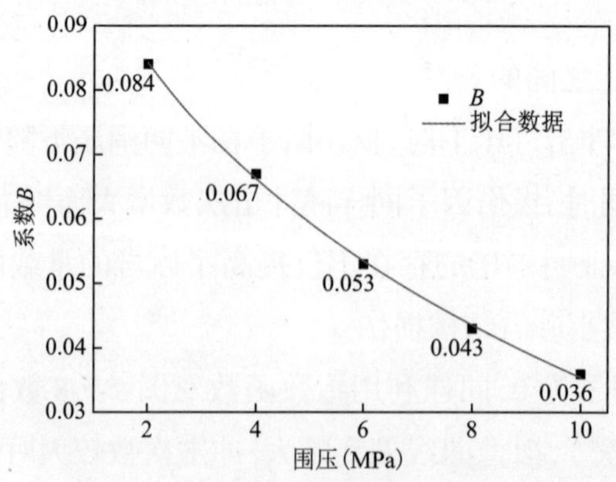

图 2-5-9　系数 B 随围压变化曲线

2.6　冲击荷载作用下岩体的破坏特征及机制分析

不同荷载作用下不同的岩石呈现的破坏模式也不尽相同，研究其破坏模式及破坏机理，有利于研究岩体在开挖过程中达到高效破岩的效果以及最大限度减小围岩损伤的目的。静荷载作用下岩石的破坏形态与冲击荷载作用（动荷载）时有明显的区别，冲击荷载能在短时间内给予岩石很高的能量，且其加载速率远大于岩石内部裂隙发展的速度，这使得岩石在冲击荷载作用下裂隙沿不同层次、不同方向有扩展的可能。许多学者研究了 SHPB 试验装置给岩石施加冲击荷载作用下的破坏形态，归纳发现岩石破坏模式主要有拉应力破坏、压剪破坏和张应力破坏。

对砂岩进行无围压作用时，在本试验所选的冲击气压下，岩样基本冲击一次便发生破坏。图 2-6-1 为冲击气压为 0.6 ～ 0.9MPa 时砂岩的最终破坏形态，主要呈现压碎破坏的形式，试样碎成大量碎块，冲击气压越大时，碎块块度越小。这是因为冲击气压较小时，砂岩受到的冲击能量及冲击速度均较小，内部裂隙有一定的扩展时间，所以才会出现一定块度碎块，当冲击气压增大，砂岩在短时间内承受很大的冲击能量及冲击速度，岩石内部裂隙、缺陷还来不及反应就被高能量激发，出现更加破碎甚至粉碎的现象。

a）$P_a = 0.6\text{MPa}$

b）$P_a = 0.7\text{MPa}$

c）$P_a = 0.8\text{MPa}$

d）$P_a = 0.9\text{MPa}$

图 2-6-1　无围压作用时砂岩破坏特征

有围压作用时，采用损伤因子定义砂岩的损伤程度，损伤因子不同时，砂岩试件的损伤情况不同，选取不同冲击气压下岩样最终损伤形态，具体如图 2-6-2 所示。冲击气压较小而围压较大时损伤很小，肉眼基本不可见，故未列出图片。图 2-6-2 各分图岩样所对应的最终损伤因子分别为 0.257、0.376、0.505 和 0.537，同时对所有试验数据分析，发现当损伤因子达到 0.52 以上时，砂岩试样将发生宏观破坏（此结论仅适用于本试验）。

a) $P_a = 0.7\text{MPa}$

b) $P_a = 0.8\text{MPa}$

c) $P_a = 0.9\text{MPa}$

d) $P_a = 1.0\text{MPa}$

图 2-6-2　有围压作用时砂岩破坏特征

当损伤因子小于 0.3 时，砂岩试件上并没有出现明显的宏观裂纹。当围压为 4MPa、冲击气压 0.8MPa 下对砂岩试件进行 4 次循环冲击试验，最终损伤因子达到 0.376，此时试件中间出现一条剪切斜裂纹；冲击气压为 0.9MPa 时，第三次冲击下岩石试件表面出现一条明显的剪切裂纹，当继续冲击试件时则会沿裂纹处破裂成两段；1.0MPa 冲击气压时，同样冲击 3 次后砂岩试件出现明显的剪切裂纹，此时，在剪切裂纹两侧还产生了两条张拉裂纹。

冲击次数一定，在冲击气压较小时，砂岩表面产生大量微裂纹，随着冲击气压增大，砂岩试件表面出现剪切斜裂纹，当冲击气压增加到一定程度，砂岩试件沿着最大剪切面破裂，同时伴随着张拉破坏。

当冲击荷载作用于砂岩试件上时，相当于一定大小的冲击能量被输入到砂岩内部，输入的能量越大即冲击气压越大，砂岩吸收用于破岩的能量越大，相应在砂岩内产生反射波的能量也越大，当反射能达到一定值时，则在砂岩内薄弱破裂处反射的能量足以将试件拉断，出现明显的张拉破坏裂纹。

2.7　本章小结

本章利用 SHPB 试验系统对砂岩试件进行了不同冲击气压、不同围压梯度下的循环冲击试验，主要分析了波形特征和波在砂岩试件中传播时存在的非线性效应，同时对循环冲击荷载下砂岩的应力—应变特征及动态模量等物理力学参数展开了讨论。在此基础上，根据超声波测损法引入了损伤因子，对承受循环冲击荷载作用时砂岩的能耗特征及损伤特征进行了研究。主要得到以下几点结论：

（1）冲击气压一定、围压级别相同时，随着冲击次数的增加，反射波电压幅值越来越大，透射波电压幅值越来越小，且反射波及入射波到达峰值的时间均相应推迟，这主要是循环冲击荷载增加了砂岩内部结构损伤，使砂岩的弹性模量减小进而降低了波在砂岩中的传播波速。

（2）冲击气压相同时，随着围压增加，透射波到达峰值的时间则越早，即表明围压的存在可有效抑制裂隙发展、提高砂岩承载力，且在一定范围内，围压值越大效果越明显；围压一定时，随冲击气压的增大，归一化幅值比随冲击次数的增加而逐渐减小，说明较大的冲击气压能有效实现岩石损伤，提高破岩效率。

（3）透射波在砂岩试件中传播时发生明显的波形畸变，认为波在砂岩材料中为非线性传播。计算得到不同冲击气压下砂岩内形成冲击波的距离，发现本试验过程中砂岩试件中并未形成冲击波，且冲击波形成距离随着冲击气压的增大基本呈线性减小。

（4）砂岩在无围压作用下发生脆性破坏，而在有围压作用下的动应力—应变曲线表现出明显的弹塑性特征，当达到屈服应力时，应变随时间持续增长而应力变化较小，即为塑性应变增加出现的屈服平台，此时试件破坏为塑性破坏。

（5）固定围压变动冲击气压时，动态模量随冲击气压增大而增大；冲击气压越大，砂岩的动态模量、峰值应力及峰值应变均相应增加，而恢复应变与峰值应变之比逐渐减小，说明在一定范围内冲击气压能增加岩石的致密性、提高其承载能力；冲击气压一定时，恢复应变与峰值应变之比随冲击次数增加而降低，表明较大的冲击气压会削弱岩样的弹性变形性能。

（6）砂岩损伤因子随平均应变率增大呈幂函数增长。平均应变率相同时，围压越大砂岩损伤因子越小，说明围压能提高砂岩抵抗外部冲击的能力，并减缓其内部损伤演化。砂岩承受冲击荷载作用时内部缺陷发展速率与承受冲击荷载后结构性能劣化情况间具有良好的规律性。

（7）无围压作用时，砂岩呈现压碎破坏形式，且冲击气压越大，碎块块度越小；有围压作用时，岩样表面出现剪切破坏裂纹，且冲击气压增大时，伴随剪切破坏出现张拉破坏形态；当损伤因子到达 0.52 以上时，岩样发生宏观破坏。

第3章 爆破冲击作用后岩体力学特性及声发射特征研究

3.1 概　　述

在爆破施工过程中，难免对岩体造成损伤，使工程岩体通常处于带损伤工作状态，同时也将影响岩体的强度、变形等力学特性，进而直接影响工程的安全性，因此有必要针对爆破冲击荷载后岩体力学特性展开研究。同时，在外荷载作用下，岩石内部的微裂隙不断衍生、扩展使岩石不断产生损伤累积，最后形成宏观裂纹，在此过程中产生的声发射现象，作为外在响应的一种，被广泛用于动态监测岩石的破坏过程及内部裂纹的发展过程，根据声发射振铃计数率、能量、事件数、振幅值等参数可以有效分析岩石变形破坏的过程，进而建立声发射特性与其变形破坏过程的内在联系。

3.2 试验原理及方案

3.2.1 数据采集的装置及设备

1）岩石三轴测试系统

岩石的单轴压缩试验采用 ZTRE-210 微机控制岩石三轴测试系统，如图 3-2-1 所示，这是一种新型岩石三轴试验机，颠覆传统岩石三轴试验机的结构，采用全新的结构设计。在功能保持不变的情况下，使其综合性能得到提升。该试验机轴向最大负荷为 2000kN，围压最大可加至 100MPa，温度最高可达 200℃。试样直径为 25 ～ 100mm，高度为直径的 1.8 ～ 2.2 倍。

该设备整体采用 42CrMn 合金材料生产制造。此材料强度较高，使设备仅用较小的体积就可以达到试验要求，有效减小了试验机的占地空间。该设备使用内置负荷传感器，该传感器适用围压最大可至100MPa，短时间耐温200℃，长时间耐温150℃。其内置传感器可以直接测量试样的受力状态，排除其他干扰。该试验机的加载活塞设计为一体式自平衡活塞，区别于传统的加载活塞和自平衡活塞两体结构，可以使自平衡活塞在试验中由被动移动转化为主动移动（若负荷传感器外置，被动移动会消耗加载试样上的能量，内置负荷传感器在加载过程中对试样没有影响，但是卸载时会使试样的能量有一部分转化为活塞移动的能量）。一体式自平衡活塞可以有效解决上述问题，对岩石压缩试验过程的模拟提供了更高精度的仿真。

图3-2-1 ZTRE-210微机控制岩石三轴测试系统

该测试系统完全满足岩石力学试验机测试要求的国际标准。它能够实时显示试验曲线和试验结果，能够对试验进行全过程监控；具有强大的数据和图形处理能力，可生成完整的应力—应变曲线、应力—位移曲线、负荷—变形曲线、负荷—位移曲线、应力—时间曲线、负荷—时间曲线、变形—时间曲线、位移—时间曲线等，全部实现自动化；在试验过程中可动态显示负荷值（荷载值）、变形值、位移值、试验曲线等；可实现恒试验力（单轴或三轴流变）、恒位移、恒变形（单轴或三轴松弛）、恒速率荷载值、恒速率位移、恒速率变形以及多种控制方式多种试验速率的程序试验，并可在一次试验中实现负荷、变形、位移三段控制，各控制之间可平滑无缝切换。通过计算机对试验全过程进行负荷、应力、变形、应变、位移等速率伺服控制并可保持稳定。全部控制过程可通过计算机键盘及鼠标来完成，同时也设有必要的手动控制装置。

2）声发射系统

岩石压缩过程的声发射监测采用的是PCI-2声发射监测系统，PCI-2是PAC公司最新研制、适用于大学、研究所等高端声发射研究用的高性能声发射检测系统，能同时实现特征参数提取和波形处理。该系统具有18位的A/D转换速率、1kHz～3MHz的频率范围，是最新型的声发射研究工具。PCI-2声发射检测系统具有如下主要特性：

（1）低噪声、低功耗，非常适用于实验室研究；

（2）内置18位的A/D转换器，更适用于低门槛设置；

（3）4个高通，6个低通滤波器；

（4）采样率最高可达40MHz；

（5）PCI-2上装有数据流量器，可将声发射波形连续存入硬盘，速度可达10Mbit/s；

（6）每块板卡上有两个外参数输入通道，更新速度可达到 10kbit/s。

声发射检测系统示意图如图 3-2-2 所示。

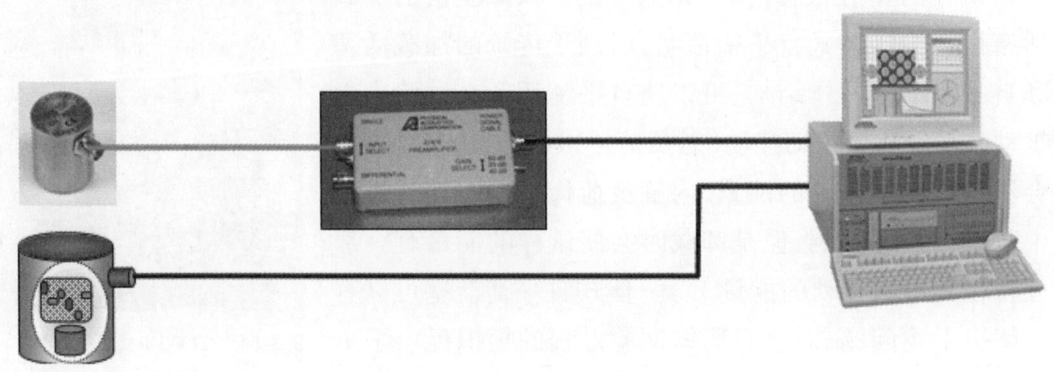

图 3-2-2　声发射检测系统示意图

3.2.2　试样单轴压缩试验原理

岩石同其他固体材料一样，在受力过程中首先发生变形；随着作用力增大，变形量随之增加；当力和变形量超过一定的限度以后，即发生破坏。通过岩石单轴压缩，可以获得岩石单轴抗压强度、弹性模量、泊松比等参数，可测得试件的抗压强度和弹性常数，以及了解岩石单轴压缩过程中的变形特征和破坏类型。

岩石抗压强度是岩石抵抗单轴压力破坏的最大能力，即标准岩石试样在压力作用下破坏时的最大荷载与垂直于加荷方向的截面积之比。岩石在弹性极限以内的单轴压力作用下，其应力和应变之比近于常数，此比值称为弹性模量，横向应变与纵向应变之比称为泊松比。在纵向压力作用下测定试样的纵向变形和横向变形，并据以计算岩石的弹性模量和泊松比，通常用抗压强度的 50% 的应力和相应的纵向应变值计算弹性模量，用该应力下的横向应变值和纵向应变值计算泊松比，也可以根据需要计算任何应力下的弹性模量和泊松比。

当岩石因裂纹扩展产生大应变时，通过传感器把这一信号输入伺服控制器中，伺服控制器给伺服阀信号，使伺服阀打开，压力降低，使试件保持恒定的变形速率，从而控制了岩石的破坏，并得到峰值后的变形曲线。图 3-2-3 为伺服控制刚性试验机原理图。

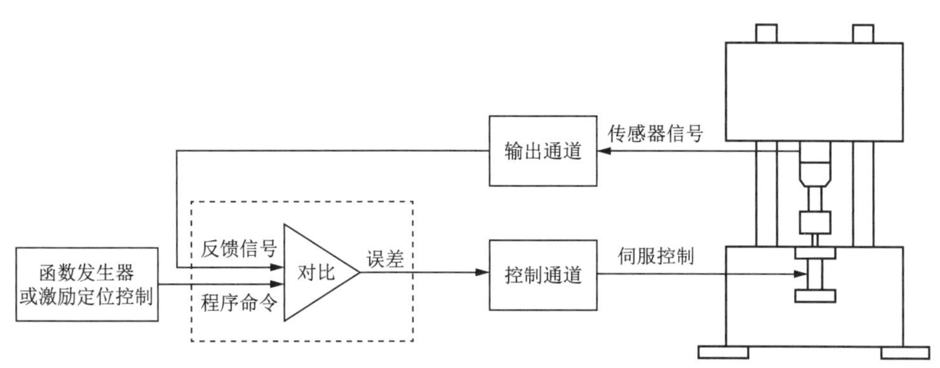

图 3-2-3　伺服控制刚性试验机原理图

3.2.3　声发射检测原理

1)声发射检测的定义及优点

声发射是指材料在受到外荷载作用时,其内部贮存的应变能快速释放产生弹性波的现象。德国物理学家 Kaiser 发现经过一次应力作用的磁滞材料如金属,当再次加载到先前经受过的应力水平后,其声发射活动将突然增加,这种岩石的声发射活动能够“记忆”岩石所受过的最大应力的效应被称为 Kaiser 效应。从很少产生声发射到大量产生声发射现象的转折点成为 Kaiser 点,该点对应的应力即为材料先前受到的最大应力。实验理论正是利用 Kaiser 点的测取来得到地应力的大小。通常认为声发射是岩石的微破裂造成的,在岩石承载大于历史最大应力条件时,岩石出现新的微破裂,产生较强的声发射信号,出现 Kaiser 点。

岩石作为一种非均质的各向异性的脆性材料,当外部应力条件或温度发生改变时,其内部应力状态的变化是不均匀的,其内部的晶体颗粒发生错动、断裂,以应力波形式释放出应变能的现象称为岩石的声发射(AE)现象。声发射检测原理如图 3-2-4 所示,从声发射源发射的弹性波最终传播到达材料的表面,引起可以用声发射传感器探测的表面位移。这些探测器将材料的机械振动转化为电信号,再被放大、处理和记录,对观察到的声发射信号进行分析与推断,可以了解岩石产生声发射的机制。

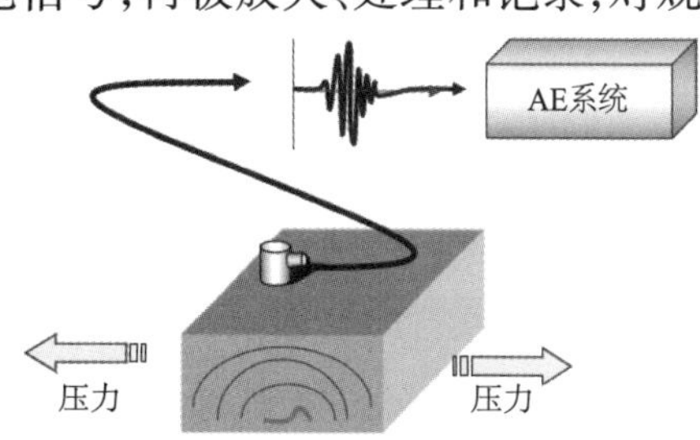

图 3-2-4　声发射检测原理图

声发射检测方法在许多方面不同于其他常规无损检测方法,其优点主要表现为:

(1)声发射是一种动态检验方法,声发射探测到的能量来自被测试物体本身,而不是像超声或射线探伤方法一样由无损检测仪器提供；

（2）声发射检测方法对线性缺陷较为敏感，它能探测到在外加结构应力下这些缺陷的活动情况，而稳定的缺陷不产生声发射信号；

（3）在一次试验过程中，声发射检验能够整体探测和评价整个结构中活性缺陷的状态；

（4）可提供活性缺陷随荷载、时间、温度等外变量而变化的实时或连续信息，因而适用于工业过程在线监控及早期或临近破坏预报；

（5）由于对被检件的接近要求不高，而适于其他方法难于或不能接近环境下的检测，如高低温、核辐射、易燃、易爆及极毒等环境；

（6）对于在用设备的定期检验，声发射检验方法可以缩短检验的停产时间或者不需要停产；

（7）对于设备的加载试验，声发射检验方法可以预防由未知不连续缺陷引起系统的灾难性失效和限定系统的最高工作荷载；

（8）由于对构件的几何形状不敏感，而适于检测其他方法受到限制的形状复杂的构件。

2）声发射检测的物理基础

（1）凯赛尔效应

凯赛尔效应是德国学者凯赛尔在1963年研究金属声发射特性时发现的。材料被重新加载期间，在应力值达到上次加载最大应力之前不产生声发射信号。多数金属材料和岩石中，可观察到明显的凯赛尔效应。

（2）费利西蒂效应

在重复加载前，如产生新裂纹或其他可逆声发射机制，凯赛尔效应则会消失。材料重复加载时，重复载荷到达原先所加最大载荷前发生明显声发射的现象，称为费利西蒂效应，也可以认为是反凯赛尔效应。重复加载时的声发射起始荷载 P_1 对原先最大荷载 P_2 之比 P1/P2，称为费利西蒂比。费利西蒂比作为一种定量参数，较好地反映材料中原先所受损伤或结构缺陷的严重程度，已成为缺陷严重性的重要评定判据。

（3）衰减

衰减就是信号的幅值随着离开声源距离的增加而减小。衰减限制了声源距离的可检测性。因此，对于声发射检验来说它是确定传感器间距的关键因素。传播衰减的大小，关系到每个传感器可检测的距离范围，在源定位中成为确定传感器间距或工作频率的关键因素。为了减少衰减的影响，常采取的措施包括降低传感器的频率或减小传感器间距。

3)声发射检测的信号参数

目前人为地将声发射信号分为突发型和连续型。如果声发射事件信号是断续的，且在时间上可以分开，那么这种信号就称为突发型声发射信号。裂纹扩展、断铅信号等都是突发型声发射信号。

突发型声发射信号的各个参数定义如下：

(1)撞击：超过门槛并使某一个通道获取数据的任何信号称之为一个撞击。它反映了声发射活动的总量和频度，常用于声发射活动性评价。

(2)事件：同一个撞击被多个通道同时检测到并能进行定位。

(3)计数：超过门槛信号的振荡次数，用于声发射活动性评价。

(4)能量：信号检波包络线下的面积，反映信号的强度。

(5)持续时间：信号第一次越过门槛至最终降至门槛所经历的时间间隔。

(6)上升时间：信号第一次越过门槛至最大振幅所经历的时间。

4)不同损伤因子试样的受压破坏及声发射试验过程

首先利用 SHPB 试验系统采取不同的围压和冲击气压对试样进行冲击试验(第 2 章试验内容)，以便得到带有不同初始损伤的试样。将冲击后的大量试样进行初步筛选，选出其中表观完整，且不平行度与不垂直度仍满足单轴压缩试验要求的部分，对于这部分带有初始损伤的砂岩试样，采用 ZTRE-210 微机控制岩石三轴测试系统进行单轴加载。先采用位移控制方式，以 5mm/min 加载到 2kN；然后改用负荷控制，以 200N/s 加载到 10kN，此过程中观察竖向变形—时间曲线，待曲线斜率固定，呈平稳上升趋势，则切换到变形控制方式，以 0.02mm/min 加载直至试样破坏。图 3-2-5 为试样加载示意图。

单轴压缩试验同时采用 PCI-2 声发射检测系统进行声发射监测。试验中采用了 6 个声发射探头，分为上、中、下三层，两两对应布置，声发射探头布设如图 3-2-6 所示。耦合剂采用凡士林，并用胶带裹缠固定，使探头与试样紧密接触。设定声发射系统的增益为 40dB，门槛值 40dB，撞击事件 50μs，撞击间隔 300μs，采样时间 100Ms/ 次。

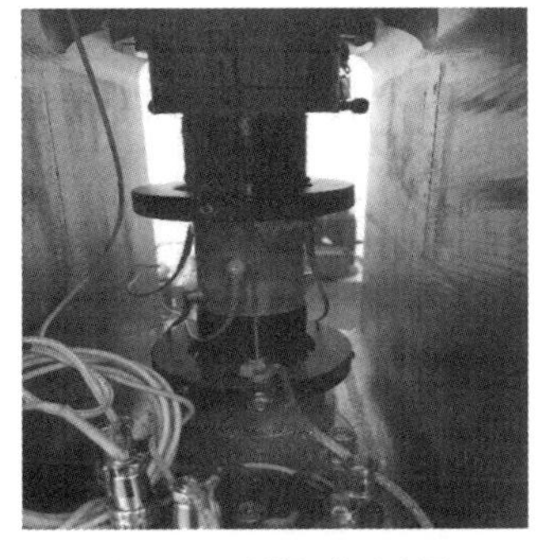

图 3-2-5　试样加载示意图

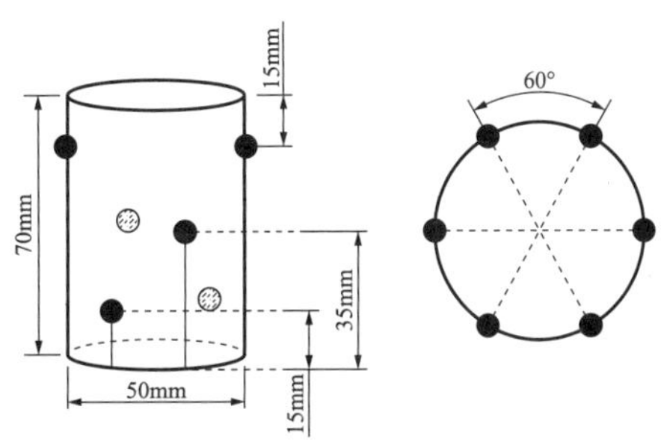

图 3-2-6　声发射探头布设图

3.3 冲击后的不同损伤因子试样的强度及应力—应变特征分析

3.3.1 不同损伤因子试样的强度特征分析

当冲击速度较高即冲击气压较大时，岩石主要呈现压碎破坏的模式，而由于试验过程中围压的施加抑制了裂纹的扩展和贯通，所以这部分试样表面未形成明显裂纹，但是内部其实已经产生较多交错纵横的微裂纹，而损伤因子可以较好地量化这种初始损伤。损伤因子与单轴抗压强度之间的关系如表 3-3-1 所示，从总体上看，砂岩试样的单轴抗压强度随着损伤因子的增加而呈现减小的趋势，剔除个别离散性较大的数据后，采用线性函数拟合结果如图 3-3-1 所示。可以看出初始损伤对砂岩的单轴抗压强度的影响是很明显的，初始损伤因子越大，则反映出内部微裂纹孔隙越发育，而这些微裂纹的分布不仅影响到后续破坏演化方式，也直接影响了砂岩的承载能力。总体上来看，内部裂纹越发育，则砂岩的单轴抗压强度越低，个别有稍许不符合的情况可能是受裂纹分布的方向和裂纹之间相互作用的影响，也不排除个别试样本身强度的离散性较大的因素。

不同初始损伤的砂岩单轴抗压强度　　表 3-3-1

编　号	损伤因子	单轴抗压强度(静)(MPa)
1	0	76.18
2	0	67.54
3	0.043	67.78
4	0.080	56.03
5	0.091	48.38
6	0.097	55.44
7	0.108	46.66
8	0.109	62.11
9	0.138	58.87
10	0.156	52.83
11	0.179	50.20
12	0.215	65.05
13	0.278	53.04
14	0.313	37.58
15	0.376	24.75
16	0.437	16.07

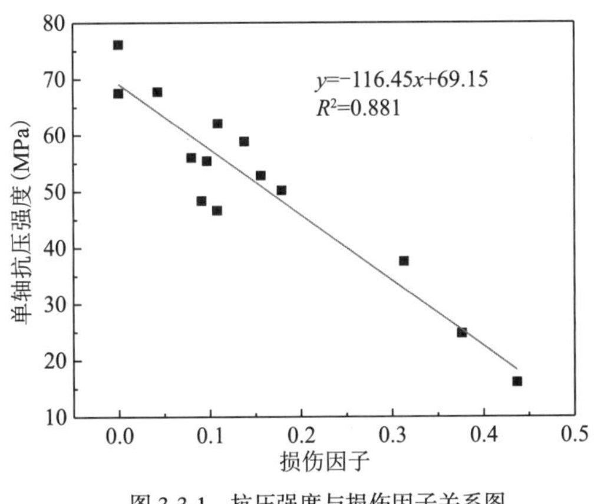

图 3-3-1　抗压强度与损伤因子关系图

3.3.2　不同损伤因子试样的应力—应变特征分析

图 3-3-2 为不同损伤因子的砂岩的应力—应变曲线图，从图中可以看出随着损伤因子的增大，总体呈现出应力—应变曲线斜率减小，峰值应力降低的规律。图 3-3-2a）为无初始损伤的两个砂岩试样的应力应变曲线，可以看出其变化规律几乎一致，曲线经历压密、弹性变形、塑性变形、破坏、峰后残余变形这五个阶段。从图 3-3-2b）中可以看出，损伤因子为 0.043 时，应力—应变曲线与无初始损伤的应力—应变曲线趋势相似，而当损伤因子为 0.080、0.091 和 0.097 时，其峰值应力发生明显跌落，且曲线在到达峰值的前后存在几次起伏，破坏及峰后阶段的曲线走势不光滑；当损伤因子分别为 0.109 和 0.179 时［图 3-3-2 c）］，应力—应变曲线存在多次起伏的现象更为明显，分析其原因是曲线每次到达峰值时，试样进一步产生损伤，内部结构发生变化，可能使已有的裂纹间互相错动后又嵌锁在一起，由于此时裂纹还未完全贯通，试样没有发生整体破裂；当损伤因子大于 0.2 时［图 3-3-2d）］上述错动现象又有所减弱。

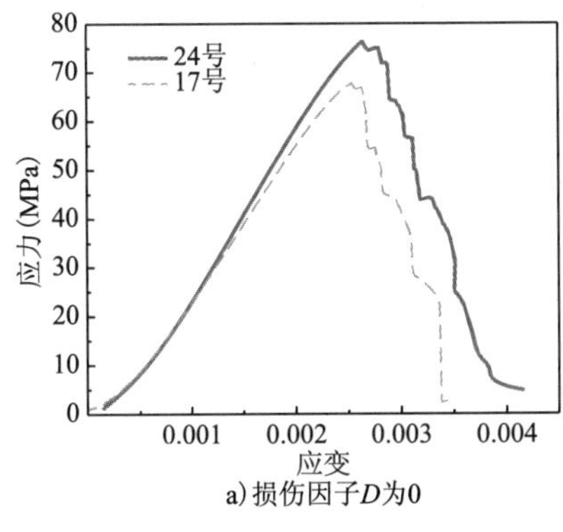

a）损伤因子 D 为0

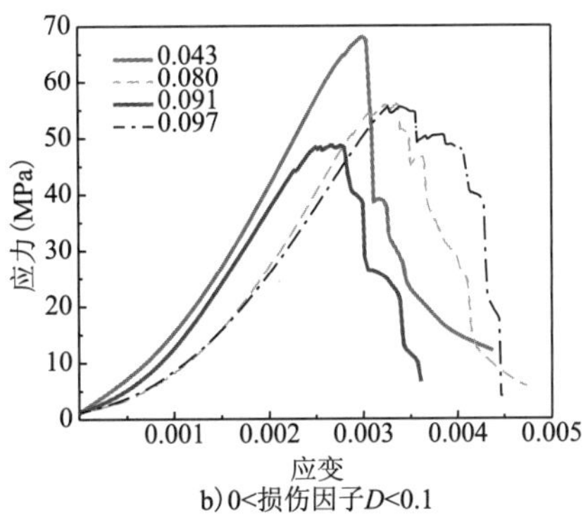

b）0<损伤因子 D<0.1

图　3-3-2

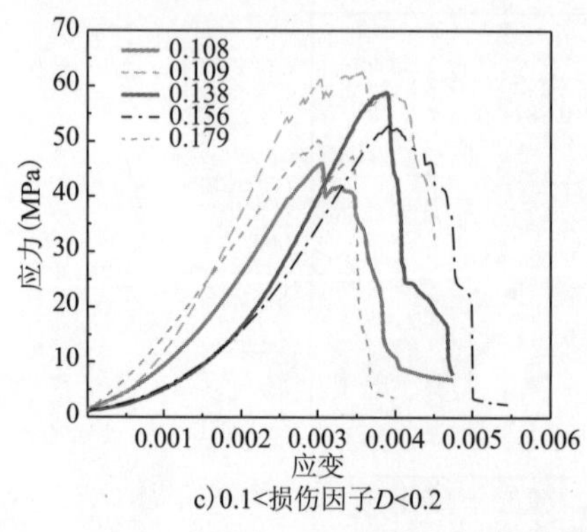

c) 0.1<损伤因子D<0.2

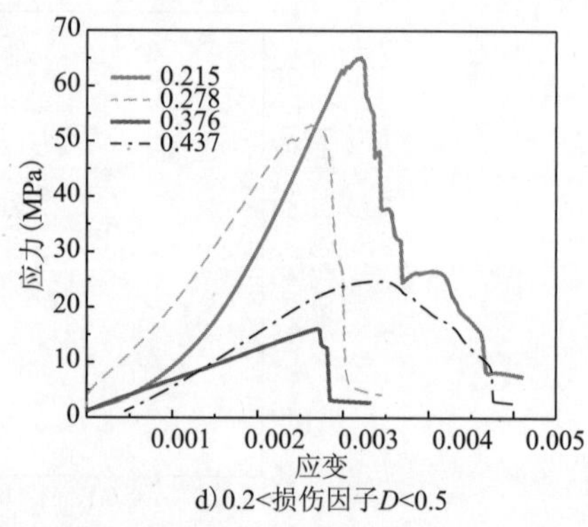

d) 0.2<损伤因子D<0.5

图 3-3-2 不同损伤因子砂岩应力—应变图

3.4 冲击后的不同损伤因子试样的破坏特征分析

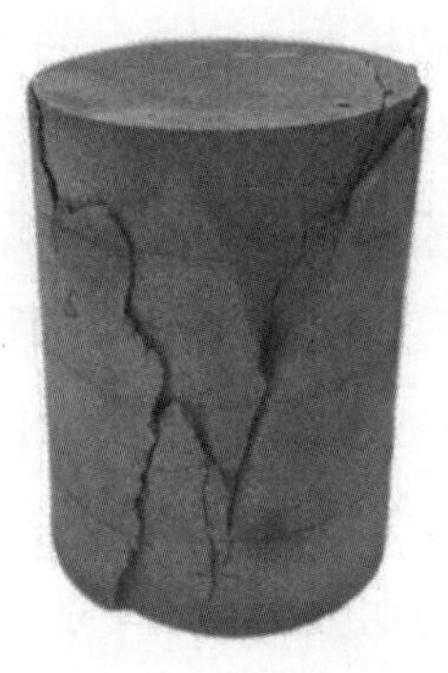

图 3-4-1 无初始损伤试样受压破坏特征

由试验结果可以发现，无初始损伤的砂岩试样呈现劈裂破坏，如图 3-4-1 所示。这是由于砂岩质地相对比较均匀，在受压时内部产生的损伤分布也较均匀，往往形成较多微裂纹，随后这些微裂纹继续发育连通，试样表层逐渐剥落破坏，破裂面较多且不规则，而内部则相对完整，这是由于外层没有径向约束，故而在拉应力作用下相比内部更容易破坏。

对于带有初始损伤的试样，由于其初始损伤的形式和程度差异，故而呈现出不同的破坏模式。当损伤因子小于 0.1 时，试样内部已经产生纵向主裂缝，继续施加静载时，损伤沿着已有的裂缝进一步聚集，最终裂缝发展至试样表面，破裂面均平行于试样轴向方向，呈现出劈裂破坏模式，且破裂面上无石粉碎屑，如图 3-4-2a)、b)、c)所示。

当损伤因子介于 0.1 ～ 0.3 之间时，受压破坏时内部裂缝多为轴向，如图 3-4-2 d)、e)，故进一步加载后形成的破裂面主要平行于轴向，试样沿几个轴向破裂面劈裂成块，几乎未出现折断，故而这类破坏的试样尚有一定承载能力，抗压强度折减较少；当损伤因子大于 0.3 时，受压破坏的破裂面形成圆锥体或近似圆锥体，分析其原因是经过多次冲击，裂纹发育比较成熟，在进一步加载时，裂隙之间黏聚力很小，故而试样沿裂隙错动形成剪切滑移破坏，进而形成接近圆锥面的滑移破裂面，此类破坏的试样破裂面上由于滑移摩擦，沾有较多石粉，且表现出抗压强度大幅降低，如图 3-4-2 f)、g)所示。

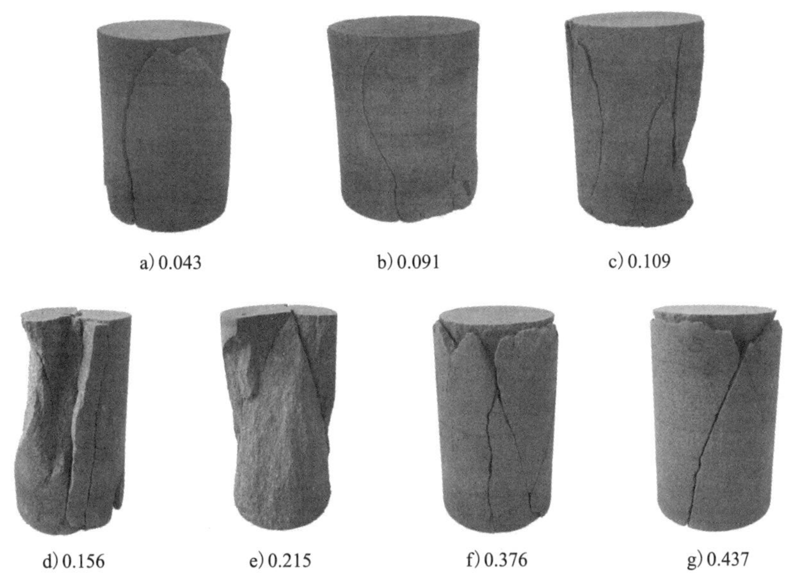

a) 0.043　b) 0.091　c) 0.109

d) 0.156　e) 0.215　f) 0.376　g) 0.437

图 3-4-2 不同损伤因子试样受压破坏特征

总体来看，无初始损伤砂岩呈现由外向内剥离形式的劈裂破坏模式，而对于有初始动载损伤的砂岩，随着损伤因子的增大，单轴抗压强度逐渐降低，砂岩试样由局部破坏逐渐发展为整体破坏，且由劈裂破坏向剪切滑移破坏转化，破裂面也逐渐增多。

3.5 冲击后的不同损伤因子试样的声发射特征

3.5.1 振铃计数及能量特征

试验过程中，岩石内部不断萌生新裂隙、新旧裂隙的发展及破裂面之间的错动摩擦均会产生大量声发射活动。将6个传感器采集到的数据进行整体分析，以讨论不同损伤梯度砂岩的声发射特性。在声发射特征参数中，振铃计数率和能量这两个参数能较好反映岩石内部微裂纹的发展演化过程，因而重点对这两个参数进行分析。

图3-5-1为无初始损伤砂岩的声发射振铃计数与能量的时间分布图，从图中可以看出，加载初期基本没有声发射活动产生，这是因为砂岩比较致密均匀，原生孔隙、裂纹较少，因此压密阶段几乎没有声发射现象。在弹性阶段，砂岩主要发生弹性变形，与大量岩石声发射试验的规律相同，几乎不发生声发射活动。声发射活跃期出现在应力峰值之后，表现为声发射振铃计数与能量同时剧增。并且在峰后声发射活动并没有立刻恢

复平静，而是依旧活跃，可维持100s左右的时间，说明砂岩在峰后阶段裂纹依旧在扩展贯穿，裂纹间发生摩擦，直至完全破碎失去承载能力。

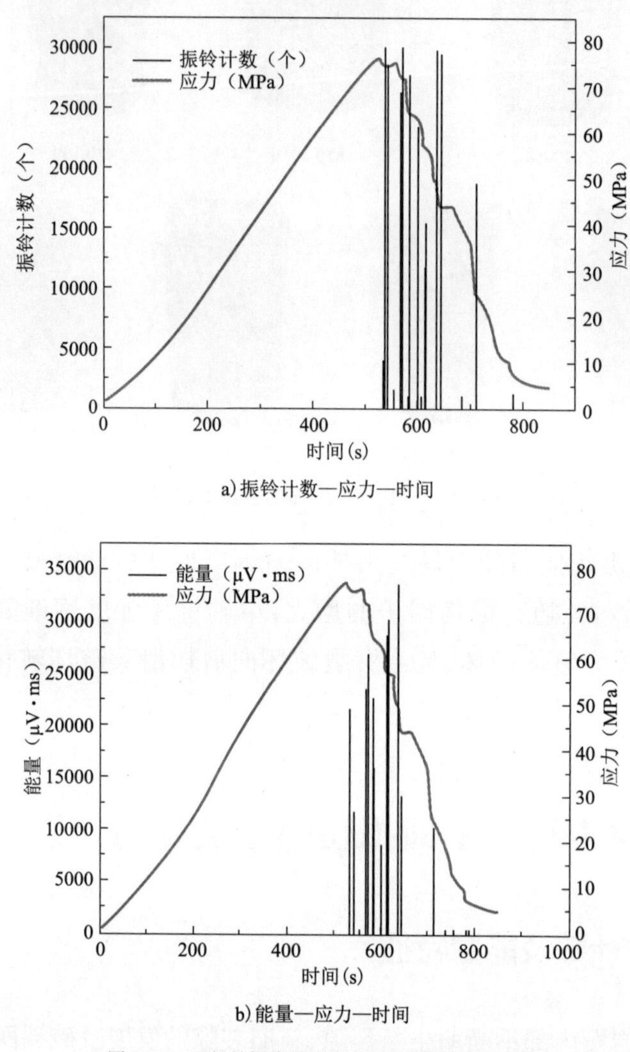

a)振铃计数—应力—时间

b)能量—应力—时间

图3-5-1　无初始损伤的砂岩声发射振铃计数和能量

图3-5-2为损伤因子在0～0.1之间的砂岩的声发射振铃计数与能量的时间分布，可以看出在起始压密阶段，损伤因子为0.043的试样仍然没有声发射活动，而损伤因子为0.080的试样已经可以看到微弱的声发射活动，说明损伤因子越大，砂岩内部的孔隙和裂纹越发育，在压缩过程中这些孔隙和裂纹被压密，产生了一定的声发射活动。并且声发射的活跃期不完全产生在应力峰值之后，在到达峰值之前的较短时间内，振铃计数和能量均发生明显增长，在应力峰值处声发射活动最活跃，在峰后逐渐趋于平静。

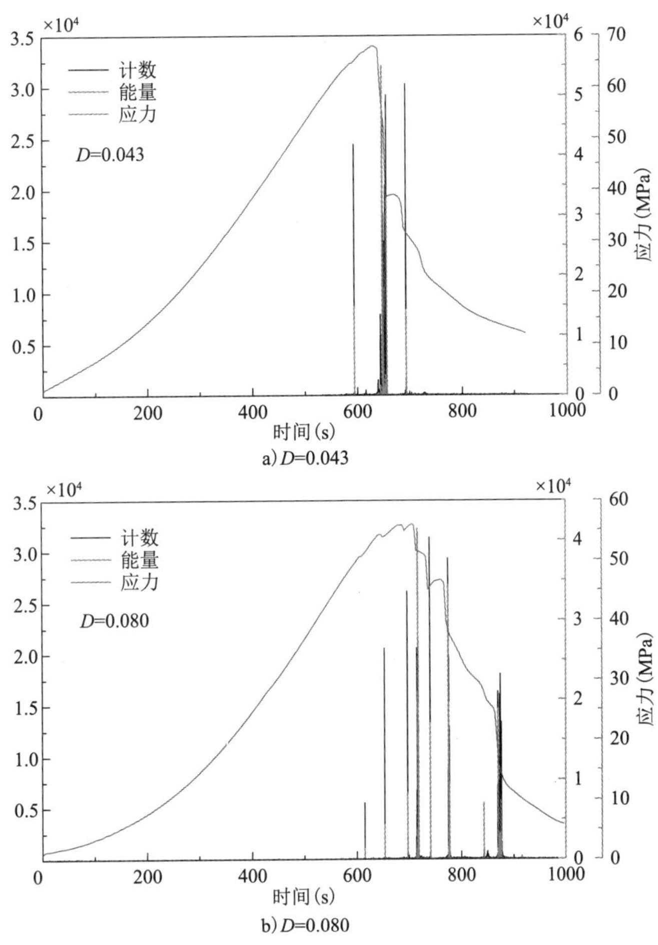

a) D=0.043

b) D=0.080

图 3-5-2　损伤因子 D 介于 0 ～ 0.1 的声发射振铃计数和能量

图 3-5-3 为损伤因子在 0.1 ～ 0.2 之间的砂岩的声发射振铃计数和能量的时间分布。从图 3-5-3 中看出，在起始压密阶段，原始裂纹受压闭合，可以接收到微弱的声发射信号，其中损伤因子为 0.138 的试样较其他试样有较显著的声发射活动，究其原因可能是其内部原有薄弱面，在加载起始发生了应力集中，产生了些许局部破坏所致。在弹性阶段，基本也没有新裂隙产生，声发射活动很少，声发射振铃计数率和能率均较低。而在进入弹塑性阶段后，试样内部微裂纹继续扩展，已经产生新裂纹，声发射活动逐渐变活跃。在接近破坏时，试样内部大量微裂纹相互贯通出现宏观裂纹，并继续伴随有新裂纹产生，声发射活动进一步增强。直至试样破坏时，应力迅速跌落，此时声发射活动最为活跃。在峰后阶段，随着轴向位移的增加，试样破裂面之间相互摩擦，因而振铃计数率依然持续呈现较高水平，直至试样最终完全压碎。此外，在峰后每一次的应力跌落时，都伴随有较大的声发射振铃计数率及能率，这表明试样每一次较大程度的破坏都表现为声发射活动的增强，振铃计数率的增加。

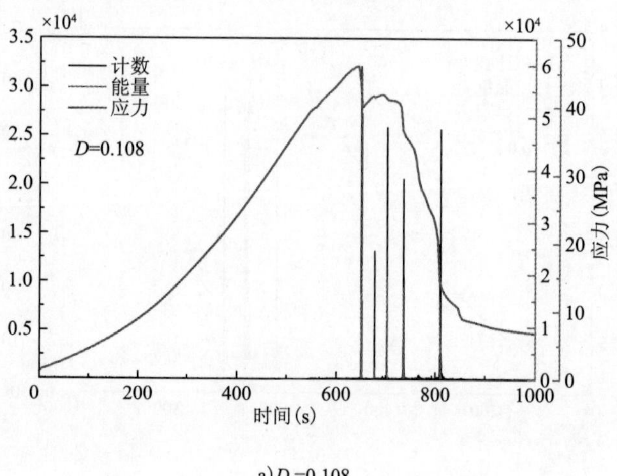

a) D =0.108

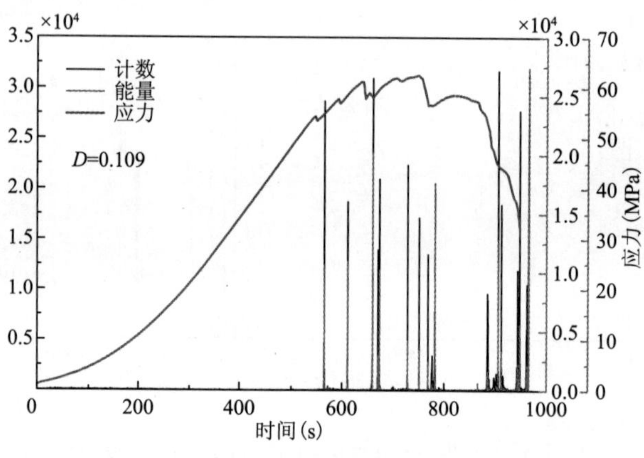

b) D =0.109

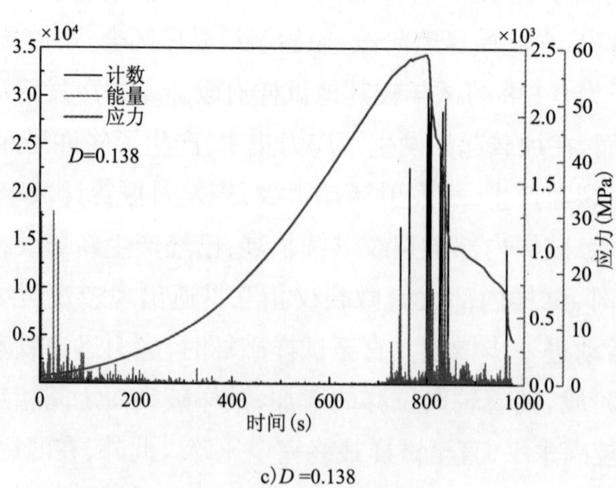

c) D =0.138

图 3-5-3

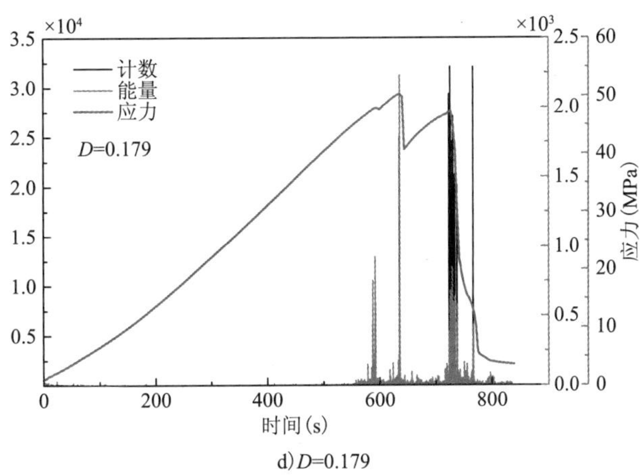

d)D=0.179

图 3-5-3 损伤因子 D 介于 0.1 ～ 0.2 的声发射振铃计数和能量

当损伤因子为 0.215 和 0.278 时(图 3-5-4),情况发生不同,即在初始压密阶段声发射明显活跃,这是由于这些试样内部已经分布有大量微裂纹、孔隙,所以在压密阶段这些微裂纹、孔隙的闭合产生了明显的声发射信号。而在弹性阶段,与前文情况相同,声发射表现为平静。接近破坏时与峰后阶段的声发射活动规律与前文也基本相同。

当损伤因子为 0.376 和 0.437 时(图 3-5-5),试样的初始损伤较大,裂隙发育比较成熟,声发射相对活跃期同样表现在破坏之后的峰后阶段,但整体来看声发射活跃期较短,振铃计数率与能率均相对降低了很多,分析其原因可能是因为试样内部裂纹已经发育成熟,裂块之间的裂隙间距较大,对声发射信号的传播产生了明显的削弱作用。

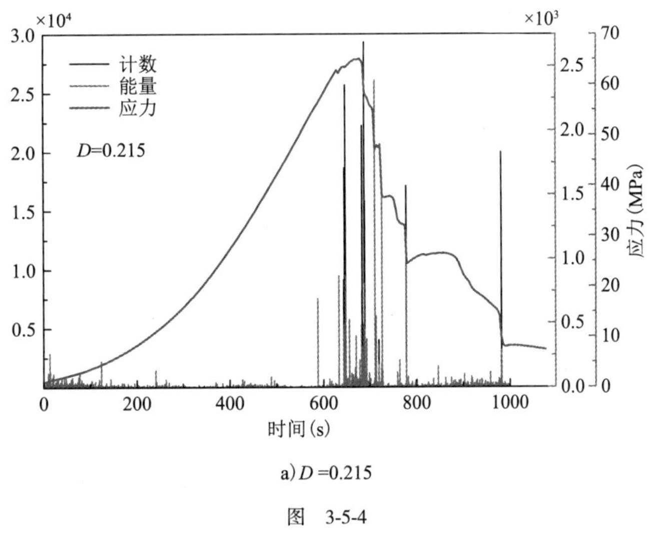

a)D =0.215

图 3-5-4

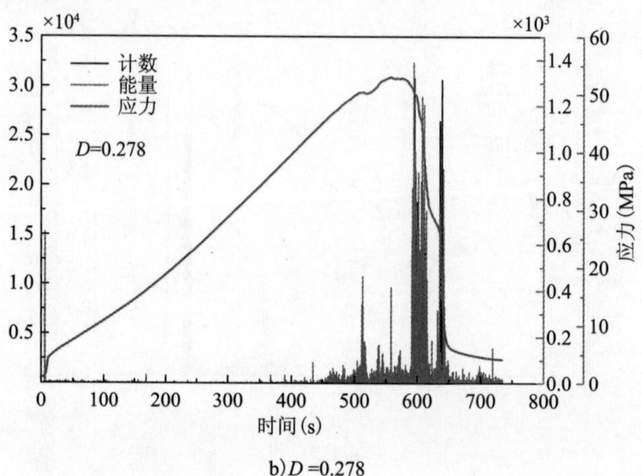

b) D =0.278

图 3-5-4 损伤因子 D 介于 0.2 ~ 0.3 的声发射振铃计数和能量

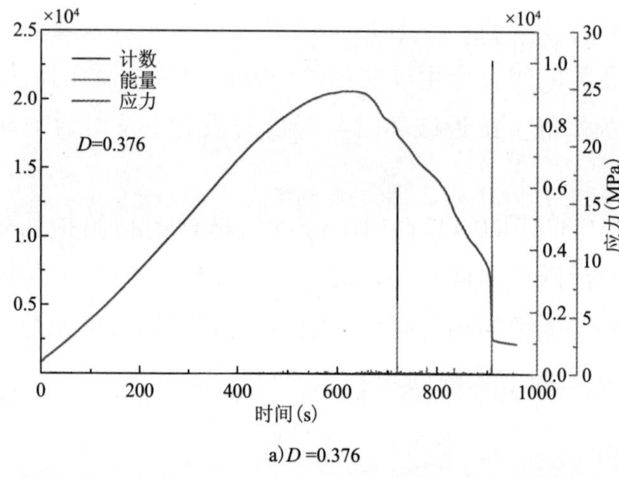

a) D =0.376

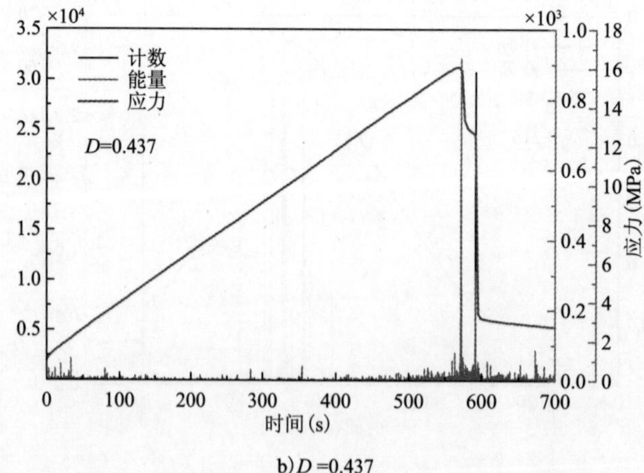

b) D =0.437

图 3-5-5 损伤因子 D 介于 0.3 ~ 0.5 的声发射振铃计数和能量

总体来看，能量和声发射率的特征曲线有着非常明显的特征，能量和声发射率的分布规律几乎一致。当砂岩没有初始损伤或者初始损伤程度很小的时候，在压密过程中，基本没有声发射产生，声发射活跃期发生在应力峰值之后。而对于初始损伤程度较大的砂岩，在起始压密过程中，会产生明显的声发射活动，通过振铃计数率与能率可以明显看出；声发射活跃期发生在峰值前后，峰值之前砂岩内部的裂纹扩展贯通，在峰值之后，砂岩仍有一部分残余承载力，在刚性试验机加载下会继续破坏，裂纹进一步扩展，裂纹间产生摩擦错动。砂岩在弹性阶段不产生声发射信号，说明在弹性阶段几乎没有萌生新裂纹，已有裂纹在此阶段也没有继续扩展。

3.5.2　声发射事件

产生声发射的一次材料局部变化称为一个声发射事件。试验过程中，岩石内部不断产生新裂隙，新旧裂隙的发展及破裂面之间的错动摩擦均会产生大量声发射事件。将 6 个传感器采集到的数据进行整体分析，讨论不同损伤梯度砂岩的声发射事件率和累计事件数。

不同损伤因子砂岩在单轴压缩条件下的应力—时间—声发射事件数对比如图 3-5-6 所示。从图 3-5-6 中可以看出，当损伤因子介于 0 ～ 0.080 时，试样的事件率普遍只有一个峰值，或者一个主峰值附近紧挨着一两个较小的峰值。事件率峰值都出现在应力峰值附近，在应力峰值附近声发射较为活跃。在各个峰值之间事件数非常少，声发射活动比较平静。分析其原因，是由于砂岩比较坚硬致密，内部的原始孔隙、裂纹并不发育，在加载初始阶段并不发生明显的孔隙压密现象，因而没有产生声发射事件，或者产生的非常少，而初始损伤因子较小的情况与之同理。弹性阶段发生弹性变形，几乎不发生声发射，随着荷载的增大砂岩开始进入苏醒阶段，此时新裂纹萌生，新老裂纹发展，声发射信号逐渐变强，声发射进入活跃期。峰后阶段仍有少量的声发射事件存在，但明显不如峰值前后活跃。

随着损伤因子增大，可以发现起始加载段的声发射活动有逐渐变活跃的趋势，例如损伤因子 D 值为 0.109、0.138、0.215 条件下，由于这些试样已有一定程度的初始损伤，即内部裂纹孔隙较为发育，因此加载初期原始裂纹孔隙被压密，会发出声发射信号，随着继续加载，原始裂纹被压密后还没产生新裂纹，试样处于弹性阶段，此时几乎不发生声发射。当荷载进一步增大，试样逐渐进入塑性阶段，此阶段的声发射事件的规律同前。此外，事件率曲线呈现出多峰值现象，在应力峰值附近也表现出数个事件率峰值聚集，这是由于试样相对更为破碎，局部破坏发生的位置不止一处，所以表现出多个事件率峰值。

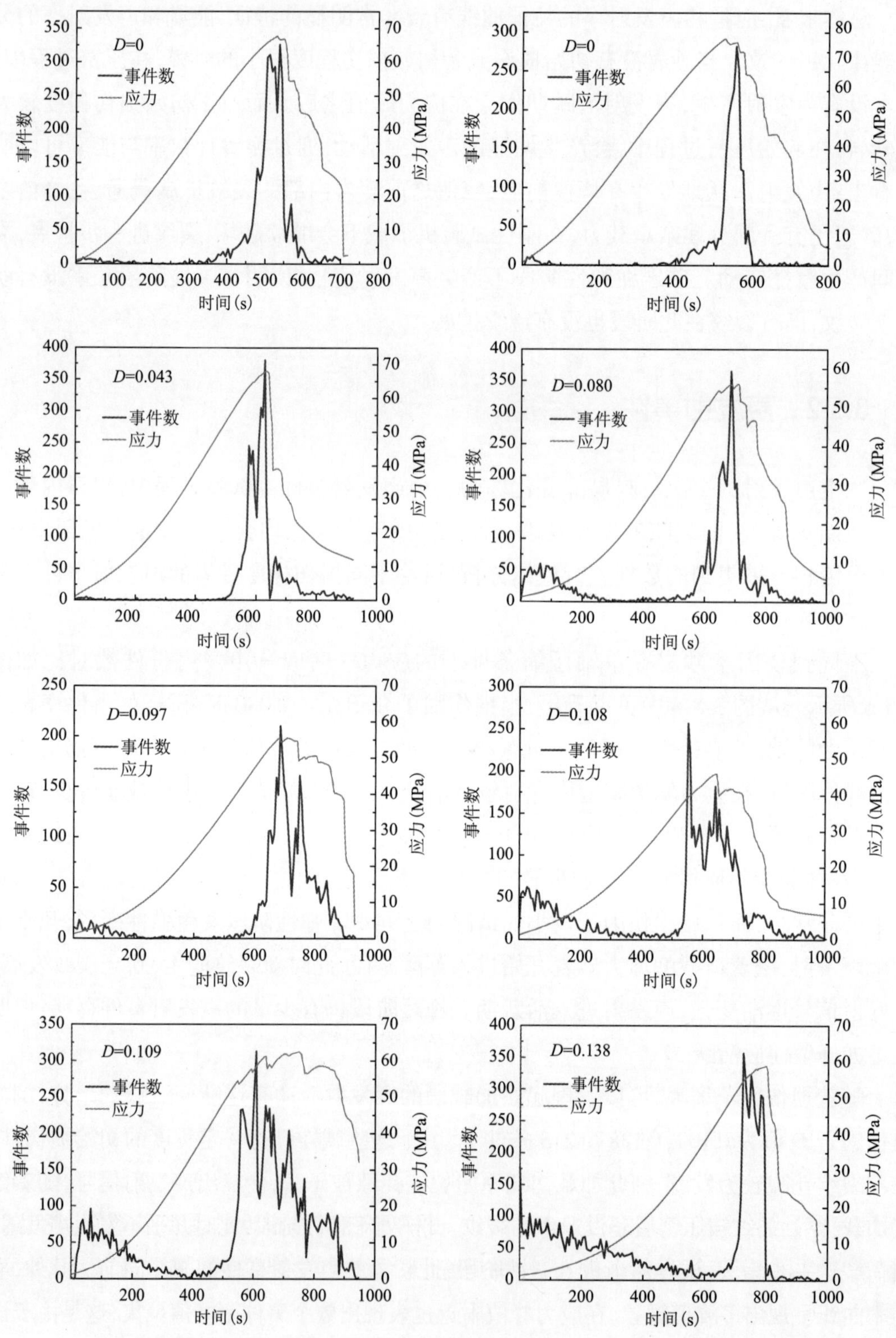

图 3-5-6

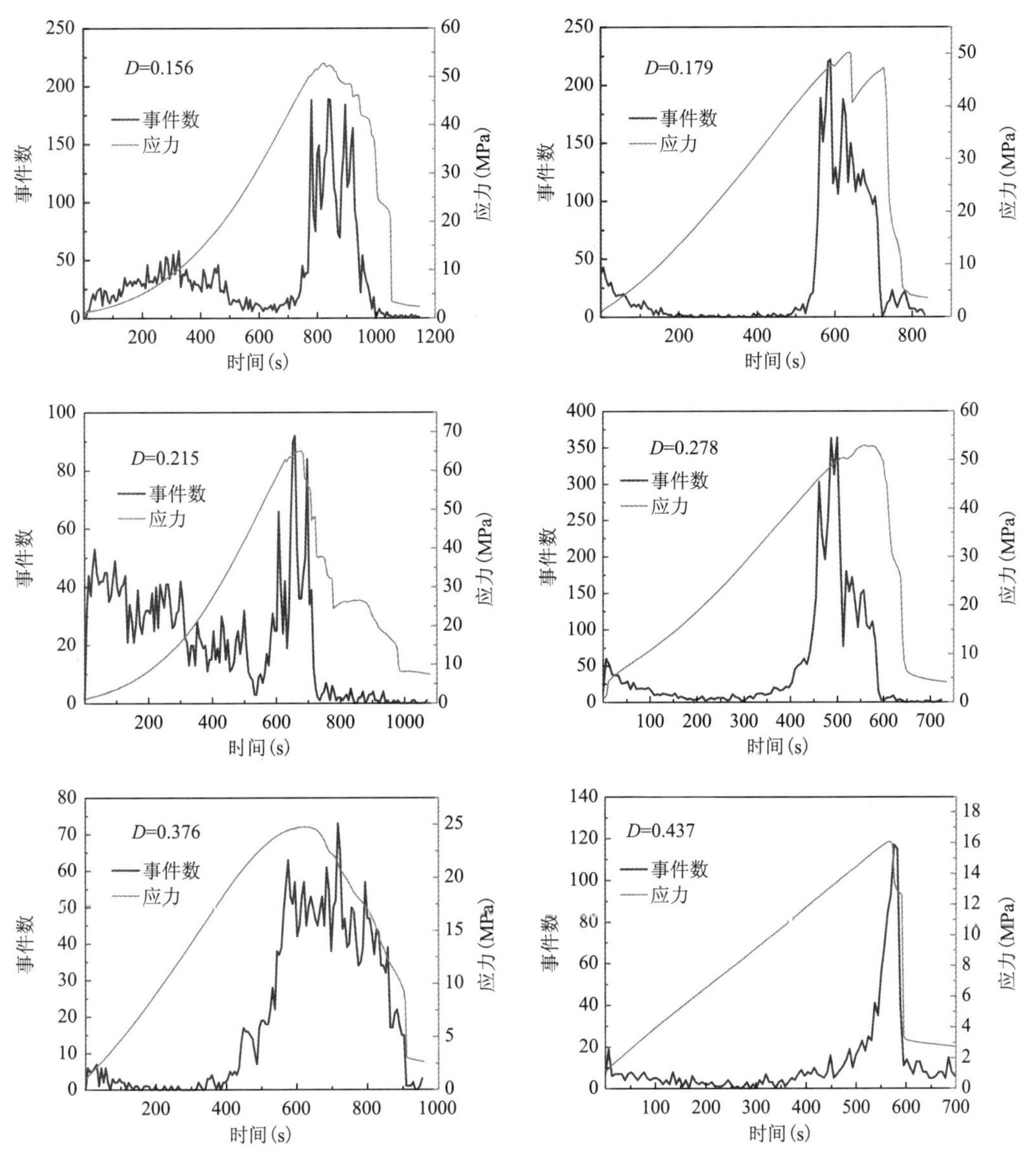

图 3-5-6　不同损伤因子砂岩的声发射事件率

当损伤因子比较大时，如 D=0.376、0.437 时，加载初始阶段的事件率又有所降低，原因可能是裂纹已经发育成熟，在压密阶段几乎没有新生裂纹产生，且裂纹间较大的缝隙也限制了声发射信号的传播。事件率峰值同样集中于应力峰值附近，其他时候声发射活动均比较平静。其中当 D=0.376 时，事件率在应力附近呈现多个峰值，表现出声发射非常活跃，持续时间也较长，原因是这个阶段试样中裂纹的扩展贯通以及破裂面之间的相互活动非常剧烈。

不同损伤因子砂岩在单轴压缩条件下的声发射事件累计数如图 3-5-7 所示。从图

3-5-7 中可以看出，对于损伤因子为 0 的试样，事件累计数曲线只有一次明显激增，发生在第 500s 左右试样到达应力峰值。随着损伤因子的增大，可以发现事件累计曲线逐渐呈现出两次明显增加的过程，第一次从加载初期开始，直至第 200 ～ 300s，即原始裂隙的压密阶段；第二次仍然为试样的破坏阶段和卸荷阶段。并且，除了个别特殊情形，可以看出事件累计数曲线的形状基本相似，即前期增长十分缓慢，曲线走势平缓，在进入破坏阶段时发生明显激增。

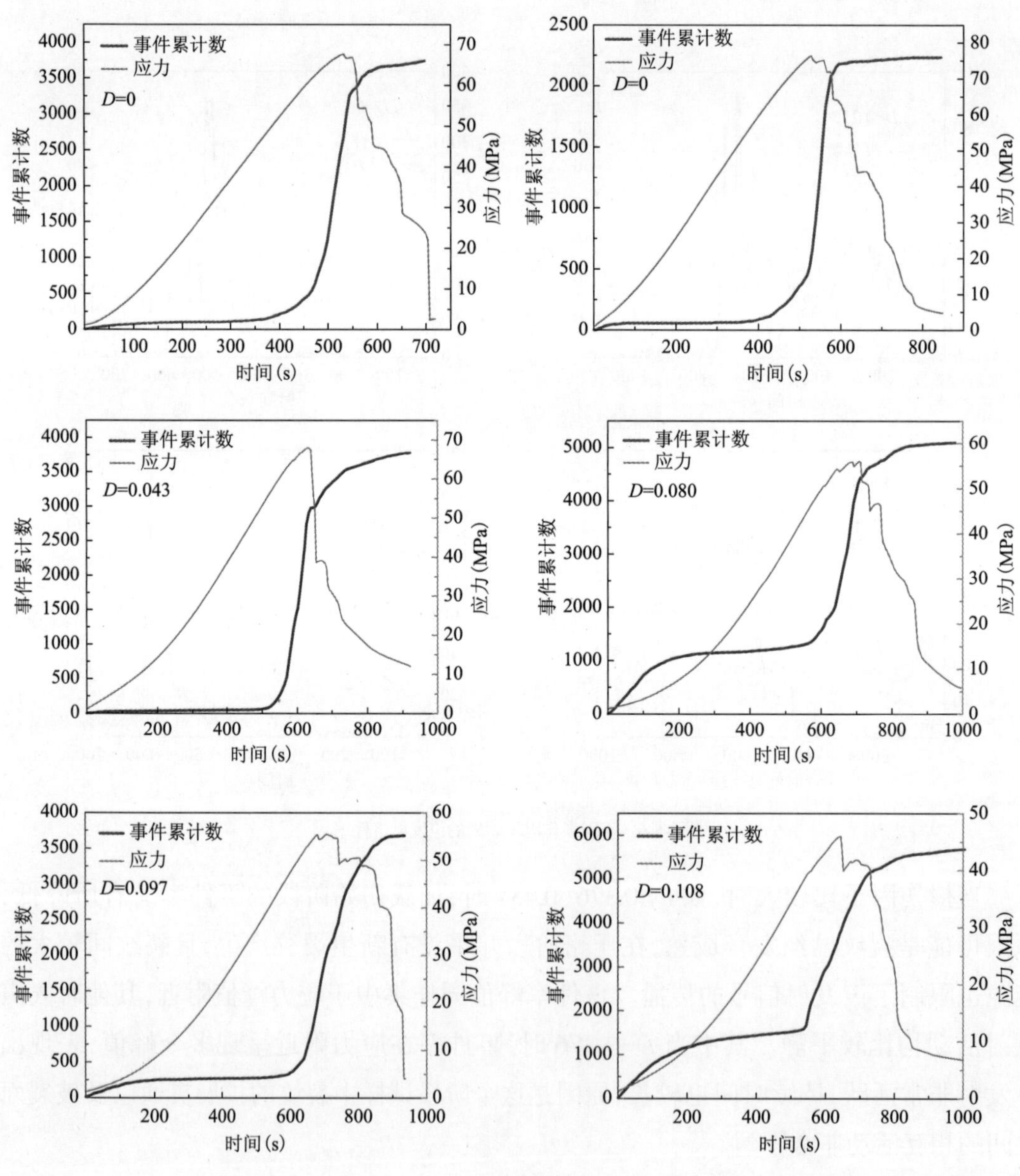

图 3-5-7

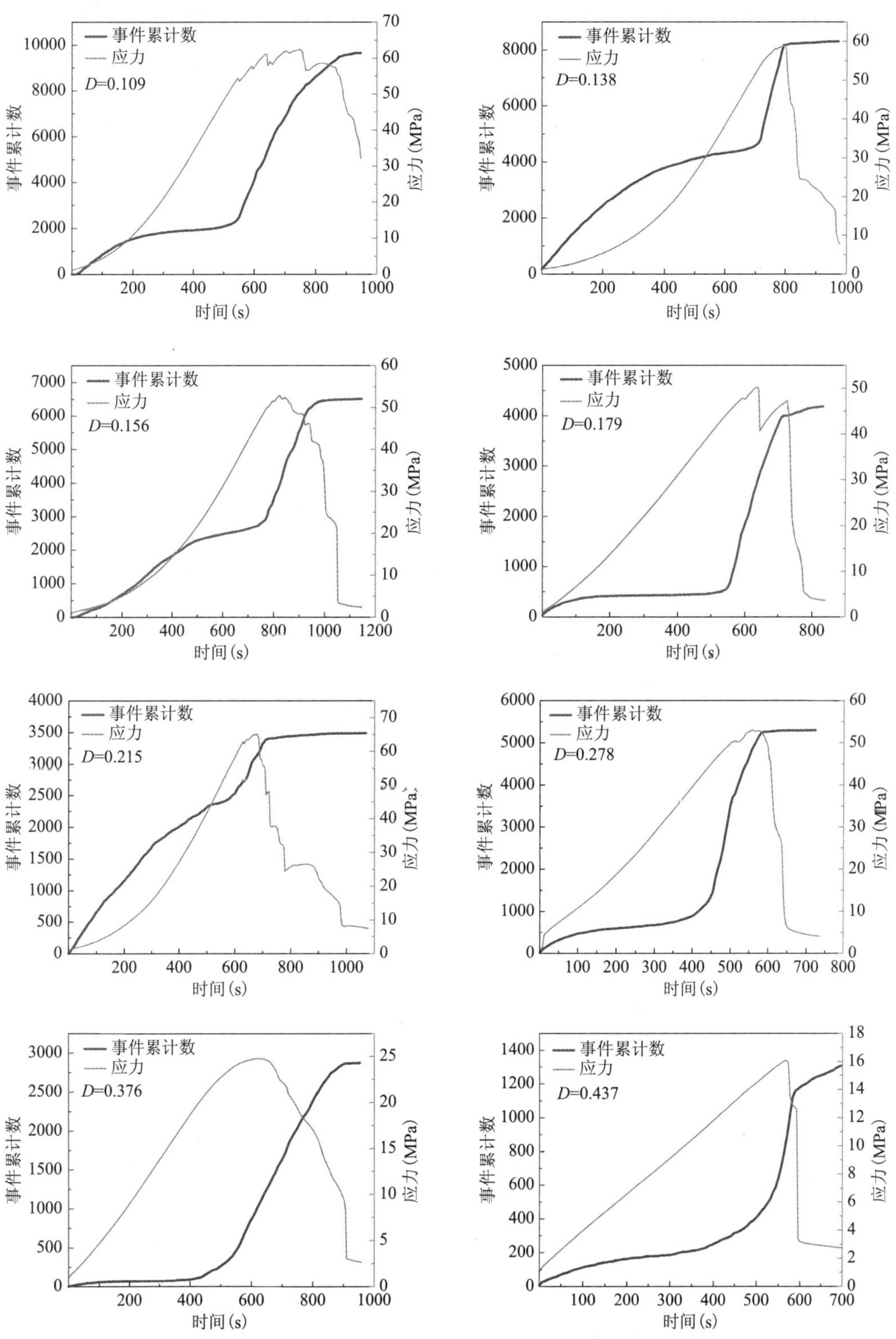

图 3-5-7　不同损伤因子砂岩在单轴压缩条件下的声发射事件累计数图

由图 3-5-7 中还可以发现，当损伤因子 D 为 0.376 和 0.437 时，声发射累计数明显减少，其原因可能是，由于试样原始的内部损伤程度已经较大，试样可继续承受的荷载很小，所以试样的破坏是沿着已形成的薄弱面快速发展。而由于荷载过小并没有达到使岩石材料本身产生较多声发射事件的条件，所以这种情况下的声发射事件基本产生于碎块间沿着破裂面的相对错动和摩擦，故而总的声发射累计数反而减少了。

此外，随着损伤因子的增大，试验全过程的事件累计数整体呈现先增大后减小的现象，分析其原因，这是由于初始损伤程度越高，则内部裂纹越发育，形成的软弱面越多，则在荷载作用下试样内部活动越剧烈和复杂，即表现为声发射事件累计数的增多。而当损伤因子大到一定程度，由于裂纹的分布对于声发射信号的传播和探头的接收效果产生负面影响，并且由于探头是采用胶带裹缠在试样表面，随着试样的破坏发展极有可能影响探头与试样的接触情况，因而，此处声发射事件累计数的变化原因还需进一步分析。

3.5.3 声发射定位信息

由前文分析已知，随着初始损伤程度的递增，砂岩逐渐由劈裂破坏向剪切破坏模式转化，图 3-5-8 为呈现劈裂破坏的砂岩的声发射事件定位图，可以更为具体地看出两种破坏模式的演化过程的差异性。图 3-5-8a）为加载至 2min 27s 时，试样内部右下角发生微小局部破坏，图 3-5-8b）、c）展现出内部裂纹逐渐自下部发展至上部的过程，直至最后破坏后的定位图 3-5-8d）可以看出，对于劈裂破坏的试样，其内部事件的分布是相对比较均匀的，几乎整个试样内部均有分布，即试样内部的微裂纹逐渐发育互相贯通，最终导致了试样的整体破坏。

而图 3-5-9 为呈现剪切破坏的试样的声发射事件定位图，可以看出两者的区别还是很明显的。由于试样内部已经有发育成熟的斜向微裂纹，在加载至 9min13s 时，如图 3-5-9a）所示，可以看出声发射事件的定位点隐约呈一个斜面分布，这说明试样开始沿斜向裂纹发生破坏。由图 3-5-9b）发展至图 3-5-9c），可以明显发现声发射定位点呈带状分布，即沿着已有的斜向破裂面分布。直至最终破坏时的定位图，可以看出对于发生剪切破坏的试样，声发射事件定位点基本分布在破裂面附近，试样的其他部分定位事件很少，这也能说明发生剪切破坏时，声发射信号主要产生于试样沿破裂面的摩擦错动。

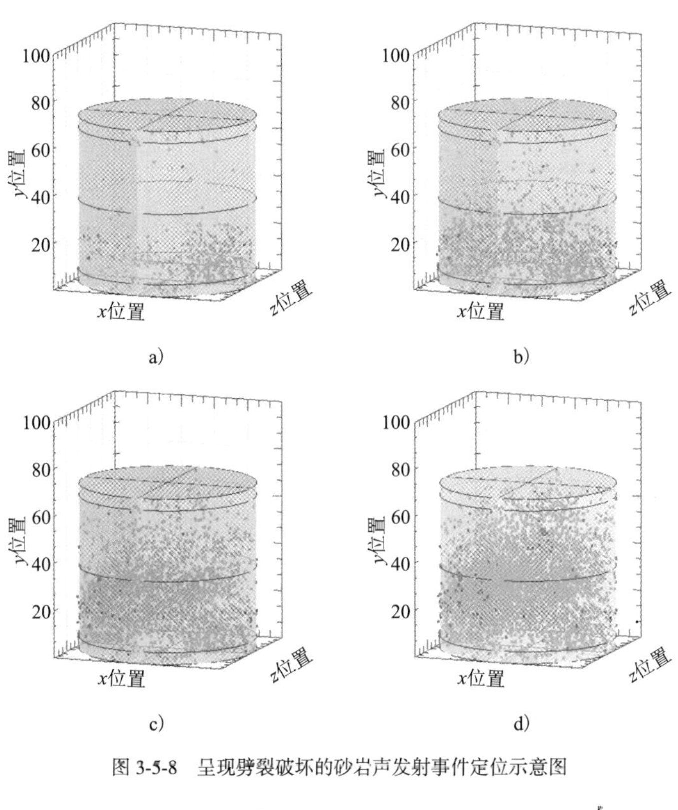

图 3-5-8　呈现劈裂破坏的砂岩声发射事件定位示意图

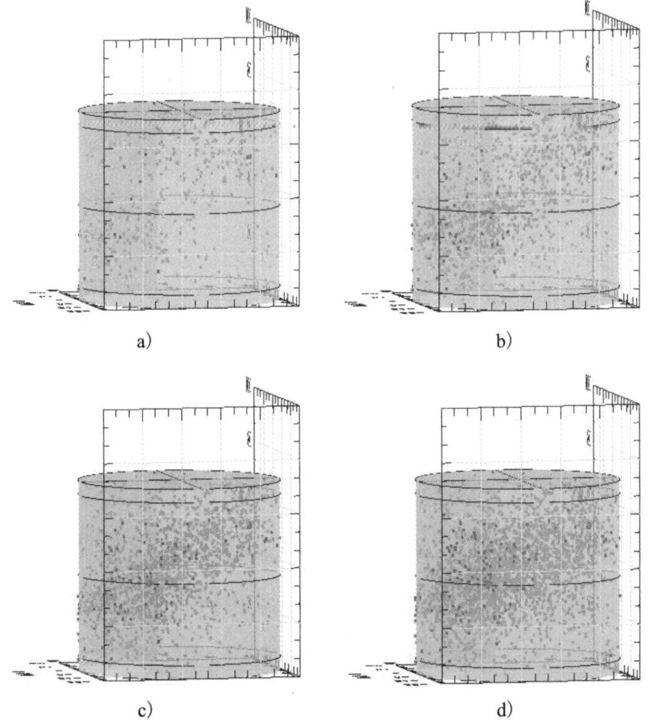

图 3-5-9　呈现剪切破坏的砂岩声发射事件定位示意图

3.5.4 声发射幅值特征

声发射信号的幅值也被认为是比较能反映声发射特征的一个参数。超过门槛电压并使某一个通道获取数据的任何信号称之为一个撞击,而幅值是指一个声发射撞击信号的最大振幅值。幅值与事件大小直接相关,不受门槛值影响,直接决定事件的可测性,可用于波源的类型鉴别、强度及衰减的测量。

从图 3-5-10 中可以看出,对于无初始损伤或者带有很小初始损伤的砂岩试样,在加载初期即岩石的压密阶段,声发射的幅值基本低于 70dB,并且自起始加载至压密阶段完成,幅值是在逐渐降低的。当试样的原始内部裂纹和孔隙被压密后,进入弹性阶段,此阶段幅值处于全过程的最小值,基本在 50dB 以下。随即试样进入塑性阶段,新裂纹开始萌生发育,并继续扩展,直至加载至峰值应力前后,该阶段逐渐出现大量高振幅值。待峰后进入残余塑性阶段后,由于刚性加载的原因,试样内初始损伤部裂隙仍在进一步错动扩展,此时因摩擦等因素,振幅之比峰值前后降低少许,仍然维持在一个较大的数值。声发射的振幅分布总体呈现先减小至最小值再增大至最大值,最后降至一个相对稳定值的规律,幅值在试样破裂前后达到最大值。以上表明无初始损伤和损伤不明显的砂岩在整个加载过程中,除弹性阶段外,微裂隙一直在扩展贯通。

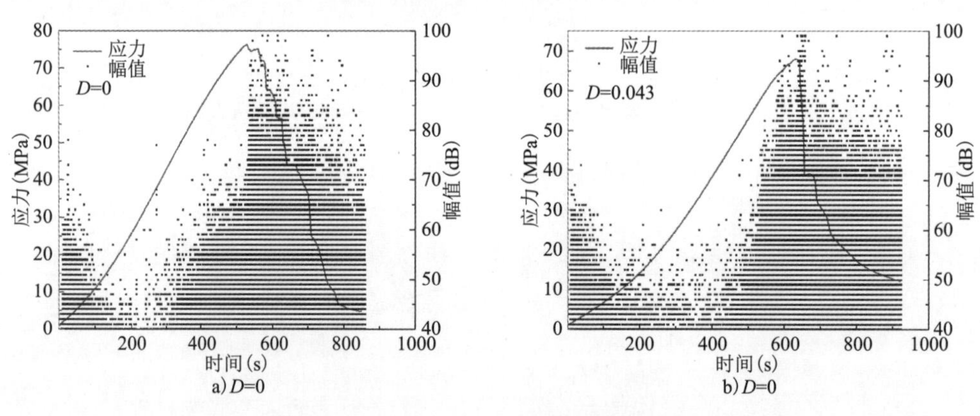

图 3-5-10 无明显初始损伤的砂岩声发射幅值分布

对于损伤因子在 0.1 左右的试样,整个加载全程幅值所呈现的规律与上文有相同之处,即在弹性阶段幅值最低,在破坏前后幅值达到最高。但是同损伤不明显的试样相比,这些试样在压密阶段所发出的声发射信号的幅值有所增大,可达到 80dB,在弹性阶段的幅值也上升至 60dB,峰后阶段的幅值依然维持在相对较高的范围,基本在 80dB 以上。从图 3-5-11 中还可以看出,应力曲线每一次到达平台和跌落,幅值也会发生相应的增大和减小,与曲线较为吻合。

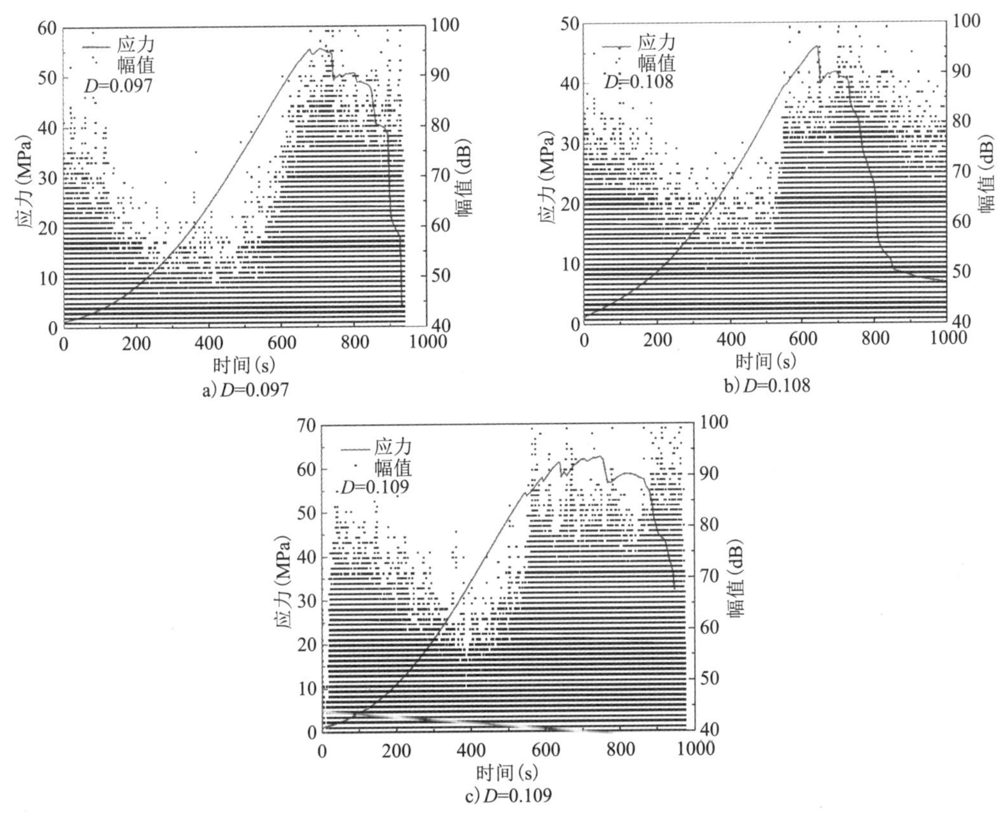

图 3-5-11　初始损伤较小的砂岩声发射幅值分布

从图 3-5-12 中可以看出，对于初始损伤因子大于 0.109 的砂岩试样，其内部多分布有纵向裂隙，裂隙较为发育，这些试样在起始压密阶段的声发射幅值相比上文损伤较小的试样更大，已经超过 80dB，且维持的时间更长。幅值最低阶段仍然与弹性阶段重合，但该阶段的持续时间明显减少，试样很快进入塑性阶段随即发生破坏。这是由于内部裂纹多为纵向分布，与受压方向一致，在压缩过程中裂纹继续发展，会将试样沿纵向分割呈条块状。条块发生互相挤压、摩擦错动或嵌锁，使试样整体不会迅速失稳，仍能保持一定的轴向承载能力。

从图 3-5-13 中可以看出，对于损伤因子达到 0.3 ～ 0.5 的砂岩试样，其内部裂隙已经发育成熟，有的已经形成明显的斜裂纹，由其声发射幅值分布看出，在加载起始阶段，幅值反而发生了降低，基本分布在 70dB 以下，且在破坏阶段所达到的最大值也降低至 80dB 以下。总体来看幅值都有所减小，且各阶段幅值的变化虽然仍和应力—时间曲线相吻合，但不再如前文的规律明显。分析其可能的成因，这些试样的裂隙发育成熟，在单轴压缩下很快沿薄弱受力面发生破坏，且基本以剪切破坏为主；而在岩石压缩破裂产生的振动波中，能量较强的成分一般是其内部裂隙破裂扩展产生的横波，横波是只能在连续介质中传播的，而这些试样破坏的裂隙之间往往间距相对更大，因而对横波的传播造成了抑制，使声发射幅值有所衰减。

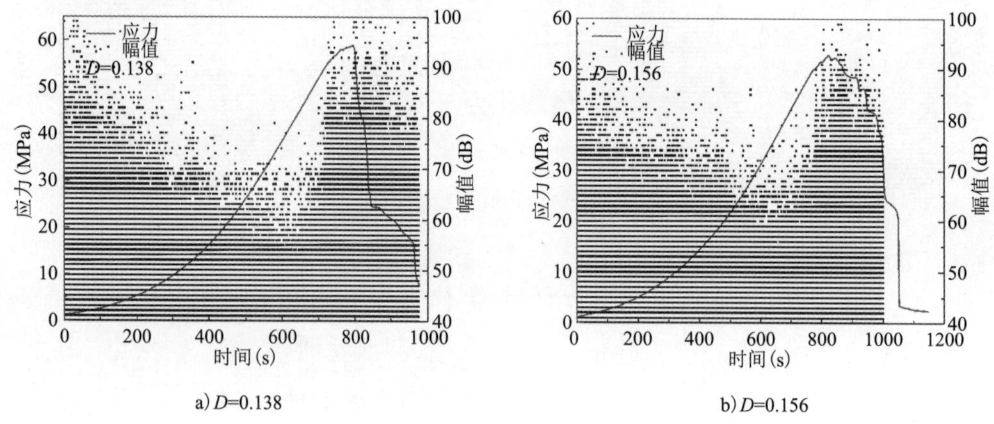

a) D=0.138　　b) D=0.156

图 3-5-12　内部裂隙较发育的砂岩声发射幅值分布

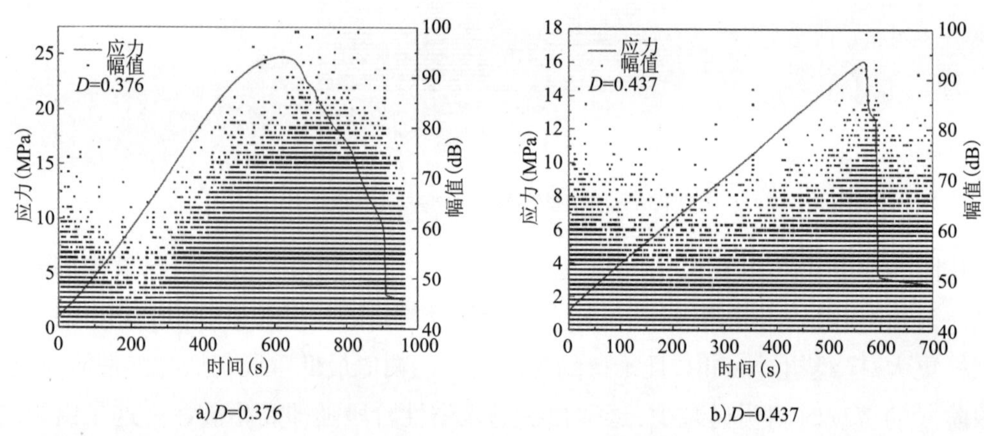

a) D=0.376　　b) D=0.437

图 3-5-13　裂隙发育成熟的砂岩声发射幅值分布

从声发射振幅分布可以看出，对于初始损伤程度不同的情形，砂岩的声发射振幅与应力—时间曲线具有大致类似的变化趋势，在压密阶段，振幅逐渐由大减小，在弹性阶段振幅处于全过程最低。随着试样产生塑性变形，振幅值又呈递增的趋势，振幅值范围继续扩大，在试样破坏阶段幅值达到最大。而且峰值应力过后幅值并没有急剧降低，依然维持在相对较高的范围内。最后在残余塑性变形阶段，幅值有所下降，但依然保持在80dB左右，说明砂岩在主破裂完成后依然具有较高的承载能力。综上所述，利用声发射信号幅值的变化情况可以较好地解释单轴压缩条件砂岩内部裂隙萌生、扩展及破坏的演化特征。

3.6　本 章 小 结

本章的主要结论如下：

（1）砂岩的单轴抗压强度随着初始损伤因子的增大而减小。

（2）无初始损伤的砂岩呈现由外向内剥离形式的劈裂破坏模式；有初始动载损伤的砂岩，随着损伤因子的增大，由局部破坏逐渐发展为整体破坏，且由劈裂破坏向剪切滑移破坏转化。

（3）能率和声发射振铃计数率的特征曲线有着非常明显特征，能率和声发射振铃计数率的分布规律几乎一致。声发射活跃期发生在峰值前后，峰值之前砂岩内部的裂纹扩展贯通，在峰值之后，砂岩仍有一部分残余承载力，裂纹进一步扩展，裂纹间产生摩擦错动。

（4）砂岩的声发射振幅与应力—时间曲线具有大致类似的变化趋势，利用声发射信号幅值的变化情况可以较好地解释单轴压缩条件砂岩内部裂隙萌生、扩展及破坏的演化特征。

第4章　隧道爆破开挖过程中衬砌及围岩的动力响应分析

4.1　概　述

隧道爆破施工过程中，爆炸产生的冲击荷载以高速、高压冲击波的形式作用于爆源周围的岩体上，且其作用时间极短，瞬间释放的能量使得周边结构因受到巨大的压力而出现较大的变形进而产生破坏，工程中利用这一原理实现爆破破岩。除此之外，爆炸的部分能量也会以应力波的形式从爆源向围岩传播，对围岩产生的冲击和振动效应也会造成既有衬砌及围岩的损伤，导致围岩质量降低，支护机构受损。应力波在传播的过程中，其强度会随着爆心距的增加而减小，在一定的范围内，可能会对支护结构造成不同程度的损伤，进而对衬砌和围岩的完整性及工程安全造成不利的影响。受到岩体物理力学性质、地形地质变化等因素的影响，爆破振动在岩体中的传播特性及其衰减规律极为复杂，同时岩体在爆破振动下的动力响应也难以预测，因此，在地下洞室爆破施工中，对爆破荷载作用下隧道衬砌及围岩的动力响应的分析研究是非常必要的。

4.2　不同围岩条件下爆破冲击荷载动力响应分析

本节基于吴家边隧道爆破开挖工程，采用爆破施工方法，利用 MIDAS/GTS 软件建立三维数值模型，观测爆破荷载作用下爆破振动的速度峰值及主应力变化，以研究不同等级围岩工况下爆破荷载作用对隧道衬砌及围岩的动力响应。

4.2.1　数值计算模型及爆破冲击荷载的确定

1）计算模型的建立

为了减少计算，数值模型中的边界不宜选择过大，有相关研究表明，当模型的边界取得超过隧道开挖宽度的 2 ～ 5 倍时，模型边界对爆破振动的影响可以不用考虑。因此，在本章三维模型的数值计算中，选取计算模型的尺寸为 104m（长）× 96m（宽）× 98m（高）。

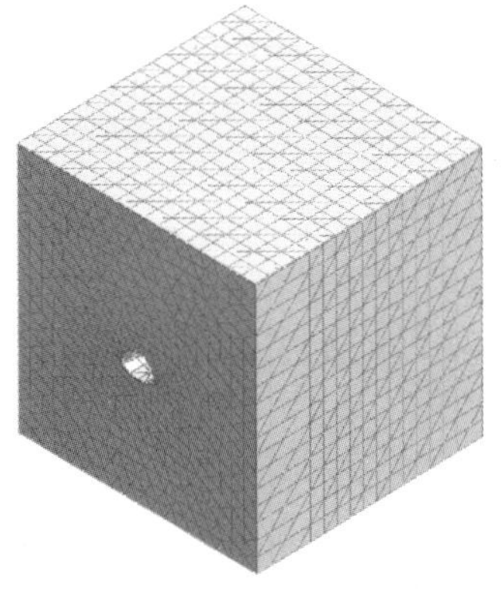

图 4-2-1　有限元计算模型图

隧道模型中，整体坐标系以隧道掘进方向为 y 轴，隧道水平方向为 x 轴，铅垂方向为 z 轴。隧道围岩结构采用实体单元，为 Drucker-Prager 本构模型，衬砌结构采用平面板单元，为弹性本构模型，模型采用四面体单元进行剖分，共剖分出 34276 个单元，计算模型如图 4-2-1 所示。三维建模时，将爆破点设置在隧道中心处，爆破长度范围为 3m，爆破点后方为既有衬砌，包括 30m 的二次衬砌和 15m 的初期支护，爆破点前方为隧道围岩。

2）本构模型的选取

（1）模型的参数

岩体是一种间断的、非均质、各向异性并带有各种缺陷的流变介质，鉴于这些客观因素的存在，现阶段运用数学理论分析方法对其做出详细的客观描述是相当困难的。为了减少数值模拟过程中的不确定因素，确保数值模拟计算结果的可靠性高，对材料的本构模型进行简化，用弹塑性体来假定岩体的物理力学性质。理论上可以通过现场试验或室内试验来取得有关的物理力学参数和结构面抗剪强度参数，当运用试验的方法获得这些参数有比较大的困难时，可以根据相关规范选取Ⅲ、Ⅳ、Ⅴ围岩参数，见表 4-2-1。

隧道围岩力学参数　　表 4-2-1

围岩等级	重度 γ（kN/m^3）	弹性模量（GPa）	泊松比 μ	内摩擦角 φ（°）	黏聚力 c（MPa）
Ⅲ	24	18	0.3	45	1.3
Ⅳ	21	6	0.35	35	0.6
Ⅴ	19	1.5	0.45	25	0.2

经相关研究发现，在爆破冲击荷载的作用下，混凝土和围岩的动弹性模量和静弹性模量会有所不同。本次计算假定，在爆破荷载作用下，围岩的弹性模量提高 3 倍，既有衬砌的弹性模量也提高 3 倍。

（2）模型边界条件

Midas/GTS 在进行模型的特征值振型分析时需要通过曲面弹簧来定义模型的弹性边界，曲面弹簧的弹簧系数根据道路设计规范的地基反力系数计算，模型各方向截面的地基反力系数计算结果如表 4-2-2 所示。

地基反力系数

表 4-2-2

围岩等级	A_x (m^2)	A_y (m^2)	A_z (m^2)	K_x (kN/m^3)	K_y (kN/m^3)	K_z (kN/m^3)
Ⅲ	10600	11024	10400	237959.1955	234484.9587	239665.0407
Ⅳ	10600	11024	10400	79319.73183	78161.65291	79888.34688
Ⅴ	10600	11024	10400	19829.93296	19540.41323	19972.08672

竖直地基反力系数:

$$k_{\mathrm{h}} = \frac{\alpha E_0}{30}\left(\frac{\sqrt{A_{\mathrm{h}}}}{30}\right)^{-\frac{3}{4}} \tag{4-2-1}$$

水平地基反力系数:

$$k_{\mathrm{v}} = \frac{\alpha E_0}{30}\left(\frac{\sqrt{A_{\mathrm{v}}}}{30}\right)^{-\frac{3}{4}} \tag{4-2-2}$$

式中:A_{v}——计算模型竖直方向面的截面面积(m^2);

A_{h}——计算模型水平方向面的截面面积(m^2);

E_0——地基的弹性系数(kN/m^2);

α——相关系数,一般取 1.0。

有限元软件分析中通过曲面阻尼弹簧来避免应力波在模型边界处的反射而导致计算结果与实际不符,即在有限元模型的四周和底面上施加点弹簧阻尼边界约束,采用的是 Lysmer 和 Wass 提出的黏性边界。为了定义黏性边界需要计算相应岩体在水平(x)和竖直(y)方向上的阻尼。计算阻尼的公式如下。

P 波:

$$C_{\mathrm{p}} = \rho A\sqrt{\frac{\lambda + 2G}{\rho}} = \gamma A\sqrt{\frac{\lambda + 2G}{\gamma g}} = c_{\mathrm{p}}A \tag{4-2-3}$$

S 波:

$$C_{\mathrm{s}} = \rho A\sqrt{\frac{\lambda + 2G}{\rho}} = \gamma A\sqrt{\frac{\lambda + 2G}{\gamma g}} = c_{\mathrm{s}}A \tag{4-2-4}$$

$$\lambda = \frac{\mu E}{(1+\mu)(1-2\mu)}\ ;\ G = \frac{E}{2\times(1+\mu)}$$

上述式中:C_{p}、C_{s}——压缩波 P 波、剪切波 S 波的阻尼(N·s/m);

c_{p}、c_{s}——压缩波 P 波、剪切波 S 波单位面积的阻尼($N·s/m^3$);

λ——体积弹性系数(N/m^2);

G——剪切弹性系数(N/m^2);

ρ——围岩密度（kg/m^3）；

γ——围岩重度（N/m^3）；

g——重力加速度（m/m^2）；

E——动弹性模量（N/m^2）；

A——截面面积（m^2）；

μ——动泊松比。

依据上述公式可分别计算得到Ⅲ、Ⅳ、Ⅴ围岩的 c_p、c_s，具体数值分布如表 4-2-3 所示。

围岩 P 波、S 波单位面积阻尼　　表 4-2-3

围岩等级	c_p（$N·s/m^3$）	c_s（$N·s/m^3$）
Ⅲ	12735812.67	10534684.61
Ⅳ	239728.5266	187404.4099
Ⅴ	83652.02598	55330.61435

3）爆破冲击荷载参数的计算

在数值模拟分析中，确定合理的爆破荷载参数，如加载波形、峰值应力、作用位置和方向、荷载加卸载时间、加载边界等，对计算结果都具有重要影响，是有限元爆破振动分析的一项关键工作。一般的，将爆破荷载简化为一条具有加载和卸载过程的三角形波，以压力形式加载在隧道周壁上，方向垂直于边界面。峰值荷载采用经验计算公式：

$$P_{max}=\frac{139.97}{Z}+\frac{844.81}{Z^2}+\frac{2154}{Z^3}-0.8034 \tag{4-2-5}$$

式中：Z——比例距离，$Z=\dfrac{R}{\sqrt[3]{Q}}$；

R——炮眼至荷载作用面的距离（m）；

Q——炮眼装药量（kg）。

图 4-2-2 为三台阶临时支撑施工 V 级一般围岩炮孔布置图。

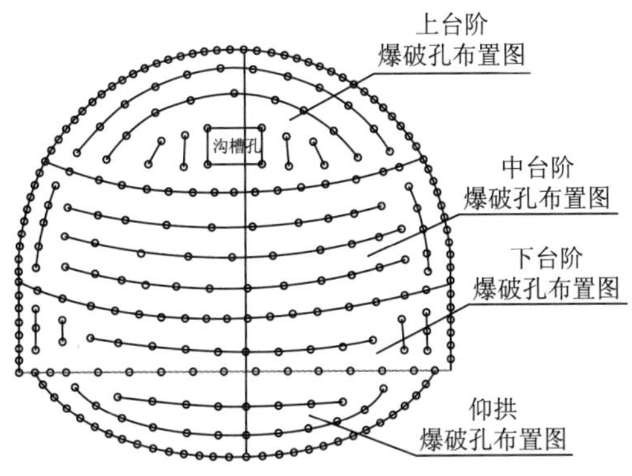

图 4-2-2　三台阶临时支撑施工 V 级一般围岩炮孔布置图

将掌子面上离散分布的各炮孔等效为总的掏槽孔，使爆破荷载能等效均匀地作用在隧道周壁上，并选取等效掏槽孔距隧道周壁最近的距离为 R，同时带入公式(4-2-5)计算掏槽爆破时的爆破荷载，可得到爆破荷载峰值及相关参数，如表 4-2-4 所示。

爆破参数选取　　表 4-2-4

围岩等级	炮孔距荷载作用面距离 R（m）	掏槽总药量 Q（kg）	冲击荷载峰值 P（MPa）
Ⅲ级围岩	1.5	27	20.89
Ⅳ级围岩	1.4	5.4	5.74
Ⅴ级围岩	1.6	6	4.403

以冲击荷载峰值作为三角波形峰值，并以面荷载形式垂直均匀作用在该进尺范围的隧道周壁上。爆破荷载加载时间为 10ms，卸载时间为 90ms，并根据现场监控数据得到模型的计算时间取为 0.5s，简化工况后，可得到各级围岩情况下的爆破时程曲线。

4）监测面测点分布情况

随着爆破振动荷载在围岩中逐渐向中远区传播，爆破荷载的压力峰值和振速峰值也随之衰减，从而导致作用在距离爆心较远处的围岩和衬砌爆破振动荷载的压力和振速较小，即距爆源不同距离处的岩体在爆破振动作用下的动力响应情况不同。因此在研究爆破荷载作用下隧道周边衬砌及围岩的动力响应时，需选取多个监测面为观测对象，本模型中在衬砌区域每隔 5m 设置一个监测面，距离爆源由近及远分别为 $C_1 \sim C_{10}$，围岩区域开始每隔 4m 设置一个监测面，共设置 7 个，之后每隔 8m 设置一个监测面，共设置 3 个，距离爆源由近及远分别为 $W_1 \sim W_{10}$，沿隧道掘进方向监测面布置如图 4-2-3 所示。此外，考虑到隧道掏槽药孔布置的对称性，进行分析时仅取隧道的右半侧，且在各个监测面右侧上包括隧道区拱顶、拱腰、墙腰、墙脚及拱底处均分别布置监测点，测点布置如图 4-2-4 所示。

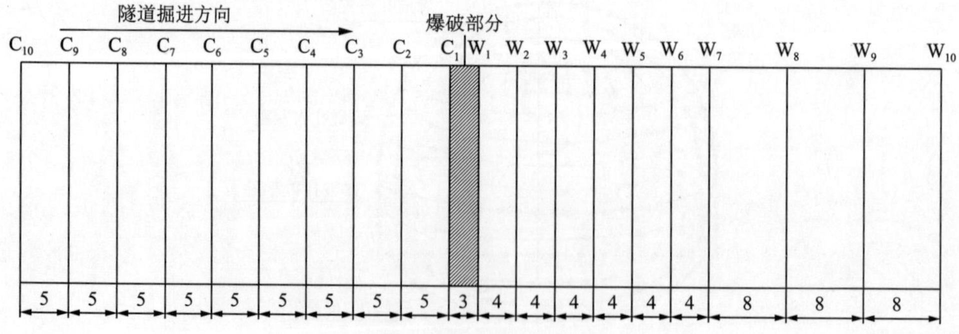

图 4-2-3　监测面布置图(尺寸单位:m)

4.2.2　Ⅲ级围岩条件下的爆破冲击荷载动力响应分析

1）Ⅲ级围岩条件下振速动力响应分析

通过 MIDAS/GTS 有限元软件计算分析Ⅲ级围岩工况下衬砌及围岩在爆破荷载作用下振速动力响应，其中材料参数按照 4.2.1 节设置选取，爆破掏槽总药量及峰值荷载按式（4-2-5）计算，分别为 27kg 及 20.89MPa，其围岩爆破时程荷载曲线如图 4-2-5 所示，并绘制得到三级围岩条件下爆破峰值振速（绝对值）云图，以研究爆破振动速度衰减规律。

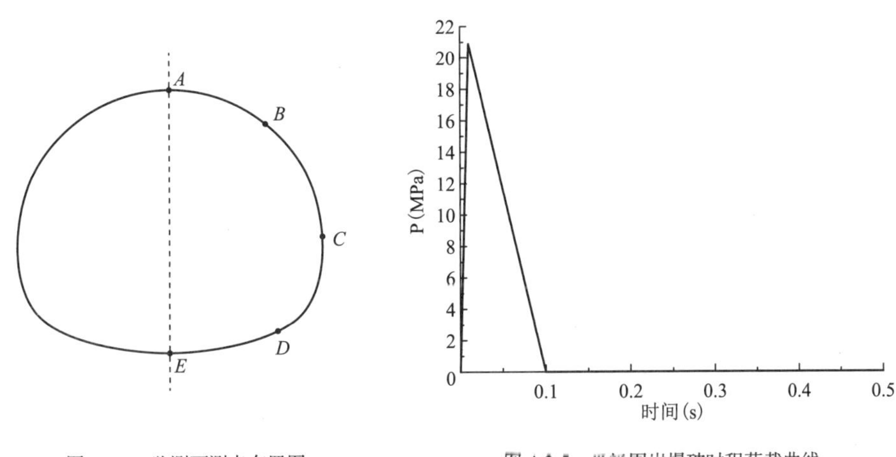

图 4-2-4　监测面测点布置图　　图 4-2-5　Ⅲ级围岩爆破时程荷载曲线

对于混凝土衬砌，峰值振速是一个重要的控制指标。《爆破安全规程》（GB 6722—2014）规定，一般建筑物和构筑物的爆破振动安全性应满足安全振动速度的要求。考虑到既有隧道健全度，取容许振动速度为 10cm/s 进行控制。

Ⅲ级围岩条件下爆破峰值振速（绝对值）云图如图 4-2-6 所示，通过对云图分析发现，在爆破荷载作用下整条隧道的峰值振速最大达 31.8cm/s，速度最大点位于爆破点附近，且爆破点附近大部分围岩振动速度达到 20cm/s 以上，大于控制允许速度 10cm/s，破坏严重，由于考虑到围岩开挖爆破要求，认为爆点附近范围内此速度合理，但需注意围岩爆破时周边工作人员安全疏散。

为了更清楚地探讨爆破荷载对隧道既有衬砌及围岩的空间影响，对衬砌及围岩各选 6 个监测面的峰值振速云图进行分析。由于衬砌包括初期支护及二次衬砌，故初期支护选取两个监测面，为 C_1、C_2 监测面；二次衬砌选取 4 个监测面，分别为 C_4 ～ C_7，而围岩选取 W_1 ～ W_6 监测面 6 个监测面，具体分布情况如图 4-2-7 所示。

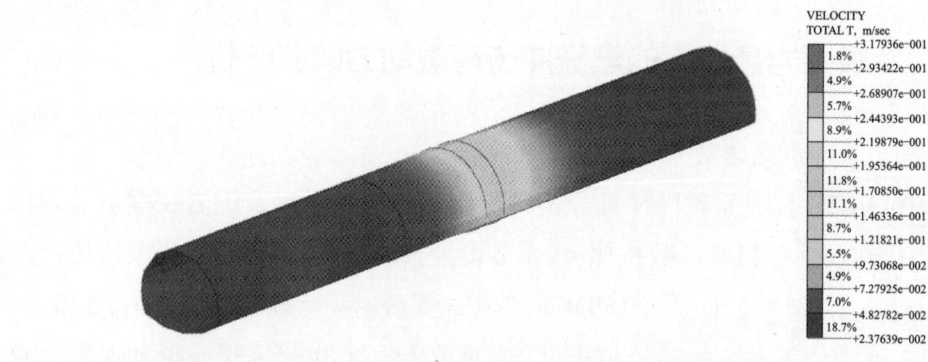

图 4-2-6 Ⅲ级围岩隧道各点峰值振速云图(单位:m/s)

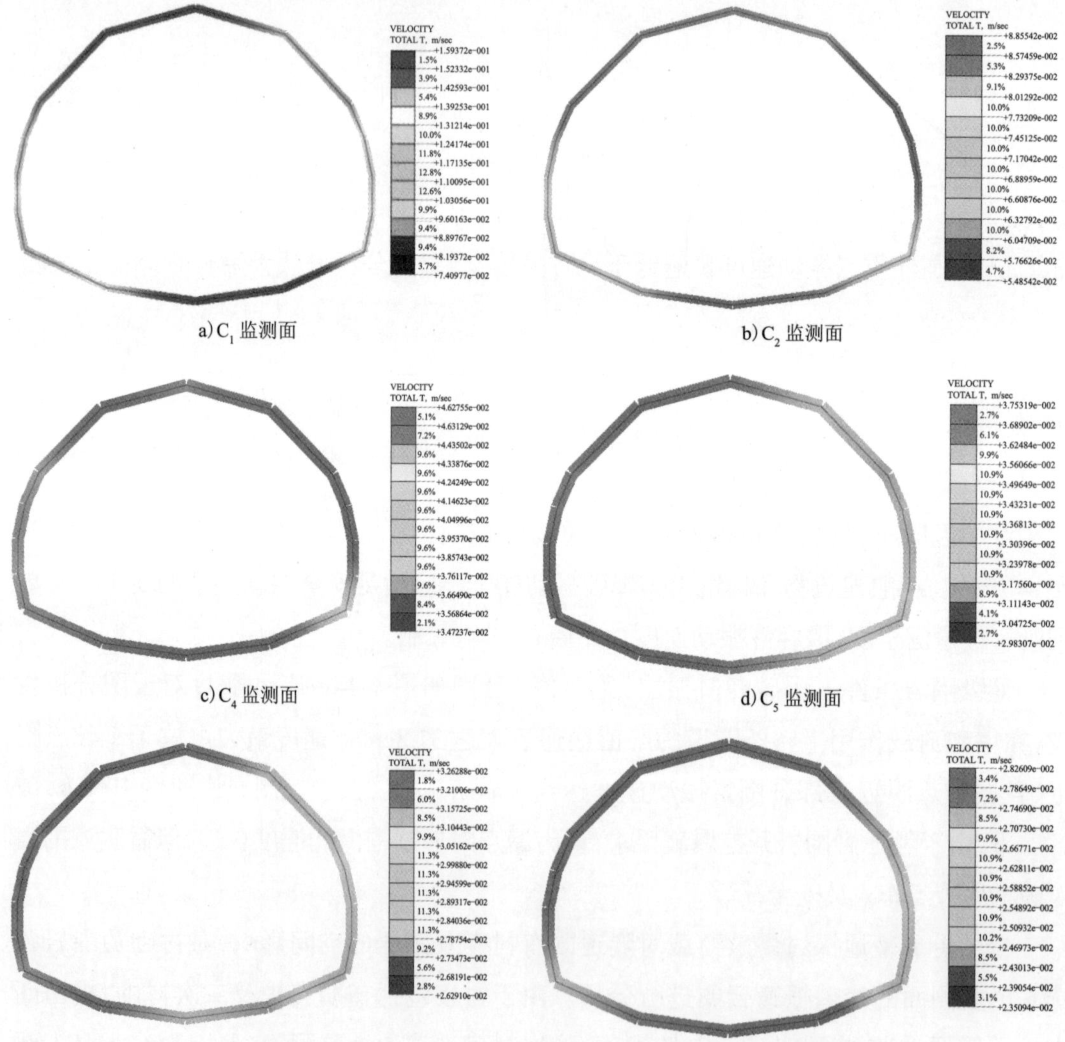

a) C_1 监测面

b) C_2 监测面

c) C_4 监测面

d) C_5 监测面

e) C_6 监测面

f) C_7 监测面

图 4-2-7 衬砌监测面峰值振速云图(单位:m/s)

比较爆破点后方既有衬砌各监测面的质点速度变化规律，发现爆破振动对爆破点附近衬砌尤其是初期支护影响较大，部分衬砌及围岩的峰值振速超过 10cm/s，且距离爆源越远，质点振动速度越小。此外，比较衬砌监测面剖面图发现左右衬砌各点峰值振速并不完全相同，而是存在略微数值差异，其原因可能与爆破时荷载的偏心有关。为了进一步探讨爆破荷载作用下隧道既有衬砌的动力响应，需对各个监测面上不同监测点的振动速度进行监测，并将结果整理如下。

由图 4-2-8 可知，距爆破点越近，监测点的峰值振速越大，随着距离的增加，各轴向监测点的峰值振速逐渐减小并向零趋近；所选监测点中，峰值振速最大的部位位于拱底，其次为拱顶、拱腰、墙腰及墙脚，说明拱底在爆破荷载作用下动力响应较大，由于拱底震害特征更加隐蔽，将会对交通产生更直接的危害，因此在爆破作业中要格外注意拱底的变形破坏特征。同时，观察到从爆破点到 C_2 监测面，即距离爆破点 5m 范围内，拱顶、拱底、拱腰、墙腰及墙脚的质点振动速度相差较大。C_2 监测面以后，即距离爆破点 5m 范围以外，各监测点的振动速度相差不大甚至基本重合。可认为爆破振动对距爆破点 10m 范围内的衬砌有空间位置上的影响，5m 范围外空间效应影响逐渐降低，而距爆破点 5m 范围外质点振动速度普遍低于允许速度，经以上分析可认为爆破时应重点观测衬砌距爆破点 5m 范围内的动力响应。

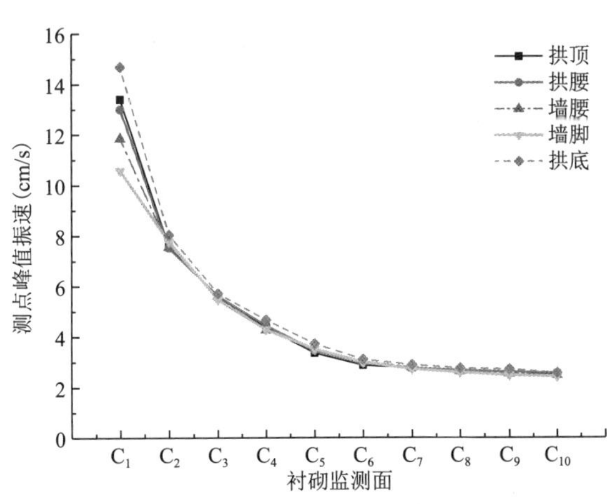

图 4-2-8　衬砌各监测面测点峰值振速

Ⅲ级围岩工况下爆破点前方各围岩各监测面的峰值振速云图如图 4-2-9 所示。

通过对图 4-2-9 分析发现，W_1 ～ W_6 监测面的峰值振速云图颜色由浅至深，说明了距爆破点越远围岩受爆破振动的影响越小。为进一步探讨爆破荷载作用下隧道前方围岩的动力响应，需对各监测面上不同监测点的振动速度进行监测，并将结果整理如下。

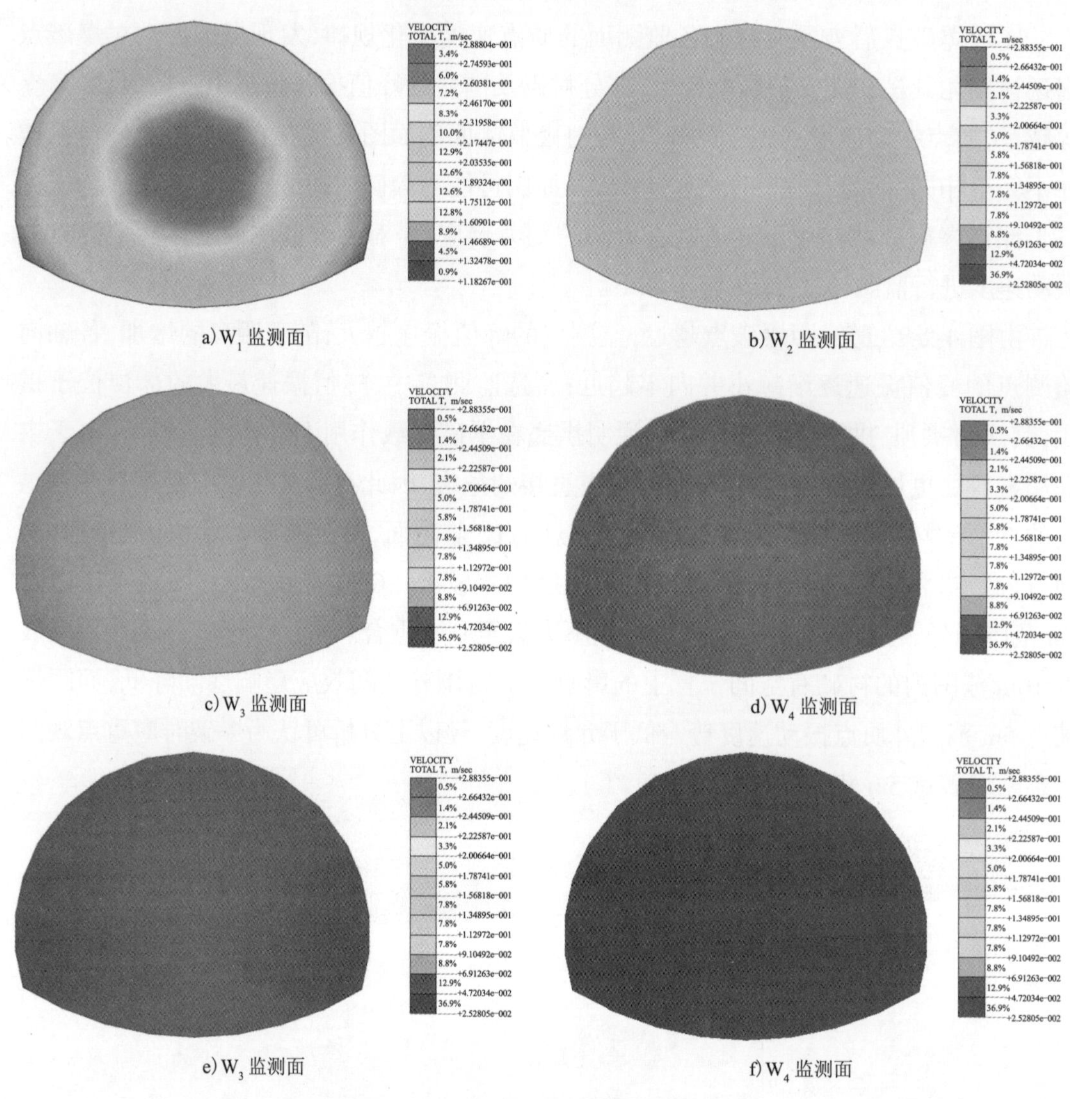

a) W_1 监测面　b) W_2 监测面

c) W_3 监测面　d) W_4 监测面

e) W_3 监测面　f) W_4 监测面

图 4-2-9　围岩监测面的峰值振速云图(单位:m/s)

由围岩各监测面峰值振速图 4-2-10 可知,从爆破点到 W_5 监测面,即距离爆破点 16m 范围内,拱顶、拱底、拱腰、墙腰及墙脚的质点振动速度相差较大。W_5 检测后,即距离爆破点 16m 范围以外,各监测点的振动速度相差基本不大,有重合的趋势。基本可认为 W_5 监测面为爆破振动空间影响降低的分界面;W_3 监测面以内即距爆破点 8m 围岩范围,大部分质点振动速度超过控制允许速度 10cm/s,最大速度达 16.76cm/s。距爆破点 8m 范围外质点振动速度普遍低于允许速度,故爆破时应重点观测围岩距爆破点 8m 范围内的动力响应。考虑到后期爆破开挖要求,可认为此速度合理,但从安全角度考虑,可适当减少爆破药量以降低潜在危害。

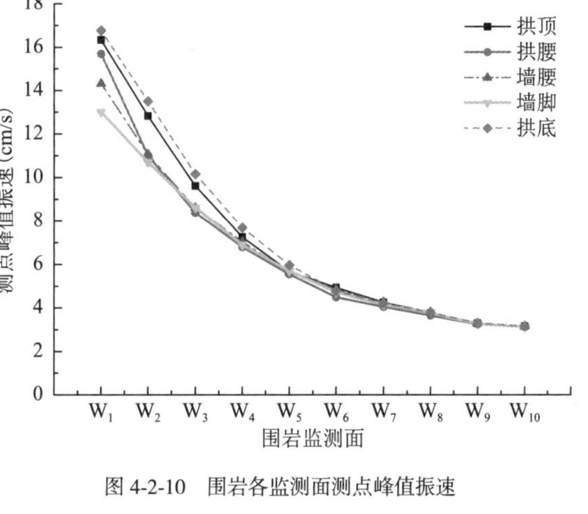

图 4-2-10　围岩各监测面测点峰值振速

2）Ⅲ级围岩条件下主应力动力响应分析

在地下隧洞的岩体爆破施工中，爆破冲击荷载在隧洞围岩中以爆源为球心、以球面的形式向外扩散，所到之处的岩体均受到振动影响，爆破点附近区域的岩体无论是振动速度还是所承担的压力都有可能超过岩体自身的承载力，从而造成岩体的破坏。因此在研究爆破冲击荷载对隧道围岩的动力响应时，仅研究质点振速峰值是远远不够的，对主应力包括第一主应力峰值及第三主应力峰值动力响应的研究也是非常必要的。利用Midas/GTS 有限元软件模拟隧道爆破施工过程，重点研究分析Ⅲ级围岩工况下衬砌及围岩在爆破冲击荷载作用下的主应力动力响应。

隧道爆破模型的建立及参数选取与振速响应分析情况相同，考虑到有限元模型中既有衬砌与爆破点前方围岩选取的计算单元不同（衬砌为板单元、前方围岩为实体单元），需分别对衬砌及围岩的主应力动力响应进行分析。为研究爆破冲击荷载对隧洞及围岩的时空影响，同样需要选取多个监测面及测点进行分析，监测面及测点的布置情况与研究振速动力响应时相同，具体按 4.2.1 节选取。

图 4-2-11、图 4-2-12 分别给出了既有衬砌第一、第三主应力峰值分布云图。图中应力以拉为正，以压为负。从云图中可看到第一主应力主要为拉应力，第三主应力主要为压应力，且距爆破点越远，第一主应力峰值、第三主应力峰值均呈现递减的趋势。为了进一步探讨爆破荷载作用下隧道既有衬砌的主应力动力响应，需对各监测面上不同监测点的第一主应力和第三主应力峰值进行监测，并将结果整理如下。

从图 4-2-13 中可看出，距离爆源越远，衬砌各监测面测点的第一主应力峰值越小，且拱顶、拱腰、拱底处的第一主应力峰值相对于其他测点更大，最大应力峰值为3.23MPa，远远大于初期衬砌抗拉极限，且其位于 C_1 监测面拱腰部位，说明拱顶、拱底、拱腰对爆破振动影响更敏感，分析拱顶、拱腰部位第一主应力峰值更大的原因除了爆破振动的影响外，隧洞顶部围岩的重力作用也是其影响因素之一。

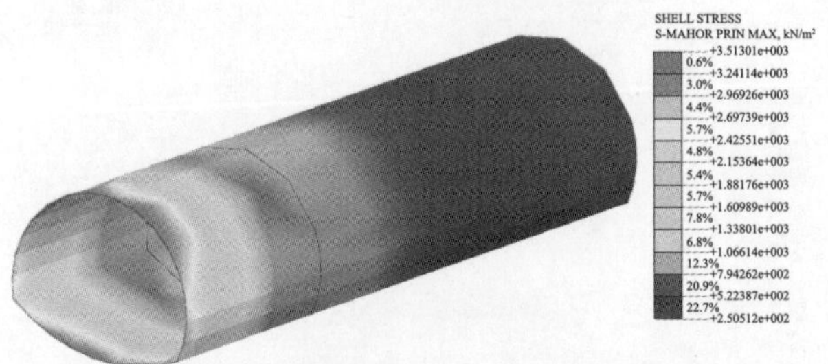

图 4-2-11　衬砌第一主应力云图（单位：kPa）

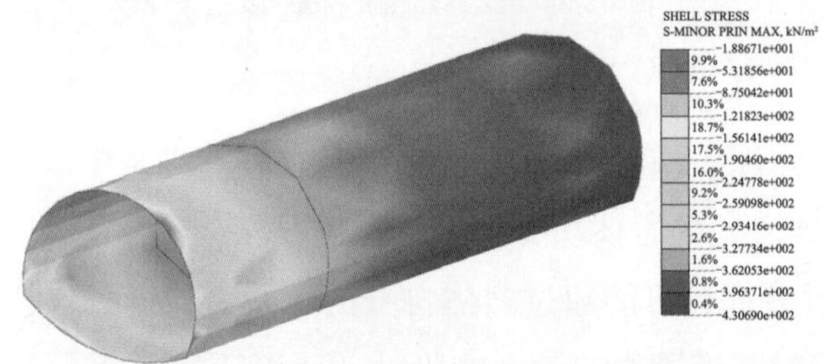

图 4-2-12　衬砌第三主应力云图（单位：kPa）

从图 4-2-14 中可发现衬砌各监测面测点第三主应力峰值衰减规律与第一主应力峰值相似，同样距离爆源越远峰值越小。最大第三主应力峰值为 0.87MPa，位于 C_1 监测面拱腰部位，C_1 ～ C_2 监测面即距离爆源 10m 范围内第三主应力迅速衰减，衰减率约为 75% 左右，C_2 监测面后第三主应力峰值基本为负即为压应力。考虑到隧道初期支护混凝土为 C25，其极限抗拉强度为 1.78MPa，故可认为在此爆破荷载作用下初期支护已受到破坏，安全起见建议减少爆破药量同时对拱顶、拱腰、拱底部位重点观测。

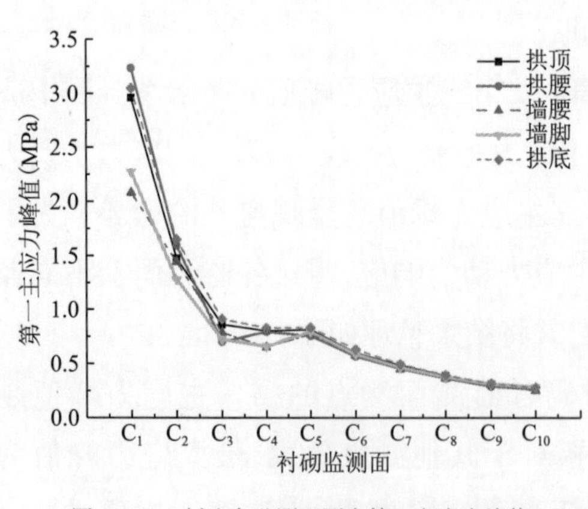

图 4-2-13　衬砌各监测面测点第一主应力峰值

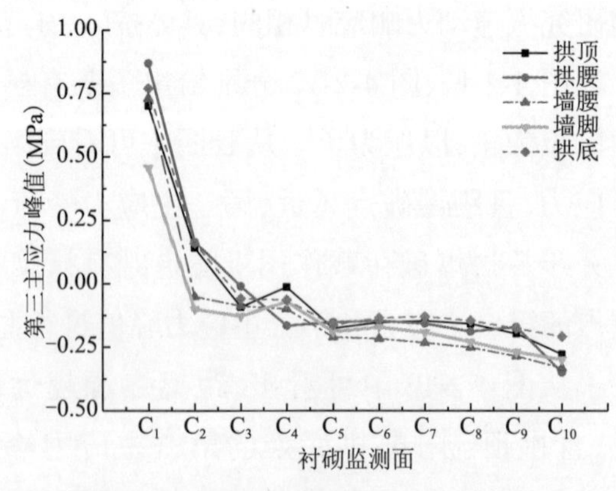

图 4-2-14　衬砌各监测面测点第三主应力峰值

Ⅲ级围岩工况下爆破点前方围岩各监测面的第一及第三主应力峰值云图如图 4-2-15、图 4-2-16 所示。

从图 4-2-15、图 4-2-16 中可看出，围岩第一主应力以拉应力为主，第三主应力以压应力为主，且距离爆源越近，第一主应力、第三主应力均越大。

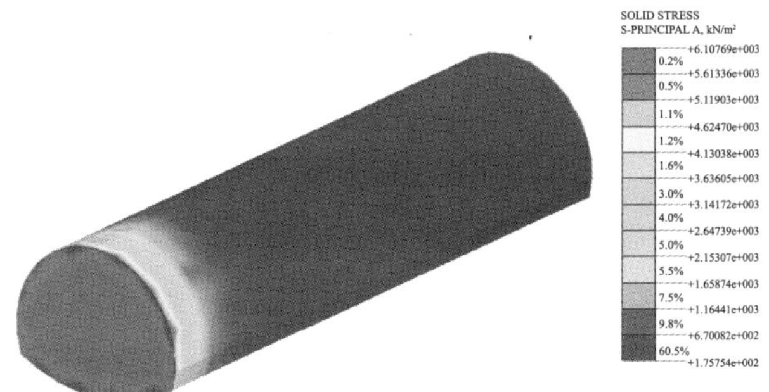

图 4-2-15　围岩第一主应力云图（单位：kPa）

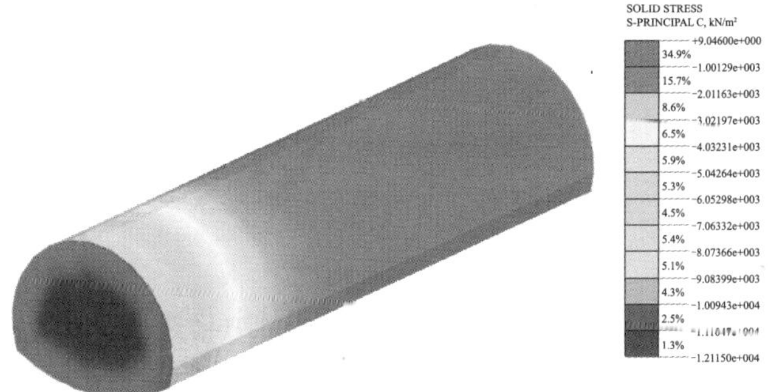

图 4-2-16　围岩第三主应力云图（单位：kPa）

观测围岩各监测面不同测点的主应力峰值，并将结果整理如下。

从图 4-2-17、图 4-2-18 中易看出，随着围岩距爆破点距离的增加，爆破点前方围岩的第一主应力峰值、第三主应力峰值均迅速衰减。第一主应力峰值从 W_1 监测面到 W_2 监测面降低了约 60%，W_2 ～ W_3 监测面范围内应力值略有波动，但基本稳定在 0.5MPa 左右；第三主应力峰值从 W_1 ～ W_3 监测面衰减率约为 80%，W_4 监测面后即距爆源 12m 范围后应力略有波动，但总体趋势基本平稳。综上所述，爆破冲击荷载对前方围岩影响较大区域主要为距离爆源 12m 的围岩范围，即 W_1 ～ W_4 监测面范围。

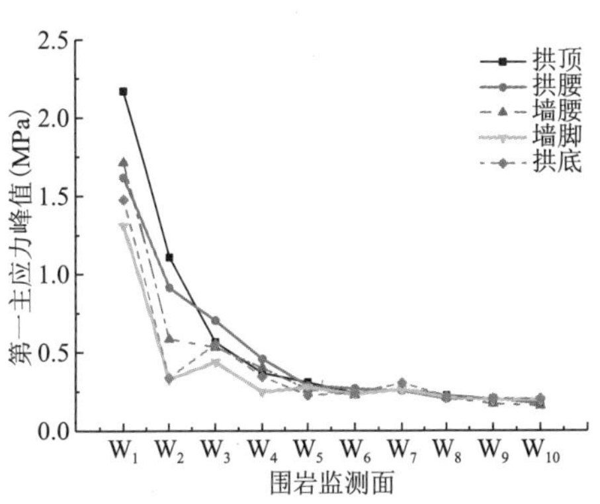

图 4-2-17　围岩各监测面测点第一主应力峰值

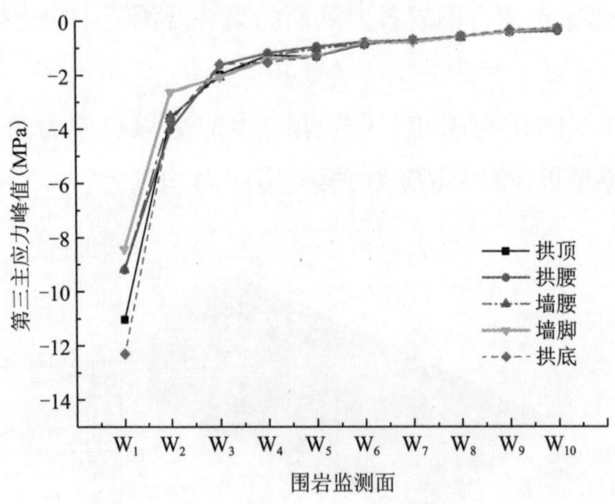

图 4-2-18 围岩各监测面测点第三主应力峰值

4.2.3 Ⅳ级围岩条件下的爆破冲击荷载动力响应分析

1）Ⅳ级围岩条件下振速动力响应分析

为研究Ⅳ级围岩条件下爆破荷载作用对隧道既有衬砌及围岩的动力响应，爆破掏槽总药量及峰值荷载按式（4-2-5）计算，分别为 5.4kg 及 5.74MPa，其围岩爆破荷载时程曲线如图 4-2-19 所示。

Ⅳ级围岩工况下衬砌及围岩监测面、监测点选取与Ⅲ级围岩一致，爆破点设置在隧道中点处，以便研究前方既有衬砌及围岩在爆破荷载下的动力响应。图 4-2-20 为爆破荷载作用下 IV 级围岩隧道各点峰值振速（绝对值）云图。

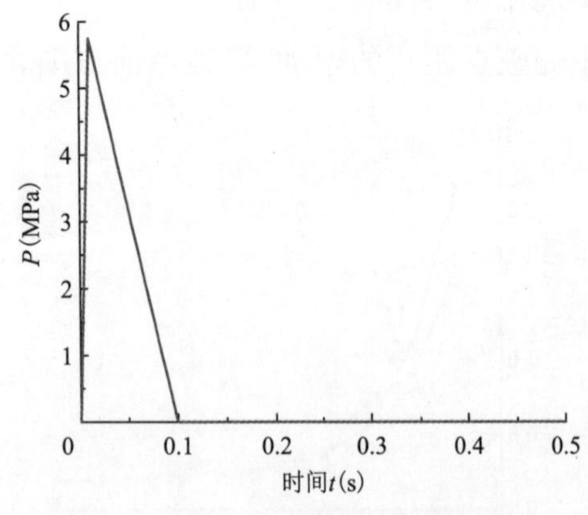

图 4-2-19 Ⅳ级围岩爆破荷载时程曲线

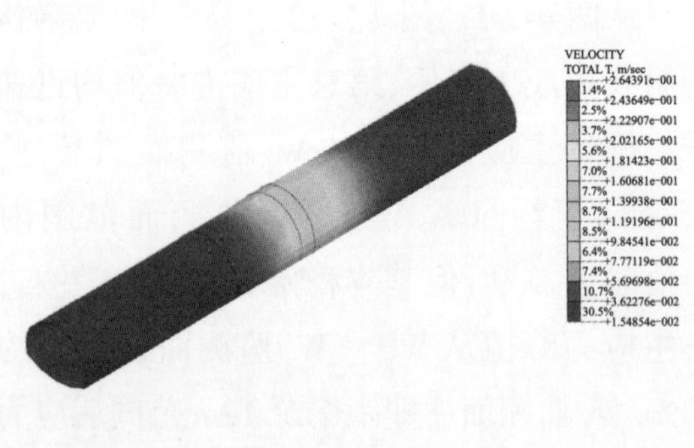

图 4-2-20 Ⅳ级围岩隧道各点峰值振速（绝对值）云图（单位：m/s）

通过分析图 4-2-20 发现,爆破点附近受爆破振动影响较大,最大峰值振速达 26.4cm/s,小于Ⅲ级围岩最大峰值振速,分析原因与掏槽总药量的选取及计算峰值荷载有关。Ⅳ级围岩条件下衬砌仅在靠近爆破点的范围内质点峰值振速较大,部分衬砌速度超过控制速度 10cm/s,围岩比初期支护受爆破振动影响更大,爆破点附近振动速度超过 10cm/s 的围岩面积也更大,故进行爆破时爆点附近人员应注意安全疏散。

为了更直观地探讨爆破荷载对隧道既有衬砌在空间上的影响,选择不同距离的 6 个监测面峰值振速云图进行分析,包括初期支护的 C_1、C_2 两个监测面以及二次衬砌的 C_4 ~ C_7 四个监测面,具体情况如图 4-2-21 所示。

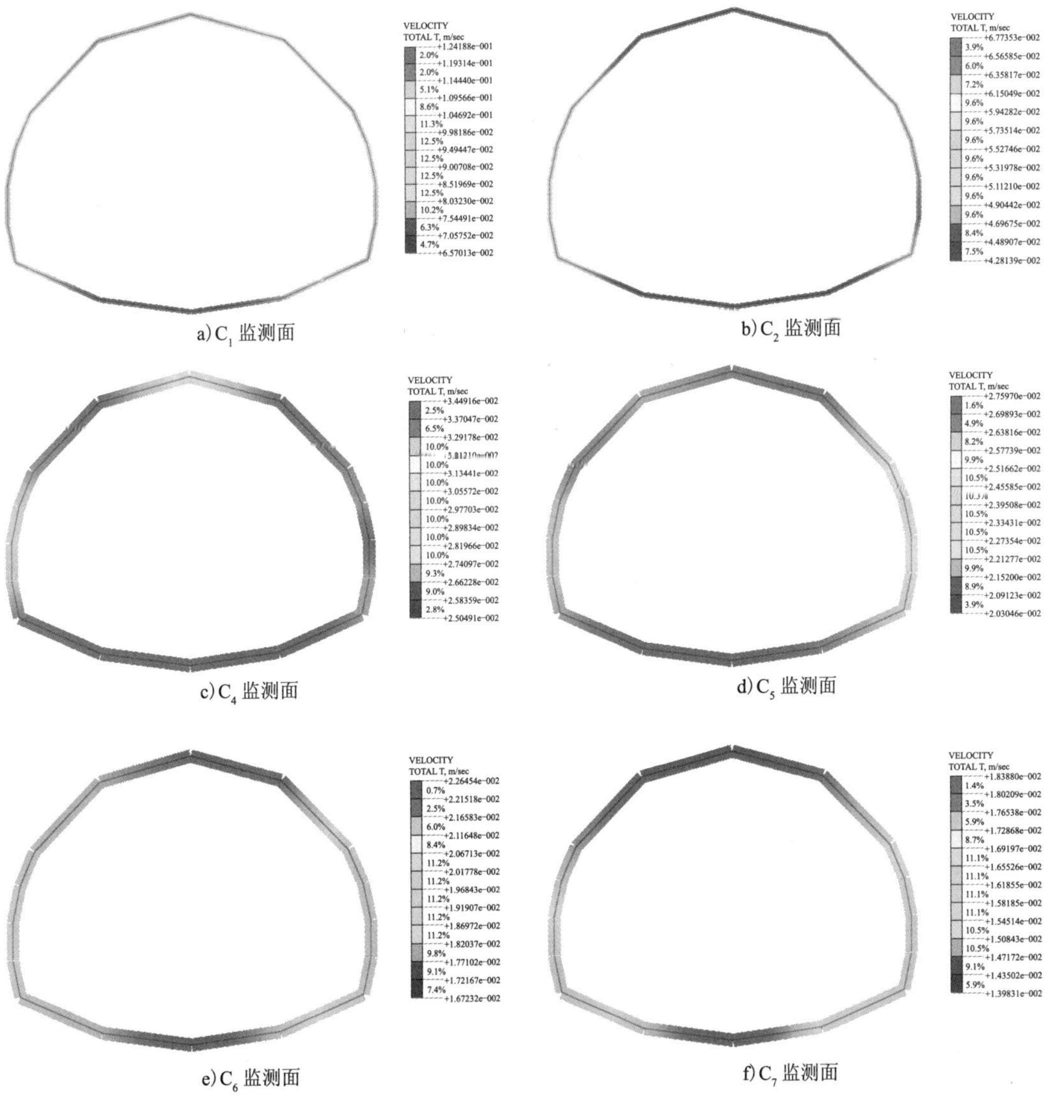

a) C_1 监测面　　b) C_2 监测面

c) C_4 监测面　　d) C_5 监测面

e) C_6 监测面　　f) C_7 监测面

图 4-2-21　衬砌监测面峰值振速云图(单位:m/s)

比较爆破点前方既有衬砌所选各监测面剖面图发现，距离爆破点越远，衬砌受爆破振动影响越小，且初期支护明显比二次衬砌所受影响更大，衬砌左右监测面振速峰值差异可能是由爆破荷载的偏心引起的。为了更清楚地观测不同剖面各监测点的峰值振速变化规律，需对各监测面上不同监测点的峰值振速进行监测，并将结果整理如下。

通过对图 4-2-22 分析发现，与Ⅲ级围岩相似，距离爆破点越远，监测点峰值振速值越小；监测面上各监测点的峰值振速从大到小依次亦为拱底、拱顶、拱腰、墙腰及拱底。爆破点位于隧道中心，分析拱底速度相较于其他监测点的峰值振速更大的原因是拱底距爆破点更近，且重力作用对其产生了一定的影响。同时观察到 $C_1 \sim C_4$ 监测面即距爆破点 15m 的衬砌范围内，各监测面上不同监测点的峰值振速相差较大，15m 范围之外各质点的峰值振速曲线有相互重合的趋势；15m 范围之内峰值振速最大值位于 C_1 监测面的拱底部位，数值为 11.77cm/s，15m 范围之外峰值振速最大值位于 C_4 监测面拱底处，数值为 3.56cm/s，即可认为 15m 范围之外的衬砌峰值振速均小于允许速度 10cm/s，且 $C_1 \sim C_4$ 的峰值振速衰减率大约为 50% 左右，说明爆破荷载对距爆破点 15m 范围内的衬砌影响较大，而对距爆破点 15m 范围外的衬砌动力响应较小，基本安全，故爆破时需加强对 15m 范围内衬砌动力响应的监测以避免意外发生。

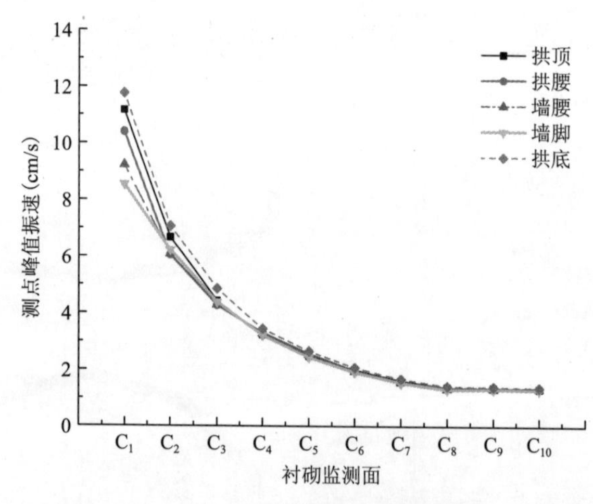

图 4-2-22 衬砌各监测面测点峰值振速

Ⅳ级围岩工况下爆破点前方各围岩各监测面的峰值振速云图如图 4-2-23 所示。

通过对比各围岩监测面剖面图发现，$W_1 \sim W_6$ 围岩监测面受爆破振动的影响逐渐降低，为了进一步探讨爆破荷载作用下隧道前方围岩的动力响应，需对各个监测面上不同监测点的振动速度进行监测，并将结果整理如图 4-2-24 所示。

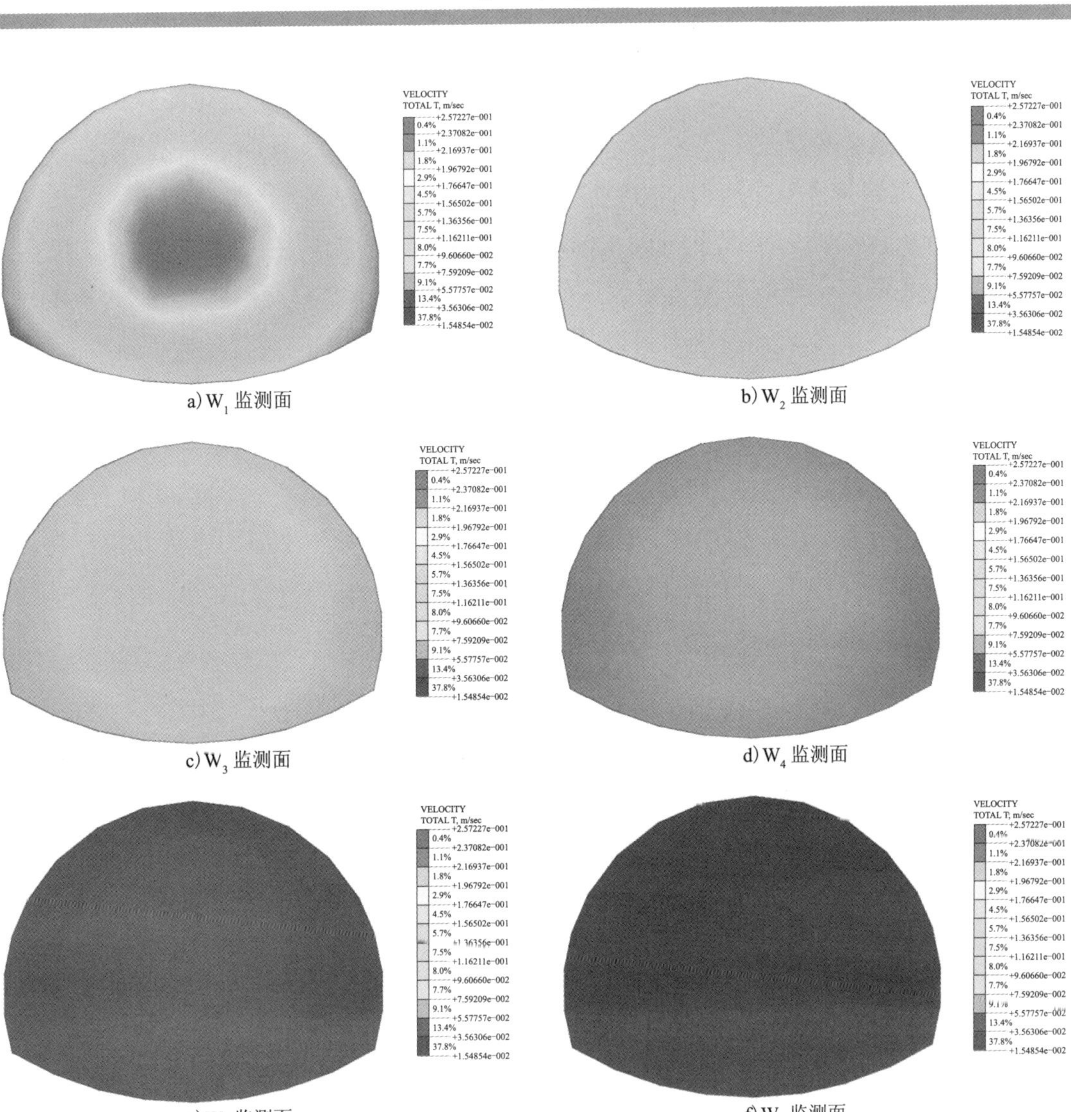

a) W_1 监测面

b) W_2 监测面

c) W_3 监测面

d) W_4 监测面

e) W_5 监测面

f) W_6 监测面

图 4-2-23　IV 级围岩工况下爆破点前方各围岩各监测面的峰值振速云图(单位:m/s)

分析图 4-2-24 发现,W_1 ~ W_5 监测面上各监测点的峰值振速区分度较大,W_5 ~ W_{10} 监测面上各监测点的峰值振速曲线已基本重合,说明距爆破点 16m 范围内爆破荷载对隧道围岩有空间效应影响,16m 范围外对隧道围岩不同空间点的影响差基本消失;监测面 W_3 到爆破点范围内将近 65% 围岩峰值振速超过控制允许速度 10cm/s,最大速度 13.96cm/s,位于 W_1 监测面拱底处,最小速度为 7.26cm/s,位于 W_3 监测面右边墙处,衰减

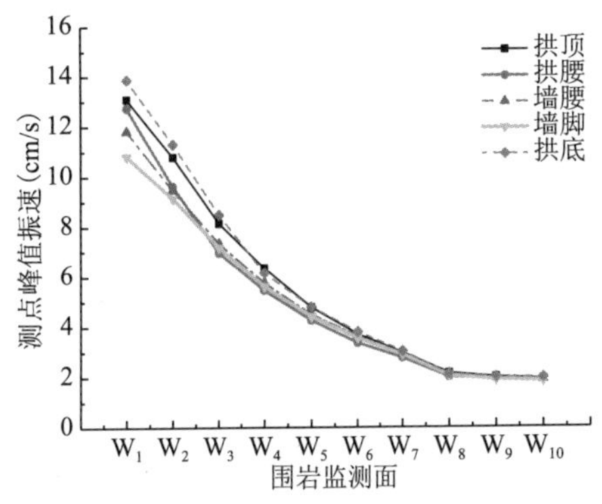

图 4-2-24　围岩各监测面测点峰值振速

率为48%左右,故可认为围岩监测的重点应位于 W_3 监测面以内,若想降低影响危害,可适当减少掏槽总药量。

2)Ⅳ级围岩条件下主应力动力响应分析

研究分析Ⅳ级围岩工况下衬砌及围岩在爆破冲击荷载作用下的主应力动力响应,考虑到有限元模型中既有衬砌与爆破点前方围岩选取的计算单元不同(衬砌为板单元、前方围岩为实体单元),需分别对衬砌及围岩的主应力动力响应进行分析。监测面及测点的布置情况与研究振速动力响应时情况相同,具体按4.2.1节选取,以研究爆破冲击荷载对隧洞围岩的空间影响。

图4-2-25给出了既有衬砌第一主应力峰值分布云图,图4-2-26给出了既有衬砌第三主应力峰值分布云图。图中应力以拉为正,以压为负。第一主应力主要为拉应力,第三主应力主要为压应力,且随距爆破点距离的增加,第一主应力峰值、第三主应力峰值均呈现递减的趋势。

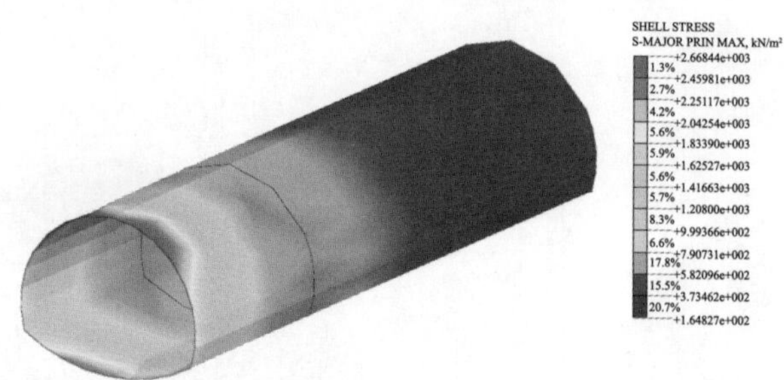

图4-2-25 既有衬砌第一主应力峰值分布云图(单位:kPa)

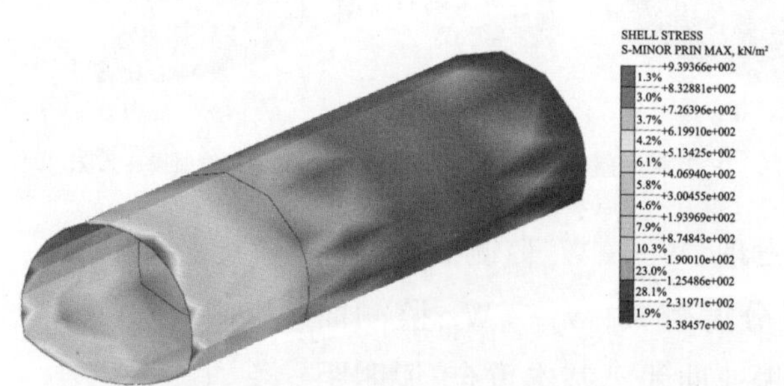

图4-2-26 既有衬砌第三主应力峰值分布云图(单位:kPa)

图4-2-27、图4-2-28分别为各监测面上不同监测点的第一主应力和第三主应力峰值折线图。

对图4-2-27分析发现,衬砌最大第一主应力峰值为2.54MPa,位于 C_1 监测面拱底部位,与Ⅲ级围岩情况略有差异,分析原因可能与爆破药量的选取及围岩等级的变化有关,但受爆破振动影响较大的测点仍与Ⅲ级围岩相同为拱顶、拱底、拱腰部位,可认为爆破冲击荷载对拱顶、拱底、拱腰处的影响更大，此外，重力作用可能也是导致其应力峰值更大的原因之一。第一主应力峰值从 $C_1 \sim C_3$ 监测面即距离爆破点 10m 范围内衰减迅速，基本从 2MPa 减小至 0.5MPa，衰减率约为 75%。

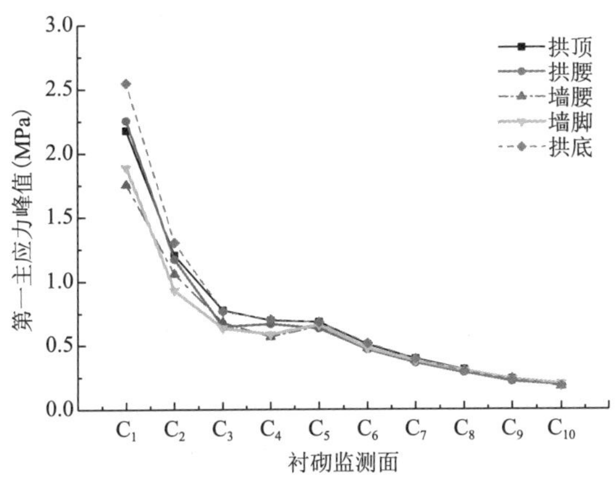

图 4-2-27　既有衬砌各监测面测点第一主应力峰值

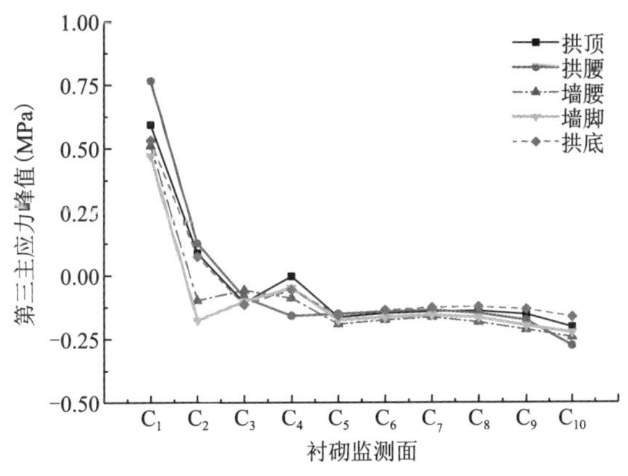

图 4-2-28　既有衬砌各监测面测点第三主应力峰值

从图 4-2-28 中可发现衬砌各监测面测点的第三主应力峰值变化趋势与第三主应力相似，在 $C_1 \sim C_3$ 监测面衰减迅速，衰减率大约为 70% 左右，C_5 监测面以后应力折线略有波动但近似水平，可认为 C_5 监测面以后即距离爆破点 20m 范围外爆破冲击荷载对监测面不同测点的空间影响差距基本消失，故监测重点应为距爆破点 10m 范围内的衬砌结构，第三主应力峰值在靠近爆破点的监测面上表现为拉应力，离爆破点较远的监测面上表现为压应力，均未超过应力极限值，但第一主应力峰值在距离爆破点较近的监测面上出现了较大的拉应力值，超过初期支护 C25 混凝土的抗拉极限值 1.78MPa，故考虑应减少爆破药量，以避免危害。

Ⅳ级围岩工况下爆破点前方围岩各监测面的第一及第三主应力峰值云图如图 4-2-29、图 4-2-30 所示。

图 4-2-29　围岩第一主应力云图(单位:kPa)

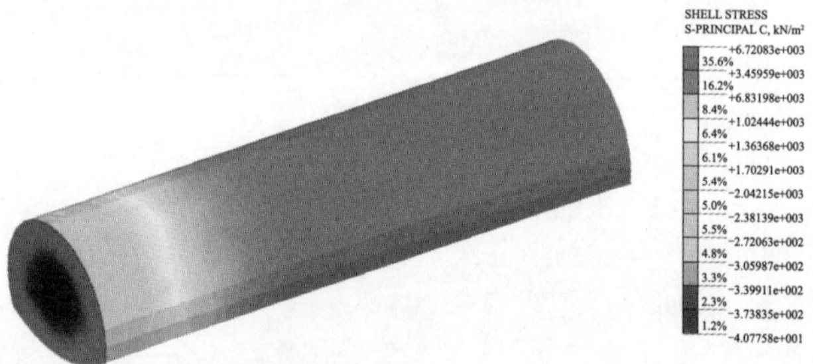

图 4-2-30　围岩第三主应力云图(单位:kPa)

通过对围岩第一主应力、第三主应力云图分析发现,距离爆破点越远,应力峰值越小,且第一主应力峰值主要为拉应力,第三主应力峰值主要为压应力,为了更清楚地观测到爆破点不同距离监测面上不同测点的应力变化规律,需对不同监测面各测点的应力峰值进行监测,并将结果整理,如图 4-2-31、图 4-2-32 所示。

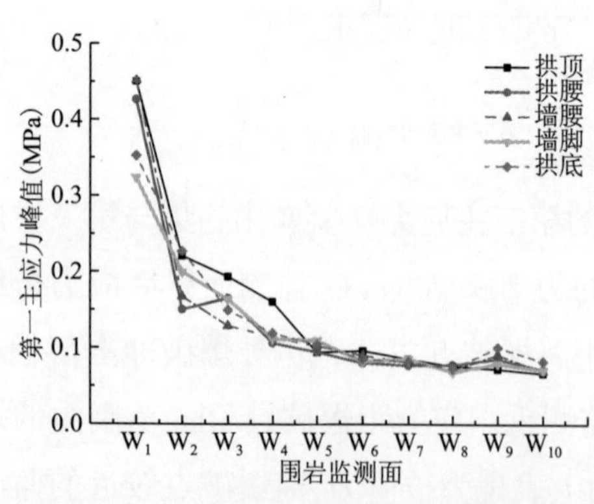

图 4-2-31　围岩各监测面测点第一主应力峰值

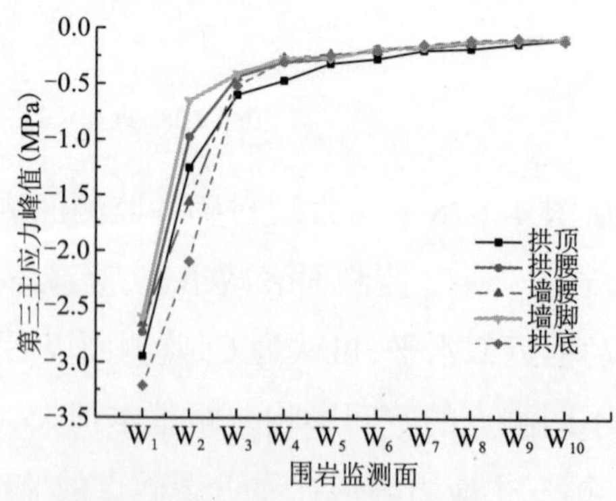

图 4-2-32　围岩各监测面测点第三主应力峰值

从图 4-2-31、图 4-2-32 中可看出,随着围岩与爆破之间距离的增加,爆破点前方围岩的第一主应力峰值、第三主应力峰值均迅速衰减。第一主应力峰值从 $W_1 \sim W_2$ 监测面即距离爆破点 4m 范围内衰减率约为 60% 左右，W_2 ～ W_5 监测面范围内第一主应力峰值波动较大但整体呈下降趋势不变；第三主应力峰值从 W_1 ～ W_3 监测面即距离爆破点 8m 范围内快速降低，衰减率约为 80%，W_4 监测面后仍保持衰减趋势但速度非常缓慢。根据以上分析可认为爆破振动荷载对前方围岩影响较大区域为距离爆破点 8m 范围内的围岩，对 8m 范围外的围岩影响较小。

4.2.4　Ⅴ级围岩条件下的爆破冲击荷载动力响应分析

1）Ⅴ级围岩条件下振速动力响应分析

爆破掏槽总药量及峰值荷载按式（4-2-5）计算，分别为 6kg 及 4.403 MPa，其围岩爆破时程荷载曲线如图 4-2-33 所示。

Ⅴ级围岩工况下的监测面选取及测点布置与Ⅲ、Ⅳ级围岩情况相同，图 4-2-34 为Ⅴ级围岩条件隧道在爆破荷载作用下既有衬砌及围岩各点峰值振速（绝对值）云图。

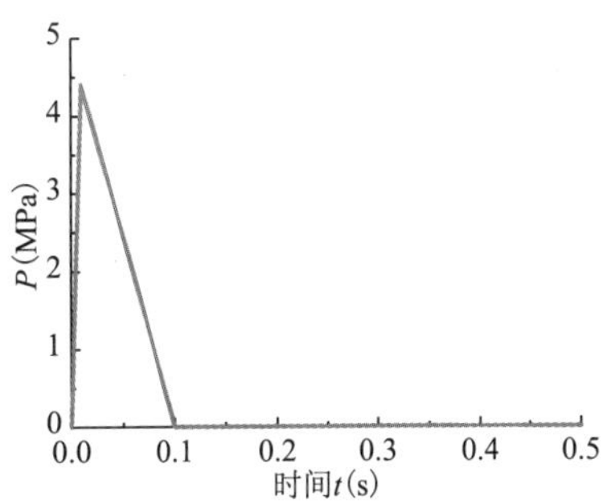

图 4-2-33　Ⅴ级围岩爆破时程荷载曲线

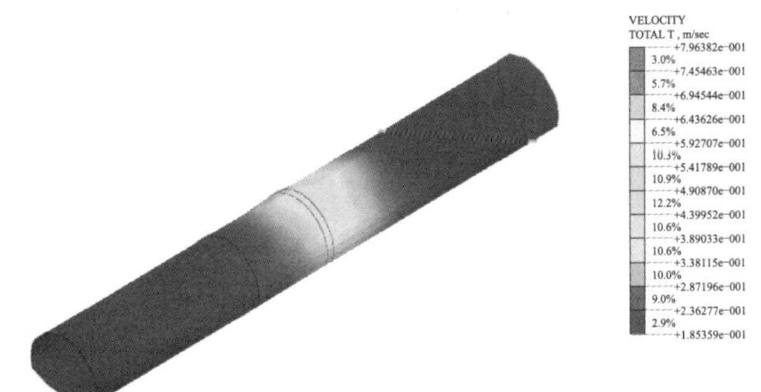

图 4-2-34　Ⅴ级围岩隧道在爆破荷载作用下既有衬砌及围岩各点峰值振速云图（单位：m/s）

与Ⅳ级围岩相比，Ⅴ级围岩条件下隧道既有衬砌及围岩的峰值振速普遍偏大，虽然爆破掏槽总药量相对而言略微减少，但围岩等级的降低却是必不可少的关键因素。此外，Ⅴ级围岩工况下，峰值振速超过控制允许速度 10cm/s 的衬砌及围岩范围明显更大，且爆破点附近最大峰值振速达 79.6cm/s，说明Ⅴ级围岩对此掏槽总药量布置引起的爆破振动更为敏感，动力响应更大。除了爆破点附近注意人员疏散外，Ⅴ级围岩工况条件下应适当减少爆破药量并注意监测，以降低质点振动速度，避免不必要的危害。

为观测衬砌不同监测面峰值振速的变化规律，截取不同监测面的剖面图进行分析，选取截面与Ⅲ、Ⅳ级围岩截面选取相同，具体分布情况如图 4-2-35 所示。

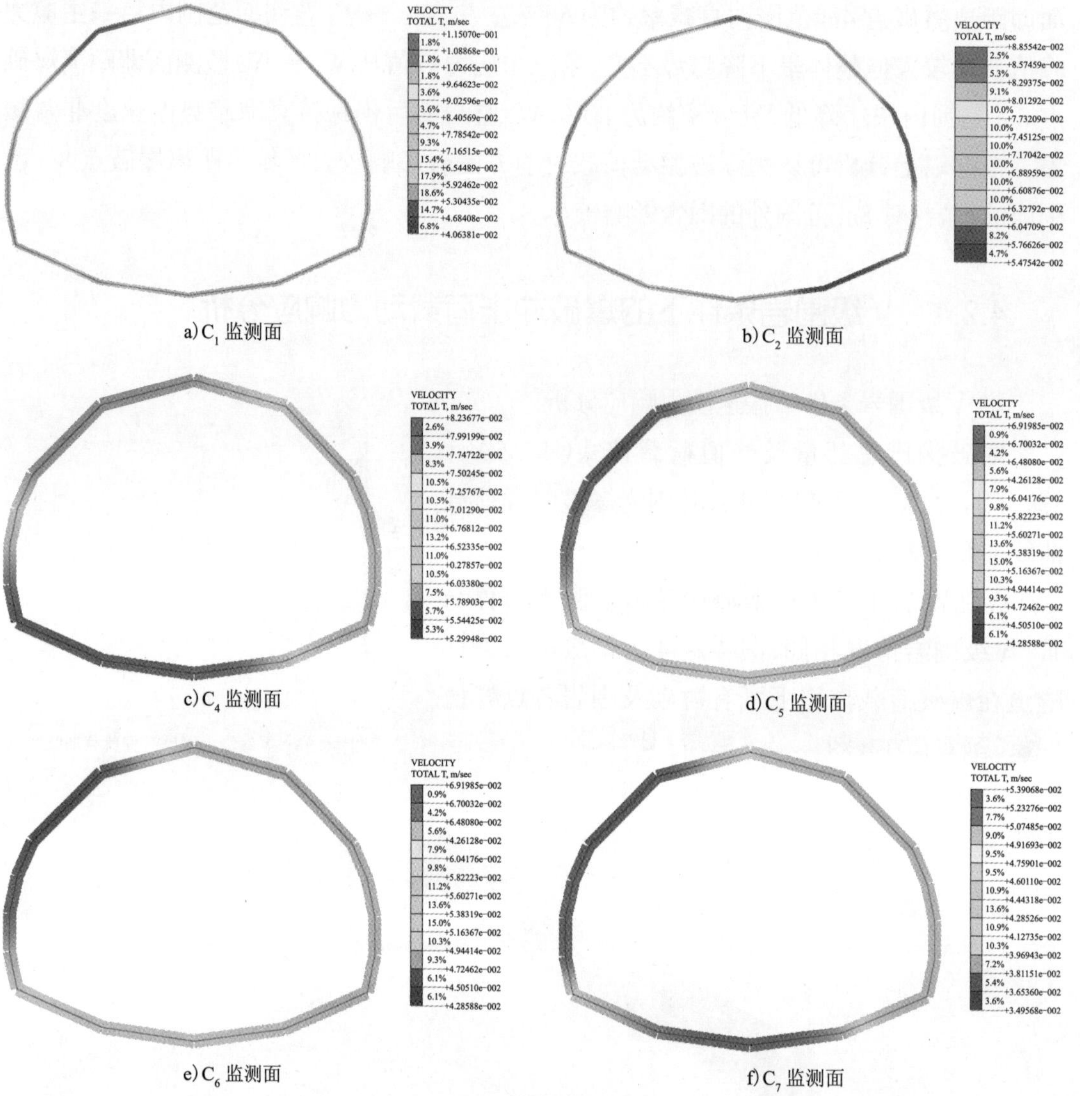

a) C_1 监测面

b) C_2 监测面

c) C_4 监测面

d) C_5 监测面

e) C_6 监测面

f) C_7 监测面

图 4-2-35 衬砌监测面剖面图

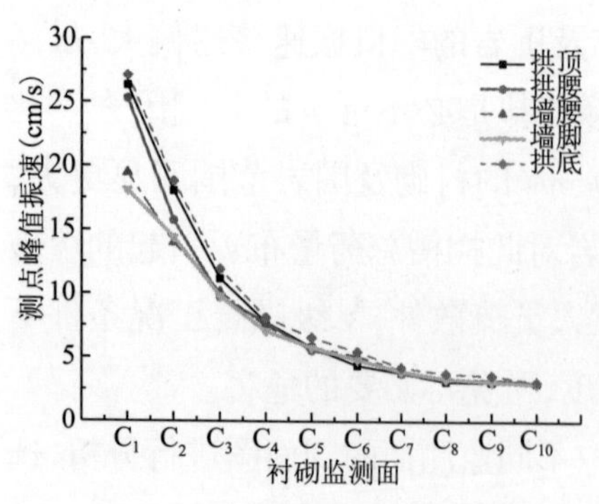

图 4-2-36 衬砌各监测面测点峰值振速

通过对图 4-2-35 分析发现,距离爆破点越远,衬砌受爆破振动影响越小,且初期支护明显比二次衬砌所受影响更大,为了更清楚地观测不同剖面各监测点的峰值振速变化规律,需对各监测面上不同监测点的峰值振速进行监测,并将结果整理,如图 4-2-36 所示。

对图 4-2-36 分析可知,监测面距离爆破点越远,峰值振速越小,即在爆破荷载作用下的动力响应越小;同一监测面上受爆破荷载作用影响最大的为拱底部位，其次为拱顶、拱腰、墙腰及拱脚。拱顶和拱底、拱腰等监测点的峰值振速曲线两两相近却仍有略微的数值偏差，爆破点虽位于隧道中心，引起此现象的原因可能是爆破时的偏心作用及重力因素的影响。根据以上分析并考虑到拱底震害特征的隐蔽性，建议爆破时重点关注拱底的变形及动力响应。同时观察图 4-2-36，发现 $C_1 \sim C_4$ 监测面即距爆破点 15m 范围内各监测点的峰值振速曲线相差较大，C_4 监测面以后即爆破点 15m 范围以外各监测点的峰值振速曲线逐渐相互逼近，说明爆破荷载对距离爆破点 15m 范围外的衬砌空间效应影响逐渐降低，故建议爆破时加强对 $C_1 \sim C_4$ 监测面上各监测点动力响应的检测；在此掏槽总药量的布置情况下，C_3 监测面到爆破点范围内，衬砌各点峰值振速均基本超过控制允许速度 10cm/s，考虑到安全因素，建议减少爆破总药量。

Ⅳ级围岩工况下爆破点前方各围岩各监测面的峰值振速云图如图 4-2-37 所示。

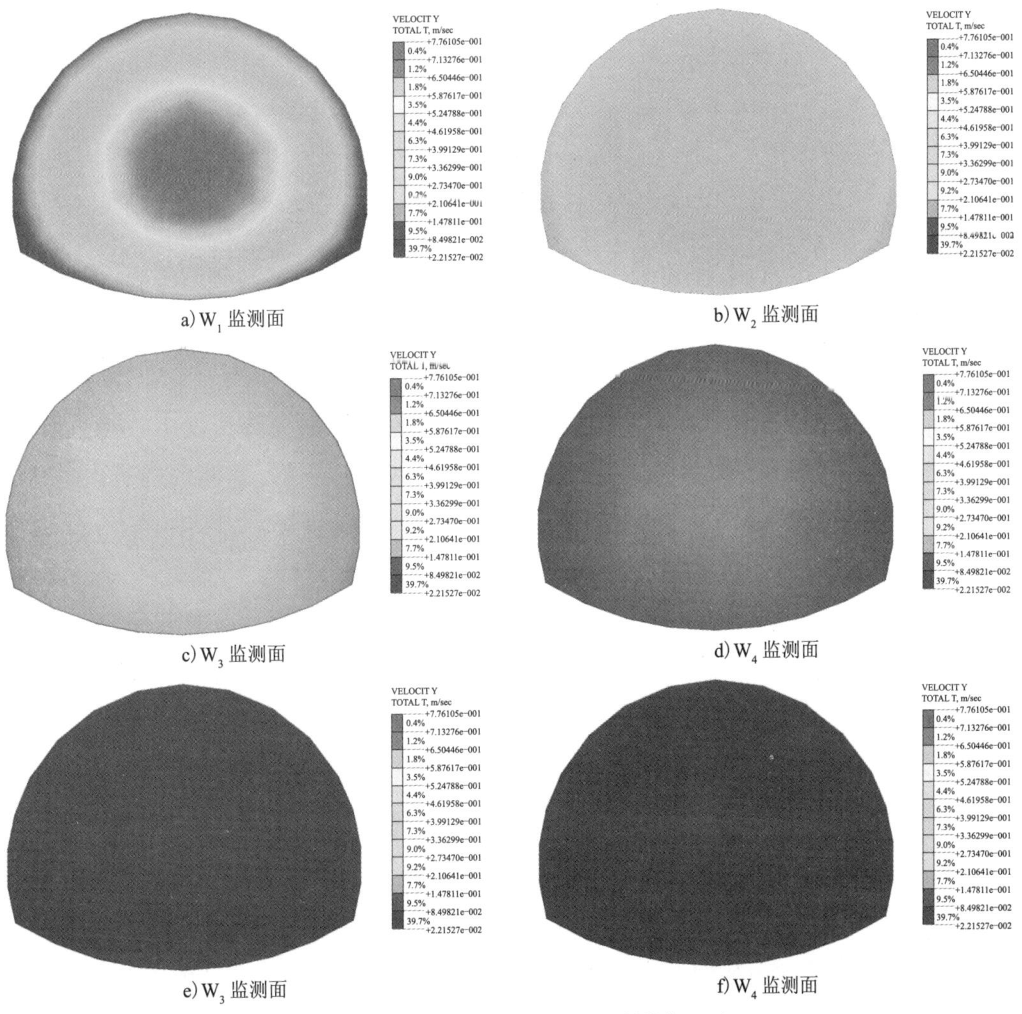

a) W_1 监测面　　b) W_2 监测面

c) W_3 监测面　　d) W_4 监测面

e) W_3 监测面　　f) W_4 监测面

图 4-2-37　围岩监测面的峰值振速云图(单位:m/s)

对比各围岩监测面剖面图发现，$W_1 \sim W_6$ 围岩监测面云图颜色由浅至深，说明距离爆破点越远受爆破振动影响越小。为了进一步探讨爆破荷载作用下隧道前方围岩的动力响应，需对各个监测面上不同监测点的振动速度进行监测，并将结果整理，如图 4-2-38 所示。

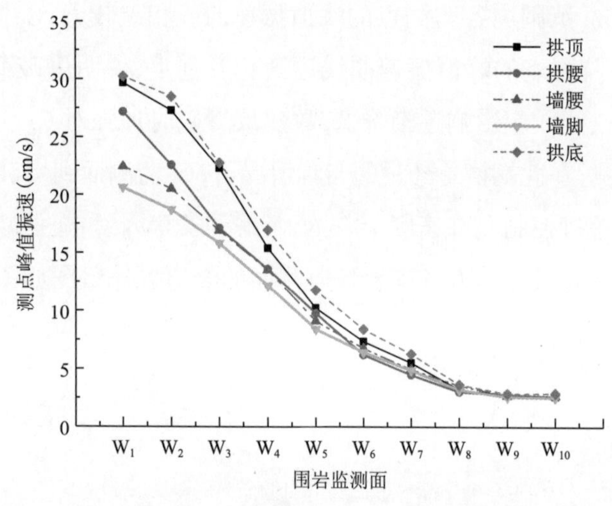

图 4-2-38　围岩各监测面测点峰值振速

从图 4-2-38 中可看出，围岩监测面 $W_1 \sim W_7$ 即距离爆破点 24m 范围内，各监测点的峰值振速曲线相差较大，W_7 监测面后即距爆破点 24m 范围外各测点的峰值振速曲线相互逼近并逐渐重合，可认为在此工况条件下 24m 为爆破振动对围岩空间效应影响的分界线；$W_1 \sim W_7$ 围岩范围内 90% 的测点峰值振速超过控制允许速度 10cm/s，且最大速度为 30.23cm/s，远远超过允许速度，故除了需加强对 $W_1 \sim W_7$ 监测面内围岩各点变形情况的监控外，还需减少爆破药量以避免人员伤亡或设备损坏。

2）Ⅴ级围岩条件下主应力动力响应分析

与Ⅲ、Ⅳ级围岩情况相同，对既有衬砌及围岩的主应力动力响应分开研究，其监测面及测点的布置情况与研究振速动力响应时相同，具体按 4.2.1 节选取，以研究爆破冲击荷载对隧洞及围岩的时空影响。

图 4-2-39 给出了既有衬砌第一主应力峰值分布云图，图 4-2-40 给出了既有衬砌第三主应力峰值分布云图。图中应力以拉为正，以压为负，应力单位为 kPa。第一主应力峰值主要为拉应力，第三主应力峰值距离爆源由近及远由拉应力逐渐转变为压应力，整体趋势为随距爆源越远，第一主应力峰值、第三主应力峰值逐渐递减。

图 4-2-41、图 4-2-42 分别为衬砌各监测面上不同监测点的第一主应力和第三主应力峰值折线图。

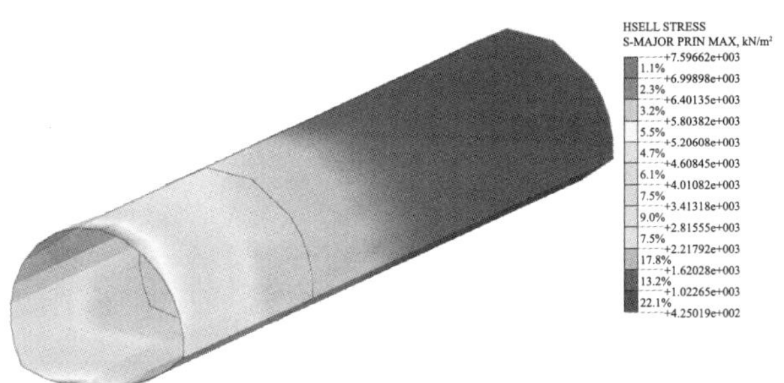

图 4-2-39　衬砌第一主应力峰值分布云图(单位:kPa)

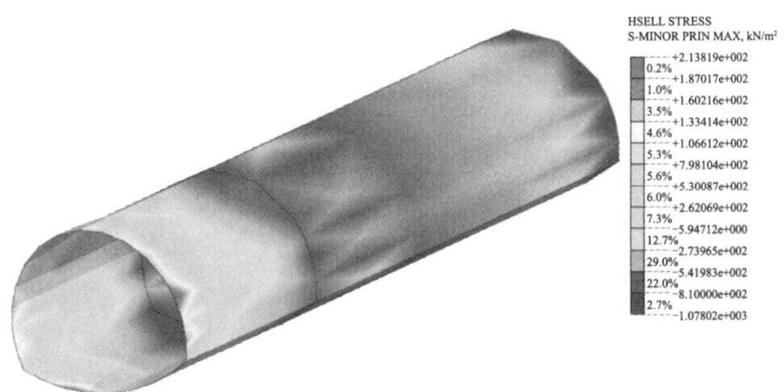

图 4-2-40　衬砌第三主应力峰值分布云图(单位:kPa)

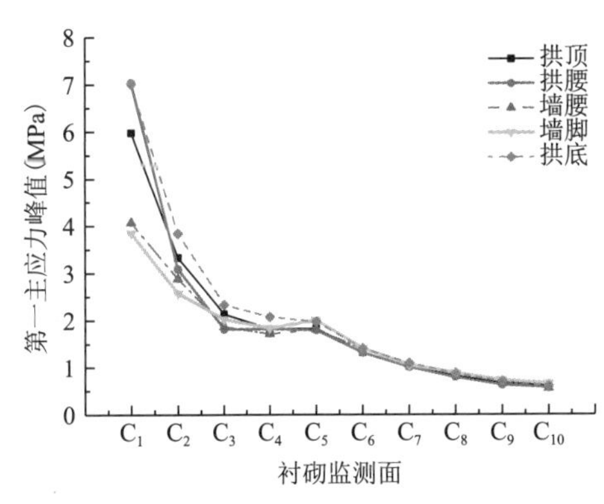

图 4-2-41　衬砌各监测面上不同测点第一主应力峰值

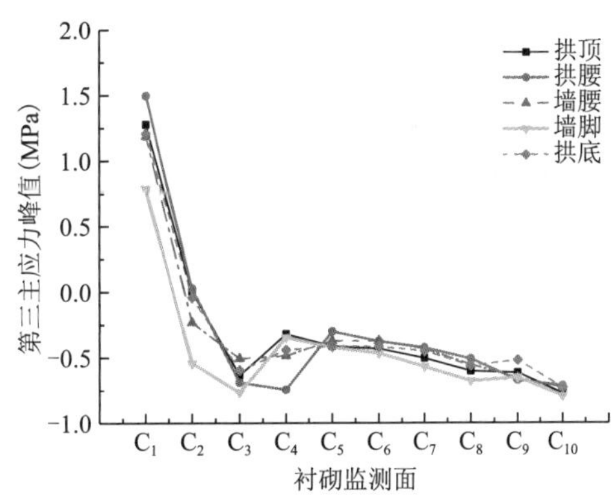

图 4-2-42　衬砌各监测面测点第三主应力峰值

通过对图 4-2-41 分析发现,爆破点附近衬砌的拱顶、拱底、拱腰部位的第一主应力峰值相对较大,最大应力峰值达 7MPa,位于 C_1 监测面拱腰处,远大于初期支护 C_{25} 混凝土的抗拉极限。第一主应力峰值从 $C_1 \sim C_3$ 监测面即距离爆破点 10m 范围内迅速衰减,最小应力值为 C_3 监测面拱腰处的 1.8MPa,衰减率约为 75% 左右。C_3 监测面后即距离爆源 10m 范围外第一主应力峰值略有波动但衰减平缓,可认为爆破振动荷载对 10m 范围外衬砌的空间影响逐渐降低;从图 4-2-42 可看出距爆源较近的监测面上拱顶、拱腰第三主应力峰值较大,墙脚的应力峰值较小,考虑到拱顶拱腰处掉落碎石危害的严重性,建议对拱顶拱腰处的应力值加强监测。第三主应力峰值同样在距离爆源 10m 范围内衰减迅速，衰减率约为 80%，C_3 监测面后应力值上下略有波动，原因可能与爆破瞬间荷载的偏心作用有关，第三主应力峰值并未超限，但考虑到第一主应力峰值部分拉应力超过混凝土的抗拉极限，故需减少爆破药量以降低危害。

V 级围岩工况下爆破点前方围岩各监测面的第一及第三主应力峰值云图分别如图 4-2-43、图 4-2-44 所示。

图 4-2-43　围岩第一主应力峰值云图（单位：kPa）

图 4-2-44　围岩第三主应力峰值云图（单位：kPa）

从图 4-2-43、图 4-2-44 中可看出，围岩第一主应力在靠近爆源附近表现为拉应力，距离爆源较远处转变为压应力，第三主应力只在爆源附近少数范围的围岩上呈现为拉应力，其他部位主要为压应力，同时观测围岩各监测面不同测点的主应力峰值，并将结果整理如下。

从图 4-2-45、图 4-2-46 中可看出，围岩第一主应力峰值、第三主应力峰值在爆破冲击荷载的作用下均随距爆源距离的增加呈现整体下降的趋势，且应力最大点均出现在拱腰部位，说明隧洞拱腰部位对爆破冲击荷载的反应更为敏感，故应加强对拱腰部位的监测。第一主应力峰值从 W_1 ~ W_3 监测面衰减迅速，衰减率约为 85% 左右，第三主应力峰值也从 W_1 ~ W_3 监测面迅速衰减，衰减率约为 80% 左右，W_3 监测面后应力变化曲线趋于平稳，故可认为爆破振动荷载对前方围岩影响较大区域为距离爆破点 8m 范围内

的围岩，对 8m 范围外的围岩影响较小。

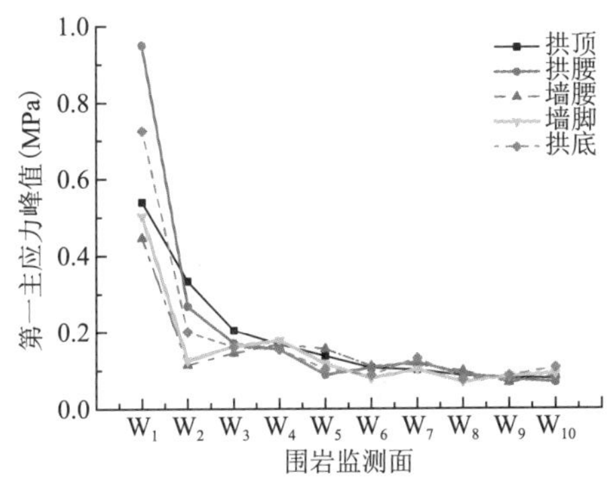

图 4-2-45　围岩各监测面测点第一主应力峰值

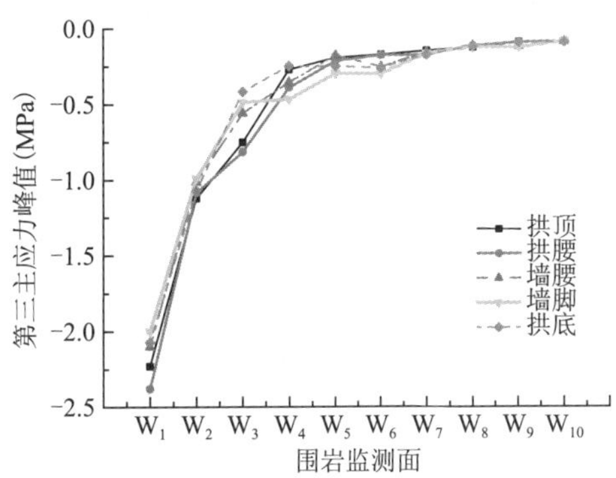

图 4-2-46　围岩各监测面测点第三主应力峰值

4.3　爆破冲击荷载对邻近既有隧洞的动力响应分析

本节基于凤潭隧道开挖工程，采用机械法与钻爆法协同开挖的方法，利用 Midas/GTS 软件建立三维数值模型，观测爆破荷载作用下爆破振动的速度峰值变化，以对比分析全断面爆破开挖以及双导硐爆破开挖工况两种不同爆破荷载作用对邻近既有隧道衬砌的动力响应。

4.3.1　数值计算模型及爆破荷载参数的确定

1）数值模型建立

采用三维计算模型，通过 MIDAS GTS 软件实现小净距隧道爆破振动对既有水工隧道动力响应的有限元分析。整体坐标以既有隧道纵向为 y 轴，水平垂直方向为 x 轴，铅垂方向为 z 轴。根据隧道设计资料，新建隧道与水工隧道空间斜交 74°，新建隧道断面跨度 B 为 15.56m，高度 H 为 11.61m。考虑隧道开挖对围岩位移影响范围为距隧道中心 3 ～ 5 倍开挖宽度，故选取计算模型长度 L_x=100 m，模型宽度 L_y=80m，模型高度 L_z=90 m。新建隧道最大埋深约为 38 m，此范围内围岩岩性为Ⅳ级围岩。输水隧洞正常运营时水压为 0.4MPa，内径 4m，岩体初始应力场仅考虑自重应力。新建隧道与水工隧道位于模型中间位置，即两隧道中点均位于 z 轴上，且二者最近距离为 8.2m，计算模型简图及新建与水工隧道相对位置关系分别见图 4-3-1、图 4-3-2。

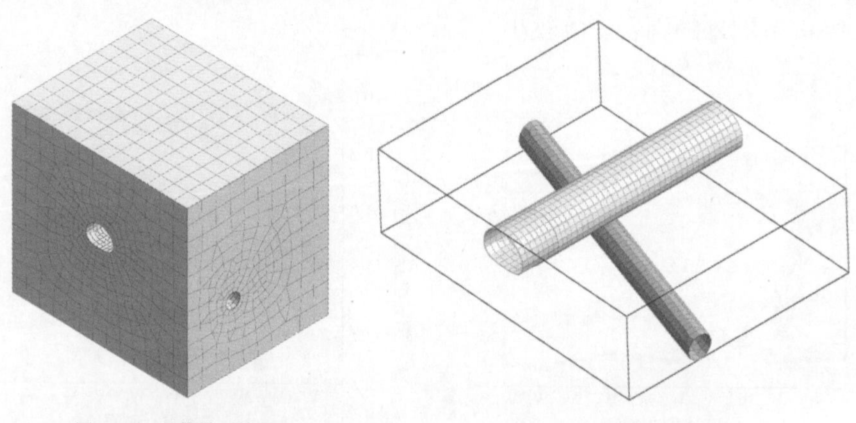

图 4-3-1 总体模型简图　　图 4-3-2 隧道相对位置图

为使计算模型简化，以均质地层来建模分析。隧道地质条件为各向同性地层，隧道围岩结构采用实体单元，为 Drucker-Prager 本构模型，衬砌结构采用平面板单元，为弹性本构模型。为了消除爆破波在边界处的反射而产生的误差，本节采用 1972 年 Lysmer 和 Wass 建议的黏性边界条件，即在有限元模型的四周和地面上施加曲面弹簧阻尼边界约束。为保证计算精度与计算时间，采用岩体的动力参数，根据现场测试、相关文献和工程经验，可知围岩动静弹性模量间关系为 $E_d=8.7577\,E_s^{\ 0.5882}$，并将混凝土黏性衬砌动弹模提升 25%，动泊松比为 0.8 倍，岩体力学参数如表 4-3-1 所示。

岩体力学参数　　表 4-3-1

材料	荷载类型	弹性模量(GPa)	泊松比	重度(kN/m^3)	黏聚力(MPa)	内摩擦角(°)
Ⅳ级围岩	静载	6	0.3	22	0.5	30
	动载	25	0.24	22	0.5	30
整体式衬砌	静载	24	0.2	25		
	动载	30	0.16	25		

2）荷载参数的确定

峰值荷载采用的经验计算公式与 4.2.1 节提到的式（4-2-5）相同，其中取 R 为 0.85m，即与底板最近掏槽眼的距离。以 P_{max} 作为三角波形峰值，其以面荷载形式垂直均匀地作用在该进尺范围的隧道周壁上。爆破荷载加载时间取 10ms，卸载时间取为 90ms，总计算时间取为 500ms。导硐爆破参数见表 4-3-2。隧道周壁爆破荷载时程曲线和荷载峰值示意图分别如图 4-3-3、图 4-3-4 所示。

导硐爆破参数表　　表 4-3-2

序号	孔名	孔深(m)	钻孔角度(°)	单孔装药量(kg)	孔数	总装药量(kg)	微差雷管段别	炸药尺寸
1	掏槽孔	1.4	75	1	4	4	2	ϕ32
2	掏槽孔	1.4	75	1	2	2	3	ϕ32

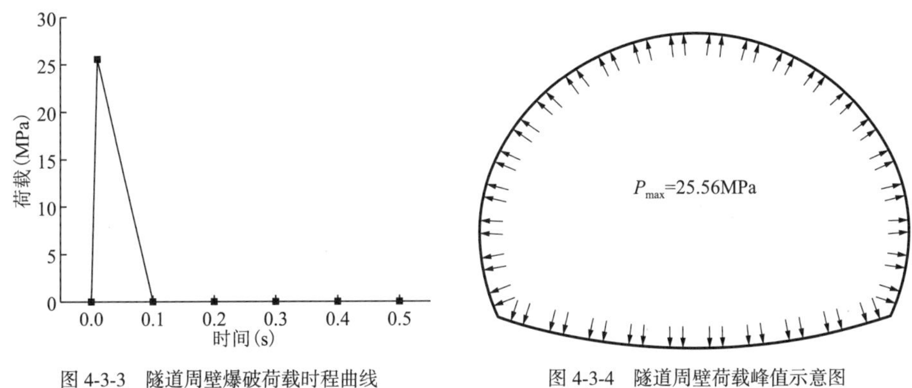

图 4-3-3 隧道周壁爆破荷载时程曲线

图 4-3-4 隧道周壁荷载峰值示意图

3)控制指标

对于混凝土衬砌,质点振动速度是一个重要的控制指标。爆破振动安全允许标准:根据《爆破安全规程》(GB 6722—2014)规定,水工隧洞爆破振动安全允许标准如表 4-3-3 所示。

爆破振动安全允许标准 表 4-3-3

序　号	保护对象类别	安全允许质点振动速度 v(cm/s)		
		$f \leqslant$ 10Hz	10Hz $\leqslant f \leqslant$ 50Hz	$f >$ 50Hz
1	水工隧洞	7 ~ 8	8 ~ 10	10 ~ 15

注:为保证安全,本次爆破安全允许速度值取 7cm/s。

4.3.2 邻近水工隧道衬砌振速动力响应分析

1)全断面爆破开挖工况下水工衬砌振速动力响应

全断面爆破开挖,隧道开挖进尺选取 2m,爆破开挖掌子面到水工隧道中心线距离在数值模拟中为爆破面的 x 向面到水工隧道中心线之间的距离,以水工隧道中线与新建隧道相交部分的中心为原点,x 方向为正方向,取 −38 ~ 36m 段进行模拟,图 4-3-5 为全断面爆破隧道周壁荷载示意图,图 4-3-6 为新建隧道掌子面距离水工隧道中线 −20m 时二者的相对位置关系图。

表 4-3-4 为全断面爆破开挖时,掌子面距水工隧道中线不同距离情况下,新建隧道爆破施工引起水工隧道衬砌最大质点振速及最大位移数据表。从表 4-3-4 和图 4-3-7 ~图 4-3-10 可知,随距离增加,水工隧道质点峰值振速和最大位移都逐渐减小。正方向 24m 距离时,最大振速 8.719cm/s,28m 距离时,最大振速 6.292cm/s;负方向 −32m 距离时,最大振速为 7.303cm/s,−34m 距离时,最大振速为 6.087cm/s。根据安全控制标准可知,当采用全断面爆破开挖时,为保证水工隧道的安全,新建隧道爆破施

工掌子面到水工隧道中线正向距离至少为28m，负向距离至少为32m。

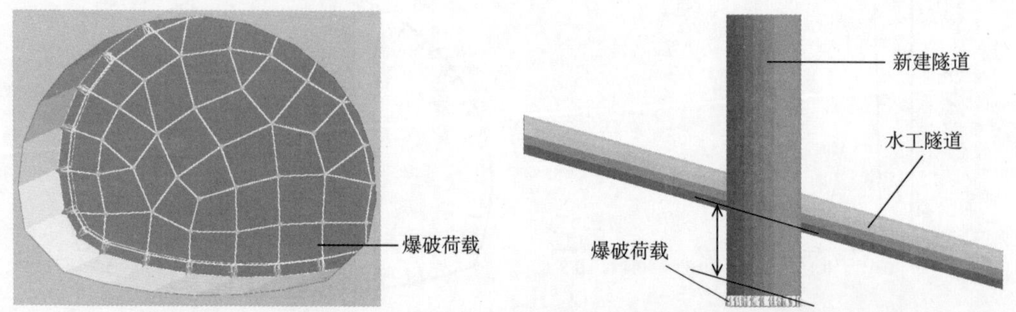

图4-3-5　全断面爆破隧道周壁荷载示意图

图4-3-6　新建隧道掌子面距离水工隧道中线-20m时二者相对位置关系图(-20m)

全断面爆破下水工隧道最大质点振速与最大位移　表4-3-4

掌子面距水工隧道中线距离	衬砌最大质点振速(cm/s)	衬砌最大位移(mm)
-4m	19.114	1.762
-8m	19.489	1.767
-12m	18.727	1.691
-16m	16.745	1.499
-20m	13.815	1.239
-22m	13.105	1.143
-24m	12.024	1.026
-26m	10.928	0.911
-28m	9.723	0.793
-30m	8.499	0.678
-32m	7.303	0.562
-34m	6.087	0.444
-36m	4.805	0.333
-38m	3.601	0.229
0m	17.039	1.612
4m	16.014	1.504
8m	15.827	1.510
12m	15.046	1.450
16m	13.086	1.265
20m	10.999	1.054
22m	9.904	0.945
24m	8.719	0.829
28m	6.292	0.601
32m	4.112	0.393
36m	3.020	0.226

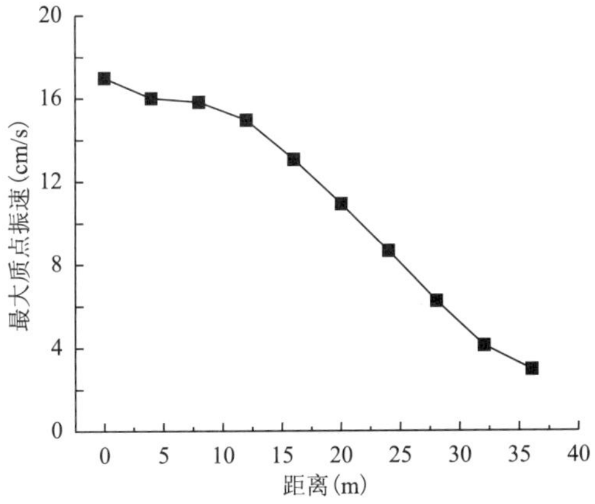

图 4-3-7　水工隧道最大质点振速（0 ～ 36m 距离）

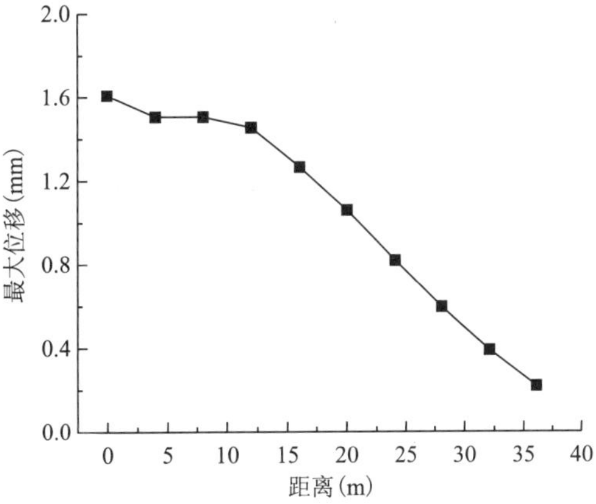

图 4-3-8　水工隧道最大位移（0 ～ 36m 距离）

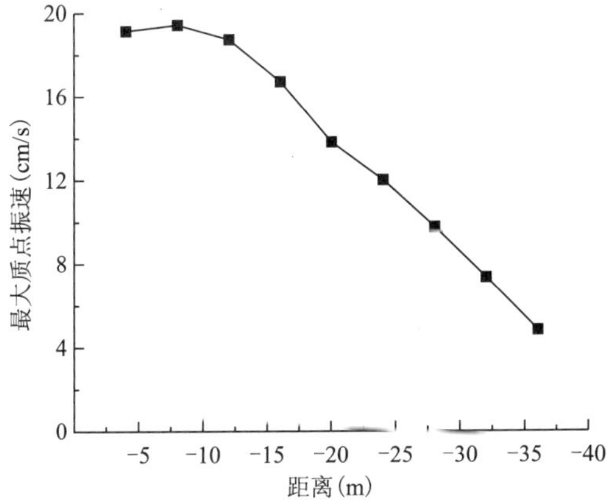

图 4-3-9　水工隧道最大质点振速（-4 ～ -36m 距离）

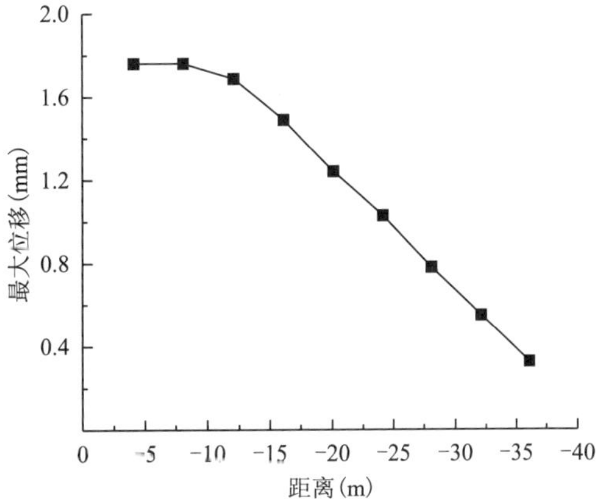

图 4-3-10　水工隧道最大位移（-4 ～ -36m 距离）

图 4-3-11 ～图 4-3-13 分别是距离为 –20m、–24m 和 –28m 时，水工隧道衬砌质点峰值振速云图，发现水工隧道中点越近，受爆破冲击波影响越大。

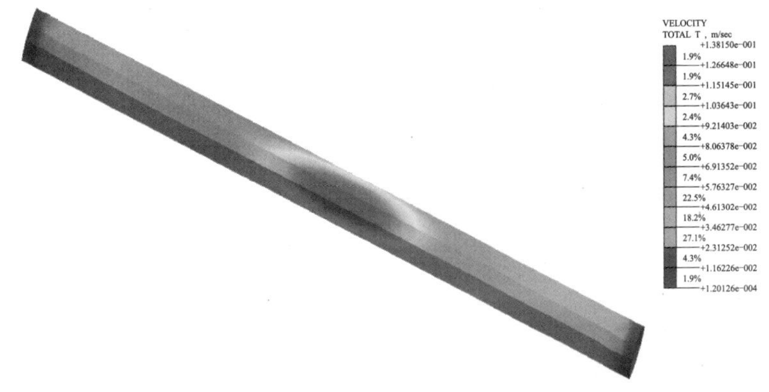

图 4-3-11　-20m 距离时水工隧道衬砌质点峰值振速云图（单位：m/s）

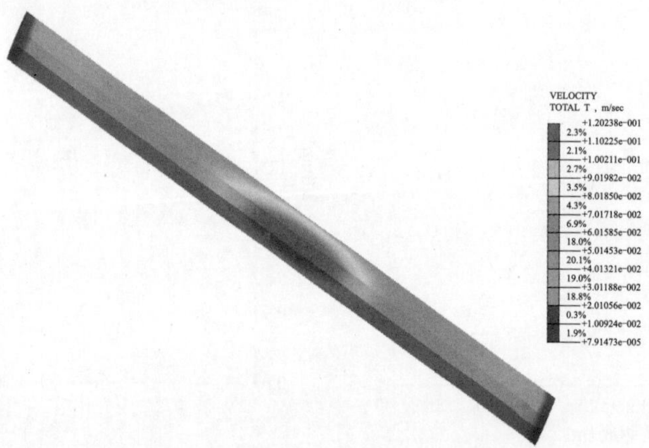

图 4-3-12 -24m 距离时水工隧道衬砌质点峰值振速云图(单位:m/s)

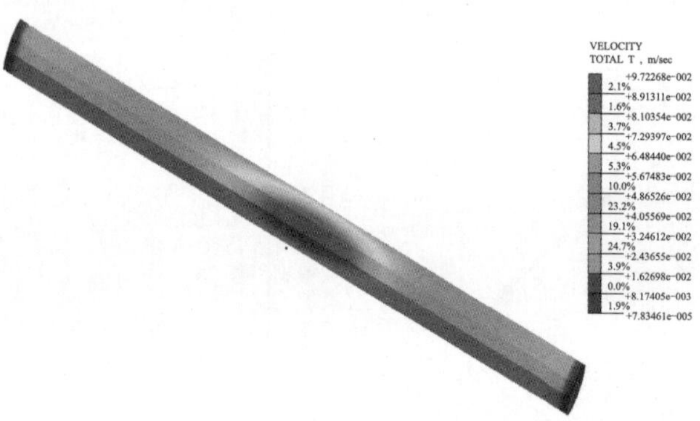

图 4-3-13 -28m 距离时水工隧道衬砌质点峰值振速云图(单位:m/s)

2)双导硐爆破开挖工况下水工衬砌振速动力响应

双导硐爆破开挖,隧道开挖进尺为 2m,爆破开挖掌子面到水工隧道中心线距离取 -38 ~ 38m 变化,图 4-3-14 为双导硐爆破隧道周壁荷载示意图,图 4-3-15 为新建隧道掌子面距离水工隧道中线 0m 时二者的相对位置图。

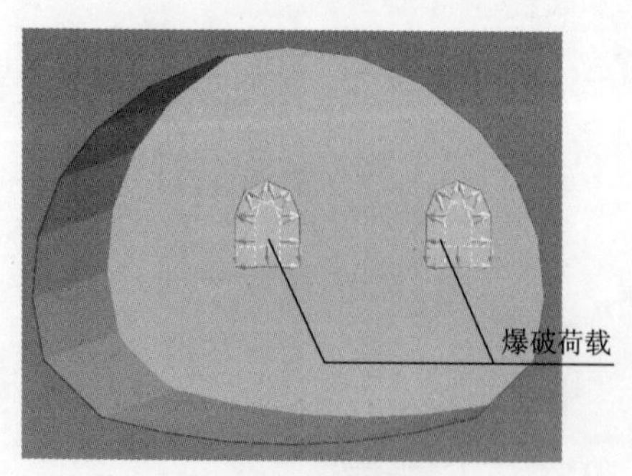

图 4-3-14 双导硐爆破隧道周壁荷载示意图

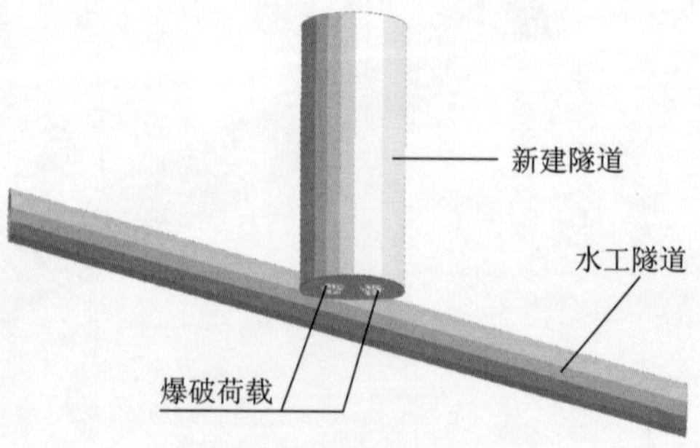

图 4-3-15 新建隧道掌子面距离水中隧道中线 0m 时二者的相对位置图

表 4-3-5 为双导硐爆破开挖时，掌子面距水工隧道中间不同距离情况下，新建隧道爆破施工引起水工隧道衬砌最大质点振速及最大位移数据表。从表 4-3-5 和图 4-3-16 ～图 4-3-19 可知，随距离增加，水工隧道质点峰值振速和最大位移都逐渐减小。0m 距离时，最大振速为 4.546cm/s；38m 和 −38m 距离时，最大振速分别为 4.284cm/s、4.266cm/s，最大振速随距离增加变化不大。根据安全控制标准可知，在此时采用的爆破药量（6kg）下，水工隧道质点振速均小于 7cm/s，新建隧道双导硐爆破能在任意距离下保证水工隧道的安全。

双导硐爆破下水工隧道最大质点振速与最大位移　　表 4-3-5

双导硐爆破	衬砌最大质点振速（cm/s）	衬砌最大位移（mm）
5m	4.464	0.263
10m	4.338	0.272
15m	4.273	0.257
20m	4.286	0.233
22m	4.326	0.221
25m	4.265	0.201
30m	4.231	0.179
38m	4.284	0.173
0m	4.546	0.268
−5m	4.414	0.271
−10m	4.414	0.263
−15m	4.325	0.247
−20m	4.292	0.225
−25m	4.289	0.208
−32m	4.273	0.184
−38m	4.266	0.165

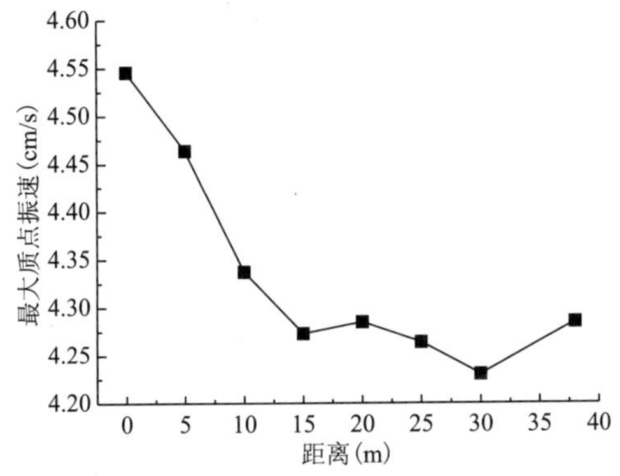

图 4-3-16　水工隧道最大质点振速（0 ～ 38m 距离）

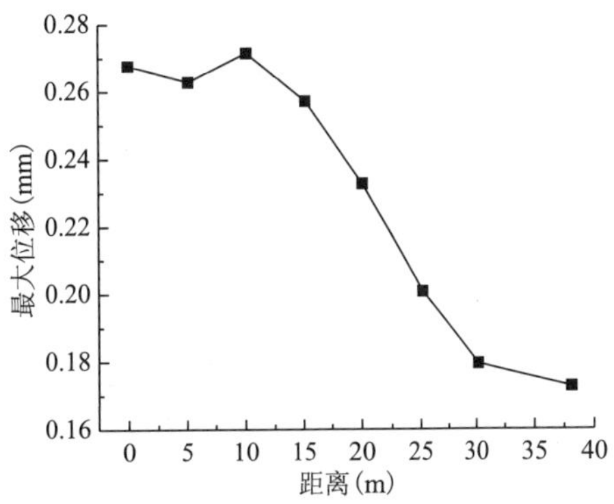

图 4-3-17　水工隧道最大位移（0 ～ 38m 距离）

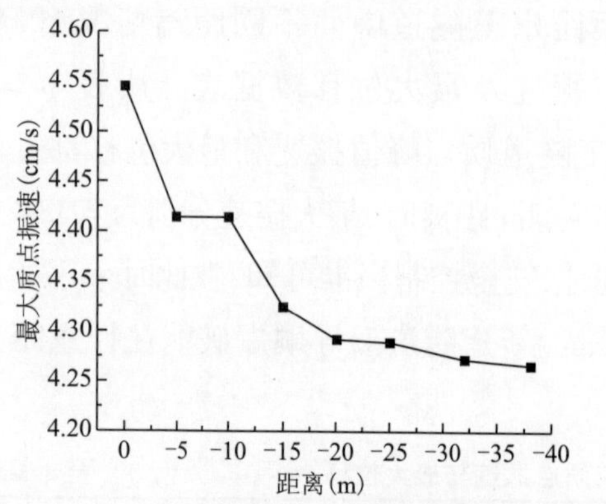

图 4-3-18　水工隧道最大质点振速(0 ～ -38m 距离)

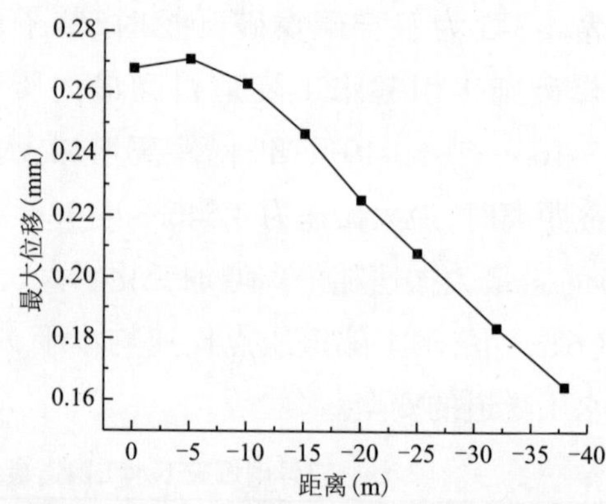

图 4-3-19　水工隧道最大位移(0 ～ -38m 距离)

图 4-3-20 ～图 4-3-22 分别是距离为 0m、-10m 和 -20m 时,水工隧道衬砌质点峰值振速云图,发现水工隧道衬砌受爆破冲击波影响较为均匀。

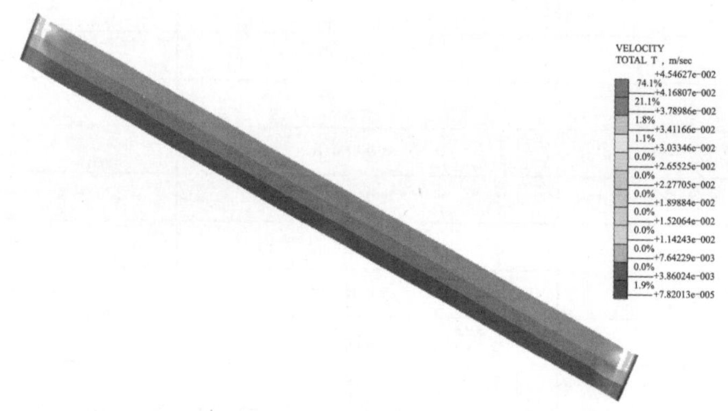

图 4-3-20　0m 距离时水工隧道衬砌质点峰值振速云图(单位:m/s)

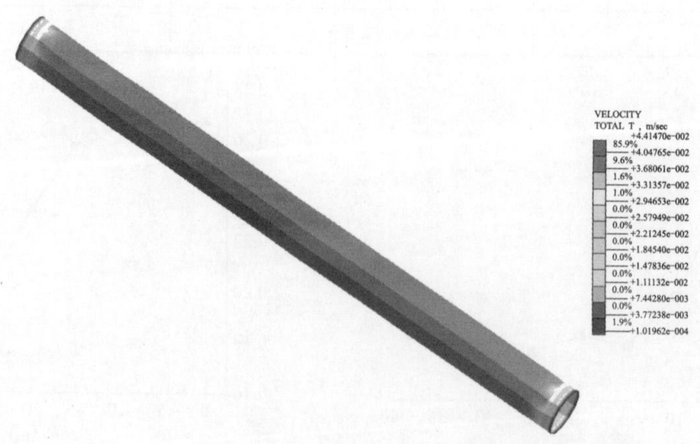

图 4-3-21　-10m 距离时水工隧道衬砌质点峰值振速云图(单位:m/s)

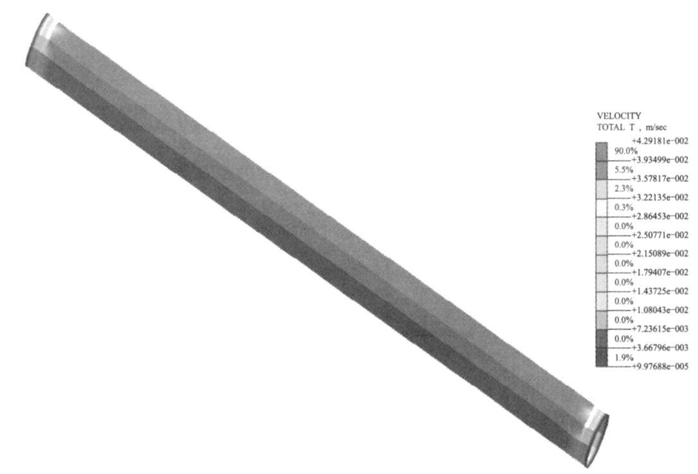

图 4-3-22　-20m 距离时水工隧道衬砌质点峰值振速云图(单位:m/s)

4.3.3　既有衬砌振速动力响应分析

随着爆破振动荷载在围岩中逐渐向中远区传播,爆破荷载的压力峰值和振速峰值也随之衰减,从而导致作用在距离爆心较远处的衬砌爆破振动荷载的压力和振速较小,即距爆源不同距离处的岩体在爆破振动作用下的动力响应情况不同。因此在研究爆破荷载作用下隧道周边衬砌时,需选取多个监测面为观测对象。本次模拟选取既有衬砌长度为 60m,且在两种不同工况下进行分析,模型中在衬砌区域每隔 6m 设置一个监测面,距离爆源由近及远分别为 $C_1 \sim C_{11}$,沿隧道掘进方向监测面布置如图 4-3-23 所示。此外,考虑到隧道掏槽药孔布置的对称性,进行分析时仅取隧道的右半侧,且在各个监测面右侧上包括隧道区拱顶、拱腰、墙腰、墙脚及拱底处均分别布置监测点,监测面监测点布置如图 4-3-24 所示。

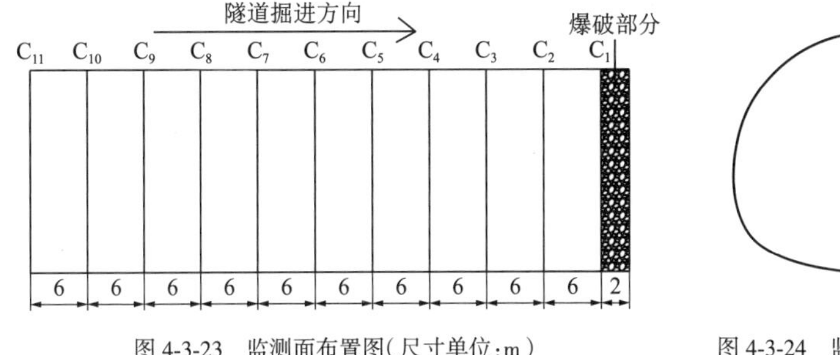

图 4-3-23　监测面布置图(尺寸单位:m)

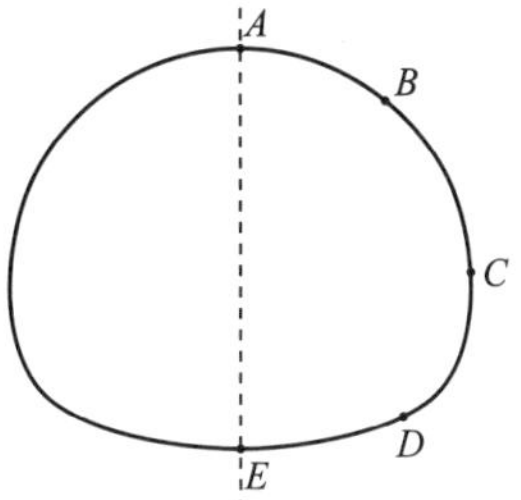

A B C D E

图 4-3-24　监测面监测点布置图

对于混凝土衬砌,峰值振速是一个重要的控制指标。根据《爆破安全规程》(GB 6722—2014),一般建筑物和构筑物的爆破振动安全性应满足安全振动速度的要求,考虑到既有隧道健全度,取容许振动速度为 10cm/s 进行控制。

1)全断面爆破开挖工况下既有衬砌振速动力响应

全断面爆破开挖条件下,隧道各点峰值振速(绝对值)云图如图 4-3-25 所示,爆破点位置设置在爆破面 y 向面距水工隧道中心线 22m 且爆破面负 y 向面距衬砌端面 60m 处。通过对云图分析发现,爆破点附近受爆破振动影响较大,在爆破荷载作用下整条隧道的峰值振速最大达 85.1cm/s,速度最大点位于爆破点附近,且爆破点附近大部分围岩振动速度达到 20cm/s 以上,大于控制允许速度 10cm/s,破坏严重,由于考虑到围岩开挖爆破要求,认为爆点附近范围内此速度合理。

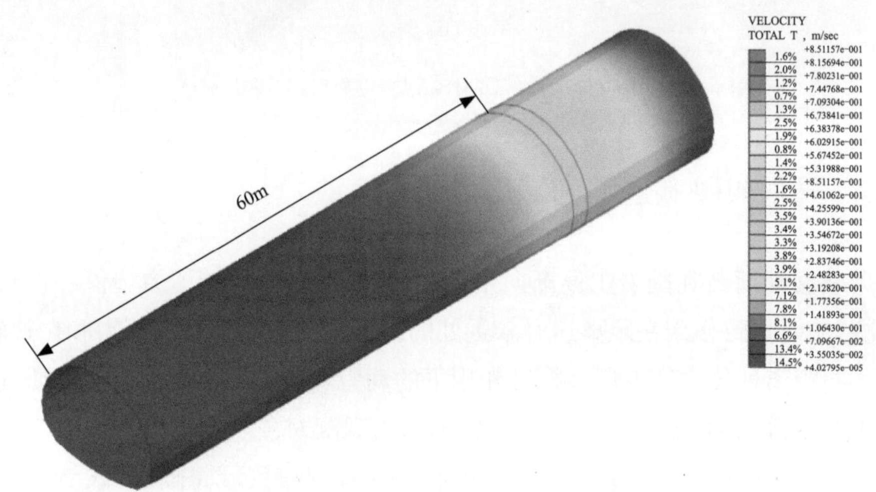

图 4-3-25　隧道各点峰值振速(绝对值)云图(单位:m/s)

通过观察爆破点后方既有衬砌的质点速度变化规律,发现爆破振动对爆破点附近衬砌影响较大,部分衬砌的峰值振速超过 10cm/s,且距离爆源越远,质点振动速度越小。为了进一步探讨爆破荷载作用下隧道既有衬砌的动力响应,需对各监测面上不同监测点的振动速度进行监测,并将结果整理如下。

由图 4-3-26 分析可知,距爆破点越近,监测点的峰值振速越大,随着距离的增加,各轴向监测点的峰值振速逐渐减小并向零趋近;所选监测点中,峰值振速最大的部位位于拱底,其次为拱顶、拱腰、墙腰及拱脚。考虑拱底距离爆破点更近,且在重力作用的影响下,使得拱底质点振动速度相较于其他部位更大,说明拱底在爆破荷载作用下动力响应较大,由于拱底震害特征更加隐蔽,将会对交通产生更直接的危害,因此在爆破作业中要格外注意拱底的变形破坏特征;从爆破点到 C_4 监测面,即距离爆破点 18m 范围内,各监测点的质点振动速度相差较大。C_4 监测面以后,各监测点的振动速度相差不大、甚至基本重合。可认为爆破振动对距爆破点 18m 范围内的衬砌有空间位置上的影响,18m

范围外空间效应影响逐渐降低；其中 C_3 监测面到爆破点范围内，衬砌各点峰值振速均基本超过控制允许速度 10cm/s，考虑到安全因素，建议减少爆破总药量。

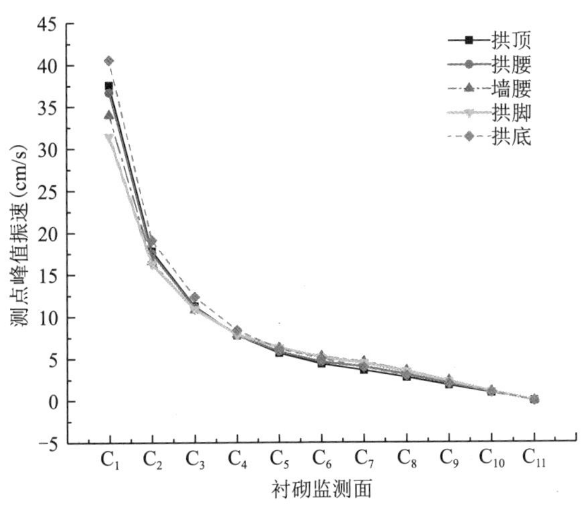

图 4-3-26　衬砌各监测面监测点峰值振速

2）双导硐爆破开挖工况下既有衬砌振速动力响应

为研究双导硐爆破开挖条件下爆破荷载作用对隧道既有衬砌的动力响应，用 Midas/GTS 软件建立三维模型进行数值模拟，模型的建立及相关参数的选取与全断面爆破开挖工况相同，且双导硐爆破开挖工况下衬砌监测面、监测点选取与全断面爆破一致，图 4-3-27 为爆破荷载作用下隧道各点峰值振速（绝对值）云图。

图 4-3-27　爆破荷载作用下隧道各点峰值振速（绝对值）云图（单位：m/s）

通过对图 4-3-27 分析发现，爆破点附近受爆破振动影响较大，与全断面爆破开挖工况相比，隧道衬砌及围岩峰值振速普遍偏小，最大峰值振速达22.83cm/s，小于全断面爆破工况下的最大峰值振速，分析认为双导硐爆破开挖对衬砌及围岩的影响较小。双导硐爆破开挖条件下衬砌及围岩仅在靠近爆破点的范围内质点峰值振速较大，部分衬砌及围岩速度超过控制速度10cm/s，故进行爆破时爆破点附近人员应注意安全疏散。

为了更清楚地观测不同剖面各监测点的峰值振速变化规律，需对各监测面上不同监测点的峰值振速进行监测，并将结果整理如下。

由图4-3-28可知，与全断面爆破开挖工况相似，距离爆破点越远，监测点峰值振速值越小，监测面上各监测点的峰值振速从大到小依次亦为拱底、拱顶、拱腰、墙腰及拱脚。在C_2监测面前后，各监测面上不同监测点的峰值振速相差较大，且在C_2监测面之后峰值振速曲线出现波动，其中峰值振速最大值为4.18cm/s；在C_1监测面的拱底监测点，其值小于控制速度10cm/s。可认为在双导硐爆破开挖条件下，爆破荷载对隧道既有衬砌动力响应较小，基本安全。

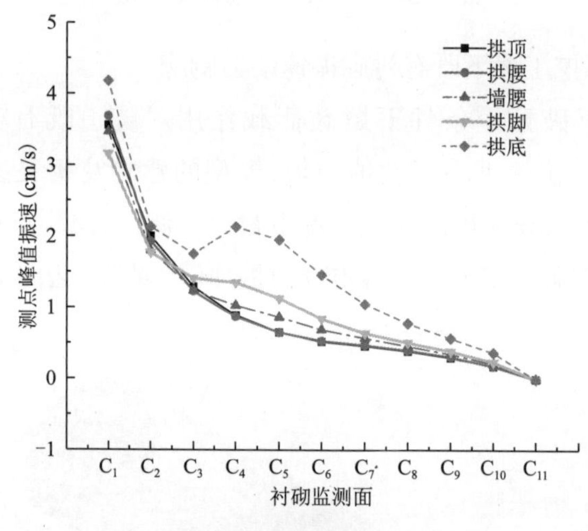

图4-3-28　衬砌各监测面监测点峰值振速

4.4　本章小结

本章首先针对吴家边隧道不同围岩条件下爆破冲击荷载的动力响应分析，结果表明：Ⅲ级围岩条件下，爆破荷载对衬砌的振速和主应力在距爆源10m范围内影响较大，且影响最大部位为拱底；对围岩的振速和主应力在距爆源12m范围内影响较大，且影响较大的为拱底、拱顶及拱腰部位；Ⅳ级围岩条件下，爆破荷载对衬砌的振速和主应力在距爆源 15m 范围内影响较大，且影响最大部位为拱底；对围岩的振速和主应力在距爆源 8m 范围内影响较大，且影响较大的为拱底及拱顶部位；Ⅴ级围岩条件下，爆破荷载对衬砌的振速和主应力在距爆源 15m 范围内影响较大，且影响最大部位为拱底；对围岩的振速和主应力在距爆源 24m 范围内影响较大，且影响较大的为拱底及拱腰部位。考虑到部分位置的振速及应力值超限，建议减少爆破药量以保证安全。在上述基础上，针对凤潭隧道不同工况下（全断面爆破开挖、双导硐爆破开挖）爆破荷载对既有临近水工隧道的动力响应进行了分析，并得下述研究成果：

（1）全断面爆破开挖工况下，为保证临近水工隧道的安全，新建隧道爆破施工掌子面到水工隧道中线正向距离至少为 28m，负向距离至少为 32m。双导硐爆破开挖工况，采用的爆破药量（6kg）情况下，水工隧道质点振速均小于 7cm/s，新建隧道双导硐爆破能在任意距离下保证水工隧道的安全。

（2）既有衬砌振速动力响应分析中，在全断面爆破开挖工况下，爆破荷载对既有衬砌的振速在距爆源 18m 范围内影响较大，大部分超过了控制速度（10cm/s），18m 范围外影响渐小，且影响最大部位为拱底；考虑到安全因素，建议减少爆破总药量；在双导硐爆破开挖工况下，爆破荷载对隧道既有衬砌动力响应较小，基本安全。

第5章 爆破施工后围岩卸荷的时空效应及长期稳定性分析

5.1 概 述

隧道爆破施工后，其围岩的变形并不是瞬间完成的，即使支护结构施作后，其变形也不是立即就稳定，而是随时间的推移而不断发展，最终缓慢的趋于稳定。同时，开挖面附近的围岩初步释放应力，导致围岩的变形又具有空间效应。深埋隧道由于其较高的地应力，隧道变形、应力往往表现出明显的时间效应。岩石隧道围岩变形具有时空效应特征，是一个综合概念，包括变形空间效应和变形时间效应两个范畴。

岩石在恒定载荷持续作用下，其变形随时间逐渐缓慢增长的现象称为蠕变。蠕变是岩石重要的力学性质之一。岩石蠕变性质研究可为评价和控制岩体工程长期稳定性提供理论依据，具有重要的学术和应用价值。目前国内主要是借助蠕变曲线分析岩石的长期强度，蠕变试验方法上采用陈氏加载法。岩石单轴或三轴压缩蠕变试验表明，在恒定荷载作用下，只要有充分长的时间，应力低于或高于弹性极限均能产生蠕变现象。但在不同的恒定载荷下，变形随时间增长的蠕变曲线却有差异。

本章以吴家边隧道为基础，通过 Midas 与 FLAC3D 软件建立数值模型，对Ⅲ、Ⅳ、Ⅴ级围岩的时空变形特征以及10年蠕变过程的垂直应力、水平应力、剪应力以及围岩位移的情况进行分析，为隧道的开挖和长期运营提供参考。

5.2 爆破施工后围岩卸荷的时空变形特征分析

5.2.1 Ⅲ级围岩条件下的时空变形特征

对于Ⅲ级围岩使用台阶法开挖，其开挖顺序为：上半断面开挖—上半断面支护—下半断面开挖—下半断面支护—仰拱、填充—拱墙衬砌。开挖方法：采用多功能作业台架风动凿岩机钻眼，光面爆破。台阶长 10 ～ 50m，每循环进尺 2.5 ～ 3.0m。台阶法施工步骤如图 5-2-1 所示。

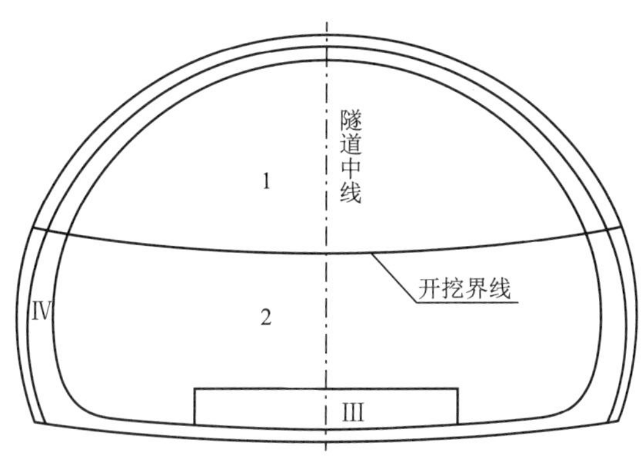

图 5-2-1　台阶法施工步骤图

计算模型中的介质均为连续介质，围岩采用平面应变单元。计算过程中，采用梁单元模拟衬砌，土体屈服准则采用摩尔—库仑弹塑性本构模型。同时考虑到计算速度和计算精度的要求，所以在划分网格时基坑开挖附近土体单元较密集，远端土体划分较为稀疏，根据隧道的设计资料和地质情况选择一典型横断面，Midas 建立的有限元二维计算模型如图 5-2-2 所示，共划分了 6226 个单元、6342 个节点。

在自重应力和构造应力的作用下，模型首先达到初始地应力平衡状态。这种“先加载，后开挖”的方法克服了“先开挖，后加载”的缺陷，这也是地下构筑物与地上构筑物在受力方式上的不同所在。

1）Ⅲ级围岩 1 部台阶开挖过程分析

由图 5-2-3 可以观察到，最大位移出现在拱顶处，为 3.94mm；开挖面底坑处出现隆起，最大隆起量为 3.77mm，而其他部位受到的扰动较小，因而沉降量较小。此时的最大应力出现在拱脚处，为 19.4MPa，拱顶及开挖面底坑处的应力最小，均约为 1.7MPa，为开挖后应力重分布的结果。

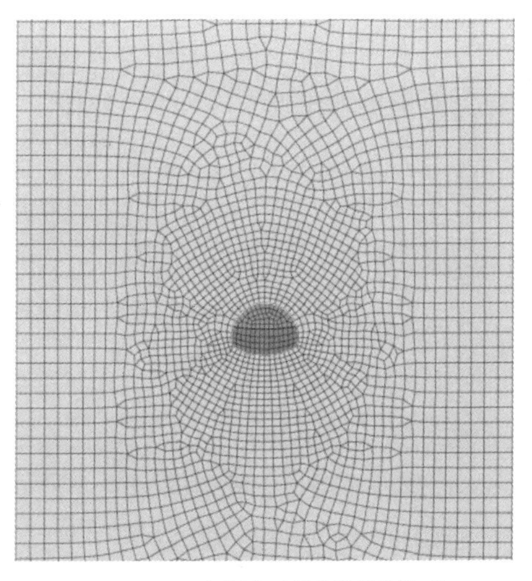

图 5-2-2　Ⅲ级围岩下的数值计算模型

及时对上半断面进行支护后，此时的竖向位移及应力云图分别如图 5-2-4a）、b）所示。可以看出，最大位移依然出现在拱顶处，最大沉降量为 4.93mm，最大沉降量比 1 部开挖时增加了

0.99mm。开挖面底坑处最大隆起量为 4.79mm，增加了 1.02mm，其他部位沉降增长量极小。最大应力位置不变，增长为 22.05MPa，而拱顶处应力减小为 0.29MPa。

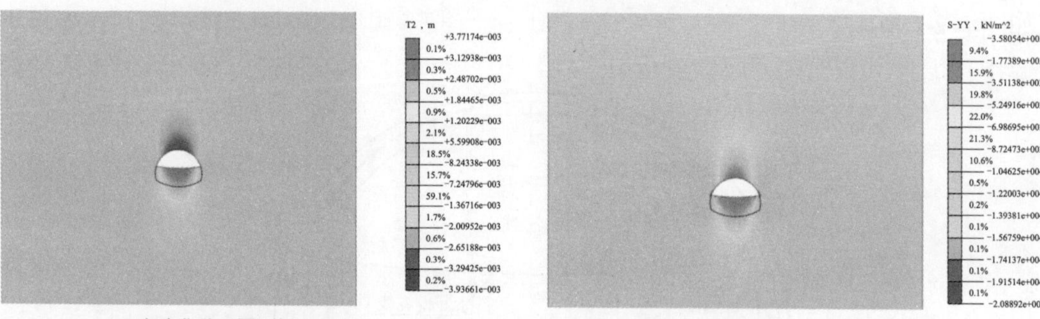

a) 竖向位移云图（单位：m）　　b) 竖向应力云图（单位：kPa）

图 5-2-3　Ⅲ级围岩隧道上台阶开挖的竖向位移及应力云图

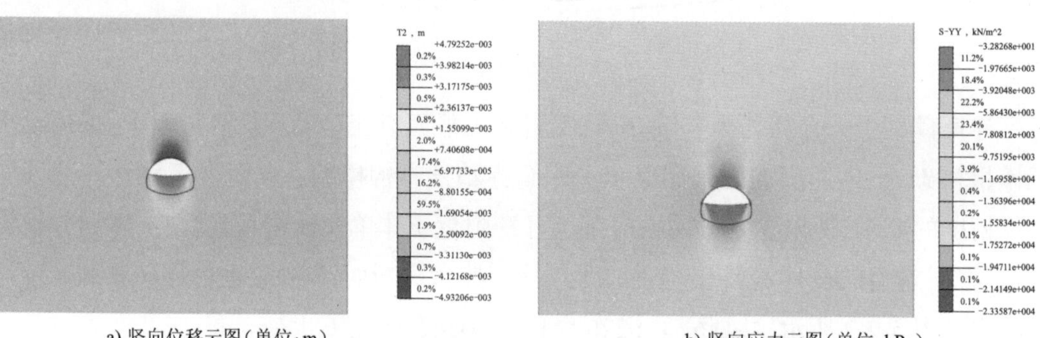

a) 竖向位移云图（单位：m）　　b) 竖向应力云图（单位：kPa）

图 5-2-4　Ⅲ级围岩 1 部支护竖向位移及应力云图

2）Ⅲ级围岩下 2 部台阶开挖过程分析

图 5-2-5、图 5-2-6 分别给出了Ⅲ级围岩隧道下台阶开挖和支护的竖向位移及应力云图。下断面开挖时，拱顶处沉降量为 5.27mm，底坑处最大隆起量为 4.33mm，而此时最大应力出现在墙腰处，为 19.78MPa。支护后，位移及应力变化较小。

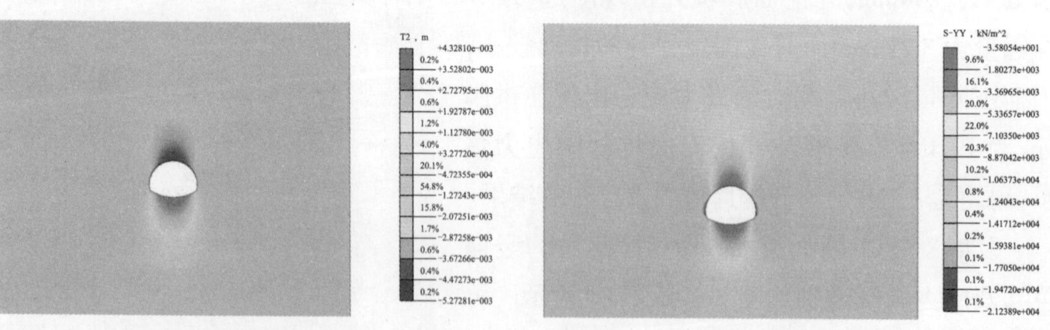

a) 竖向位移云图（单位：m）　　b) 竖向应力云图（单位：kPa）

图 5-2-5　Ⅲ级围岩 2 部开挖竖向位移及应力云图

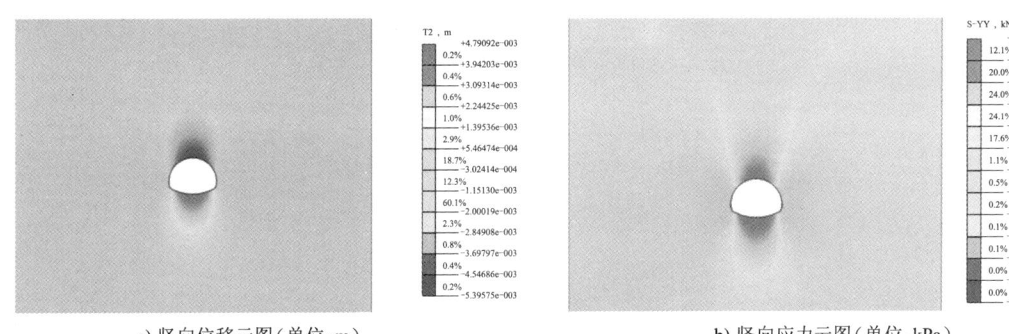

a) 竖向位移云图（单位：m）　　b) 竖向应力云图（单位：kPa）

图 5-2-6　Ⅲ级围岩 2 部支护竖向位移及应力云图

Ⅲ级围岩隧道开挖施工过程中围岩竖向位移变化全过程如图 5-2-7 所示。上台阶开挖后，由于埋深影响，最大位移出现在拱顶处，最大沉降为 3.94 mm，地层最大隆起为 3.77mm，出现在所开挖导坑底面位置处。隧道左右两侧沉降基本一致，故只取一侧不同位置进行比较分析。各观测部位沉降从大到小顺序为：拱顶、拱腰、拱脚、墙脚、墙腰，随着施工进行，各个观测部位的沉降均不断增大，但最大沉降和隆起出现位置不变。

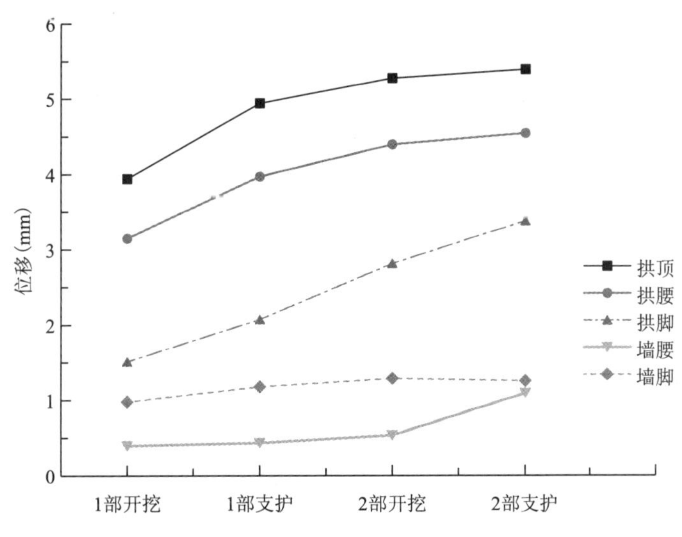

图 5-2-7　Ⅲ级围岩隧道开挖位移变化全过程

随着施工进行，墙脚、墙腰及拱脚附近围岩应力变化明显，如图 5-2-8 所示。第一步台阶开挖后，最大应力出现在拱脚处，最大应力为 19.4MPa。拱顶及拱腰处的应力较小，且在整个隧道开挖施工过程中呈现不断减小的趋势。在整个隧道开挖施工过程中，墙脚、墙腰处的应力不断增大。拱脚处应力在上台阶支护之前达到最大，且最大压应力出现在拱脚附近围岩，为 24.9MPa，小于围岩抗压强度。由于支护及时，洞周围岩主应力虽逐渐减小，但未出现拉应力。由此可见，施工过程中围岩总体上是稳定的。

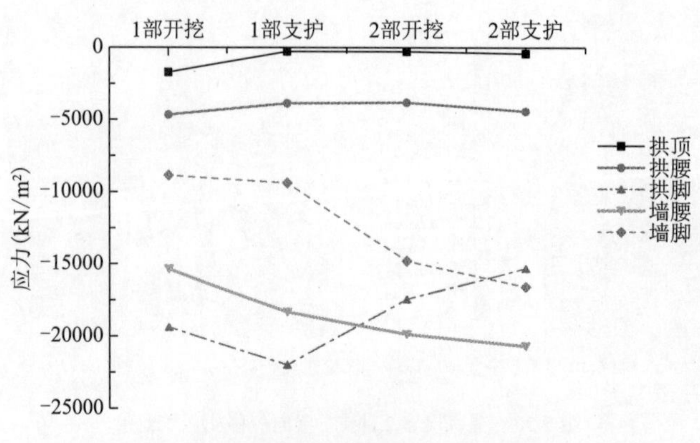

图 5-2-8　Ⅲ级围岩隧道开挖应力变化全过程

5.2.2　Ⅳ级围岩条件下的时空变形特征

Ⅳ级围岩三台阶法开挖的施工工序具体如下(图 5-2-9)。

步骤一:①开挖 1 部台阶;②施作 1 部初期支护;③钻设径向锚杆后复喷混凝土至设计厚度。

步骤二:上台阶施工至适当距离后,开挖 2 部台阶,接长钢架,施作初期支护。

步骤三:中台阶施工至适当距离后,开挖 3 部分台阶,接长钢架,施作初期支护。

步骤四:①开挖 4 部仰拱,及时封闭初期支护;②灌注该段内 V 部仰拱;③灌注该段隧底填充。

步骤五:利用衬砌模板台车一次性灌注 4 部二次衬砌(拱墙衬砌一次施作)。

Ⅳ级围岩模型建立的基本假定与Ⅲ级围岩一致,同样采用 M-C 本构模型,用于计算隧道围岩在开挖过程中产生的变形特性。Ⅳ级围岩条件下的计算模型如图 5-2-10 所示,Ⅳ级围岩与Ⅲ级围岩在建模时最主要的区别在于选取的基本参数不同。

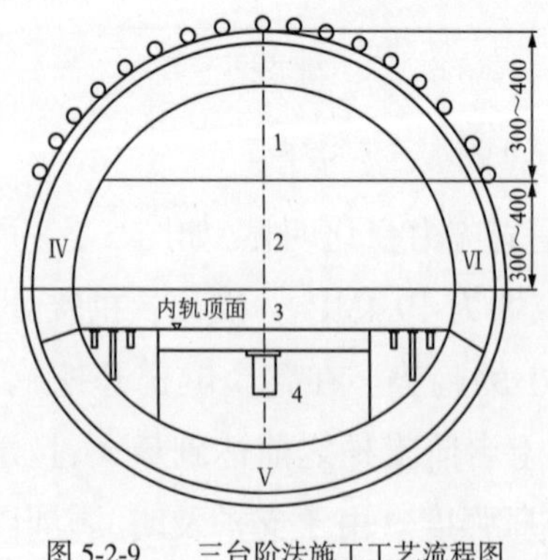

图 5-2-9　三台阶法施工工艺流程图(尺寸单位:cm)

图 5-2-10　Ⅳ级围岩隧道开挖有限元计算网格模型图

1）Ⅳ级围岩 1 部开挖过程分析

图 5-2-11 为Ⅳ级围岩隧道 1 部开挖的竖向位移及应力云图，可以观察到最大位移同样出现在拱顶处，为 9.24mm，开挖面底坑处出现隆起，最大隆起量为 8.92mm。而其他部位受到的扰动较小，因而沉降量较小。此时的最大应力出现在拱脚处，为 17.88MPa，拱顶及开挖面底坑处的应力最小，为 3.03 ～ 6.02MPa，为开挖后应力重分布的结果。

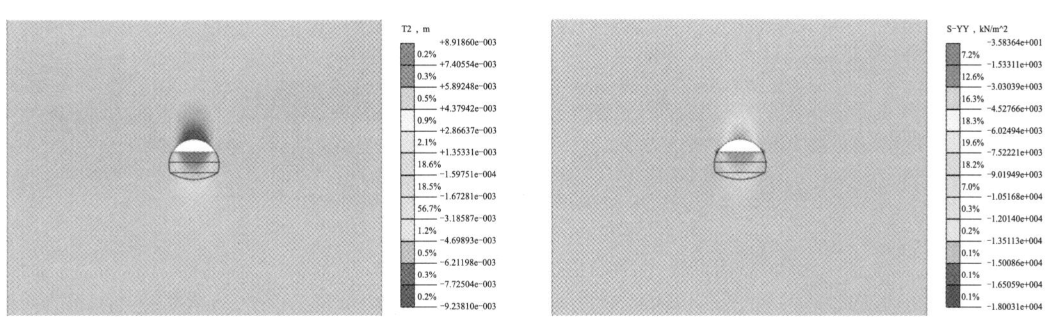

a）竖向位移云图（单位：m）　　b）竖向应力云图（单位：kPa）

图 5-2-11　Ⅳ级围岩隧道 1 部开挖的竖向位移及应力云图

及时对 1 部台阶进行支护后，此时的竖向位移及应力云图分别如图 5-2-12a）及图 5-2-12b）所示。可以看出，最大位移依然出现在拱顶处，最大沉降量为 13.94mm，最大沉降量比 1 部开挖时增加了 4.71mm。开挖面底坑处最大隆起量为 49.16mm，增加了 40.24mm，其他部位沉降量也出现了一定幅度的增长。最大应力的位置不变，增长为 18.14MPa，而拱顶处应力减小为 0.98MPa。

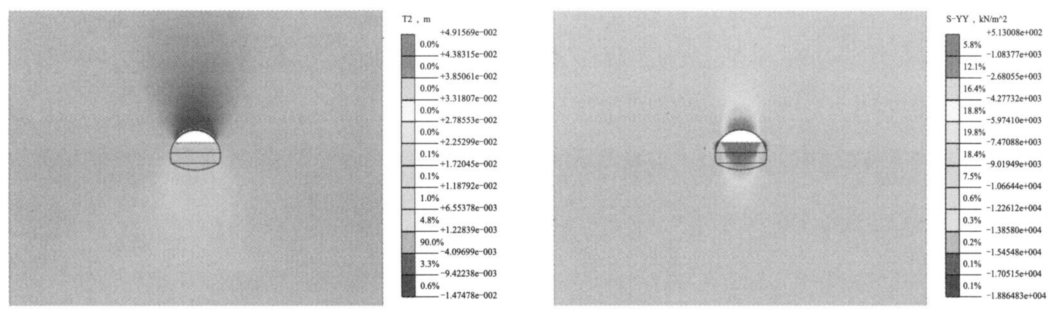

a）竖向位移云图（单位：m）　　b）竖向应力云图（单位：kPa）

图 5-2-12　Ⅳ级围岩隧道 1 部支护竖向位移及应力云图

2）Ⅳ级围岩 2 部开挖过程分析

图 5-2-13 和图 5-2-14 分别给出了Ⅳ级围岩隧道 2 部开挖和支护的竖向位移及应力云图。2 部台阶开挖时，最大位移出现在拱腰处，最大沉降量为 16.62mm，底坑处最大隆起量为 16.52mm，而最大应力出现在墙腰处，为 16.15MPa。支护后，拱腰处沉降量为

18.23mm，墙腰处应力为 17.59MPa，位移及应力变化较小。

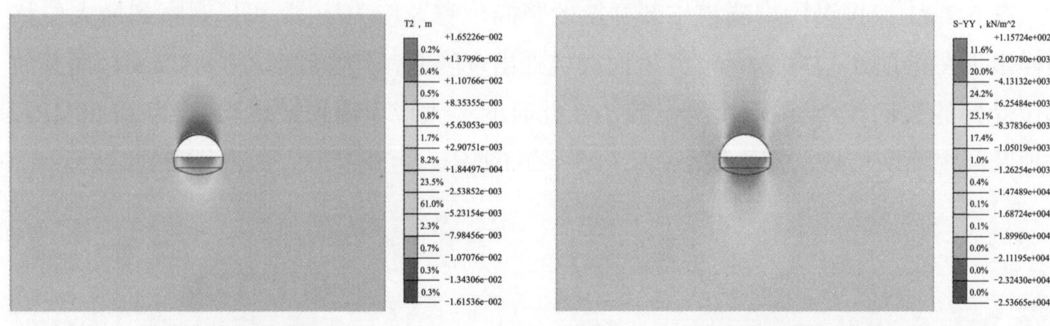

a）竖向位移云图（单位：m）　　b）竖向应力云图（单位：kPa）

图 5-2-13　Ⅳ级围岩隧道 2 部开挖竖向位移及应力云图

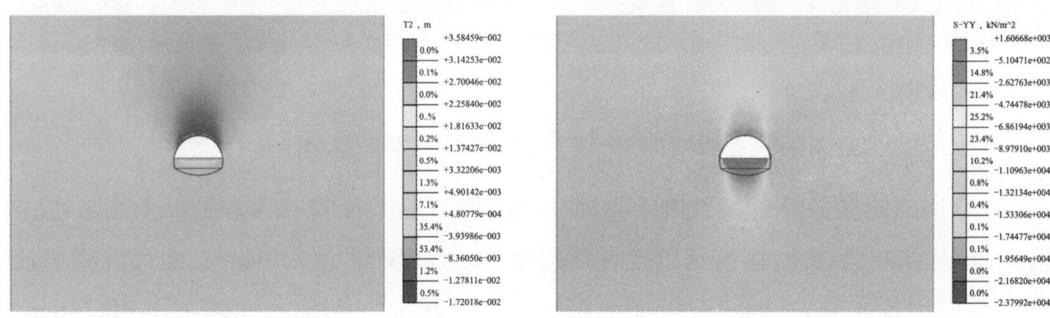

a）竖向位移云图（单位：m）　　b）竖向应力云图（单位：kPa）

图 5-2-14　Ⅳ级围岩隧道 2 部支护竖向位移及应力云图

3）Ⅳ级围岩 3、4 部开挖过程分析

图 5-2-15、图 5-2-16 分别给出了Ⅳ级围岩隧道 3 部开挖、支护的竖向位移及应力云图。从图可以得出：最大位移出现的位置不变，仍出现在拱腰处，为 19.08mm，最大应力出现的位置也仍在墙腰处，为 14.47MPa。

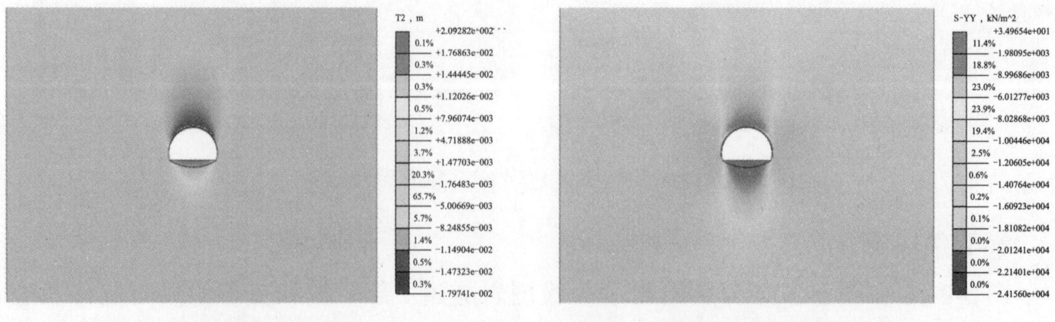

a）竖向位移云图（单位：m）　　b）竖向应力云图（单位：kPa）

图 5-2-15　Ⅳ级围岩隧道 3 部开挖竖向位移及应力云图

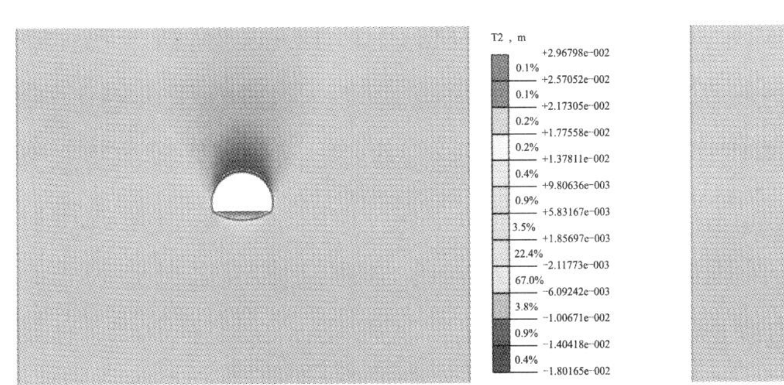

a) 竖向位移云图(单位:m)

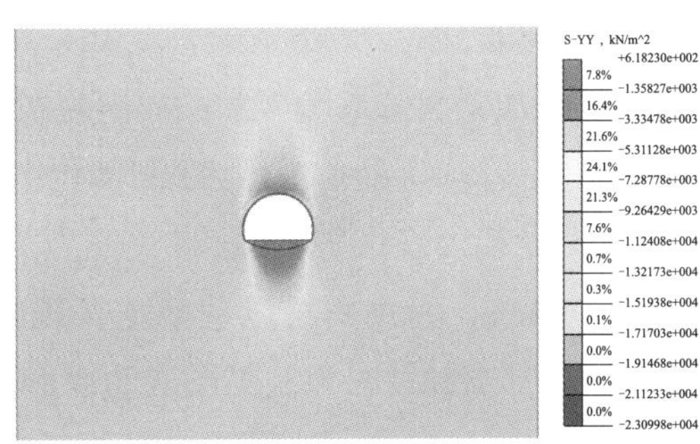

b) 竖向应力云图(单位:kPa)

图 5-2-16 Ⅳ级围岩 3 部支护竖向位移及应力云图

图 5-2-17 及图 5-2-18 所示为隧道 4 部开挖、支护的竖向位移及应力云图,从图中可以看出最大位移出现在拱脚处,此时最大沉降量分别为 20.17mm、21.84mm、21.91mm。而最大应力的位置不变,最大应力分别为 12.73MPa、12.76MPa、12.83MPa。可以看出 3、4 部支护后,位移及应力的增长量极小。

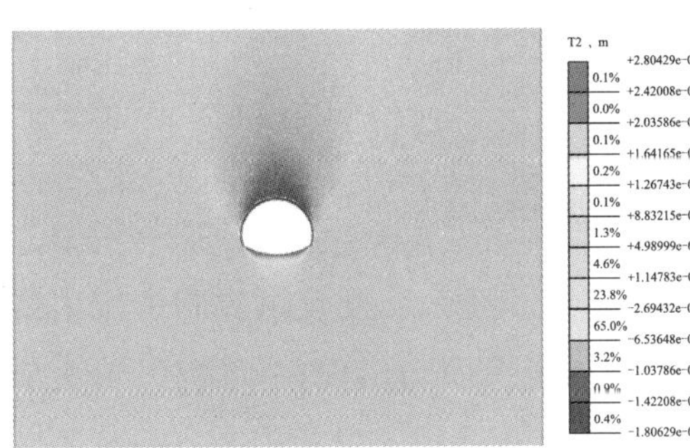

a) 竖向位移云图(单位:m)

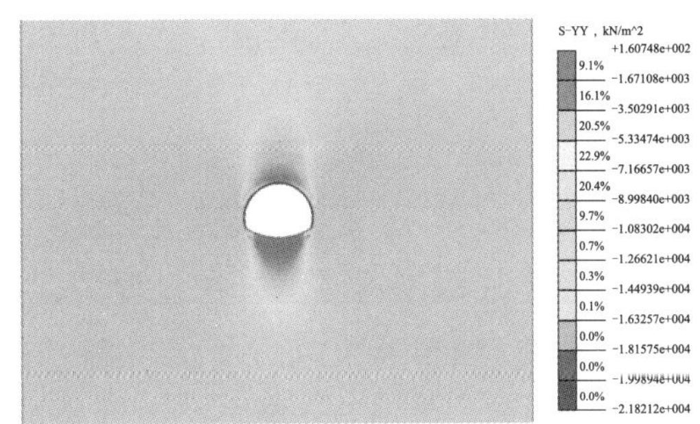

b) 竖向应力云图(单位:kPa)

图 5-2-17 Ⅳ级围岩 4 部开挖竖向位移及应力云图

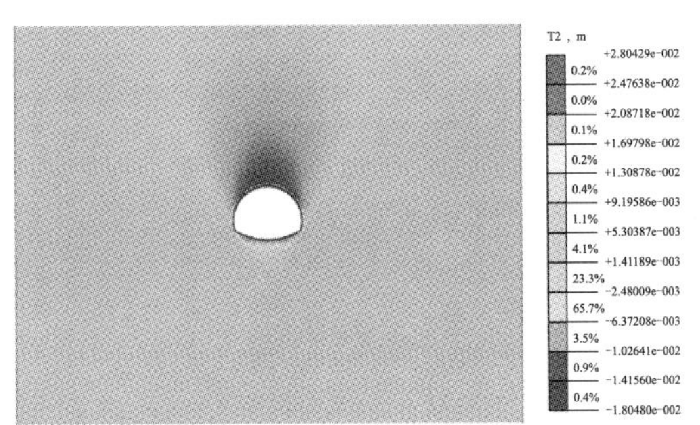

a) 竖向位移云图(单位:m)

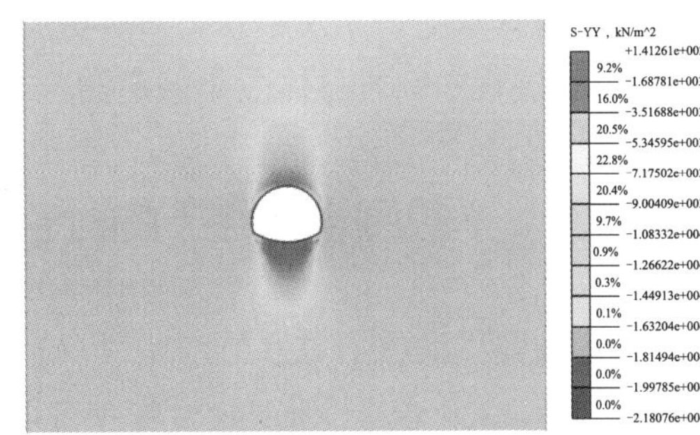

b) 竖向应力云图(单位:kPa)

图 5-2-18 Ⅳ级围岩 4 部支护竖向位移及应力云图

Ⅳ级围岩隧道开挖施工过程中围岩竖向位移变化全过程如图 5-2-19a)所示。与

Ⅲ级围岩类似，第一步台阶开挖后，由于埋深影响，最大位移出现在拱顶处，最大沉降为9.24mm，地层最大隆起为4.37mm，出现在所开挖导坑底面位置处。随着施工进行，各观测部位的沉降均不断增大，各观测部位沉降从大到小顺序为拱腰、拱顶、拱脚、墙脚、墙腰。最大隆起出现位置不变，最大值为20.87mm，但最大沉降出现在拱腰处，最大沉降量为18.06mm。且由图可以明显地发现在2部支护后，各部位的位移变化趋势趋于平稳，表明2部支护及时控制了围岩的变形。

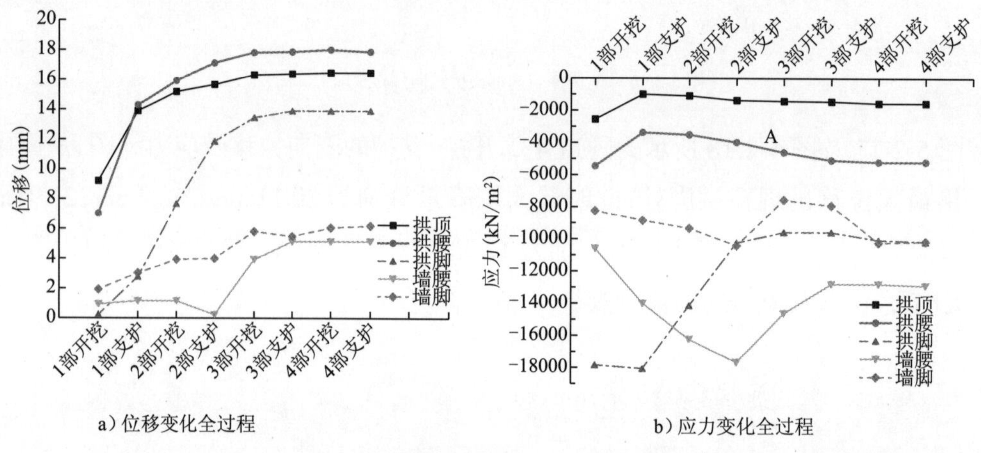

a）位移变化全过程　　b）应力变化全过程

图5-2-19　Ⅳ级围岩隧道开挖位移及应力变化全过程

在整个Ⅳ级围岩隧道开挖过程中，与Ⅲ级围岩类似，墙脚、墙腰及拱脚附近围岩应力变化明显，如图5-2-19b）所示。第一步台阶开挖后，最大应力出现在拱脚处，最大应力为17.8MPa。拱顶及拱腰处的应力较小，且在整个隧道开挖施工过程中基本呈现不断减小的趋势。墙腰、墙脚处的应力先不断增大，在2部支护完成后，再逐渐减小。拱脚处应力在1部支护之前达到最大，且最大压应力出现在拱脚附近围岩，为18.65MPa，小于围岩抗压强度。由于支护及时，洞周围岩主应力虽逐渐减小，但未出现拉应力。由此可见，施工过程中围岩总体上是稳定的。

5.2.3　Ⅴ级围岩条件下的时空变形特征

采用中隔壁法（CD法）施工地段：与相应初期支护钢架配合使用，施工时根据围岩完整性，地层风化程度，地下水发育情况等确定。施工过程中在保持钢架规格，连接形式等不变的前提下，可根据工法调整钢架分节。

具体施工工序如下。

步骤一：①利用上一循环架立的钢架施作隧道及中隔壁超前支护；②弱爆破开挖1

部；③施作 1 部导坑周边的初期支护和临时支护，即初喷 4cm 厚混凝土，架设粗支钢架及临时支护钢架，并设锁脚钢管；④导坑底部喷 20cm 厚混凝土，形成封闭结构；⑤钻设系统锚杆后复喷混凝土至设计厚度。

步骤二：①在滞后于 1 部一段距离后，弱爆破开挖 2 部；②施作 2 部导坑周边的初期支护钢架和临时支护钢架，并设锁脚钢管；③钻设系统锚杆后复喷混凝土至设计厚度。

步骤三：①利用上一循环架立的钢架施作隧道超前支护；②开挖 3 部并施作导坑周边的初期支护和临时支护步骤及工序同 1 部。

步骤四：开挖 4 部并施作导坑周边的初期支护钢架和临时支护，步骤及工序同 2 部。

步骤五：拆除靠近二次衬砌仰拱 6 ～ 8m 范围内临时中隔壁钢架，开挖灌注该段内 5、6 部仰拱并先后填充，按长中隔壁临时钢架，使得钢架底支撑于仰拱填充面。

步骤六：上述步骤逐步循环，并根据监控量测结果分析，待初期支护收敛后，逐段拆除临时钢架，利用衬砌模板台车一次性灌注 6 部二次衬砌（拱墙衬砌一次施作）。

CD 法施工工艺流程如图 5-2-20 所示。

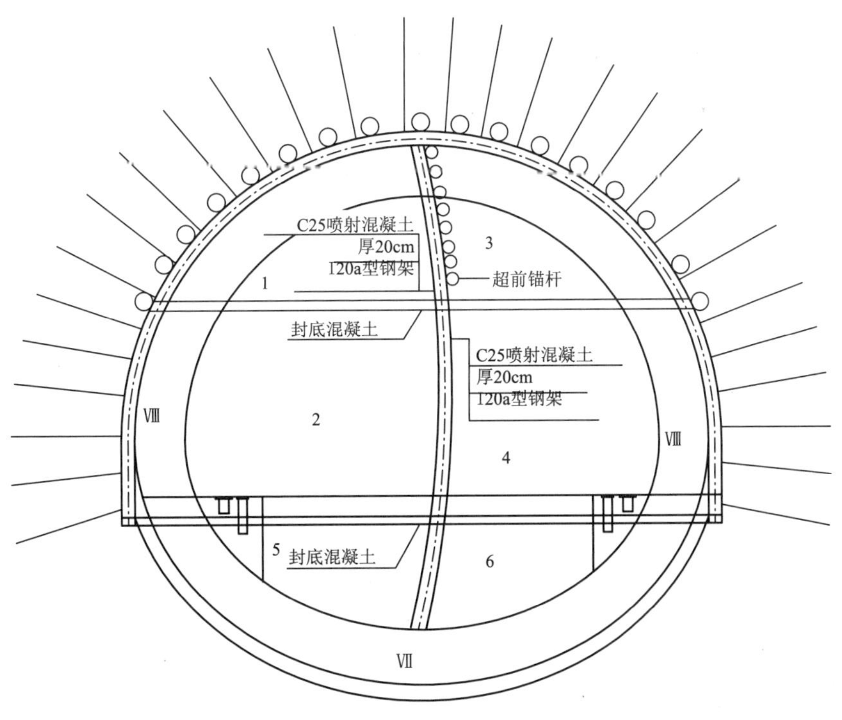

图 5-2-20　CD 法施工工艺流程图

Ⅴ级围岩模型（图 5-2-21）建立的基本假定与Ⅲ级围岩及Ⅳ级围岩一致，同样采用

图 5-2-21　V级围岩隧道开挖有限元计算网格模型图

M-C 本构模型,用以计算隧道围岩在开挖过程中产生的变形特性。在建模时最主要的区别在于选取的基本参数不同。

1)V级围岩 1 部开挖过程分析

图 5-2-22 给出了V级围岩隧道 1 部开挖的竖向位移及应力云图,可以观察到最大位移出现在拱顶处,最大沉降量为 16.50mm,开挖面底坑处出现隆起,最大隆起量为 21.65mm。此时,拱顶至左侧拱腰段的沉降量较大。而其他部位受到的扰动较小,因而沉降量较小。最大应力出现在拱腰处,为 9.03MPa,拱顶及开挖面底坑处的应力较小。

a) 竖向位移云图(单位:m)

b) 竖向应力云图(单位:kPa)

图 5-2-22　V级围岩隧道 1 部开挖竖向位移及应力云图

及时对 1 部台阶进行支护后,此时的竖向位移及应力云图分别如图 5-2-23a)及图 5-2-23b)所示。可以看出,最大位移依然出现在拱顶处,最大沉降量为 17.11mm,最大沉降量和 1 部开挖时相比仅增加了 0.61mm。开挖面底坑处最大隆起量为 44.82mm,增加了 23.17mm,其他部位沉降量也出现了一定幅度的增长。最大应力的位置不变,增长为 9.29MPa,最大应力和 1 部开挖时相比仅增加了 0.26MPa。

a) 竖向位移云图(单位:m)

b) 竖向应力云图(单位:kPa)

图 5-2-23　V级围岩隧道 1 部支护竖向位移及应力云图

2）V级围岩 2 部开挖过程分析

图 5-2-24 给出了V级围岩隧道 2 部开挖的竖向位移及应力云图，可以观察到此时拱顶至拱腰段的沉降量较大，最大位移出现在拱腰处，最大沉降量为 41.62mm，1 部开挖时拱腰处的沉降量为 6.32mm，增加了 35.3mm，其他部位的沉降量也相应的增加。开挖面底坑处最大隆起量为 46.32mm。而最大应力出现在拱脚处，为 18.78MPa，拱顶处的应力也有一定增加。

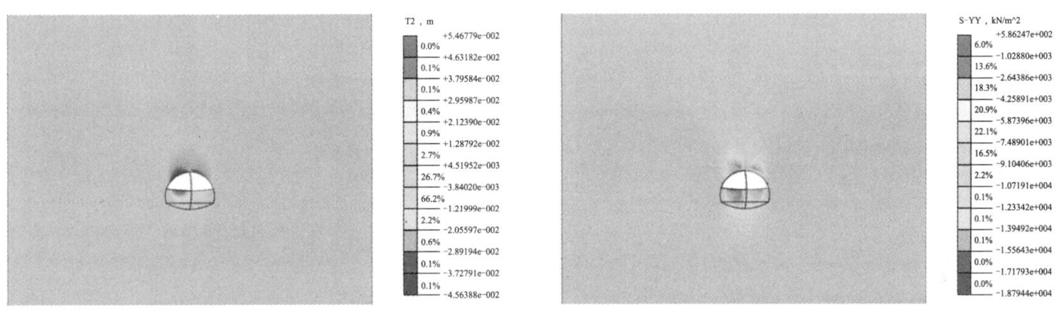

a) 竖向位移云图（单位：m）　　b) 竖向应力云图（单位：kPa）

图 5-2-24　V级围岩隧道 2 部开挖竖向位移及应力云图

2 部支护后，此时的竖向位移及应力云图分别如图 5-2-25a）及图 5-2-25b）所示。可以看出，最大位移依然出现在拱腰处，最大沉降量为 60.78mm，最大沉降量和 2 部开挖时相比增加了 19.16mm。开挖面底坑处最大隆起量为 56.1mm，增加了 9.78mm，其他部位沉降量也出现了一定幅度的增长。最大应力仍出现在拱脚处，增长为 12.46MPa。

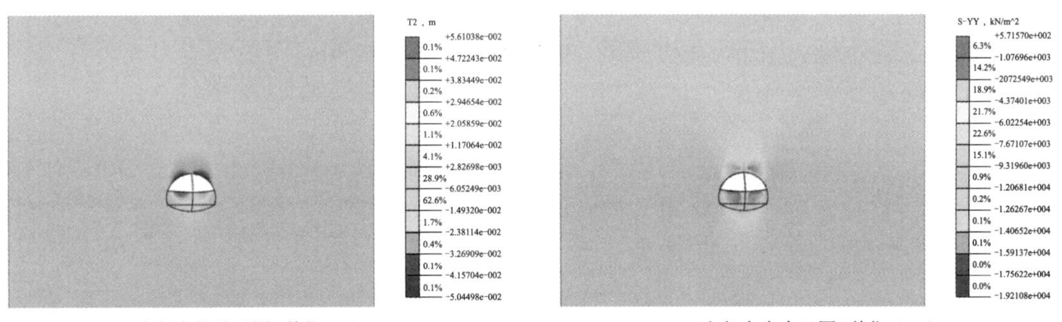

a) 竖向位移云图（单位：m）　　b) 竖向应力云图（单位：kPa）

图 5-2-25　V级围岩隧道 2 部支护竖向位移及应力云图

3）V级围岩 3 部开挖过程分析

图 5-2-26、图 5-2-27 分别给出了V级围岩隧道 3 部开挖和支护的竖向位移及应力云图。3 部台阶开挖时，最大位移仍出现在拱腰处，最大沉降量为 63.8mm，最大应力也仍出现在拱脚处，为 19.77MPa。3 部支护后，位移及应力变化较小。

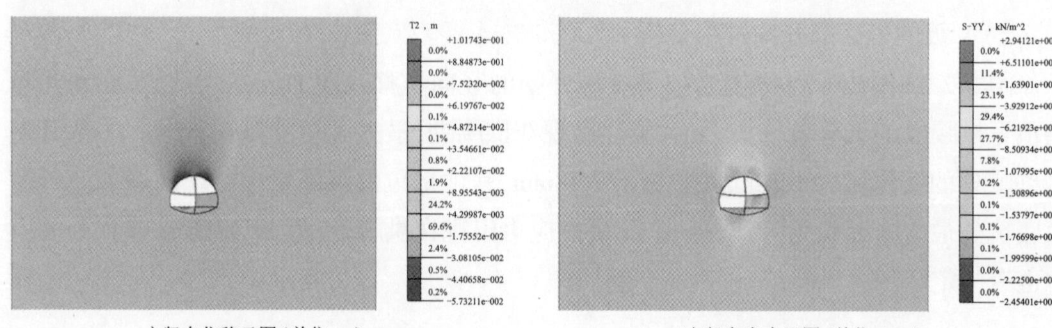

a) 竖向位移云图(单位:m)　　b) 竖向应力云图(单位:kPa)

图 5-2-26　V级围岩隧道 3 部开挖竖向位移及应力云图

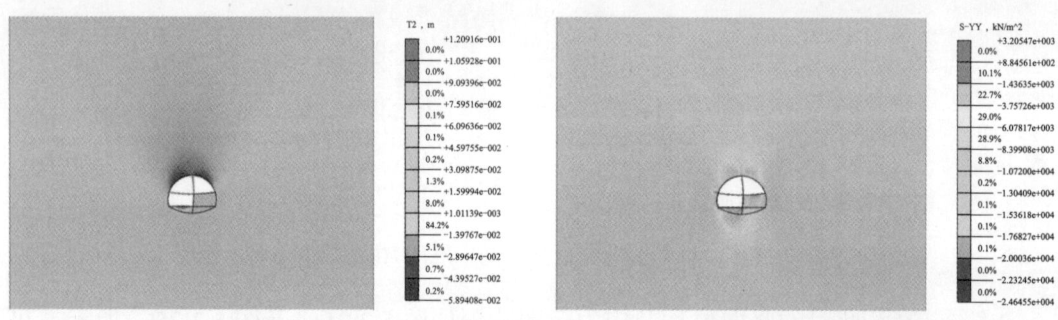

a) 竖向位移云图(单位:m)　　b) 竖向应力云图(单位:kPa)

图 5-2-27　V级围岩隧道 3 部支护竖向位移及应力云图

4) V级围岩 4、5 部开挖过程分析

图 5-2-28 给出了V级围岩隧道 4 部开挖的竖向位移及应力云图,可以观察到最大位移出现的位置不变,仍出现在拱腰处,最大沉降量为 74.8mm,而最大应力出现在墙腰处,为 24.12MPa。

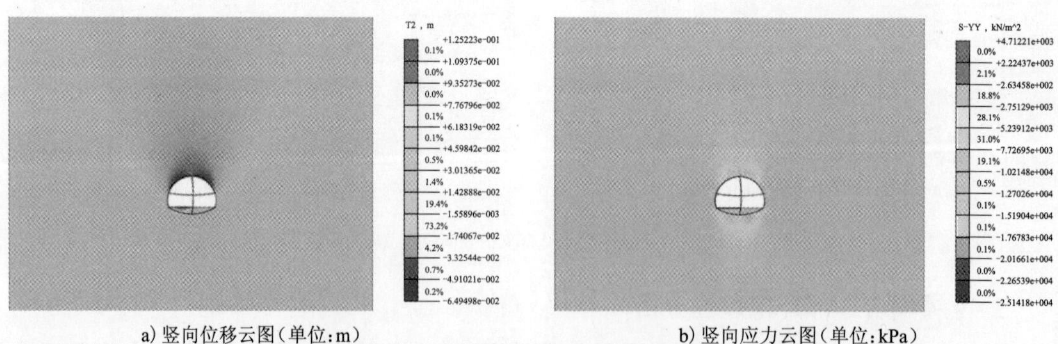

a) 竖向位移云图(单位:m)　　b) 竖向应力云图(单位:kPa)

图 5-2-28　V级围岩隧道 4 部开挖竖向位移及应力云图

4 部支护后,最大位移出现的位置不变,如图 5-2-29a)、图 5-2-30a) 及图 5-2-31a)

所示，此时最大沉降量分别为 76.36mm、77.71mm、77.77mm。最大应力出现的位置也不变，如图 5-2-29b）、图 5-2-30b）及图 5-2-31b）所示，此时最大应力分别为 24.68MPa、25.06MPa、25.07MPa。可以看出 4 部支护后，位移及应力的增长量极小。

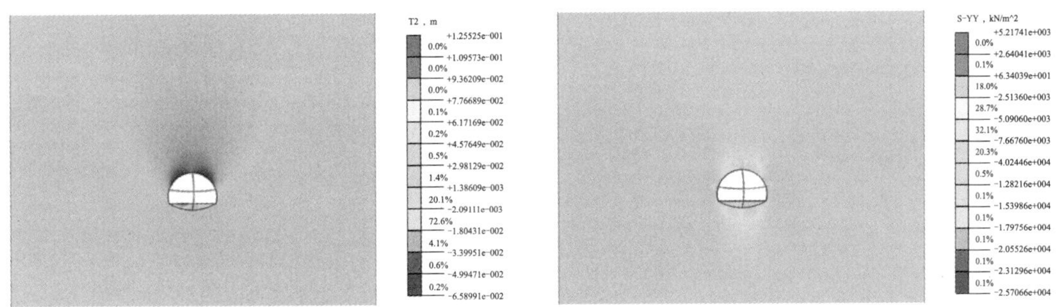

a）竖向位移云图（单位：m）　　b）竖向应力云图（单位：kPa）

图 5-2-29　Ⅴ级围岩隧道 4 部支护竖向位移及应力云图

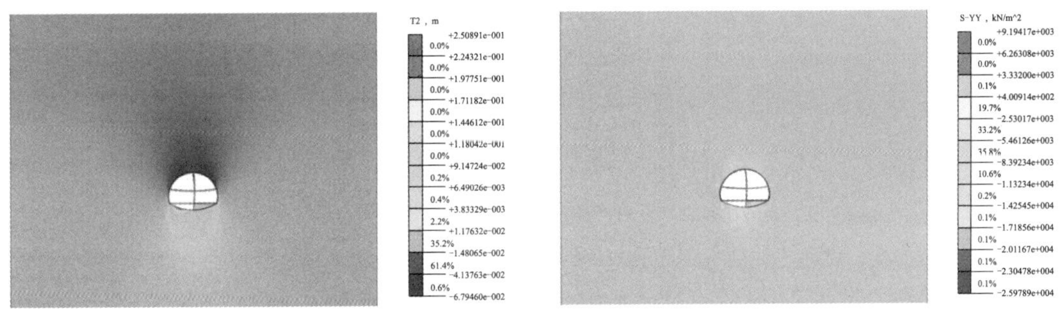

a）竖向位移云图（单位：m）　　b）竖向应力云图（单位：kPa）

图 5-2-30　Ⅴ级围岩隧道 5 部开挖竖向位移及应力云图

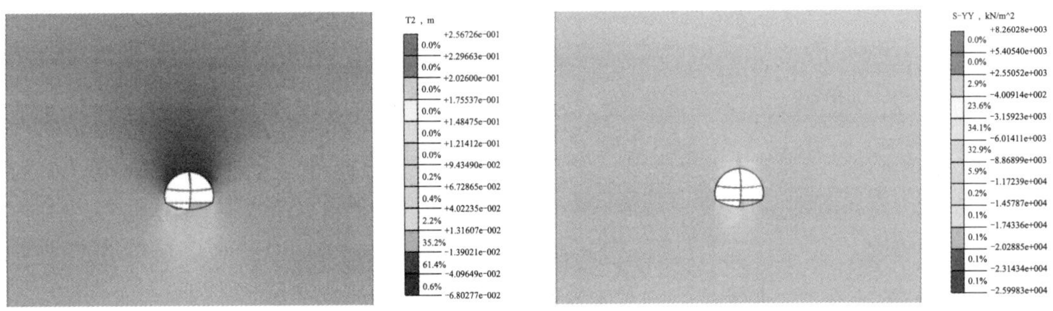

a）竖向位移云图（单位：m）　　b）竖向应力云图（单位：kPa）

图 5-2-31　Ⅴ级围岩隧道 5 部支护竖向位移及应力云图

5）Ⅴ级围岩 6 部开挖过程分析

图 5-2-32 和图 5-2-33 分别给出了Ⅴ级围岩隧道 6 部开挖和支护的竖向位移及应力

云图。此时,最大位移仍出现在拱腰处,最大沉降量分别为 81.57mm 和 81.51mm,最大应力也仍出现在墙腰处,为 23.51MPa 和 23.65MPa。可见 6 部开挖与支护的位移及应力变化极小。

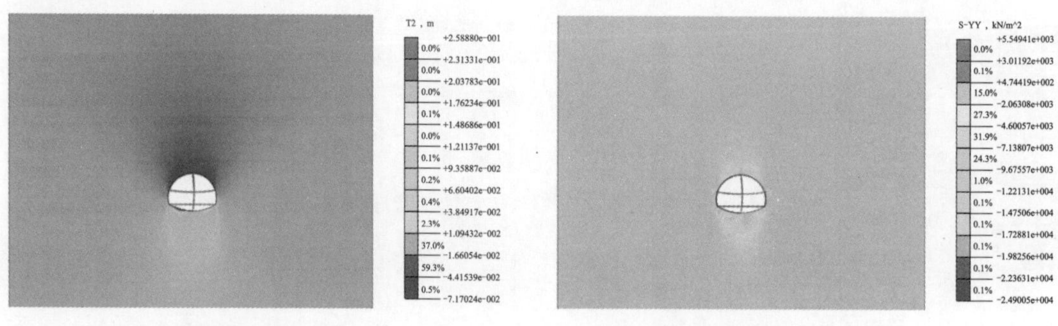

a) 竖向位移云图(单位:m)　　b) 竖向应力云图(单位:kPa)

图 5-2-32　V级围岩隧道 6 部开挖竖向位移及应力云图

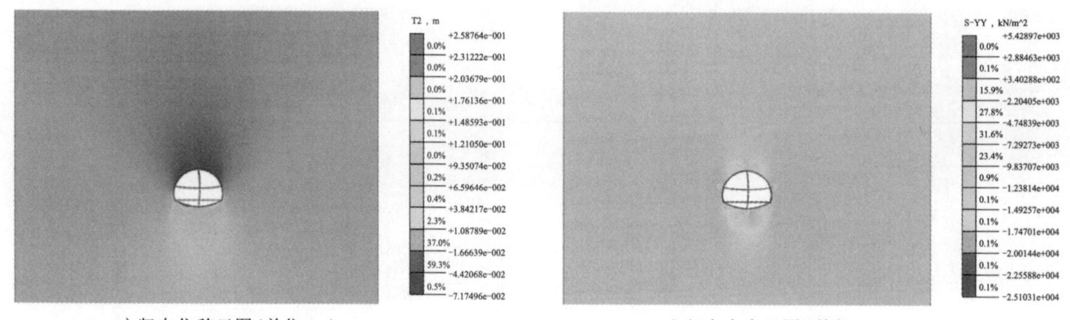

a) 竖向位移云图(单位:m)　　b) 竖向应力云图(单位:kPa)

图 5-2-33　V级围岩隧道 6 部支护竖向位移及应力云图

表 5-2-1、表 5-2-2 为V级围岩隧道开挖竖向位移、应力的变化全过程。V级围岩隧道开挖施工过程中围岩竖向位移变化全过程如图 5-2-34a)所示。与Ⅲ级、Ⅳ级围岩类似,第一步台阶开挖后,由于埋深影响,最大位移出现在拱顶处,最大沉降为 16.21 mm,地层最大隆起为 21.65mm,出现在所开挖导坑底面位置处。随着施工进行,各个观测部位的沉降均不断增大。与Ⅳ级围岩类似,各观测部位沉降从大到小顺序为拱腰、拱顶、拱脚、墙脚、墙腰。最大隆起出现位置不变,最大值为 258.76mm,但最大沉降出现在拱腰处,最大沉降量为 71.55mm。

V级围岩隧道开挖竖向位移(mm)变化全过程　　表 5-2-1

1~6 部开挖与支护	拱　顶	拱　腰	拱　脚	墙　腰	墙　脚
1 部开挖	16.2111	3.79189	1.01083	0.151431	1.50597
1 部支护	17.0044	4.22551	1.32341	0.0819989	1.84226

续上表

1~6 部开挖与支护	拱　顶	拱　腰	拱　脚	墙　腰	墙　脚
2 部开挖	20.5049	33.1202	13.1867	5.49412	8.92076
2 部支护	21.1022	49.1466	18.3769	4.28517	9.22889
3 部开挖	30.0735	52.8424	20.7195	2.60887	9.57213
3 部支护	30.198	52.9613	20.7979	2.5558	9.63184
4 部开挖	35.2215	64.434	35.8225	10.9278	27.109
4 部支护	35.6681	65.806	38.1682	12.5321	27.6416
5 部开挖	39.6498	67.5161	39.3483	13.3472	27.2722
5 部支护	39.8917	67.5763	39.4176	13.394	27.2589
6 部开挖	42.5295	71.5468	44.2568	19.2899	20.239
6 部支护	42.867	71.52856	44.1034	19.0216	20.6884

V 级围岩隧道开挖竖向应力(kPa)变化全过程　　表 5-2-2

1~6 部开挖与支护	拱　顶	拱　腰	拱　脚	墙　腰	墙　脚
1 部开挖	-4786.87	-9028.47	-8285.93	-7915.85	-7679.53
1 部支护	-5292.07	-9291.48	-8459.85	-8068.69	-7778.12
2 部开挖	-7996.05	-6245.11	-18788.2	-10133.7	-7282.51
2 部支护	-7943.38	-4080.71	-19210.8	-12461.2	-7752.24
3 部开挖	-5799.76	-4708.98	-19767.9	-13998.4	-8330.32
3 部支护	-5920.09	-4745.26	-19825.6	-14086.9	-8364.09
4 部开挖	-5484.87	-3128.39	-15609.9	-24115.2	2268.37
4 部支护	-5430.54	-2988.6	-14725.6	-24679.4	-2543.46
5 部开挖	-4482.08	-3214.49	-15005.2	-25059.3	-2842.1
5 部支护	-4369.13	-3231.04	-15007.3	-25066.3	-2843.48
6 部开挖	-3914.86	-2937.79	-13707.1	-23508.7	-3555.96
6 部支护	-3725.81	-2973.7	-13795.8	-23654.6	-3556.25

在整个 V 级围岩隧道开挖过程中,墙脚与墙腰附近围岩应力变化明显,如图 5-2-34b)所示。第一步台阶开挖后,最大应力出现在拱腰处,最大应力为 9.03MPa。但在整个开挖过程中,拱腰处的应力在不断减小,且开挖完成时,拱腰处的应力最小。拱顶及墙脚处的应力较小,且在整个隧道开挖施工过程中基本呈现不断减小的趋势。拱脚处的应力先不断增大,在 3 部支护完成后,再逐渐减小。墙腰处的应力也是先逐渐增大,且在 5 部支护之前达到最大,为 25.06MPa,小于围岩抗压强度,5 部支护之后再逐渐减小。由于支护及时,洞周围岩主应力虽逐渐减小,但未出现拉应力。由此可见,施工过程中围岩总体上是稳定的。

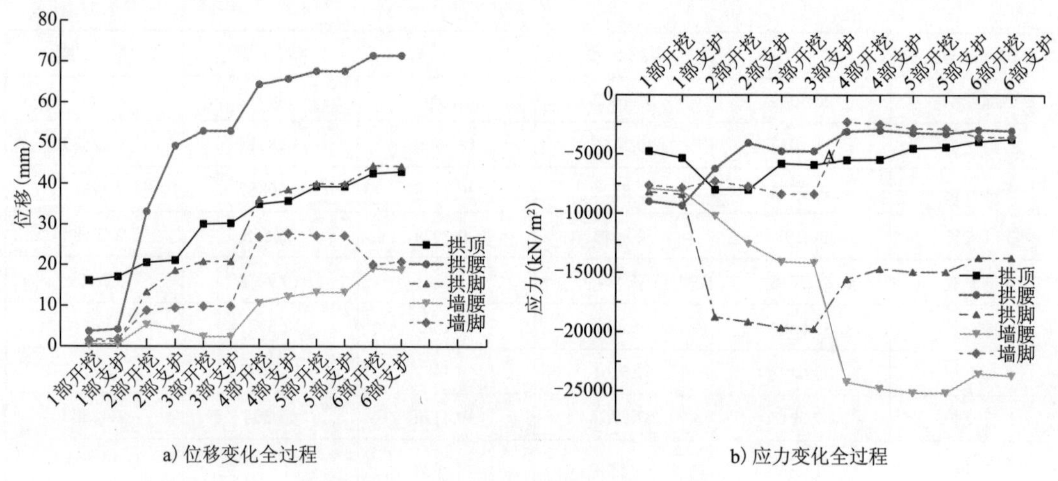

a) 位移变化全过程　　b) 应力变化全过程

图 5-2-34　V级围岩开挖位移及应力变化全过程

5.3　爆破施工后围岩的长期稳定性研究

5.3.1　冲击荷载作用后岩石的蠕变特征研究

三轴蠕变试验在华东交通大学江西省岩土工程基础设施安全与控制重点实验室进行，采用 ysr-300 型岩石蠕变仪（图 5-3-1）。该试验机具有高性能的负荷机架，先进的机械传动机构，轴压负荷范围为 0 ～ 300 kN，围压负荷范围为 0 ～ 10MPa。加载与测量均由计算机程序控制自动完成，整个加载过程速率控制稳定、精确。试验所施加荷载由力传感器测量，试件变形由引伸计测量，这些测量信息均由计算机自动进行数据采集、记录，完全消除人为测量记录产生的误差。岩石试样取自湖南省张家界市黔张常铁路吴家边隧道。

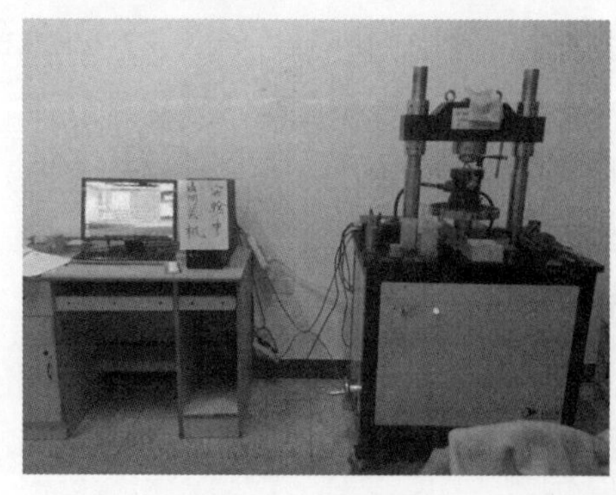

图 5-3-1　试验设备

试验过程中根据常规压缩试验所获得的单轴抗压强度 R_c 的 75% ～ 85% 将拟施加的最大荷载分成 5 级，为模拟隧道围岩受力情况，故施加围压 2MPa，然后在受冲击后的试样上由小到大逐级施加荷载，各级荷载所持续的时间根据试样的应变速率来确定。试验采用的稳定标准为当位移增量＜ 0.01 mm/h 时，施加下一级荷载。岩石的蠕变一般可以分为 3 个阶段，其第 I 阶段为减速蠕变，第 II 阶段为等速蠕变，第 III 阶段为加速蠕变（图 5-3-2）。本次蠕变试验曲线如图 5-3-3 所示，在吴家边隧道取岩石试样（编号 1 ～ 20）进行三轴蠕变试验 ε-t 曲线。考虑到其具有弹性、塑性和黏性共存的特性，其蠕变方程为：

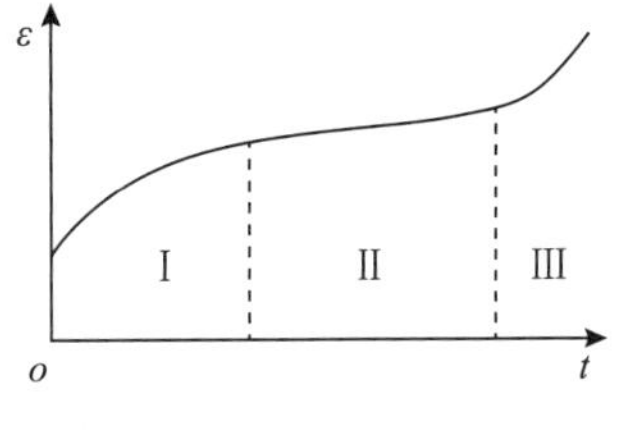

图 5-3-2　常规岩石蠕变曲线

$$\varepsilon = \varepsilon_{me} + \varepsilon_{mp} + \varepsilon_{ce} + \varepsilon_{cp} \tag{5-3-1}$$

式中：ε_{me}——可恢复的瞬时弹性应变；

ε_{mp}——不可恢复的瞬时塑性应变；

ε_{ce}——黏弹性应变；

ε_{cp}——黏塑性应变。

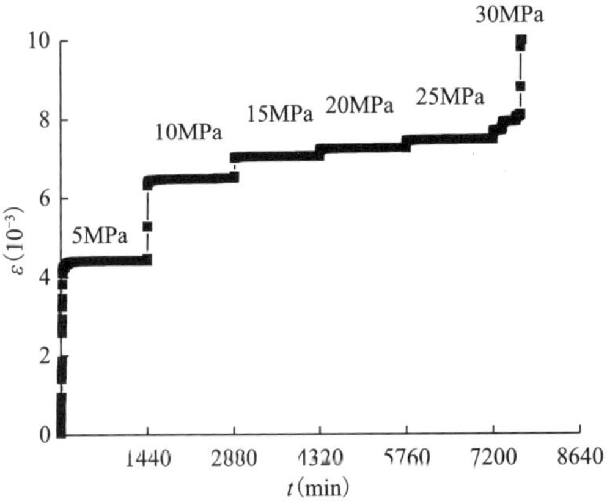

a）岩体试件-1

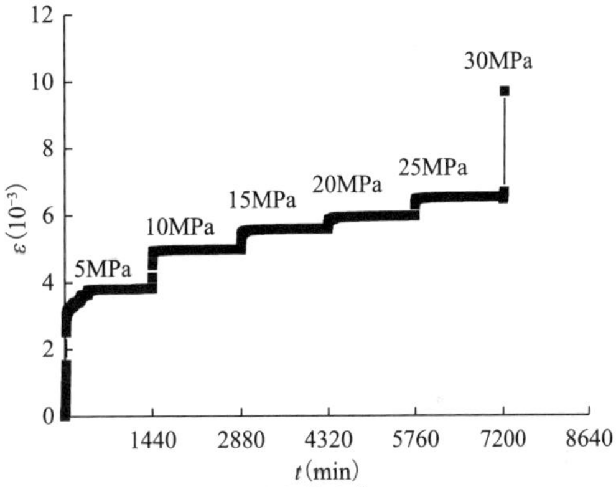

b）岩体试件-14

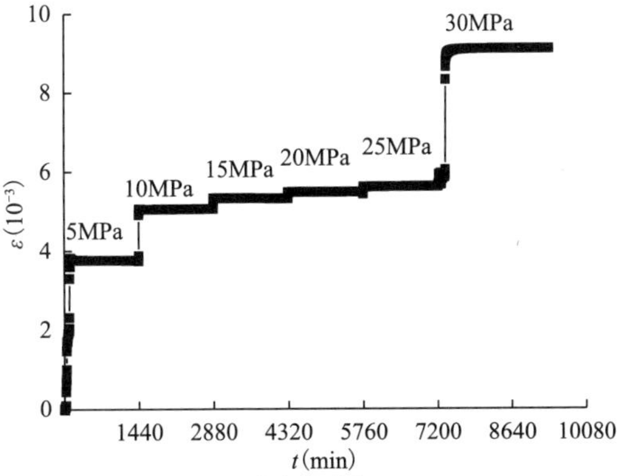

c）岩体试件-19

图 5-3-3　不同试样三轴蠕变试验曲线

图 5-3-4 为不同损伤变量条件下蠕变速率，研究损伤变量对岩体试样蠕变速率的影响。从图 5-3-4 中可看出，试件在不同损伤变量条件下蠕变速率表现出相似的规律，即

在蠕变开始阶段，蠕变速率较大，随着蠕变历时的增长，蠕变速率先迅速衰减，随后以一个相对恒定的速率衰减，由于在该阶段，蠕变速率事实上已经相对较小，故可以认为该阶段对应蠕变过程中的稳定蠕变阶段。相同试验条件下，试样的损伤变量越大，其初始蠕变速率越大。

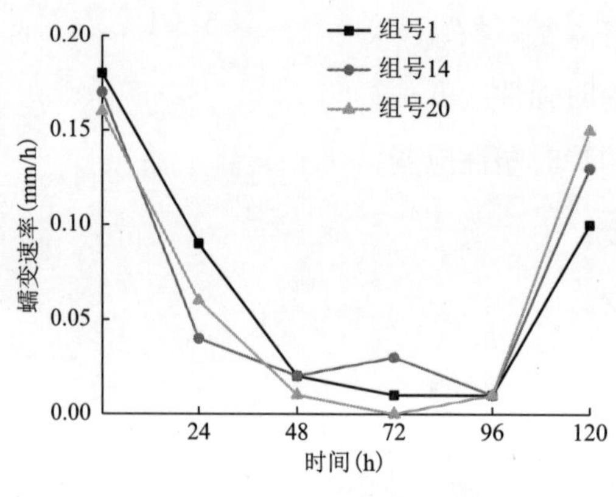

图 5-3-4　不同试样蠕变速率

5.3.2　长期稳定性的数值计算过程

1）蠕变模型的选取

根据隧道设计手册和大量的围岩研究参数与模拟研究基础，目前常用于隧道围岩的蠕变本构模型主要有广义开尔文模型、伯格斯体模型、广义宾哈姆模型、伯格斯体－摩尔库伦组合模型等。鉴于隧道围岩有瞬时弹性应变，且在应力差较小时蠕变很小，趋于稳定，与广义 K 模型的蠕变曲线类似，而在应力差超过临界值 σ_s 后，蠕变变形随时间无限增加，这则与伯格斯模型的蠕变规律类似。伯格斯模型不存在屈服应力，所以，拟选伯格斯体—摩尔库仑组合模型（即 Cvisc 蠕变模型）作为Ⅳ～Ⅴ级围岩和衬砌的蠕变模型，通过蠕变计算模型研究运营隧道围岩的长期稳定性。Cvisc 蠕变模型是由一个 M 体，一系列 K 体和一种外部塑性屈服模型串联而成的黏塑性模型，其力学模型图如图 5-3-5 所示。三维应力状态下，Cvisc 蠕变模型假定：黏性和粘塑性应变率分量连续，黏性状态与伯格斯模型一致；塑性状态与摩尔库仑模型一致；黏塑性偏张量与塑性体积一致。蠕变模型参数则可通过常规三轴压缩蠕变试验或者监测数据反演计算确定。

Cvisc 蠕变模型（图 5-3-5）的蠕变参数主要有：马克斯威尔体和开尔文体的弹性剪切模量 E_M、E_K；马克斯威尔体和开尔文体的黏滞系数 η_M、η_K。参数设置时，若不考虑 η_K，则能退化为马克斯威尔体和莫尔—库仑屈服准则相结合的黏塑性模型；不考虑 η_M，则可近似为广义开尔文体与莫尔—库仑屈服准则相结合的黏塑性模型；若将黏聚力 c 和抗拉强度 t 设为无穷大，则会退化为伯格斯模型。由此可见，Cvisc 蠕变模型的适用性较为广泛。

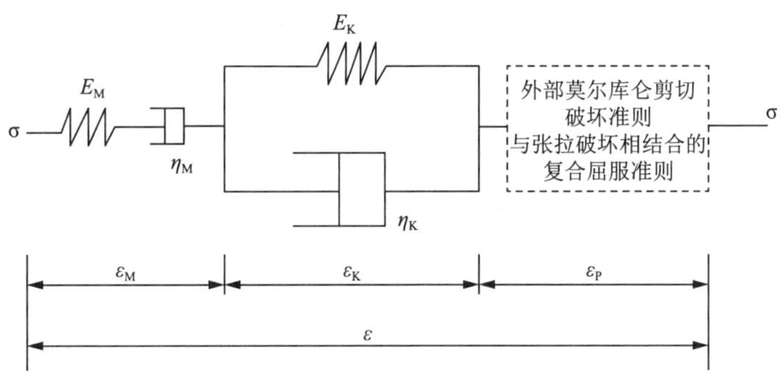

图 5-3-5　Cvisc 蠕变模型

Cvisc 蠕变模型主要从剪切屈服和张拉屈服两个方面给出了相应的屈服准则，具体见公式（5-3-2）和式（5-3-3），屈服面如图 5-3-6 所示。

$$f = \sigma_1 - \sigma_1 N_\varphi + 2c\sqrt{N_\varphi} = 0 \tag{5-3-2}$$

$$f = \sigma^t - \sigma_3 = 0 \tag{5-3-3}$$

式中，c 为黏聚力；φ 为内摩擦角；$N_\varphi = (1+\sin\varphi)/(1-\sin\varphi)$；$\sigma^t$ 为抗拉强度；σ_1、σ_3 分别为最大和最小主应力（压应力为负）。

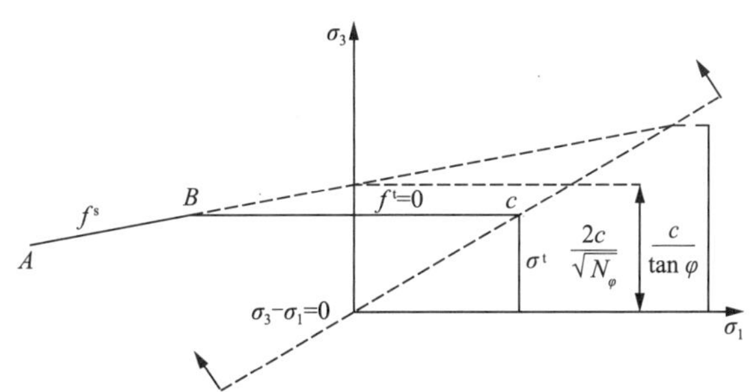

图 5-3-6　拉伸截止的莫尔—库仑屈服准则

具体的判断方法：基于衬砌拱顶单元的竖向应力 S_{zz}、水平 S_{xx} 以及剪应力 S_{xz} 绘制莫尔圆，其中圆心至坐标原点的距离为 $\frac{\sigma_x + \sigma_y}{2}$，半径为 $\sqrt{\left(\frac{\sigma_x + \sigma_y}{2}\right)^2 + {\tau_x}^2}$；从而可以利用应力圆求出最大最小主应力 σ_1 和 σ_3，具体的计算公式见式（5-3-4）；最后根据最大主应值以及屈服准则（图 5-3-6）判断衬砌是否屈服。

$$\frac{\sigma_1}{\sigma_3}=\frac{\sigma_x+\sigma_y}{2}\pm\left[\sqrt{\left(\frac{\sigma_x+\sigma_y}{2}\right)^2+\tau_{xy}{}^2}\right] \tag{5-3-4}$$

2）围岩参数的选择

围岩、混凝土等材料参数根据隧道工程勘察报告、原始试验数据及隧道设计规范选用，所以不同围岩级别和混凝土的材料物理力学参数参见表 5-3-1、表 5-3-2 及表 5-3-3。其中，初期支护的弹性模量是用等效提高混凝土的弹性模量的方法代替其内部的钢筋网或钢拱架的作用，计算方法见式（5-3-5）。

Ⅲ级围岩材料物理力学参数　　表 5-3-1

介质	重度（kN/m³）	弹性模量 E（GPa）	泊松比 μ	黏聚力 c（MPa）	内摩擦角 φ（°）
围岩	24	13	0.28	1.1	45
衬砌	22	25	0.2	—	—

Ⅳ级围岩材料物理力学参数　　表 5-3-2

介质	重度（kN/m³）	弹性模量 E（GPa）	泊松比 μ	黏聚力 c（MPa）	内摩擦角 φ（°）
围岩	22	3.2	0.33	0.45	33
衬砌	24	28	0.25	—	—

Ⅴ级围岩材料物理力学参数　　表 5-3-3

介质	重度（kN/m³）	弹性模量 E（GPa）	泊松比 μ	黏聚力 c（MPa）	内摩擦角 φ（°）
围岩	19	1.5	0.40	0.15	24
衬砌	25	30	0.20	—	—

$$E_{equ}=E_0+\frac{E_gA_g}{A_c} \tag{5-3-5}$$

式中：E_{equ}——钢筋网或钢拱架等效后混凝土弹性模量（Pa）；

E_0——初期混凝土弹性模量（Pa）；

E_g——钢拱架或钢筋网弹性模量（Pa）；

A_g——钢拱架或钢筋网截面面积（m^2）；

A_c——初期支护混凝土截面面积（m^2）。

围岩和混凝土的蠕变参数如表 5-3-4 所示。

围岩和混凝土的蠕变参数　　表 5-3-4

材　料	参　数			
	G^K（GPa）	G^M（GPa）	η^K（GPa/a）	η^M（GPa/a）
围岩	343.5	7.83×10^{-2}	1.54×10^{-3}	116.37
混凝土	295.8	1.65	1.01×10^{-4}	182.01

3）计算模型的建立

本节将通过 FLAC3D 软件进行隧道的地层—结构分析方法的数值计算，模拟隧道的原始地层应力状态、隧道围岩开挖、支护结构施加初期、围岩与支护长期相互作用等情况时，隧道围岩的应力和变形变化规律。

考虑到实际工程的复杂性，数值模拟过程中假定：

（1）隧道围岩为各向同性、均匀连续的材料；

（2）初始地应力仅考虑初始自重应力，忽略构造应力；

（3）隧道不属于深埋隧道，无较大的地质构造；

（4）初期支护仅考虑施加锚杆和喷射混凝土，并且喷射混凝土内部的钢筋网与钢拱架的作用以提高混凝土的弹性模量的方法等效代替；

（5）隧道开挖瞬间假设释放应力为 20%，初期支护后再释放剩余 80%；

（6）基于岩体静力分析结果开启蠕变计算（SET CREEP ON），并进行分析设置，围岩蠕变总计算时间为 10 年。

平面计算模型如图 5-3-7 所示。模型底部设置固定约束，左右两侧设置水平约束，上部为自由边界。

建立三维数值分析模型如图 5-3-8 所示，模拟范围为 112m × 10m × 70m（长 × 宽 × 高），共计 103597 个单元、13288 个节点，在模型的底面（z=–70m）处施加竖向约束，在模型的侧面（x=–56m，x=56m；y=0，y–10m）处施加水平约束。假设围岩是符合 Mohr–Coulomb 屈服准则的理想弹塑体，衬砌结构是各向同性的弹性体。隧道埋深为 30m，围岩和衬砌均采用实体单元模拟，Ⅲ级围岩衬砌厚度为 40cm，Ⅳ级围岩衬砌厚度为 45cm，Ⅴ级围岩衬砌厚度为 55cm。

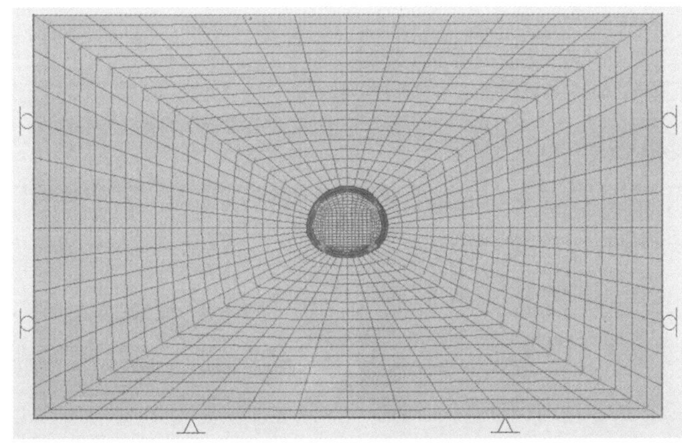

图 5-3-7　平面计算模型

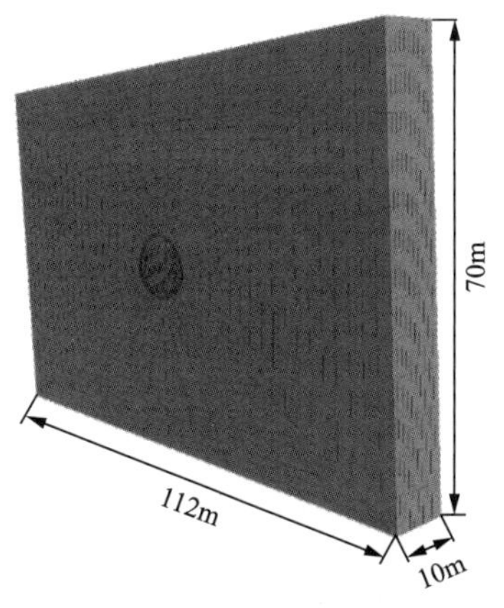

图 5-3-8　三维数值分析模型

5.3.3 Ⅲ级围岩条件下的长期稳定性研究

将岩体视作均质弹塑性体,选取 Mohr–Coulomb 本构模型模拟岩体自然状态下的初始应力场,竖向应力云图和竖向位移云图如图 5-3-9 所示。

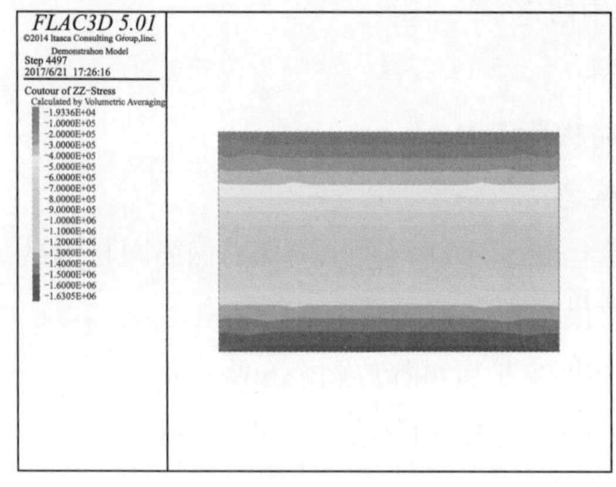

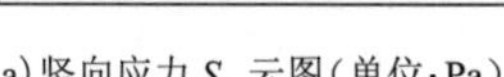
a) 竖向应力 S_{zz} 云图(单位:Pa)

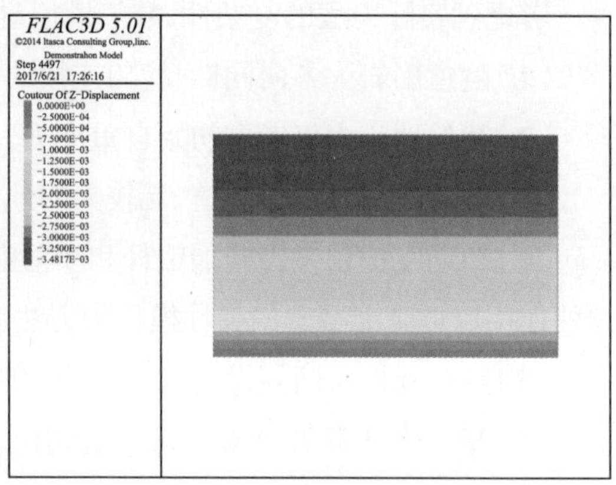

b) 竖向位移 z-disp 云图(单位:m)

图 5-3-9 初始应力场

将自重应力状态下的位移场、速度场和塑性区清零,通过设置隧道实体单元为 Null 模型来模拟隧道开挖。隧道开挖围岩静力平衡后的应力和位移,如图 5-3-10 所示。

由图 5-3-10 可知,隧道开挖后,围岩的应力场和位移场呈现重分布现象。由图 5-3-10a)竖向应力 S_{zz} 可知,隧道拱顶和仰拱周边的围岩呈现压应力集中的情况,拱顶压应力为 –16.3kPa,仰拱压应力为 –0.1MPa;边墙处围岩呈现压应力集中的情况,最大压应力为 –1.5MPa。由图 5-3-10b)水平向应力 S_{xx} 可知,隧道边墙处呈现显著的压应力集中现象,最大压应力为 –0.4MPa。由图 5-3-10c)剪应力 S_{xz} 可知,隧道周边围岩最大正剪应力为 0.34MPa,最大负剪应力为 –0.33MPa。由图 5-3-10d)竖向位移 z-Disp 可知,隧道拱顶围岩位移为 –0.19mm,仰拱位移为 0.44mm。

基于隧道围岩静力分析结果开展围岩蠕变分析,围岩和衬砌选取 Cvics 蠕变模型。隧道围岩蠕变 10 年之后计算围岩的应力和位移,如图 5-3-11 所示。

本次数值计算在隧道周边围岩共设置 4 个监测点:监测点 1 坐标为(0.0, 5.0, –30.0),位于隧道围岩拱顶;监测点 2 坐标为(–7.0, 5.0, –37.0),位于隧道围岩左侧墙;监测点 3 坐标为(7.0, 5.0, –37.0),位于隧道围岩右侧墙;监测点 4 坐标为(0.0, 5.0, –42.0),位于隧道围岩仰拱底。

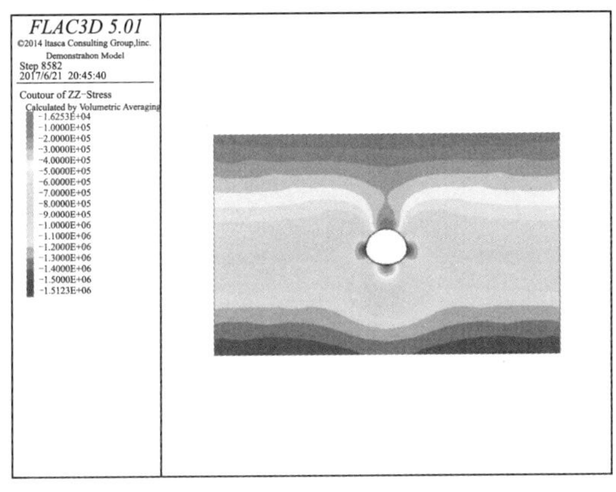

a) 竖向应力 S_{zz} 云图（单位：Pa）

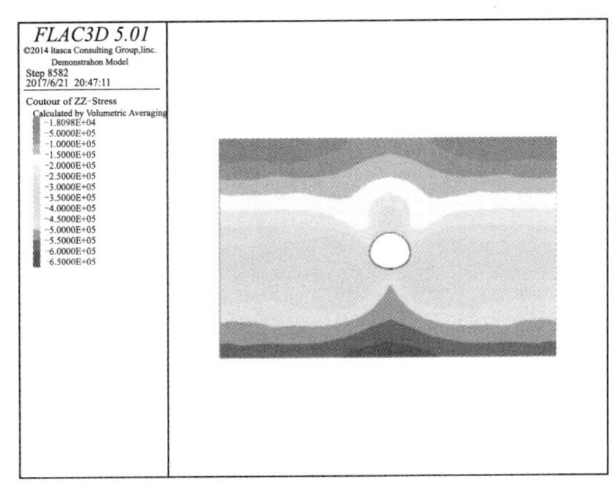

b) 水平向应力 S_{xx} 云图（单位：Pa）

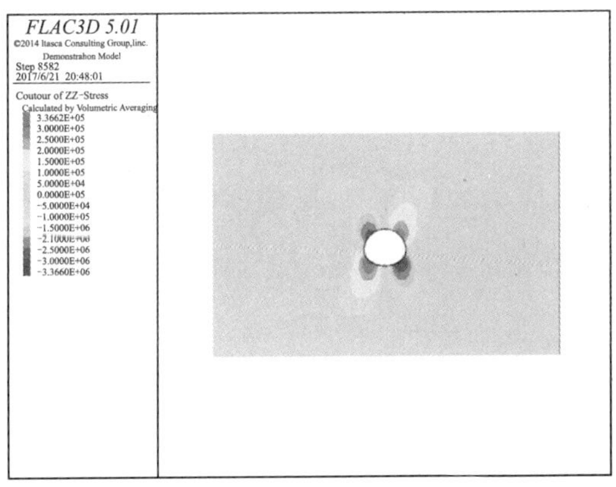

c) 剪切应力 S_{xz} 云图（单位：Pa）

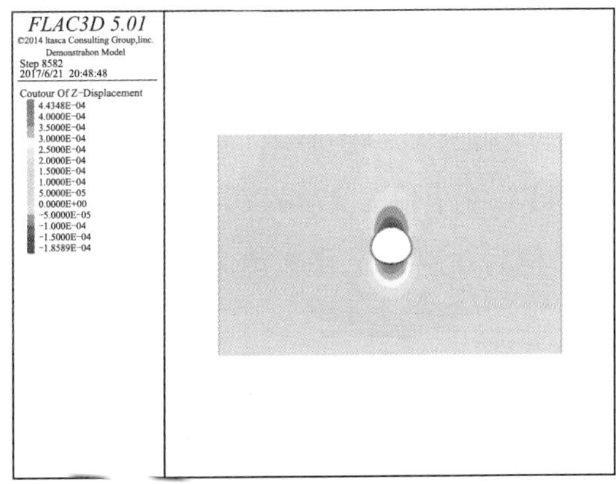

d) 竖向位移 z-Disp 云图（单位：m）

图 5-3-10 围岩静力平衡应力与位移云图

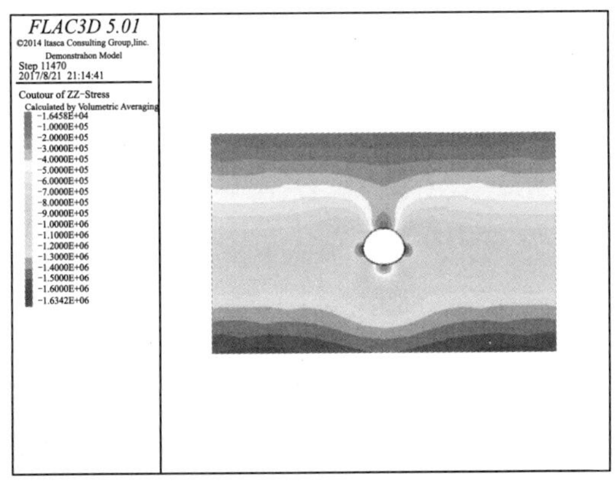

a) 竖向应力 S_{zz} 云图（单位：Pa）

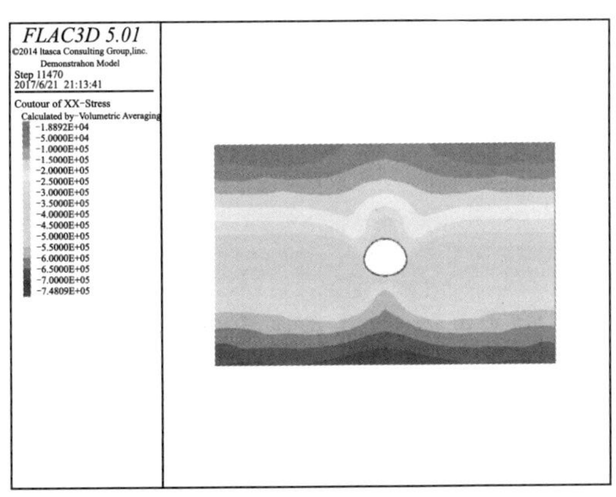

b) 水平向应力 S_{xx} 云图（单位：Pa）

图 5-3-11

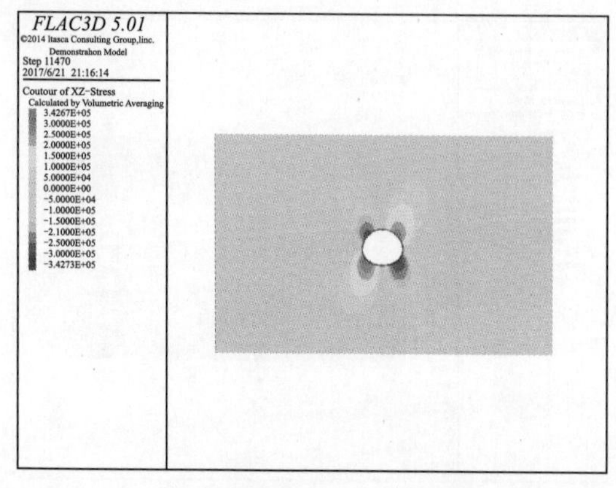

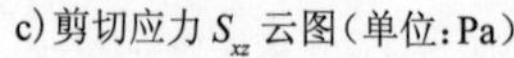
c）剪切应力 S_{xz} 云图（单位：Pa）

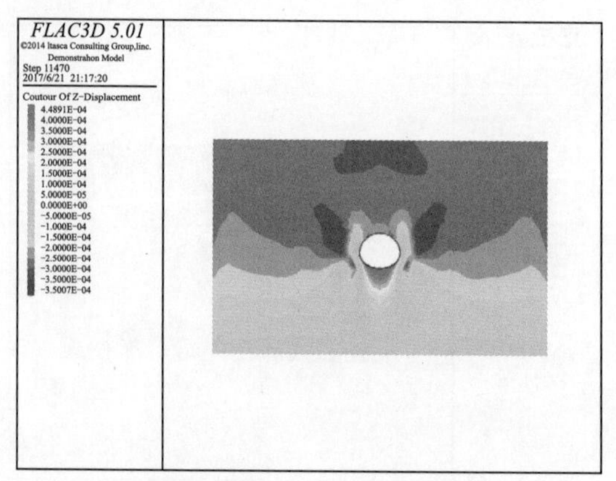

d）竖向位移 z-Disp 云图（单位：m）

图 5-3-11　隧道围岩蠕变 10 年应力与位移云图

图 5-3-12 给出了隧道围岩蠕变 10 年过程中拱顶应力计算监测图。计算结果表明：蠕变的 10 年过程中隧道围岩拱顶竖向应力为压应力，呈现逐年增长的趋势，最大值为 86.3kPa，最小值为 27.6kPa，增加了 68.0%；水平向应力为压应力，呈现逐年增长的趋势，最小值为 0.23MPa，最大值为 0.32MPa，增大了 28.5%。

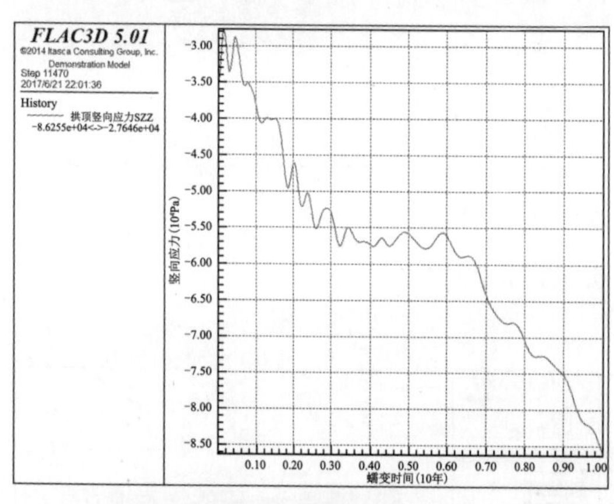

a）竖向应力 S_{zz} 计算监测（单位：kPa）

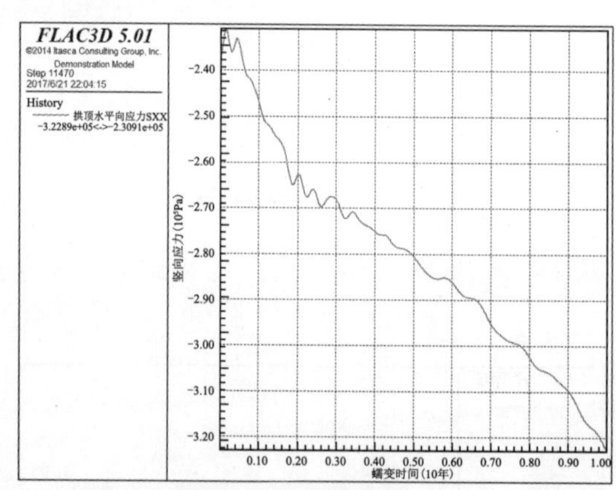

b）水平向应力 S_{xx} 计算监测（单位：10^5Pa）

图 5-3-12　隧道围岩蠕变 10 年拱顶应力计算监测图

图 5-3-13 给出了隧道围岩蠕变 10 年过程中左侧墙应力计算监测图。根据隧道围岩计算模型平面应力的对称性，右侧墙应力计算监测结果，不再赘述。计算结果表明：蠕变的 10 年过程隧道围岩侧墙竖向应力为压应力，呈现先减小后增大的趋势，最小值为 1.90MPa，最大值为 1.98MPa，最大增加幅度为 4.2%；水平向应力为压应力，整体上呈现增大的趋势，最小值为 0.18MPa，最大值为 0.23MPa，最大增长幅度为 27.8%。

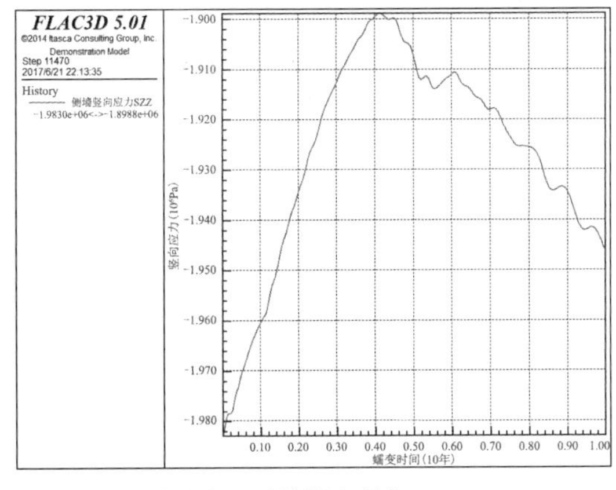

a) 竖向应力 S_{zz} 计算监测(单位:MPa)

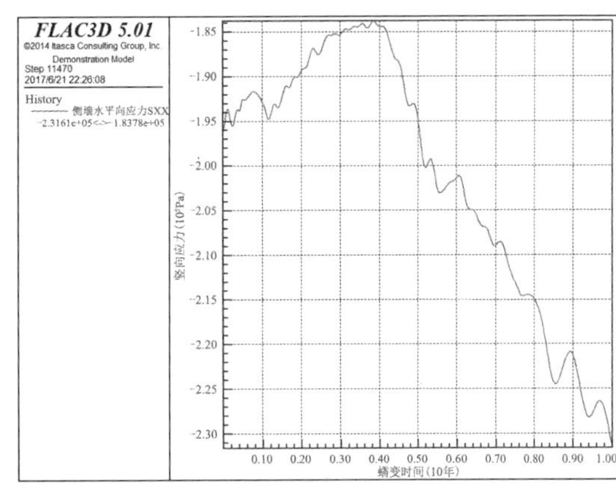

b) 水平向应力 S_{xx} 计算监测(单位:10^5Pa)

图 5-3-13　隧道围岩蠕变 10 年左侧墙应力计算监测图

图 5-3-14 给出了隧道围岩蠕变 10 年过程中仰拱底应力计算监测图。计算结果表明:蠕变的 10 年过程中隧道围岩仰拱底的竖向应力为压应力,整体上呈现先减小后增大的趋势,最小值为 3.1kPa,最大值为 67.1kPa,最大增幅达 2064.5%;水平向应力为压应力,整体上呈现减小的趋势,最大值为 0.19MPa,最小值为 0.16MPa,减小了 15.8%。

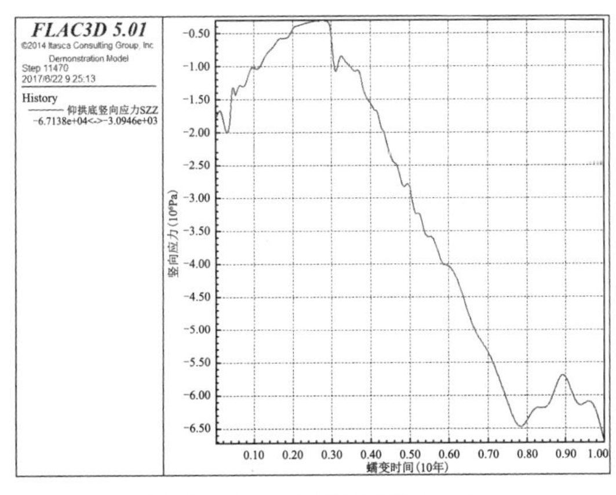

a) 竖向应力 S_{zz} 计算监测(单位:10^4Pa)

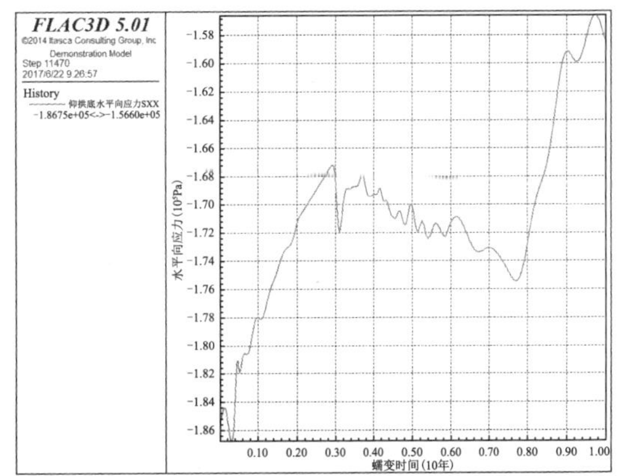

b) 水平向应力 S_{xx} 计算监测(单位:10^5Pa)

图 5-3-14　隧道围岩蠕变仰拱底应力计算监测图

图 5-3-15 给出了隧道围岩蠕变 10 年过程中拱顶和仰拱底竖向位移 *Z*-Disp 计算监测图。计算结果表明:①蠕变的 10 年过程中隧道围岩拱顶沉降呈逐渐减小的趋势,最终沉降达到 0.30mm,拱顶沉降缓慢,沉降变化幅度为 38.8%;②蠕变的 10 年过程中隧道围岩仰拱底隆起呈逐渐增大的趋势,最终隆起达到 0.44mm,仰拱底隆起缓慢,隆起变化幅度为 1.6%。

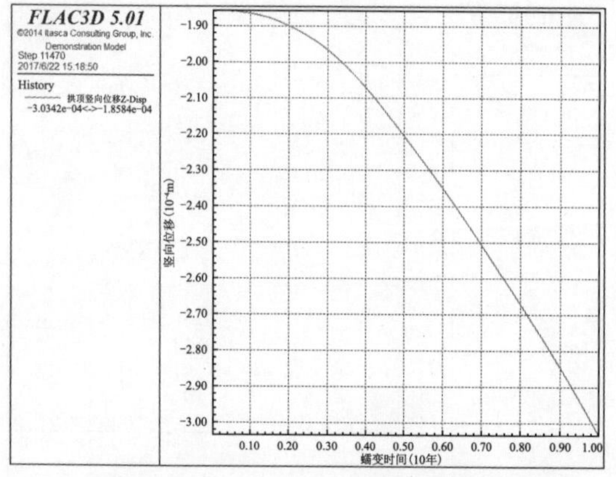

a）拱顶竖向位移 z-Disp 计算监测（单位：10^{-4}m）

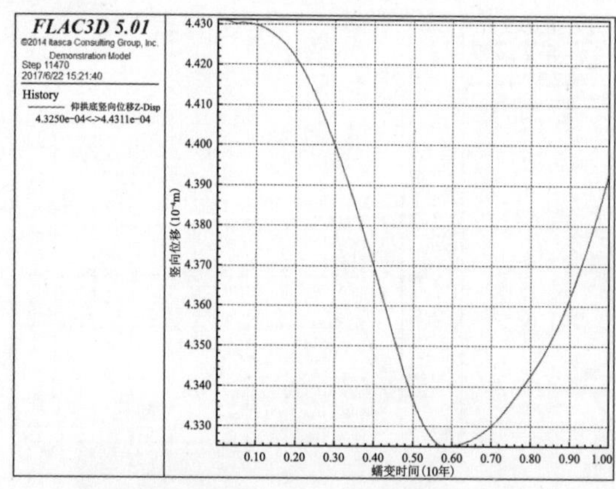

b）仰拱底竖向位移 z-Disp 计算监测（单位：10^{-4}m）

图 5-3-15　隧道围岩蠕变 10 年过程中拱顶和仰拱底竖向位移计算监测图

5.3.4　Ⅳ级围岩条件下的长期稳定性研究

Ⅳ级围岩条件下竖向应力云图和竖向位移云图如图 5-3-16 所示。

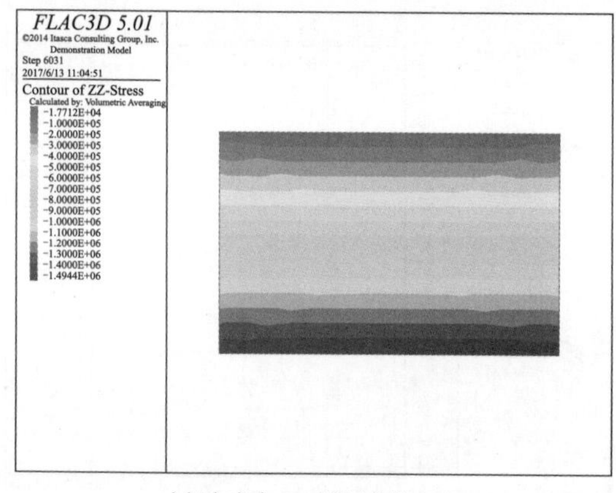

a）竖向应力 S_{zz} 云图（单位：Pa）

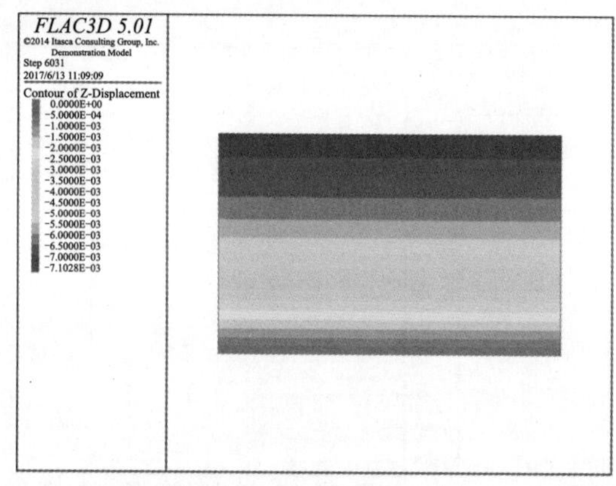

b）竖向位移 z-disp 云图（单位：m）

图 5-3-16　初始应力场

将自重应力状态下的位移场、速度场和塑性区清零，通过设置隧道实体单元为 Null 模型来模拟隧道开挖。隧道开挖围岩静力平衡后的应力和位移，如图 5-3-17 所示。

由图 5-3-17 可知，隧道开挖后，围岩的应力场和位移场呈现重分布现象。由图 5-3-17a）竖向应力 S_{zz} 云图可知，隧道拱顶和仰拱周边的围岩呈现压应力集中的情况，拱顶压应力为 –6.30kPa，仰拱压应力为 –61.59 kPa；边墙处围岩呈现压应力集中的情况，最大压应力为 –1.67MPa。由图 5-3-17b）水平向应力 S_{xx} 可知，隧道边墙处呈现显著的压应力集中现象，最大压应力为 0.35 MPa。由图 5-3-17c）剪应力 S_{xz} 可知，隧道周边围岩最大正剪应力为 0.32 MPa，最大负剪应力为 -0.31 MPa。由图 5-3-17d）竖向位移 z-Disp 可知，隧道拱顶围岩位移为 -0.47mm，仰拱位移为 0.28mm。基于隧道围岩静力分析结果开展围岩蠕变分析，围岩和衬砌选取 Cvics 蠕变模型。隧道围岩蠕变 10 年之后计算围岩的应力和位移，如图 5-3-18 所示。

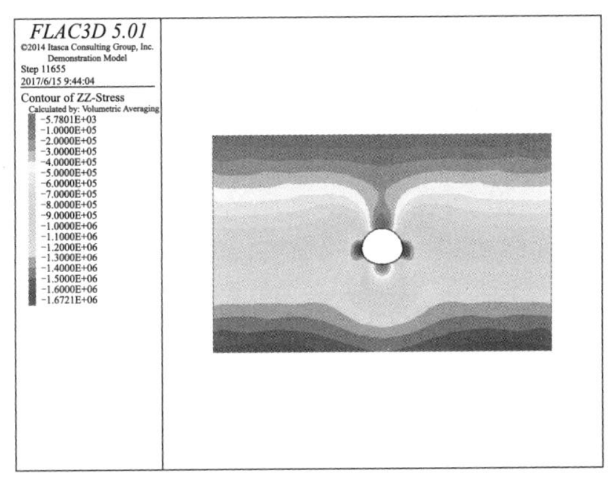

a）竖向应力 S_{zz} 云图（单位：Pa）

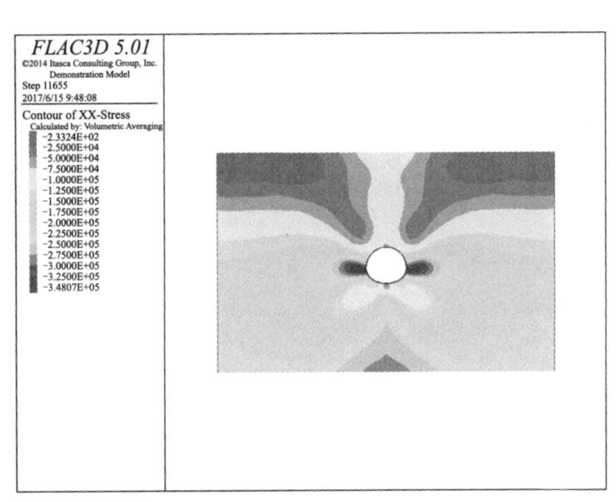

b）水平向应力 S_{xx} 云图（单位：Pa）

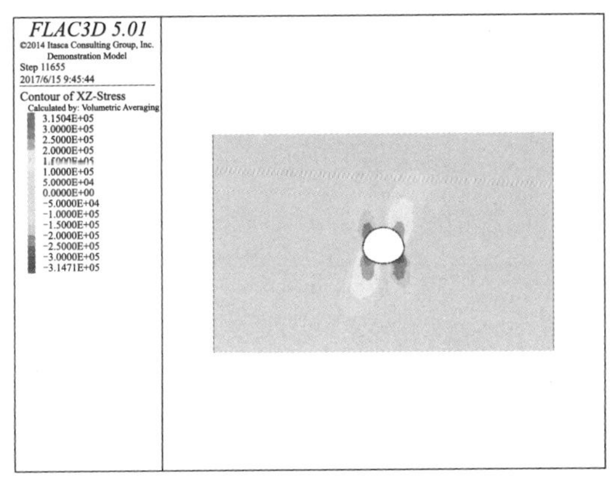

c）剪切应力 S_{xz} 云图（单位：Pa）

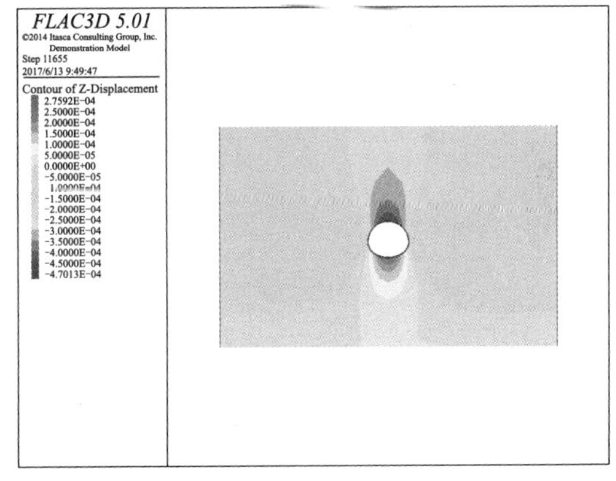

d）竖向位移 z-Disp 云图（单位：m）

图 5-3-17 围岩静力平衡应力与位移云图

本次数值计算在隧道周边围岩共设置 4 个监测点：监测点 1 坐标为（0.0，5.0，-30.0），位于隧道围岩拱顶；监测点 2 坐标为（-7.0，5.0，-37.0），位于隧道围岩左侧墙；监测点 3 坐标为（7.0，5.0，-37.0），位于隧道围岩右侧墙；监测点 4 坐标为（0.0，5.0，-42.0），位于隧道围岩仰拱底。

图 5-3-19 给出了隧道围岩蠕变 10 年过程中拱顶应力计算监测图。计算结果表明：蠕变的 10 年过程中隧道围岩拱顶竖向应力 σ_{zz} 为压应力，呈现逐年减小的趋势，最大值

为 19.5kPa，最小值为 4.2kPa，减小了 78.5%；水平向应力 σ_{xx} 为压应力，呈现逐年减小的趋势，最大值为 0.37MPa，最小值为 0.27MPa，减小了 27.0%。

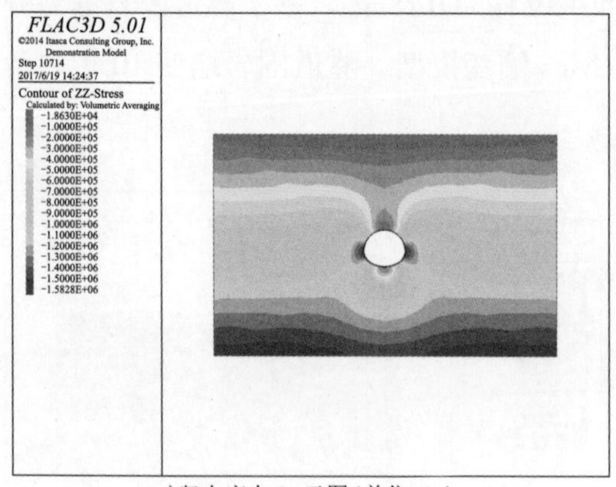

a）竖向应力 S_{zz} 云图（单位：Pa）

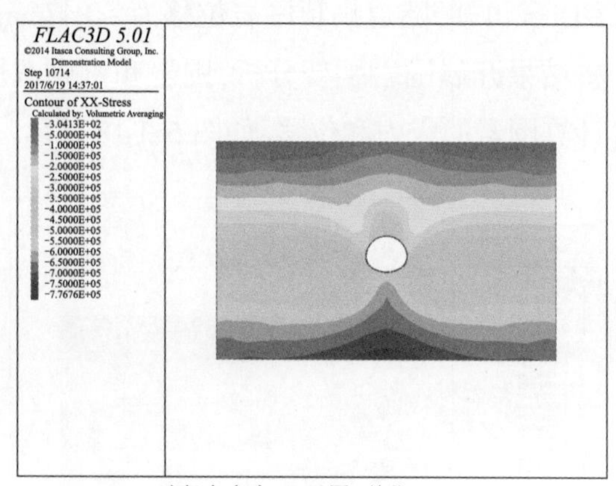

b）竖向应力 S_{xx} 云图（单位：Pa）

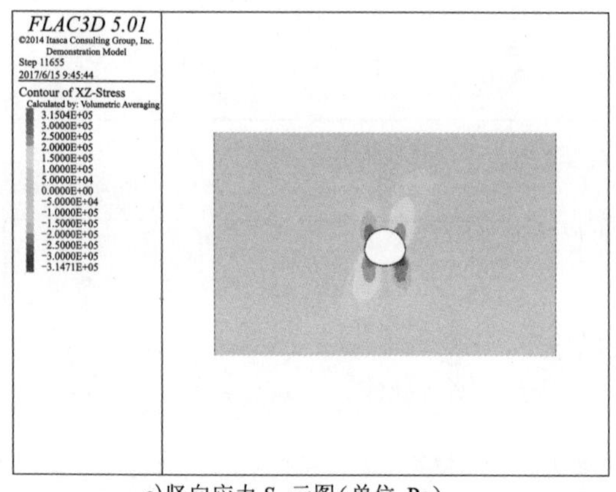

c）竖向应力 S_{xz} 云图（单位：Pa）

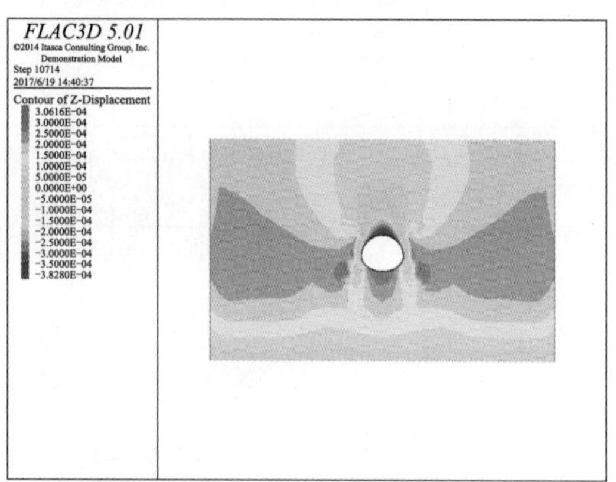

d）竖向位移 z-Disp 云图（单位：m）

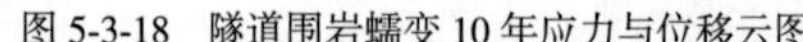

图 5-3-18　隧道围岩蠕变 10 年应力与位移云图

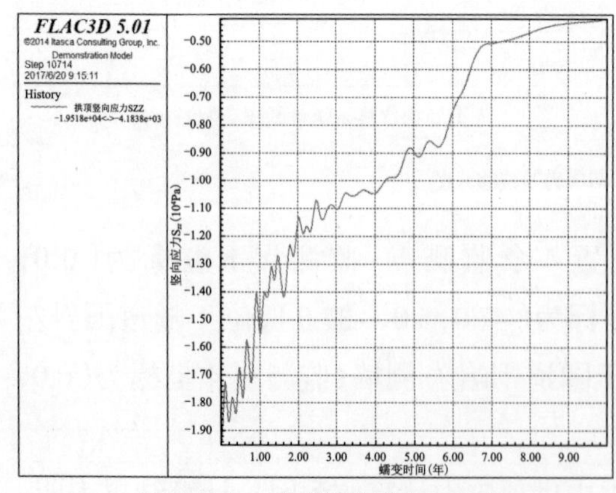

a）竖向应力 S_{zz} 计算监测（单位：10^4Pa）

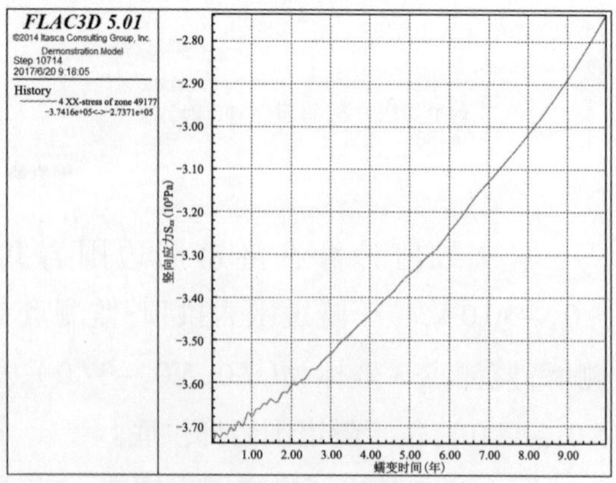

b）水平向应力 S_{xx} 计算监测（单位：10^5Pa）

图 5-3-19　隧道围岩蠕变 10 年过程中拱顶应力计算监测图

图 5-3-20 给出了隧道围岩蠕变 10 年过程中左侧墙应力计算监测图。根据隧道围岩计算模型平面应力的对称性，右侧墙应力计算监测结果，不再赘述。计算结果表明：蠕变的 10 年过程隧道围岩侧墙竖向应力 σ_{zz} 为压应力，呈现逐年减小的趋势，最大值为 2.09MPa，最小值为 1.98MPa，减小了 5.3%；水平向应力 σ_{xx} 为压应力，整体上呈现减小的趋势，最大值为 0.23MPa，最小值为 0.21MPa，最大减小幅度为 9.6%。

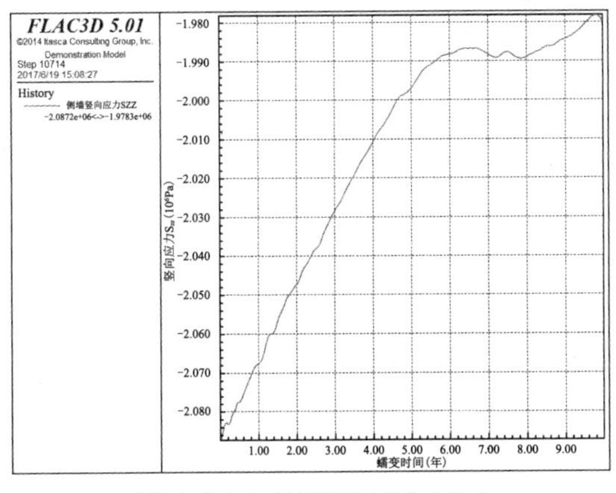

a) 竖向应力 S_{zz} 计算监测（单位：MPa）

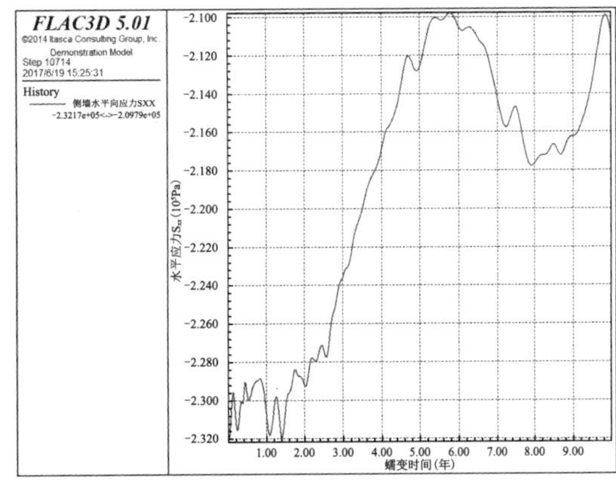

b) 水平向应力 S_{xx} 计算监测（单位：10^5Pa）

图 5-3-20　隧道围岩蠕变 10 年过程中左侧墙应力计算监测图

图 5-3-21 给出了隧道围岩蠕变 10 年过程中仰拱底应力计算监测图。计算结果表明：蠕变的 10 年过程中隧道围岩仰拱底的竖向应力为压应力，呈现先增大后减小的趋势，最大值为 66.8kPa，最小值为 27.8kPa，最大降幅达 58.3%；水平向应力为压应力，整体上呈现减小的趋势，最大值为 0.38 MPa，最小值为 0.31 MPa，减小了 18.4%。

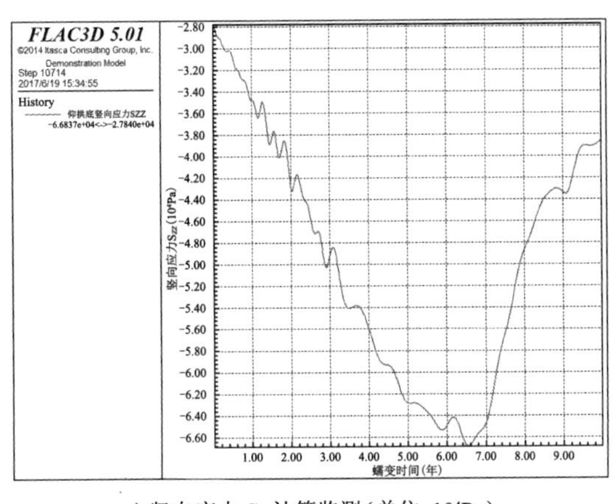

a) 竖向应力 S_{zz} 计算监测（单位：10^4Pa）

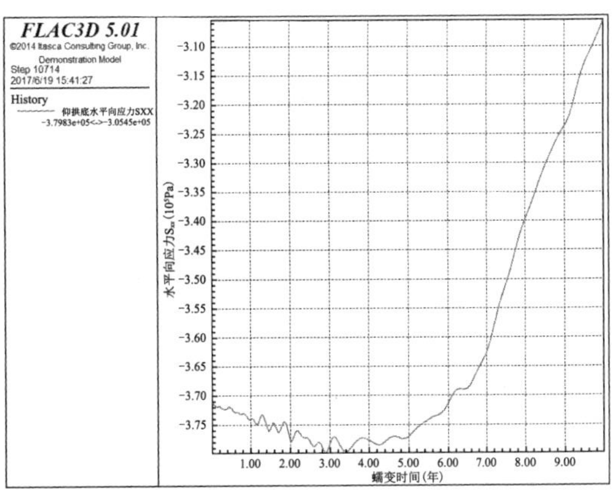

b) 水平向应力 S_{xx} 计算监测（单位：10^5Pa）

图 5-3-21　围岩蠕变仰拱底应力计算监测图

图 5-3-22 给出了隧道围岩蠕变 10 年过程中拱顶和仰拱底竖向位移 Z-Disp 计算监测图。计算结果表明:①蠕变的 10 年过程中隧道围岩拱顶沉降呈逐渐减小的趋势,最终沉降达到 0.38mm,拱顶沉降缓慢,沉降变化幅度为 5.1%;②蠕变的 10 年过程中隧道围岩仰拱底隆起呈逐渐增大的趋势,最终隆起达到 0.25mm,仰拱底隆起缓慢,隆起变化幅度为 13.2%。

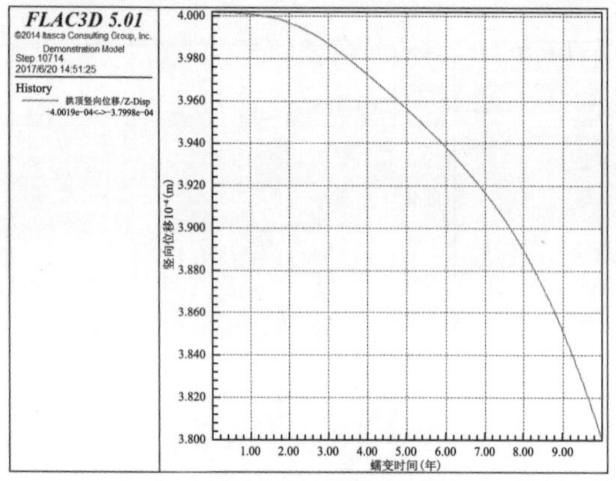

a)拱顶竖向位移 z-Disp 计算监测(单位:10^{-4}m)

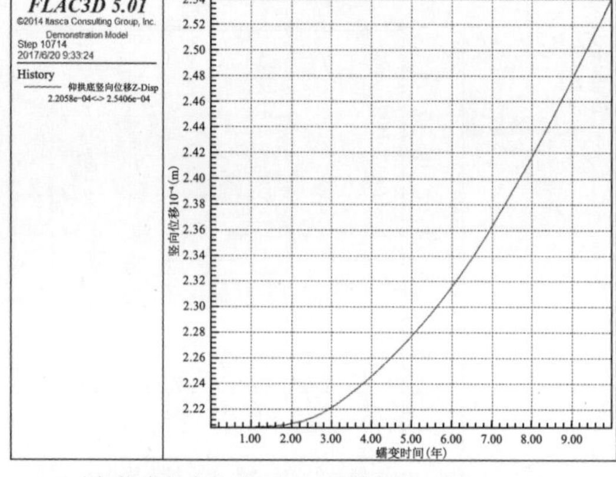

b)仰拱底竖向位移 z-Disp 计算监测(单位:10^{-4}m)

图 5-3-22 围岩蠕变竖向位移计算监测图

5.3.5 V 级围岩条件下的长期稳定性研究

V 级围岩条件下竖向应力云图和竖向位移云图如图 5-3-23 所示。

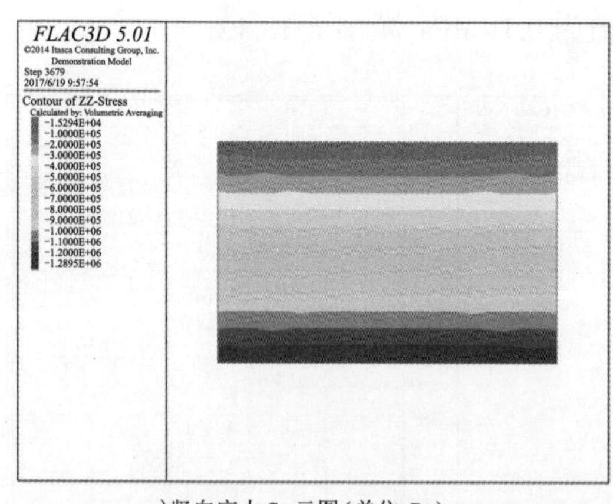

a)竖向应力 S_{zz} 云图(单位:Pa)

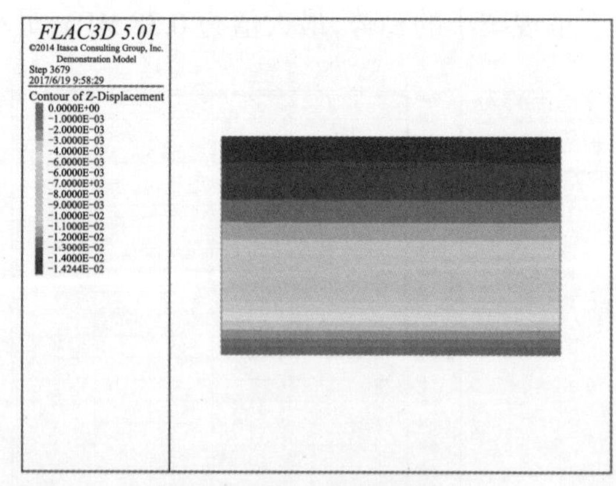

b)竖向位移 z-disp 云图(单位:m)

图 5-3-23 初始应力场

将自重应力状态下的位移场、速度场和塑性区清零,通过设置隧道实体单元为 Null

模型来模拟隧道开挖。隧道开挖围岩静力平衡后的应力和位移，如图 5-3-24 所示。

由图 5-3-24 可知，隧道开挖后，围岩的应力场和位移场呈现重分布现象。由图 5-3-24a）竖向应力 S_{zz} 可知，隧道拱顶和仰拱周边的围岩呈现压应力集中的情况，拱顶压应力为 0.1MPa，仰拱压应力为 0.12MPa；边墙处围岩呈现压应力集中的情况，最大压应力为 1.67MPa。由图 5-3-24b）水平向应力 S_{xx} 可知，隧道边墙处呈现显著的压应力集中现象，最大压应力为 0.3MPa。由图 5-3-24c）剪应力 S_{xz} 可知，隧道周边围岩最大正剪应力为 0.33MPa，最大负剪应力为 0.32MPa。由 5-3-24d）图竖向位移 z-Disp 可知，隧道拱顶围岩位移为 –0.66mm，仰拱位移为 0.54mm。

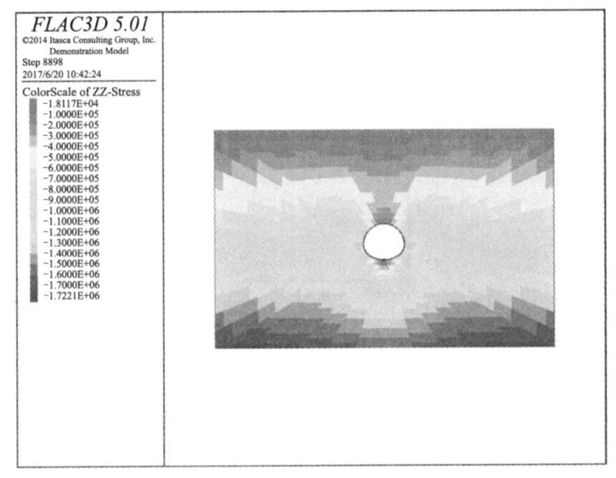

a）竖向应力 S_{zz} 云图（单位：Pa）

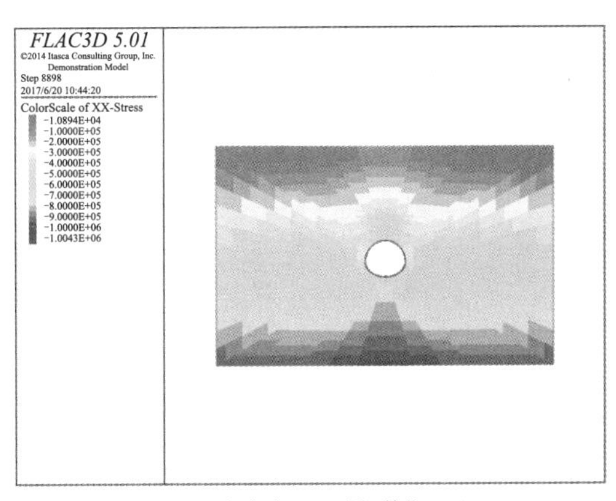

b）水平向应力 S_{xx} 云图（单位：Pa）

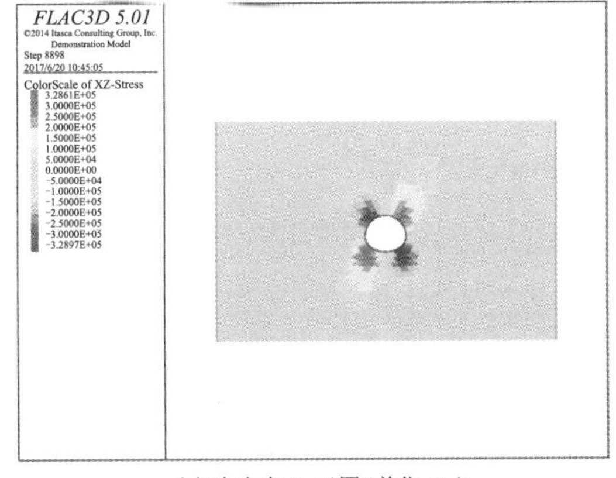

c）竖向应力 S_{xz} 云图（单位：Pa）

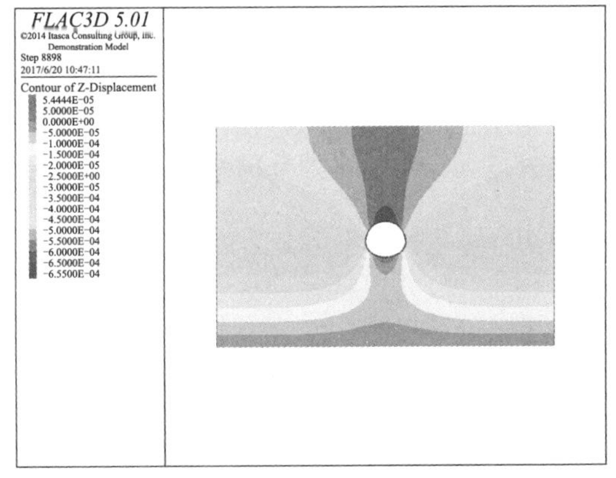

d）竖向位移 z-Disp 云图（单位：m）

图 5-3-24　围岩静力平衡应力与位移云图

本次数值计算在隧道周边围岩共设置 4 个监测点：监测点 1 坐标为（0.0，5.0，–30.0），位于隧道围岩拱顶；监测点 2 坐标为（–7.0，5.0，–37.0），位于隧道围岩左侧墙；监测点 3 坐标为（7.0，5.0，–37.0），位于隧道围岩右侧墙；监测点 4 坐标为（0.0，5.0，–42.0），位于隧道围岩仰拱底。

图 5-3-25 给出了隧道围岩蠕变 10 年过程中拱顶应力计算监测图。计算结果表明：蠕变的 10 年过程中隧道围岩拱顶竖向应力 σ_{zz} 为压应力，呈现逐年减小并有收敛的趋势，最大值为 49.8kPa，最小值为 4.3kPa，减小了 91.3%；水平向应力 σ_{xx} 为压应力，呈现逐年减小的趋势，最大值为 0.61MPa，最小值为 0.29MPa，减小了 52.5%。

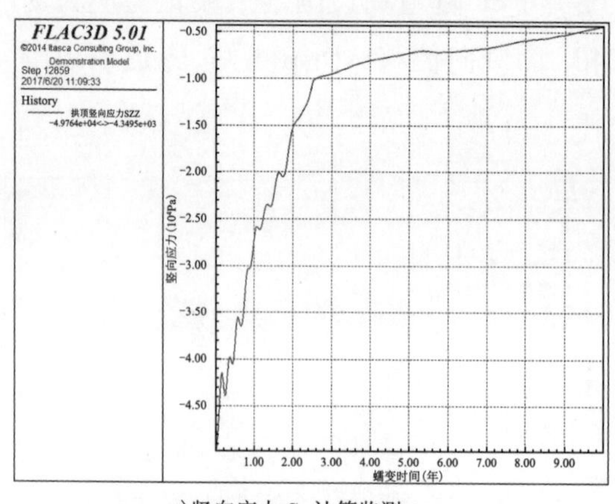

a）竖向应力 S_{zz} 计算监测

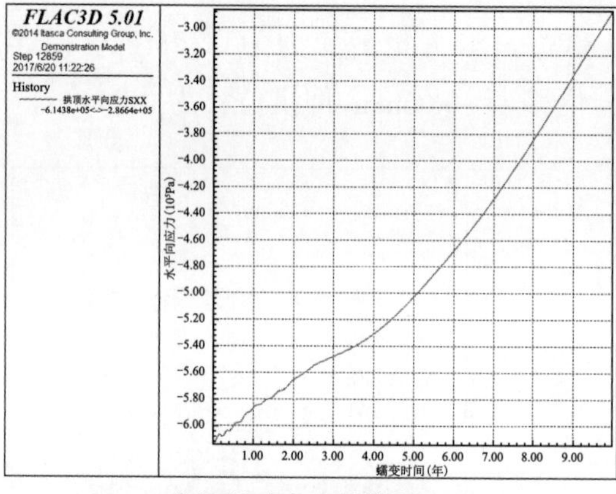

b）水平向应力 S_{xx} 计算监测

图 5-3-25　隧道围岩蠕变 10 年过程中拱顶应力计算监测图

图 5-3-26 给出了隧道围岩蠕变 10 年过程中左侧墙应力计算监测图。根据隧道围岩计算模型平面应力的对称性，右侧墙应力计算监测结果，不再赘述。计算结果表明：蠕变的 10 年过程隧道围岩侧墙竖向应力 σ_{zz} 为压应力，整体上呈现逐年减小的趋势，最大值为 2.22MPa，最小值为 2.09MPa，减小了 5.9%；水平向应力 σ_{xx} 为压应力，呈现逐年减小的趋势，最大值为 0.61MPa，最小值为 0.29MPa，减小了 53.3%。

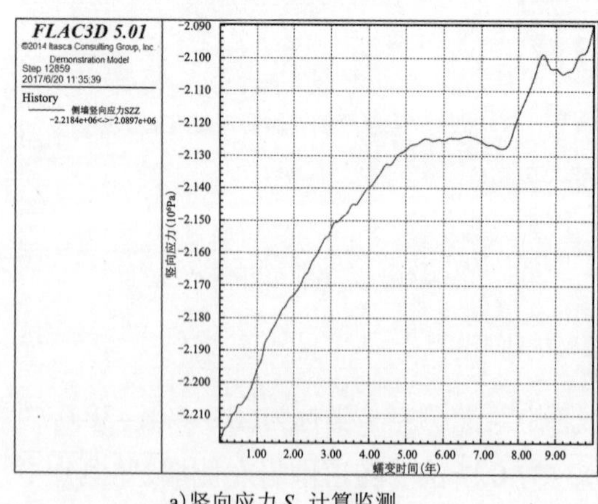

a）竖向应力 S_{zz} 计算监测

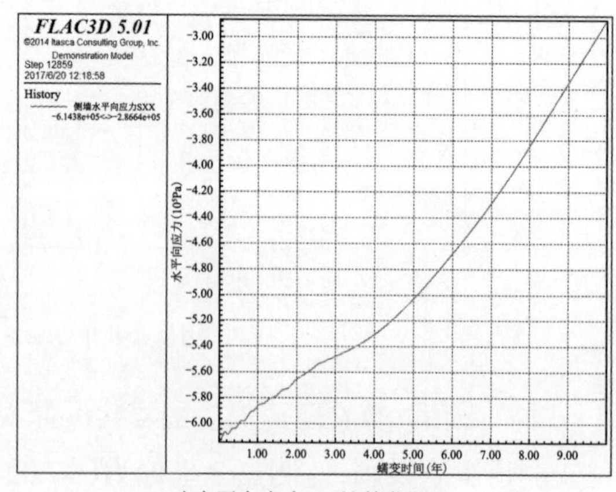

b）水平向应力 S_{xx} 计算监测

图 5-3-26　隧道围岩蠕变 10 年过程中左侧墙应力计算监测图

图 5-3-27 给出了隧道围岩蠕变 10 年过程中仰拱底应力计算监测图。计算结果表明:蠕变的 10 年过程中隧道围岩仰拱底的竖向应力 σ_{zz} 为压应力,呈现先增大后减小的趋势,最大值为 0.14MPa,最小值为 0.06MPa,最大降幅达 57.1%;水平向应力 σ_{xx} 为压应力,呈现先增大后减小的趋势,最大值为 0.77MPa,最小值为 0.64MPa,最大降幅达 16.8%。

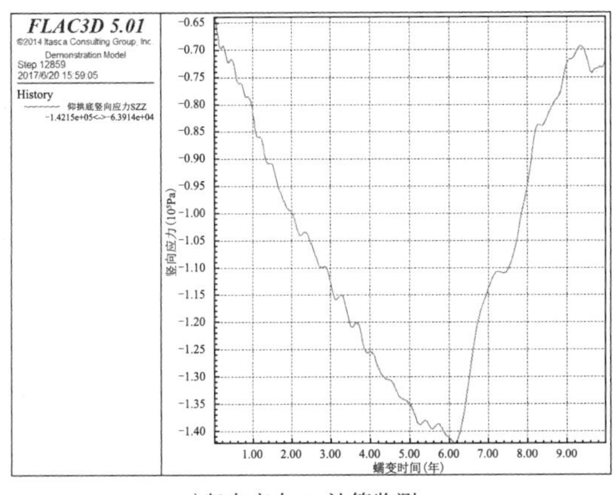

a)竖向应力 S_{zz} 计算监测

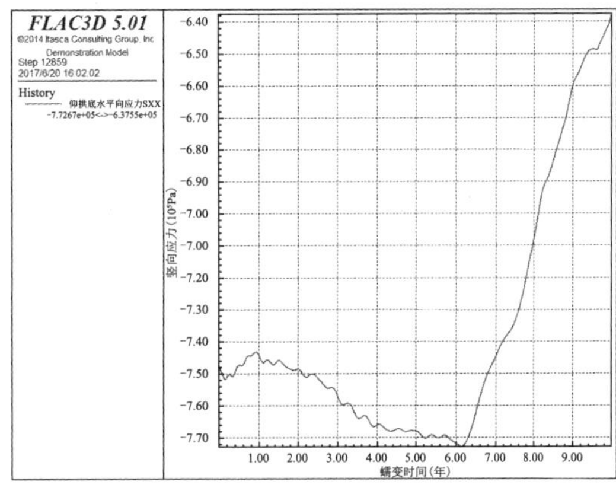

b)水平向应力 S_{xx} 计算监测

图 5-3-27　隧道围岩蠕变 10 年过程中仰拱底应力计算监测图

图 5-3-28 给出了隧道围岩蠕变 10 年过程中拱顶和仰拱底竖向位移 *z*-Disp 计算监测图。计算结果表明:①蠕变的 10 年过程中隧道围岩拱顶沉降呈逐渐减小的趋势,最终沉降达到 0.23mm,拱顶沉降缓慢,沉降变化幅度为 64.8%;②蠕变的 10 年过程中隧道围岩仰拱底隆起呈逐渐增大的趋势,最终隆起达到 0.26mm,仰拱底隆起缓慢,隆起变化幅度为 79.2%。

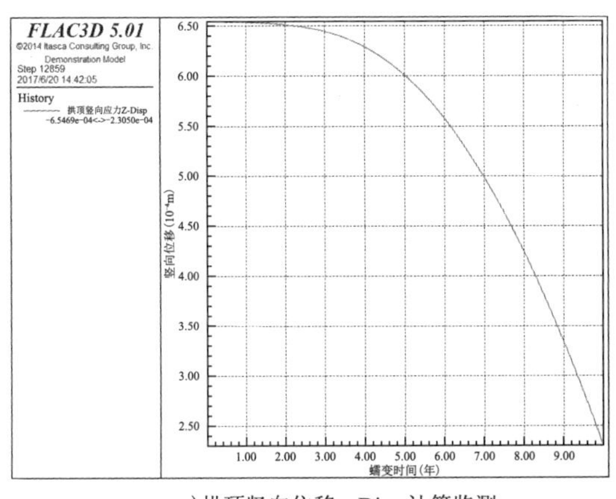

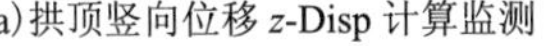
a)拱顶竖向位移 *z*-Disp 计算监测

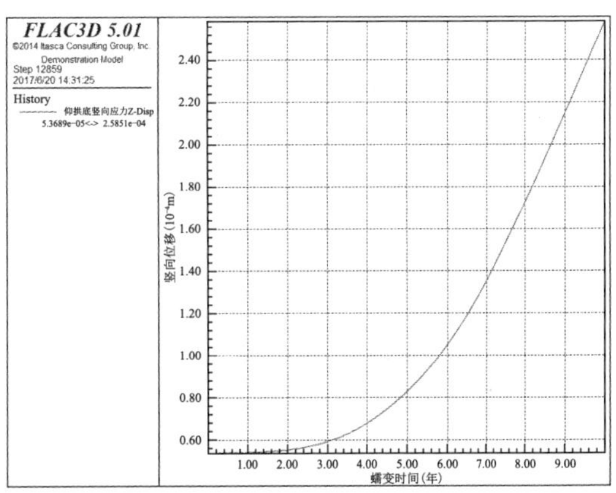

b)仰拱底竖向位移 *z*-Disp 计算监测

图 5-3-28　隧道围岩蠕变 10 年过程中拱顶和仰拱底竖向位移计算监测图

5.4 本章小结

本章以吴家边隧道为工程背景，通过数值计算软件建立模型对不同等级围岩爆破施工卸荷后的时空效应，以及在考虑蠕变作用下的长期稳定性进行分析。根据数值模拟情况可得以下结论：

（1）对于Ⅲ级围岩隧道采用台阶法开挖，Ⅳ级围岩采用三台阶法开挖，Ⅴ级围岩采用中隔壁法开挖，三种开挖方式，最大位移均出现在拱顶处，地层最大隆起出现在所开挖导坑底面位置处。

（2）对于Ⅲ级围岩开挖，各部位沉降从大到小顺序为拱顶、拱腰、拱脚、墙脚、墙腰，而对Ⅳ、Ⅴ级围岩开挖，各部位沉降从大到小顺序为拱腰、拱顶、拱脚、墙脚、墙腰。随着施工进行，各个观测部位的沉降均不断增大，但最大沉降和隆起出现位置不变。

（3）Ⅲ、Ⅳ、Ⅴ级围岩隧道围岩蠕变 10 年后，侧墙压应力值达到最大，拱顶应力变化幅度最大，Ⅲ级围岩拱顶应力变化幅度最大达 68%，Ⅳ级围岩最大达 78.5%，Ⅴ级围岩最大达 91.3%。从计算结果来看，围岩蠕变变形很小，隧道围岩偏于稳定。

第6章　高地应力条件下隧道岩爆灾害的微震特征分析

6.1　概　　述

岩爆，又称冲击地压，是高应力条件下，聚积于岩体中的弹性变形势能突然猛烈释放，导致岩石爆裂并弹射出来的现象。岩爆的发生时常会造成大量的人员伤亡以及巨大的财产损失。因此，岩爆的预测与防治对于深部地下工程的顺利开展具有十分重要的意义。岩体像其他材料一样，当受到应力作用时，就会在产生微破裂的同时释放应变能并产生应力波称之为微震，在岩爆的孕育及发生过程中对这些微震信息的孕育及演化机制进行研究，具有重大的工程及科研价值。

隧洞钻爆法开挖过程中，瞬间爆破会在开挖边界上产生很大的不平衡力，围岩的一部分应变能转化为动能，需要在应力调整的过程中将其耗散掉，这与TBM开挖围岩应力的准静态调整具有显著区别。因此，高地应力条件下隧洞钻爆开挖及TBM开挖的情况下掌子面附近区域的应力调整经历不同的路径，不同应力路径下积存于岩体内部的弹性应变能的释放应该有所不同。岩体当受到应力作用时就会在产生微破裂的同时释放应变能并产生应力波，这些应力波可以被微震仪器接收并定位，运用微震定位仪进行接收可以测量这些微震定位点，研究不同开挖方式下这些物理机制点的分布特征及演化规律，对深埋隧洞不同开挖方式下围岩破裂的产生、发展过程分析具有重要的指导意义。

本章首先针对锦屏二级水电站引水隧洞及施工排水洞钻爆法、TBM两种不同开挖方式，给出了具体的整体微震监测方案；然后，针对深埋隧洞开挖过程中的岩石破裂信号及不同开挖方式下的几种典型噪声信号的产生原因及其特征进行了综合分析，并对深埋隧洞开挖过程中岩爆的影响因素进行了综合分析；最后，根据高地应力条件不同开挖方式下掌子面附近区域的应力调整经历不同的路径的特点，对两种不同开挖方式下微震信息在能量和震级上的活动范围、集中区域以及不同等级岩爆情况下的变化规律进行了对比分析，并就开挖方式对微震信息及围岩稳定性的影响提出认识。

6.2 岩爆发生情况及微震监测系统

6.2.1 岩爆发生情况

锦屏二级水电站深埋隧洞工程的大理岩开挖段，其埋深范围为 1600 ～ 2525m，围岩坚硬致密完整，其岩体力学参数如表 6-2-1 所示。隧洞施工过程表明：施工过程中发生规模不等的岩爆数百次，岩爆发生区占隧洞总长 20% 左右，对施工进度及工程安全造成了巨大的影响。根据岩爆发生时所发出的声响级别、爆坑断面尺寸及其孕育过程中的破坏的特征，将锦屏水电站深埋隧洞施工过程中的岩爆灾害划分为轻微、中等、强烈三个级别，具体划分标准详见表 6-2-2，不同等级岩爆典型案例如图 6-2-1 所示。

锦屏二级水电站大理岩岩体力学参数　　表 6-2-1

参　数	符　号	取　值	单　位
岩体单轴抗压强度	R	117	MPa
变形模量	E_0	15	GPa
弹性模量	E_R	28	GPa
黏聚力峰值	C_t	15.6	MPa
黏聚力残余值	C_c	7.4	MPa
内摩擦角	φ	35.8	(°)
泊松比	μ	0.2	—

锦屏二级水电站岩爆强度判别标准　　表 6-2-2

岩爆等级	破坏特征	声响特征	爆坑深度(m)	施工影响
轻微岩爆	围岩岩体轻微剥落，基本无岩体爆裂及弹射现象产生	发出轻微的声响，持续时间较短	0 ～ 0.5	较轻程度影响
中等岩爆	围岩岩体严重开裂、剥落，具有轻微的岩体爆裂及弹射现象	发出雷管爆破般的轰鸣声，声音具有较长的持续时间	0.5 ～ 1.0	一定程度影响
强烈岩爆	大量围岩岩体爆裂并快速的弹射而出	发出大范围炸药爆炸般的巨响，声音响亮且持久	大于 1.0	严重影响施工进度及安全

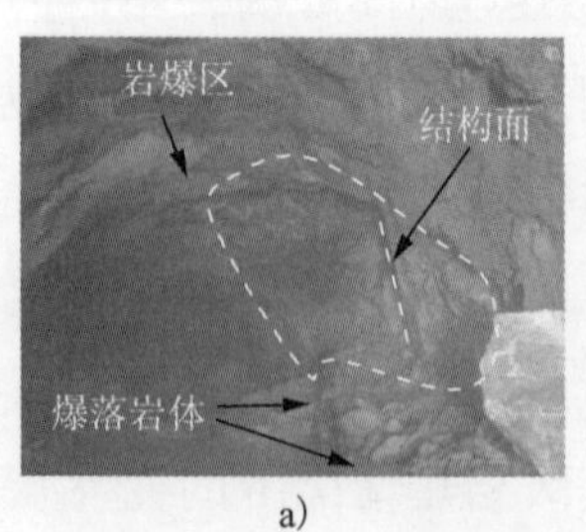

a)

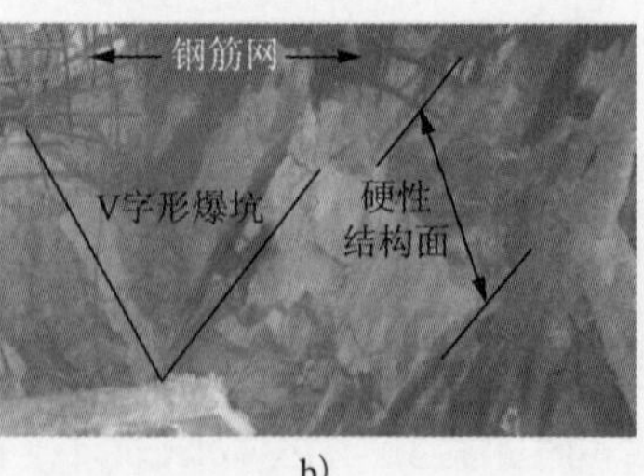

b)

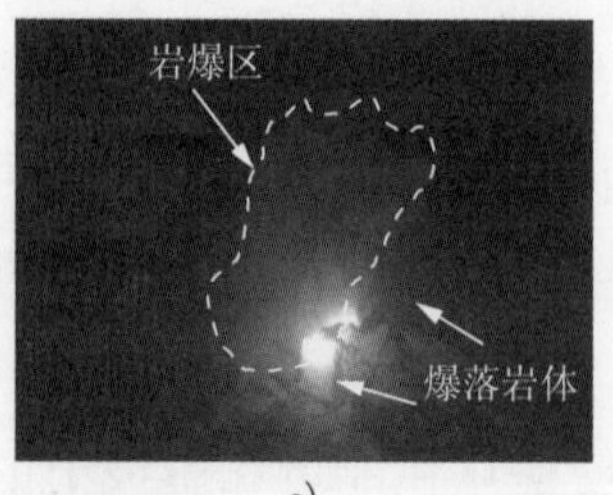

c)

图 6-2-1　锦屏二级水电站深埋引水隧洞不同等级岩爆典型案例

锦屏二级水电站岩爆强度以轻微岩爆为主,岩爆发生区分别占隧洞总长的 14% 左右;中等岩爆次之,岩爆发生区分别占隧洞总长的 4% 以上;强烈岩爆相对较少,岩爆发生区分别占隧洞总长的 2% 以上,纵观整个引水隧洞的开挖过程,其发生各等级岩爆的累计长度达 8km 以上。其中,发生轻微～中等岩爆的区域累计长度达到 6km、强烈为 2km、极强为 0.4km。

6.2.2　微震监测原理及系统

岩体当受到应力作用时就会在产生微破裂的同时释放应变能并产生应力波,这些应力波沿着附近的介质向外辐射,放置于钻孔孔内与岩壁紧密耦合的传感器将接收到其原始的微震信号并将其转化为电信号,并且将其发送至信号采集仪;之后通过数据传输线路再将数据信号传送给分析计算机,以这些信号为基础,通过进一步的处理与分析,确定破裂源的位置、信号强度、能量密度等参数。依据一系列记录的波形特征及震源参数的演化特征进行更深一步的分析,可以对微震事件发生的位置、强度等进行评估,并基于监测信息进行分析预警。微震监测技术原理如图 6-2-2 所示。

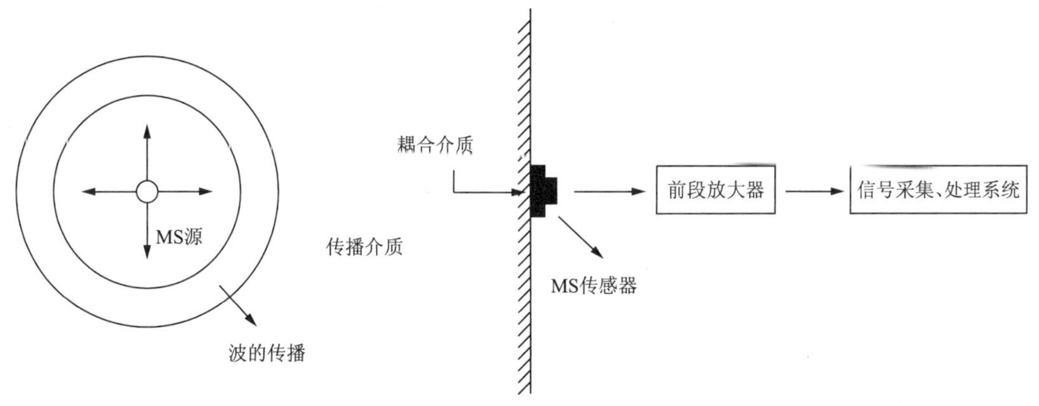

图 6-2-2　微震监测技术原理

针对锦屏二级水电站深埋隧洞的开挖过程建立了微震监测系统,如图 6-2-3 所示。将现场微震监测实时分析结果,传输到相关领导和专家办公室,以便及时了解现场微震活动情况,根据监测结果及时对现场情况进行决策、指挥与管理。该系统由两个分析中心组成:一个设立在锦屏二级水电站工程现场,主要负责微震数据的收集、保障系统正常运行、进行数据系统分析、现场地质勘察与岩爆预测预警;另一个设立在中国科学院武汉岩土力学研究所,主要负责理论研究、数据的进一步分析、数值模拟和岩爆预测预警综合决策。

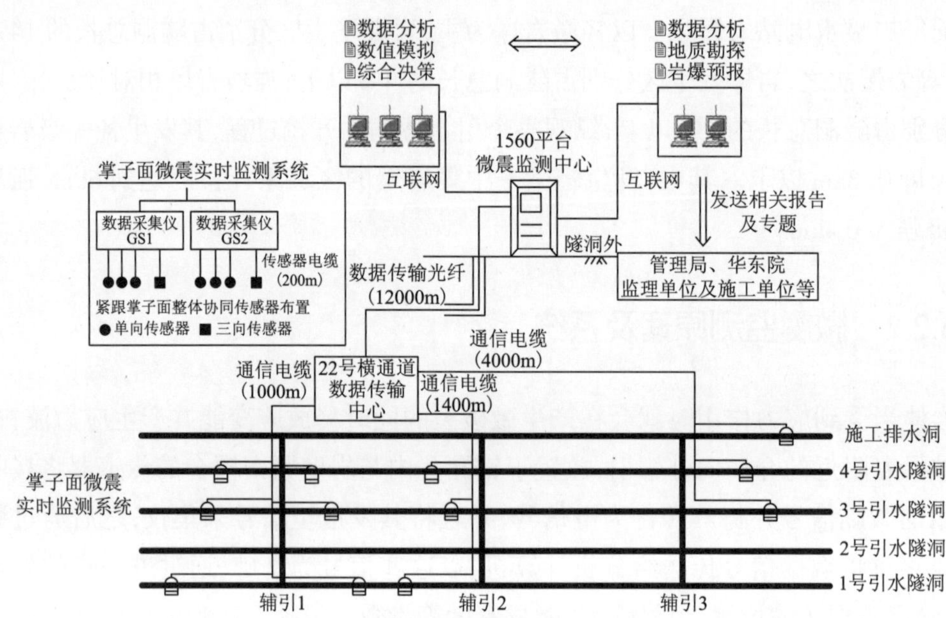

图 6-2-3　锦屏二级水电站微震监测系统

6.3　深埋隧洞基于不同开挖方式下的微震监测研究

研究对象为 5 条相互平行的隧洞如图 6-3-1 所示，隧洞开挖采用 TBM 法钻爆法相结合的施工方案。TBM 法掘进速度为每天 5 ～ 15m。钻爆法每天爆破 1 ～ 2 次，每次爆破进尺 3m 左右。

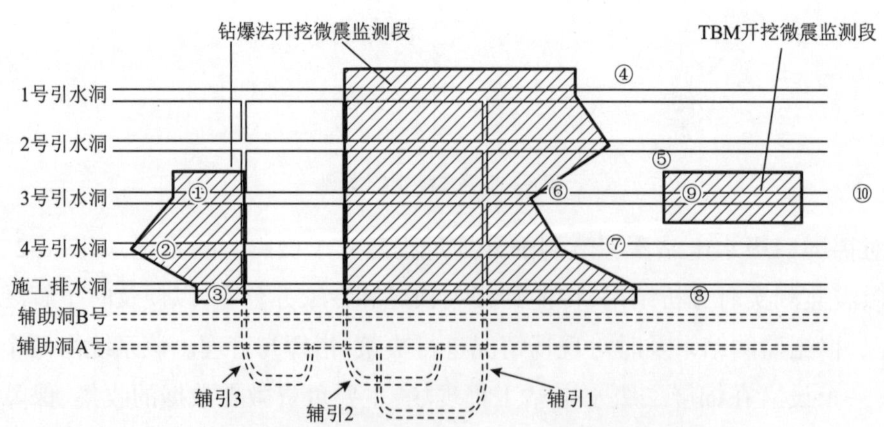

图 6-3-1　锦屏二级水电站岩爆不同开挖方式下微震监测范围

注：① - 引（3）5+243；② - 引（4）5+097；③ -SK4+810；④ - 引（1）9+138；⑤ - 引（2）9+201；⑥ - 引（3）9+003；⑦ - 引（4）9+062；⑧ -SK8+757；⑨ - 引(3）11+165；⑩ - 引(3）10+049.6。

6.3.1 基于爆破开挖方式下的微震研究

钻爆开挖过程中当炮孔内的炸药起爆后，相邻炮孔将在极短的时间内相互贯通，新产生自由面上的法向应力在炮孔贯通的瞬间卸载，爆炸过程中所产生的爆破应力波和开挖轮廓面上初始应力瞬间释放所引起的震动波对围岩的稳定性产生很大的影响。因此，在具有岩爆风险的隧洞中进行钻爆法开挖的施工过程中，爆破冲击作用是塌方以及岩爆等工程灾害的主要诱发因素，距离掌子面越近工程灾害发生的可能性就越高。同时，由于传感器安装耗时较长，因此人员在安装作业时同样面临着较大的安全风险。为了在保障安装人员人身安全的基础上尽量避免因爆破冲击对设备造成损坏，传感器的布置与掌子面保持适当的距离，因此有必要针对钻爆开挖过程建立微震监测的传感器布置方案，具体操作方案如下：

（1）沿洞轴方向在掌子面后方 110m 处布置第一组传感器（编号为 D_{1-1} ～ D_{1-4}），在掌子面后方 70m 处布置第二组传感器（编号为 D_{2-1} ～ D_{2-4}）。其中 D_{1-2} 及 D_{2-3} 为三向加速度型，其他的为单向速度型，安装 D_{1-3} 传感器的钻孔深度为 2m，钻孔直径则应为安装传感器直径的 1.5 倍以上，如图 6-3-2a）所示。

（2）随着掌子面的开挖，当掌子面沿洞轴方向处于第一组传感器前方 150m 时（第二组传感器前方 110m 处）取回第一组传感器，并于距当前掌子面 70m 处进行安装，安装方式与第一组相同。总之，8 个传感器分成两组，分别位于掌子面后方 110 ～ 150 m 以及 70 ～ 110m 的位置，如图 6-3-2b）所示。

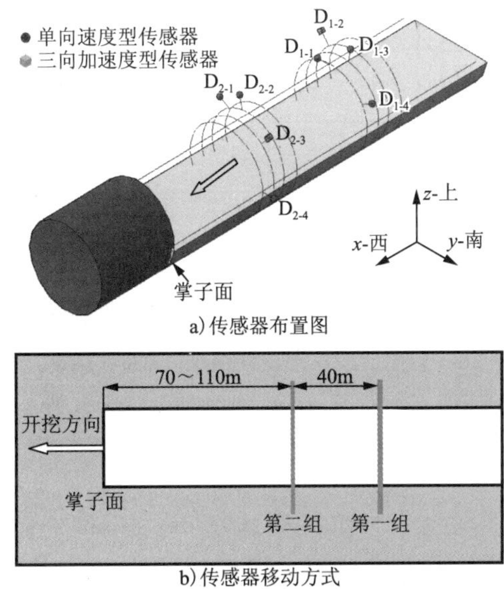

a）传感器布置图

b）传感器移动方式

图 6-3-2　钻爆法开挖方式下微震实时监测方法

重复上述步骤，建立钻爆法开挖方式下传感器紧跟掌子面移动的微震实时监测方案。同时实现传感器在空间上错开式布置、不同类型传感器相互协同工作，能有效提高定位的精度。

6.3.2 基于 TBM 开挖方式下的微震研究

TBM 开挖对靠近掌子面附近的区域内没有爆破冲击作用，可在距离掌子面最近且随着掌子面推进而不断移动的 L_1 平台上进行传感器的安装，同时安装人员利用导杆在短时间内完成安装任务，于 L_1 平台进行传感器布置，人员安全可以得到有效保障，因此采用 3 组共 8 个传感器的监测方式，如图 6-3-3 所示，具体操作步骤如下：

（1）首先在 L_1 区布置第一组三个单向速度型传感器（编号为 T_{1-1} ～ T_{1-3}），钻孔深度 2m、直径不小于 51mm，T_{1-2} 安装在距 L_1 区平台末端 3m 处的拱顶，T_{1-1}、T_{1-3} 则分别布置于 T_{1-2} 前后 2m 处拱肩位置。

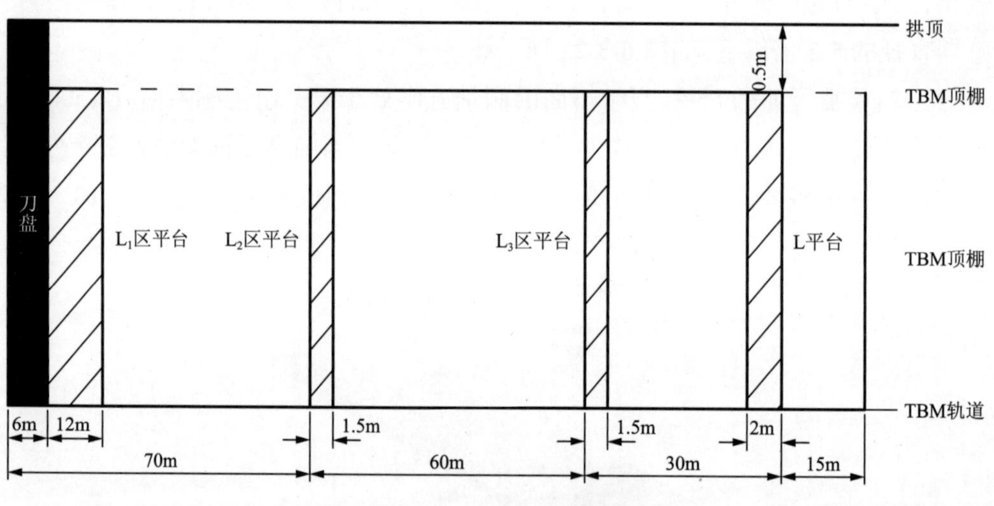

图 6-3-3 TBM 构造示意图

（2）TBM 向前推进 40m 后，于 L_1 区布置第二组两个三向加速度型传感器（编号为 T_{2-1} ～ T_{2-2}），钻孔深度 2m、直径不小于 75mm；TBM 继续向前推进 40m 后，在 L_1 区布置第三组传感器（编号为 T_{3-1} ～ T_{3-3}），传感器类型及轴向上布置方式与第一组传感器相同。

（3）当 TBM 继续向前掘进约 40m 之后，回收第一组传感器（编号为 T_{1-1} ～ T_{1-3}），并于 L_1 区进行安装，传感器布置方式与第一组相同。总之，8 个传感器分成三组，分别位于掌子面后方大概 20 ～ 60m、60 ～ 100m 以及 100 ～ 140m 的位置（图 6-3-4）。

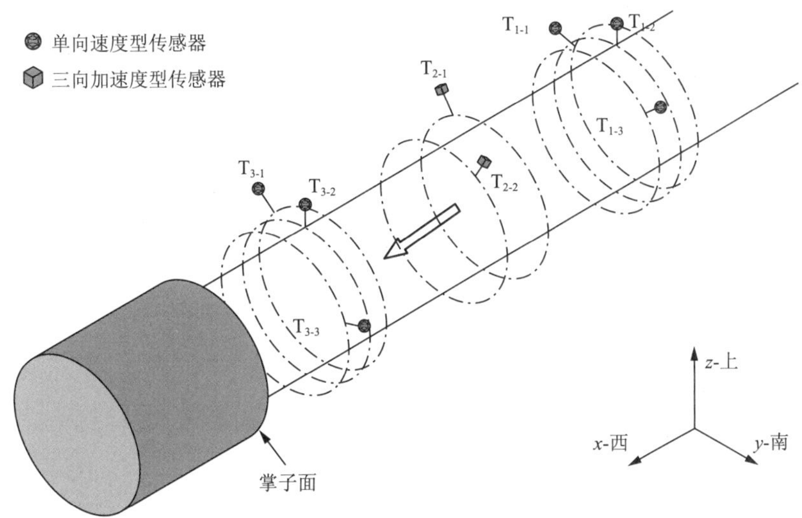

图 6-3-4　TBM 掘进方式下微震实时监测方法

重复上述步骤，建立 TBM 开挖方式下传感器紧跟掌子面移动的微震实时监测方案。同时实现传感器在空间上错开式布置、不同类型传感器相互协同工作，能有效提高定位的精度。

6.3.3　深埋隧洞不同开挖方式下微震信号波形特征分析

岩石破裂信号：是指当岩体发生破坏时，在施放应变能的同时向外界辐射弹性波从而触发传感器接收到信号，该类信号的波形特征明显，振幅在时域上具有先成长然后不断明显衰减的特性，P 波与 S 波界限清晰，如图 6-3-5 所示。当岩石破裂震源尺寸较大时（如岩爆发生时刻对应的微震事件），数字传感器采集到的波形一般振幅较大，受噪声干扰较小，历时较长。而当岩石破裂震源尺寸较小时（如开挖过程中岩石微破裂对应的微震事件），微震信号往往受噪声干扰明显，且噪声的交织情况较为复杂，表现形式多样化（掺杂着震前交织、发震后交织及全波段交织等现象影响），甚至可能出现多种噪声源交织的状况，基于小波变换的信号提取后可以对该类信号进行有效处理。

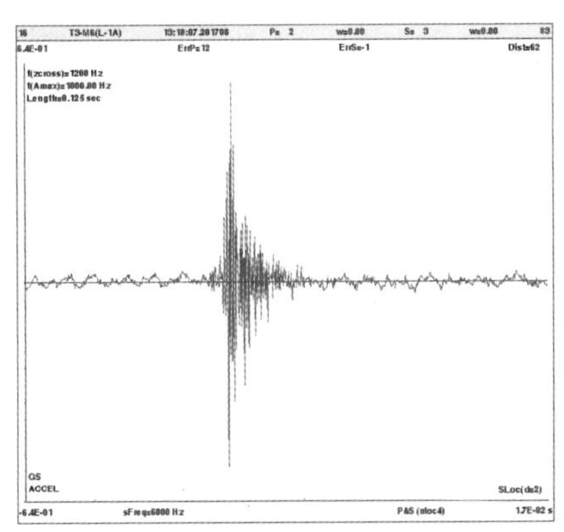

图 6-3-5　典型岩石破裂信号波形特征

微震作为一种实时监测手段可以随时记录岩体内部的损伤及破坏的产生及发展过程，同时微震信号中无法避免的夹杂着很多噪声信号，这些噪声信号的存在给有效微震信息的分析带来了极大的不便，所以，对岩石破裂信号与噪音信号进行识别是获得准确前兆信息的关键之处。对于微震监测过程中的噪声信号，可以定义为目标信号以外的所有信号的总称。作者针对深埋隧道开挖过程中的非岩石破裂信号进行了大量的分析总结，认为深埋隧洞不同开挖方式下的微震信息噪声信号的波形特征不尽相同，TBM 开挖过程中的噪声信号主要有电气噪声及机械噪声两个类型：

（1）电气噪声。此类噪声主要是由电气设备的电气干扰所产生的，其主要特点是：振幅变化不大，波形连续限幅且变化极大，波形失真，如图 6-3-6a）所示，该类噪声在认真操作的前提下可以将其基本消除。该类信号于整个波形记录里均有出现，同时对小能量低振幅的岩石破裂信号干扰明显。

（2）机械噪声：主要是 TBM 开挖过程中机器本身的震动以及钻爆法开挖过程中的机械振动，机械振动信号波形在时域上与钻机破岩信号大体相似，均为多波段且历时较长，但是其具有震动不间断的特点，如图 6-3-6b）所示。

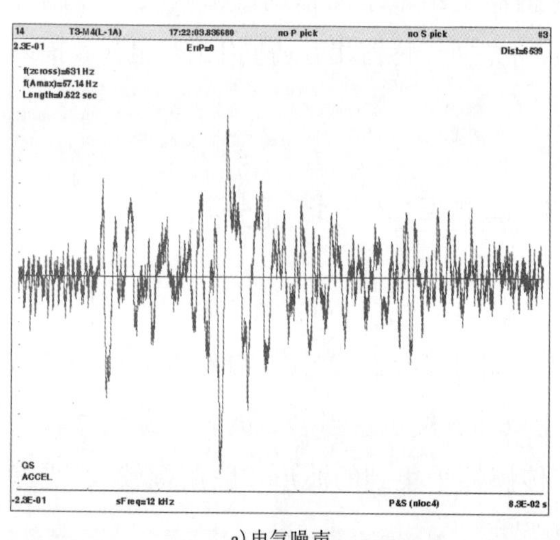

a）电气噪声

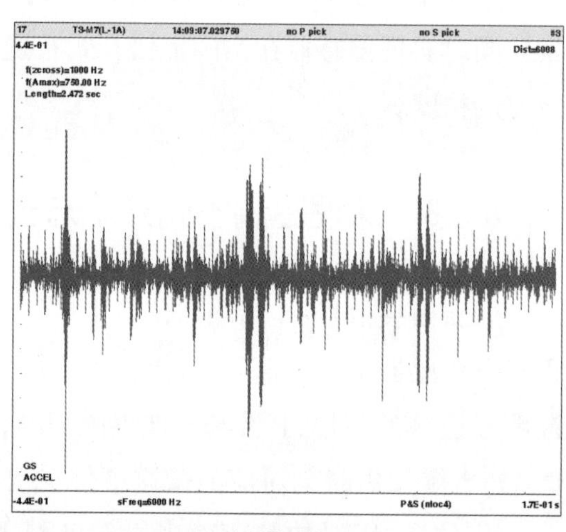

b）机械噪声

图 6-3-6　深埋隧洞 TBM 开挖过程中典型噪声信号波形特征

经过对钻爆法开挖过程中微震信息的各种源信号的波形特征进行分析，发现除了以上所述两种噪音信号之外还有打钻噪声及爆破噪声两种源信号。

（1）打钻噪声：主要是各类机械设备在作业过程中所产生的噪声，如多臂钻、手风钻、钻机、风镐、锚杆钻机作业等。其基本特点是规律性较强。在机械作业时，集中产生大量信号，并且体现出明显的周期性，这是由机械运转频率所固有的，如图 6-3-7a）所示。基于多波段、低振幅且通常在同一时段密集出现的特点，能快速有效地判别出此类震源。

（2）爆破噪声：主要是钻爆法开挖掌子面工作面掘进爆破所产生的，掘进爆破时采用微差爆破法，因此爆破信号表现为振幅变化大、长间断及多波段的特点，如图 6-3-7b）所示。

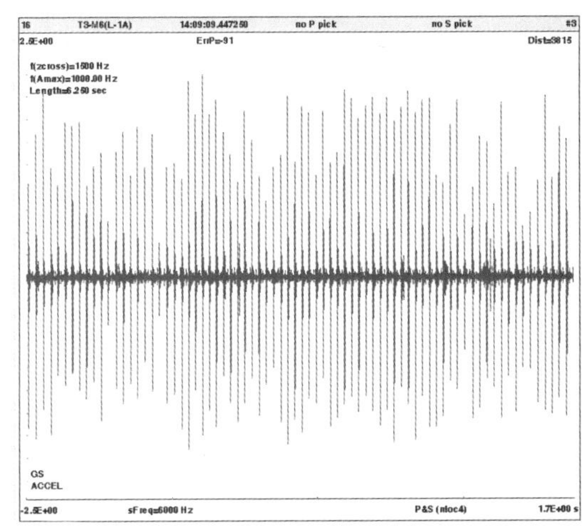

a）打钻噪声

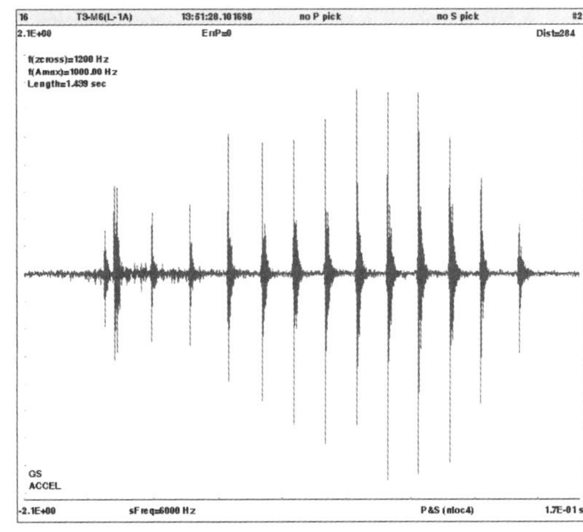

b）爆破噪声

图 6-3-7　深埋隧洞钻爆法开挖过程中典型噪声信号波形特征

6.4　岩爆灾害发生的影响因素分析

6.4.1　开挖方案和速度的影响

针对 2 号引水洞 K10+230 ～ K10+260 洞段，该洞段垂直埋深为 2525m，地处高地应力区，现场实测地应力最大主应力 σ_1 为 72MPa，最小主应力 σ_3 为 54MPa，中间主应力 σ_2 为 44MPa，该洞段大理岩岩体的力学参数见表 6-2-1。数值计算采用一种弹脆塑性本构模型——黏聚力弱化摩擦强化模型（CWFS），它可以较好地模拟高地应力条件下硬脆性岩体破坏区的形成过程，其具体公式及相应的原理参照 V. Hajiabdolmajid 和苏国韶、冯夏庭的研究成果。

基于 1m、3m、6m、10m、15m、30m 为开挖方案，根据该水电站大理岩力学参数（表 6-2-1）以及 2 号引水隧洞 K10+230 ～ K10+260 开挖段的初始地应力分布特征，对上述所选取洞段上台阶的开挖过程运用 FLAC3D 数值软件进行数值计算分析。不同开挖方案下围岩的塑性区范围如图 6-4-1 及表 6-4-1 所示。

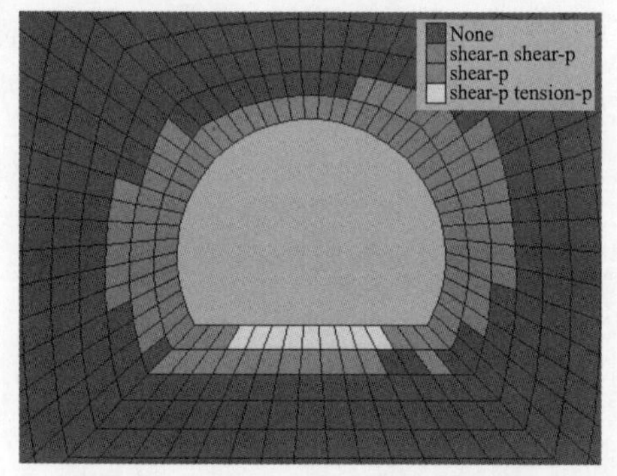

a)方案 1 的 K2+330 断面塑性区分布图

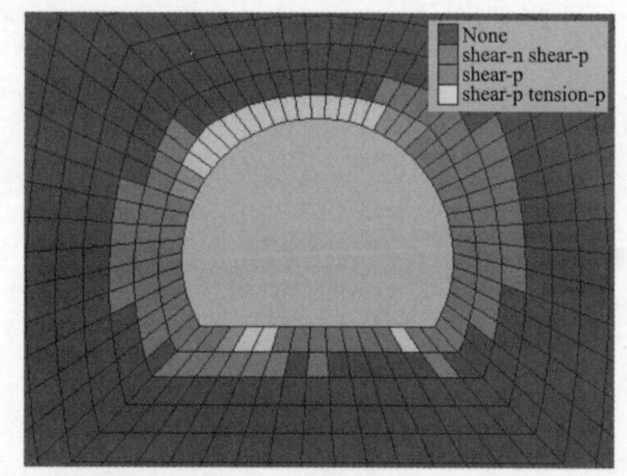

b)方案 6 的 K2+330 断面塑性区分布图

图 6-4-1　方案 1 与方案 6 的 K2+330 断面塑性区分布图

不同开挖方案设计及累计塑性区体积计算结果　　表 6-4-1

方　案	开挖次数 × 开挖步长(m)	累计塑性区体积(10^3m^3)
1	30×1	2.42
2	10×3	2.46
3	5×6	2.37
4	3×10	2.38
5	2×15	2.25
6	1×30	2.18

结合图 6-4-1 及表 6-4-1 可以看出，随着开挖步长的增加，累计塑性区体积随开挖步长的增加变化不大，主要分布在 $2.18\times10^3\sim2.46\times10^3m^3$ 的范围内。图 6-4-2 为不同开挖方案(开挖步长)下的能量释放情况，从图 6-4-2、图 6-4-3 中可以看出对于相同长度的隧道来说，累计释放能以及塑性范围的平均释放能均随着开挖步长的增大呈增加趋势，分别由方案 1 的 1.23×10^7J(5.08×10^3J/m^3)不断增加为方案 6 的 7.98×10^7J(36.61×10^3J/m^3)，能量释放是评价围岩稳定性的重要参数，能量释放越大岩爆发生的可能性就越大。综上所述，随着单次开挖步长的增加，围岩稳定性总体上呈逐渐降低的趋势。

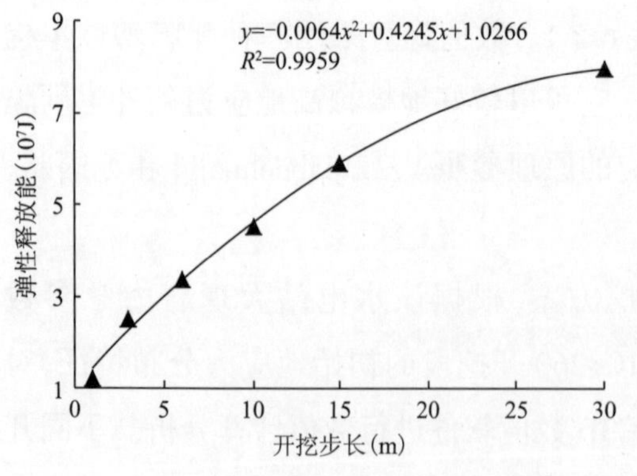

图 6-4-2　累计能量释放与开挖步长之间的关系

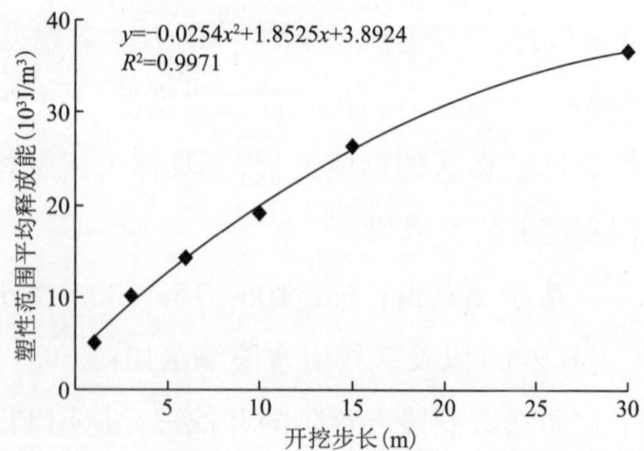

图 6-4-3　塑性范围平均释放能与开挖步长之间的关系

图 6-4-4 表示了上述 4 条隧洞施工过程中的三个典型开挖段（开挖速度分别为 4m/d、10m/d、16m/d）施工过程中围岩岩体的微震活动性（图 6-4-4 中每一个圆球代表一个微破裂事件，其颜色表示破裂发生时所释放能量的以 10 为底的能量对数值）。结合图 6-4-4a）～c）可以看出，随着开挖速度的加快微震活动性及微震辐射能均具有明显增加的趋势。

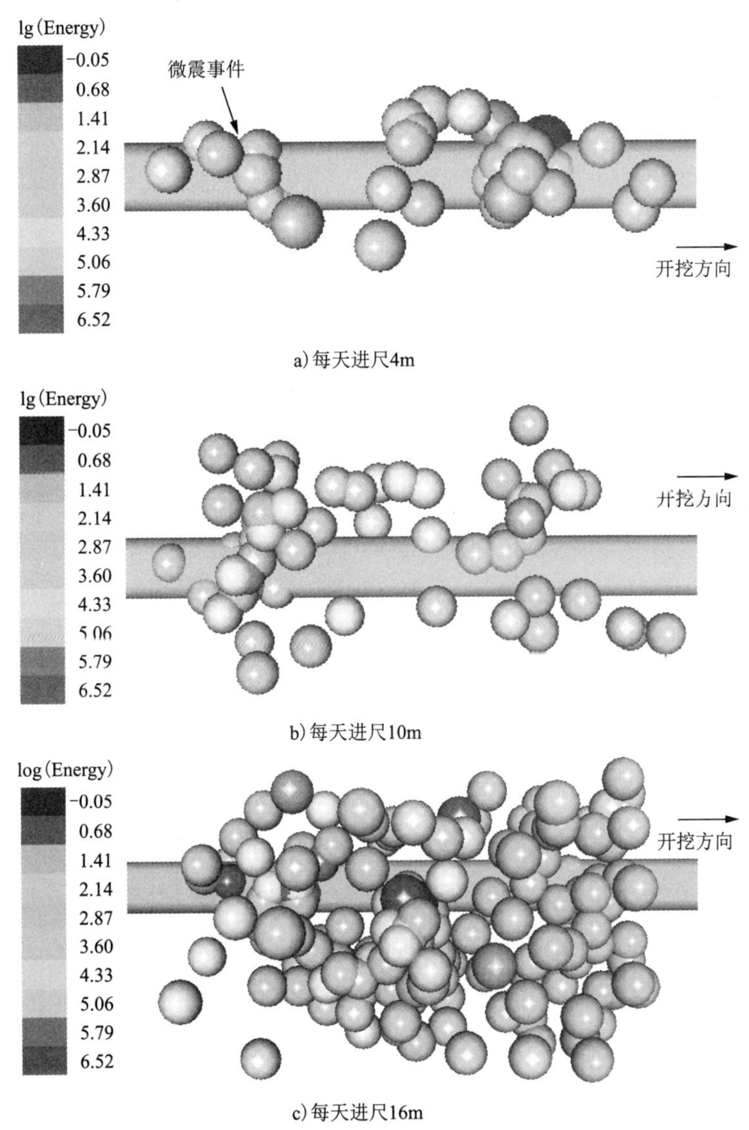

图 6-4-4　不同开挖速度下的微震活动性

基于上述特点，本研究对该水电站深埋隧洞工程施工过程中，不同开挖速度条件下的微震活动性及岩爆发生频次进行了全面的统计分析，其结果如图 6-4-5 所示。

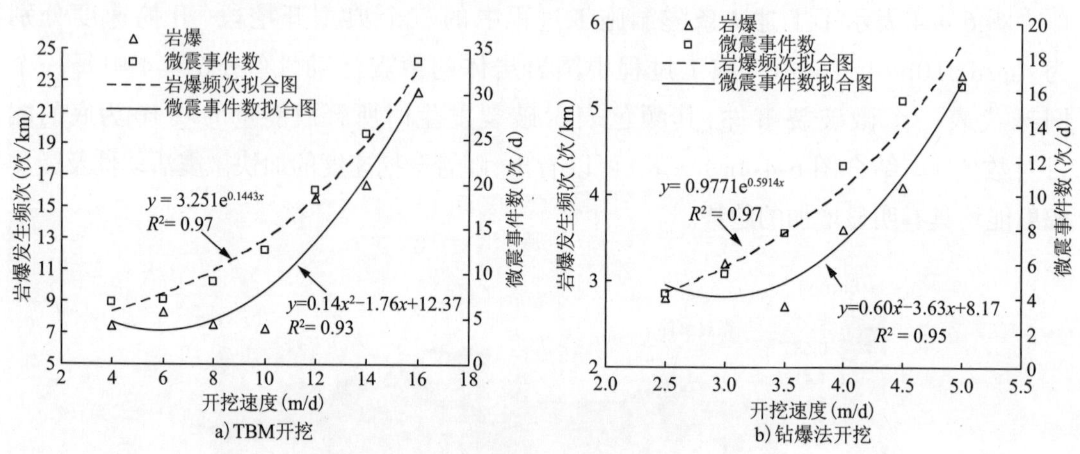

图 6-4-5　不同开挖速度下微震事件及岩爆发生情况

从图 6-4-5 中可以看出，高地应力情况下的深埋隧洞开挖过程中微震活动性随着开挖速度的加快具有呈指数函数增加的趋势；与之相对应，其岩爆发生频次在开挖速度在 10m/d 以内时（统计值分别为 4m/d、6m/d、8m/d、10m/d）时变化不大，而当开挖速度大于 10m/d 时（统计值分别为 12m/d、14m/d、16m/d）岩爆发生频次迅速增加。综上所述，针对深埋隧道岩体工程，应该在采用“短进尺，多循环”开挖方式的基础上，合理的控制其开挖速度，岩爆发生频率、强度均会有一定程度的降低。对于该水电站深埋隧洞工程来说，每日最佳进尺为 10m。同时，锦屏二级水电站 TBM 及钻爆法开挖方式下不同开挖速度的微震事件及岩爆发生情况如图 6-4-5a）所示。

从图 6-4-5a）中可以看出：TBM 开挖方式下的微震事件数随着开挖速度的加快具有呈指数函数增加的趋势，岩爆发生频次同样随着开挖速度的增加呈多项式增加。图 6-4-5b）为钻爆法开挖方式下的微震活动及岩爆发生频次与开挖速度的关系：钻爆法开挖方式下微震事件数同样随着开挖速度的加快而不断增多，岩爆发生频次也随着开挖速度的增加而不断增大。总体来说，高地应力情况下的深埋隧洞开挖过程中微震活动性、岩爆发生频次随着开挖速度的加快具有呈指数函数、多项式增加的趋势。因此针对深部隧道岩体工程，应该在选择合理的开挖方式的基础上相应降低其开挖速度，岩爆发生频率、强度及围岩脆性破坏区大小都会有一定程度的降低。

6.4.2　埋深的影响

受到围岩应力的影响，隧洞在不同埋深条件下开挖过程中破坏发生的程度以及能量的释放有所不同，锦屏二级水电站相同地质条件下的引水隧洞在不同埋深情况下的地应力情况如表 6-4-2 所示。

不同埋深情况下地应力情况 表 6-4-2

埋深(m)	σ_x(MPa)	σ_y(MPa)	σ_z(MPa)	τ_{xy}(MPa)	τ_{yz}(MPa)	τ_{xz}(MPa)
500	-16.00	-17.82	-13.65	2.13	-2.84	2.25
800	-21.38	-23.20	-19.03	2.15	-4.12	1.95
1000	-27.26	-32.92	-22.62	1.90	-6.28	1.10
1100	-32.06	-37.21	-28.75	-1.43	-5.11	4.93
1200	-35.11	-37.93	-26.96	0.77	-4.45	2.34
1500	-31.58	-44.26	-39.16	2.61	-1.89	4.19
1600	-38.89	-41.35	-42.15	-3.13	-4.32	5.85
1700	-39.34	-42.05	-44.03	-3.18	-4.44	5.87
1800	-40.59	-42.98	-46.62	-3.54	-5.54	2.52
1900	-41.62	-44.97	-48.60	-.35	-3.23	4.54
2000	-41.33	-46.68	-49.39	-1.34	-2.80	3.73
2200	-43.28	-50.50	-56.23	-2.29	-0.37	3.04
2300	-46.42	-51.68	-61.48	-2.37	-0.64	3.45
2500	-46.30	-51.02	-66.48	-1.10	-6.11	5.58

基于以上参数，针对锦屏二级水电站引水隧洞 500 ～ 2500m 不同埋深情况下，以 5m 为开挖步长对长度 30m 的隧洞的开挖过程进行计算分析，对比分析不同开挖深度情况下的围岩弹性释放能与塑性区体积的计算结果如表 6-4-3 所示。

不同埋深情况下的围岩弹性释放能与塑性区体积的计算结果 表 6-4-3

埋深(m)	开挖次数 × 开挖步长(m)	累计塑性区体积(10^2m^3)	弹性释放能(10^6J)
500	6×5	3.50	3.75
800	6×5	3.94	7.31
1000	6×5	4.28	15.55
1100	6×5	5.57	25.95
1200	6×5	4.89	26.22
1500	6×5	9.36	33.54
1600	6×5	10.97	33.68
1700	6×5	12.02	33.65
1800	6×5	12.68	32.66
1900	6×5	14.74	33.13
2000	6×5	15.06	29.96
2200	6×5	19.47	33.42
2300	6×5	22.18	35.23
2500	6×5	26.42	39.38

从表 6-4-3 可以看出:在相同的开挖方案下,累计塑性区体积随埋深的增大而不断增加(图 6-4-6),其原因在于随着埋深的不断增大,隧洞开挖过程中的围岩应力不断增加,形成应力集中现象就越明显,促使隧洞开挖过程中的围岩岩体进入塑性状态的能力也就越强。

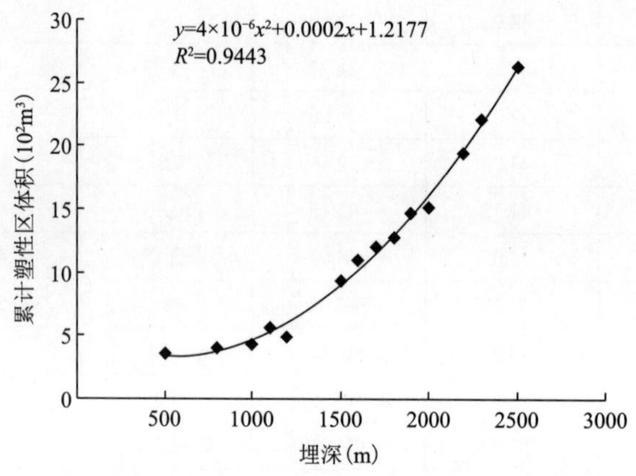

图 6-4-6　累计塑性区体积与埋深之间的关系

与之相同,随着埋深的增大能量释放值同样呈现增加呈增加的趋势(如图 6-4-7),隧洞开挖过程中的能量释放由 500m 埋深情况下的 3.75×10^6J 增加到 2500m 埋深情况下的 3.93×10^7J,因此深埋隧洞现场施工中岩爆发生频率、强度应该随着埋深的增大呈增加的趋势。

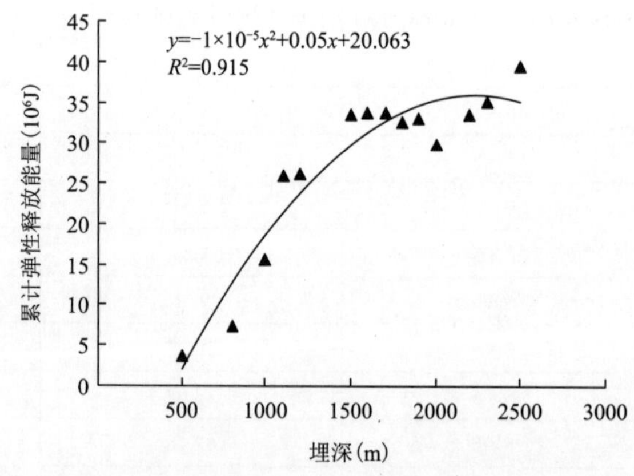

图 6-4-7　弹性能量释放与埋深之间的关系

锦屏二级水电站 1 ~ 4 号引水洞及施工排水洞不同埋深下的岩爆发生情况对以上结论进行了证实:

(1)1700 ~ 2000m 埋深、2000 ~ 2300m 及埋深 2300 ~ 2525m 埋深情况下岩爆次

数分别占统计实例总数的 14.2%、40.87% 以及 44.93%，这表明岩爆发生次数随埋深增大呈增加的趋势。

（2）1700 ～ 2000m、2000 ～ 2300m、2300 ～ 2525m 三个不同埋深段发生的不同等级岩爆次数占统计实例总数的比例：轻微岩爆为 7.83 %、15.65 %、18.84%，中等岩爆为 5.51%、20.58%、22.61%，强烈岩爆为 0.87%、3.48%、4.64%。因此岩爆等级随着埋深的增加也表现出增大的趋势。

综上所述，在深埋隧洞开挖过程中，岩爆强度及数量均随着埋深的增大表现出增加的趋势，锦屏二级水电站不同埋深下的各等级岩爆发生情况如图 6-4-8 所示。

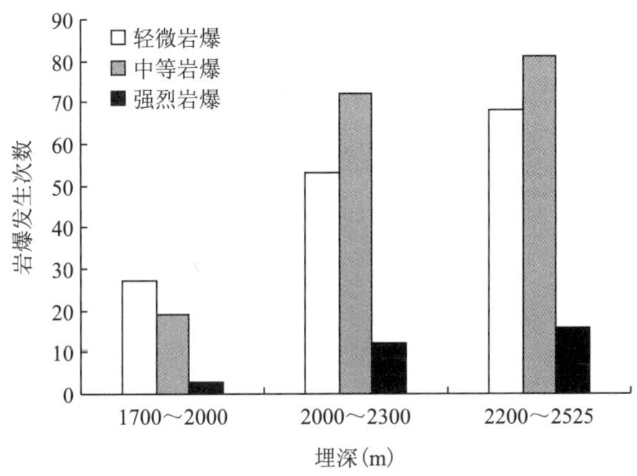

图 6-4-8　不同埋深情况下各等级岩爆发生情况

埋深条件及开挖方案及速度是影响围岩稳定性的重要因素，在深埋隧洞开挖过程中，随着开挖速度的加快及隧洞埋深的增加围岩岩体的稳定性具有不断降低的趋势，但不存在一一对应的关系。分析其原因是：还受到工程地质条件、断面尺寸、地下水、支护措施等影响所致。综上所述，深埋隧洞开挖过程中，要根据不同埋深情况下隧洞开挖段的应力情况选择与其相适的开挖速度、方案才能在保证施工过程安全开展的前提下，使得隧道工程可以快速、高效顺利展开。

6.5　基于不同开挖方式下微震信息对比分析

开挖导致的围岩应力重分布与开挖方式具有密切关系，高地应力条件下隧洞钻爆开挖时，除爆炸荷载外，被爆岩体和隧洞围岩中所储存的应变能全部或部分瞬间释放及开挖轮廓面上的地应力法向分量的瞬间卸载都将在围岩中激发动应力波；而 TBM 开挖时,由于滚刀对岩体的连续切割,岩体中应力的调整是一个平稳连续的过程。M G, Abuovd 等的研究表明,爆破开挖可以导致掌子面上的原岩应力快速卸荷以及开挖面内保留岩体的破坏,钻爆法开挖过程中,初始地应力的卸载是一个区别于准静态卸载的高速动态卸载过程,它将在掌子面附近的岩体中激起动态卸载应力波,并造成围岩的损伤;M. Cai 也认为,当深埋隧洞采用钻爆法开挖时,瞬间开挖(爆破)将在开挖边界上产生很大的不平衡力,围岩的一部分应变能转化为动能,需要在应力调整的过程中耗散掉;卢文波等的初步研究也表明,中、高地应力状态下岩体爆破开挖引起的卸载波是导致岩体开挖松动的重要因素。以上过程均显著区别于 TBM 开挖时围岩应力的准静态调整过程。严鹏等利用拉普拉斯(Laplace)变换和围道积分反演方法,求得了圆形隧洞全断面爆破开挖条件下围岩中应力调整过程的理论解(弹性本构,不考虑爆炸荷载作用),其结果证实,TBM(准静态卸载)和钻爆开挖(动态卸载)条件下洞室围岩经历了截然不同的 2 种应力路径。综上所述,钻爆法与 TBM 两种不同开挖方式下掌子面附近区域的应力调整方式截然不同,因此两种开挖方式下的微震规律应该有所不同。

6.5.1 微震事件的评价指标

微震事件是指岩石破裂将会以弹性波的形式释放能量,理论上每一个破裂都会辐射一个弹性波,即产生一个微震动。若岩石破裂产生的震动信号触发了传感器,这次岩石破裂就是一个微震事件,若该事件同时被 4 个以上传感器接收到,称之为可定位微震事件。微震监测中获得的微震事件主要有以下几方面评价参数。

1)微震辐射能 E

岩体在开裂过程中向外界辐射的能量是由于弹性变形向非弹性变形转化所产生的,经常用来描述地震发生前岩体的变化规律,根据断裂力学的观点,开裂速度越慢,辐射能量就越少,拟静力开裂过程将不会产生辐射能。

图 6-5-1 为岩石破裂过程中的典型微震事件的波形,根据 P 波与 S 波的到达时间差值以及两者的波速值,可以确定震源到每一个传感器之间的距离 R:通过图 6-3-2 所布置的 8 个传感器震源的位置可以被确定。同时,微震事件能量可以被微震仪器计算出来:

$$E_{\mathrm{P,S}}=\frac{8}{5}\pi\rho v_{\mathrm{P,S}}R^{2}\int_{0}^{t_s}u^{2}{}_{\mathrm{corr}}(t)\mathrm{d}t \tag{6-5-1}$$

式中:$E_{\mathrm{P,S}}$($E_{\mathrm{P}}+E_{\mathrm{S}}$)——微震事件能量(8 个传感器的平均值);

ρ——岩石密度;

$v_{\mathrm{P,S}}$——P 波、S 波的波速;

R——到震源的距离；

$u^2_{corr}(t)$——波形速度脉冲的时间函数。

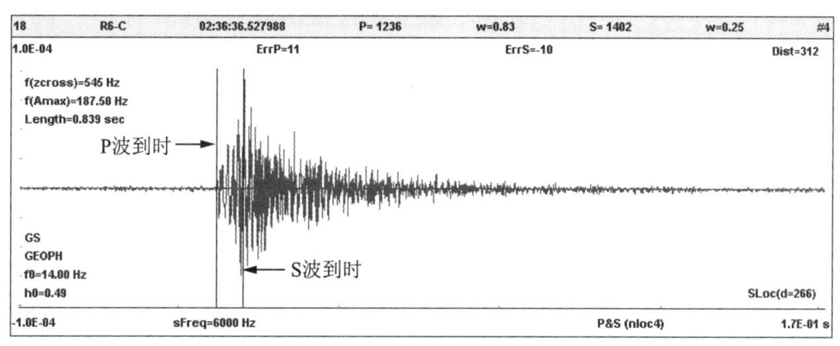

图 6-5-1　典型微震事件波形

2)局部震级 M

地震领域普遍采用震级来描述地震事件的量级,但震级不是一个严格定义的量值,有多种不同的震级尺度。对于岩爆震级描述本书采用局部震级,它考虑了地震矩和微震释放能的共同作用。微震事件的局部震级 M 由下式进行计算:

$$M = 0.344\lg E + 0.516\lg M_s - 6.572 \qquad (6\text{-}5\text{-}2)$$

式中:E——微震事件微震辐射能;

M_s——微震事件地震矩,各常数由系统根据 E-M_s 曲线拟合计算后给出。

3)震源体积

在地震学中,震源体积是描述地震孕育过程的重要参数,经常用来描述地震发生前岩体的变化规律。视体积表示的是震源非弹性变形区岩体的体积,可以通过记录的波形参数计算得到,是一个较为稳健的震源参数,可表示为:

$$V_A = \frac{\mu P^2}{E} \qquad (6\text{-}5\text{-}3)$$

式中:V_A——微震震源体积;

μ——岩石的剪切模量;

E——辐射微震能;

P——微震体变势。

6.5.2　不同开挖方式下的微震事件分布规律

钻爆法开挖段的微震事件在能量上的分布情况如图 6-5-2、图 6-5-3 所示。从

图 6-5-2 及图 6-5-3 中可以看出在钻爆法开挖方式下：①能量与震级具有正比关系；②无岩爆段的微震事件的能量分布在 0 ～ 1.0×10^5J 的范围内，并且主要集中在 1.0×10^2J 以下；③钻爆法开挖方式下此开挖段能量对数 lg$E$ 大于 4 的微震事件占总微震事件数的 4%，lg$E$ 在 2 ～ 4 范围内的微震事件占总微震事件数的 21%，lg$E$ 小于 2 的相对较小的微震事件占总微震事件数的 75%。

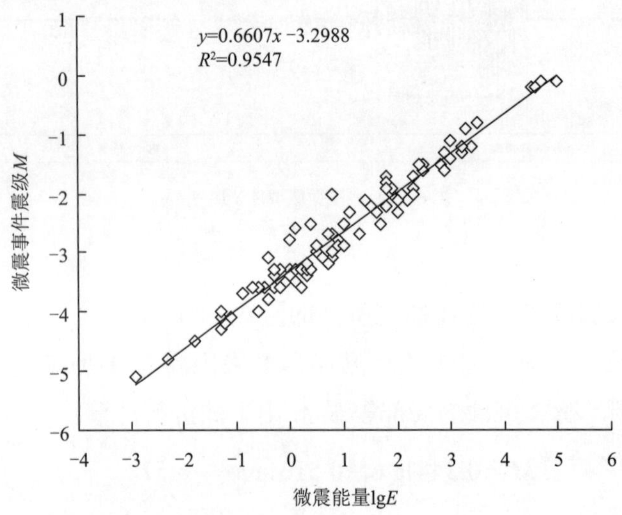

图 6-5-2　深埋隧洞钻爆法开挖方式下震级与能量之间的关系

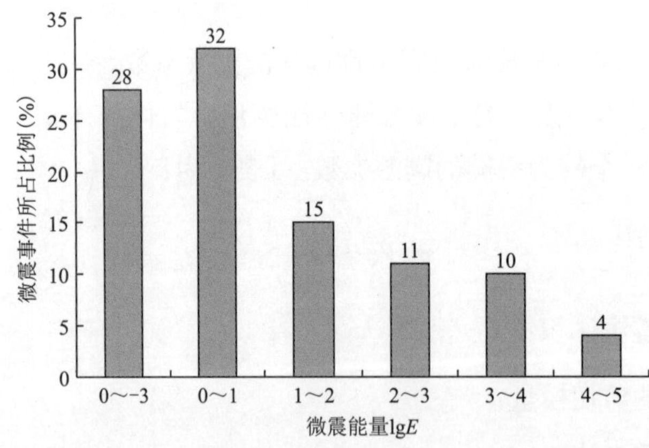

图 6-5-3　深埋隧洞钻爆法开挖方式下微震事件能量的分布

相同地质条件下，TBM 开挖段的微震事件在能量上的分布情况如图 6-5-4、图 6-5-5 所示。从图 6-5-4 及图 6-5-5 中可以看出 TBM 开挖方式下：①能量与震级具有正比关系；②无岩爆段的微震事件的能量分布在 0 ～ 1.0×10^5J 的范围内，并且主要集中在 1.0×10^2 ～ 1.0×10^4J 的范围内；③ TBM 开挖方式下此开挖段能量对数 lg$E$ 大于 4

的微震事件占总微震事件数的 8%，lg$E$ 在 2 ～ 4 范围内的微震事件占总微震事件数的 81%，lg$E$ 小于 2 的微震事件占总微震事件数的 11%。

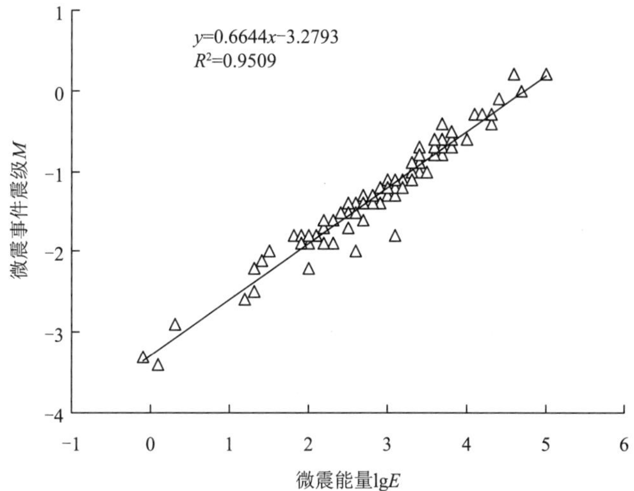

图 6-5-4　深埋隧洞 TBM 开挖方式下震级与能量之间的关系

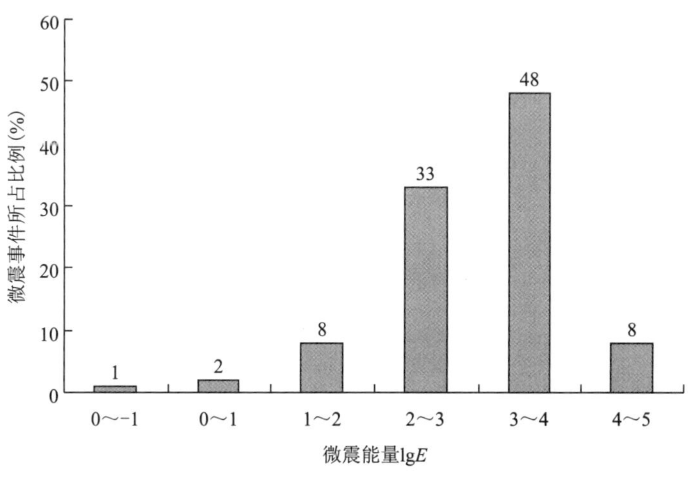

图 6-5-5　微震事件能量的分布

图 6-5-6a）～ c）为 3 号引水洞、4 号引水洞及施工排水洞上述施工段钻爆法开挖方式下微震事件能量的分布图。从图 6-5-6 中可以看出钻爆法开挖方式下，微震事件在能量的分布具有随着岩爆等级的提升向高能量方向移动的趋势，因此在深埋隧洞开挖过程中微震事件在相对较大能量的区间分布的比率越大，则发生岩爆的概率越大，等级也越高。

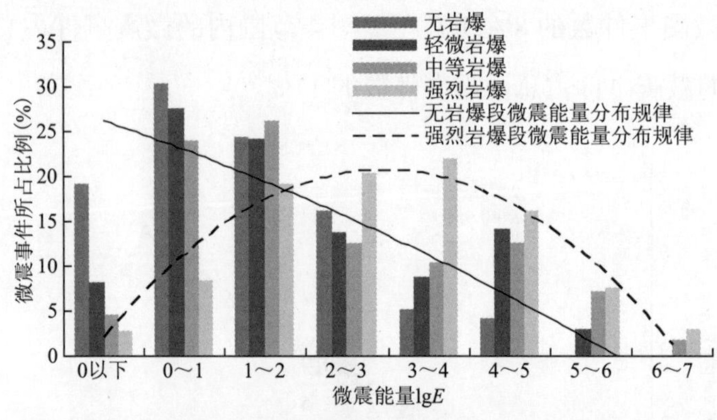

a)3 号引水洞钻爆法开挖方式下微震事件能量的分布图

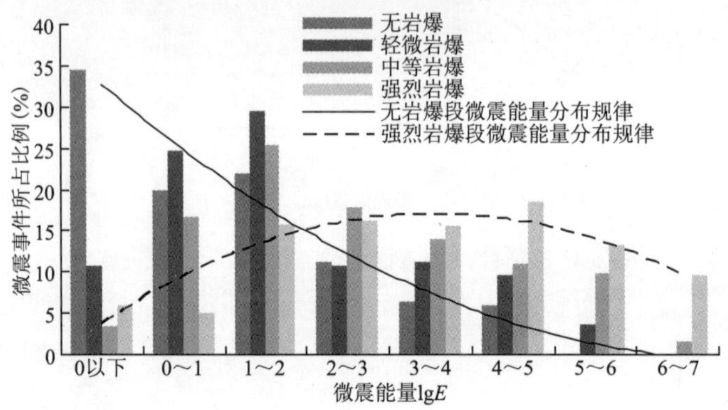

b)4 号引水洞钻爆法开挖方式下微震事件能量的分布图

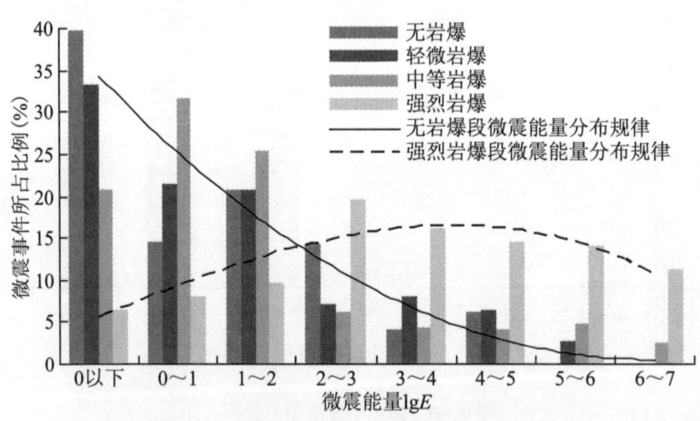

c)施工排水洞钻爆法开挖方式下微震事件能量的分布图

图 6-5-6 钻爆法开挖方式下微震事件能量的分布图

TBM 开挖方式下整个开挖过程中,不同等级岩爆发生段微震事件在能量上分布情况如图 6-5-7 所示。从图 6-5-7 中可以看出 TBM 开挖方式下:①微震事件的能量对数 lg$E$ 分布在 0 ～ 7 的范围内,并且主要集中在 2 ～ 5 的范围内,占所有微震事件的 79.8%;② lg$E$ 小于 2 的“小事件”所占的比率相对较小,仅占所有微震事件的 16.4%;

③无岩爆段没有 lg$E$ 大于 5 的微震事件发生，轻微岩爆段没有 lg$E$ 大于 6 的微震事件发生，强烈岩爆段没有 lg$E$ 小于 0 的微震事件发生，同时 TBM 开挖方式下微震事件能量同样具有随着岩爆等级的提升而向高能量方向移动的趋势。

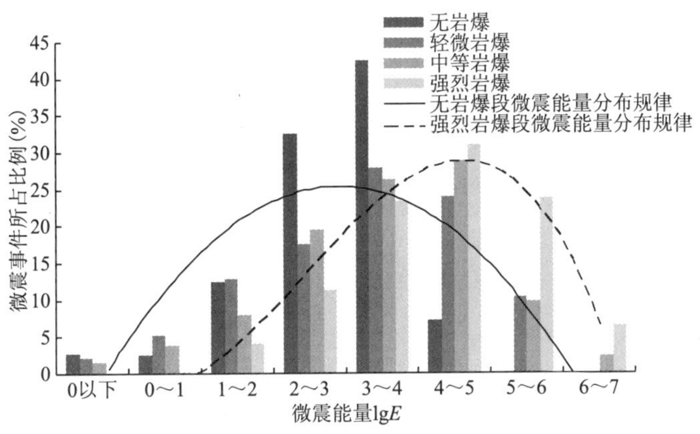

图 6-5-7　TBM 开挖方式下微震事件能量分布图

6.5.3　不同开挖方式下的微震事件分布规律对比分析

图 6-5-8a）～ d）为相同埋深及地质条件下引水洞及施工排水洞两种不同开挖方式下的微震事件能量的分布图。从图 6-5-8 中可以看出钻爆法与 TBM 开挖方式下微震事件的能量分布具有以下几方面特征：①无岩爆发生段微震事件的能量分布区间为 0 ～ 1.0×10^5J；②轻微岩爆发生段微震事件的能量分布区间为 0 ～ 1.0×10^6J；③中等及强烈岩爆发生段微震事件的能量分布区间为 0 ～ 1.0×10^7J；④钻爆法开挖方式下微震事件能量分布集中区间低于 TBM 开挖。

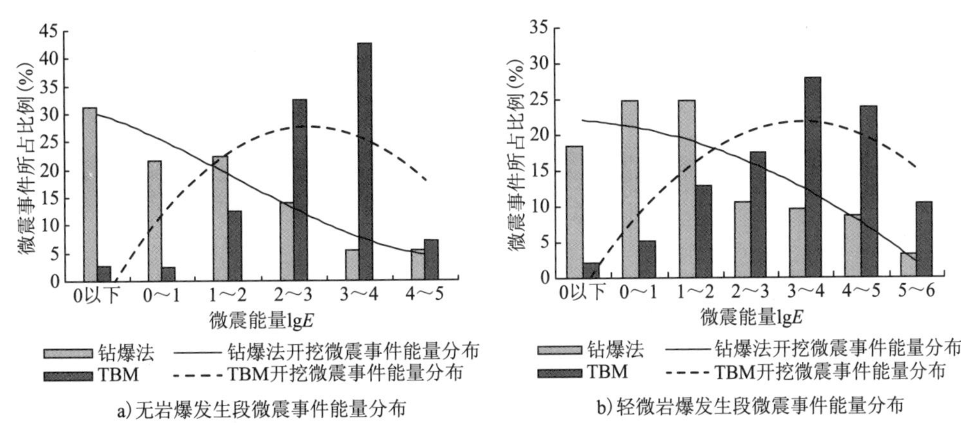

a）无岩爆发生段微震事件能量分布　　b）轻微岩爆发生段微震事件能量分布

图　6-5-8

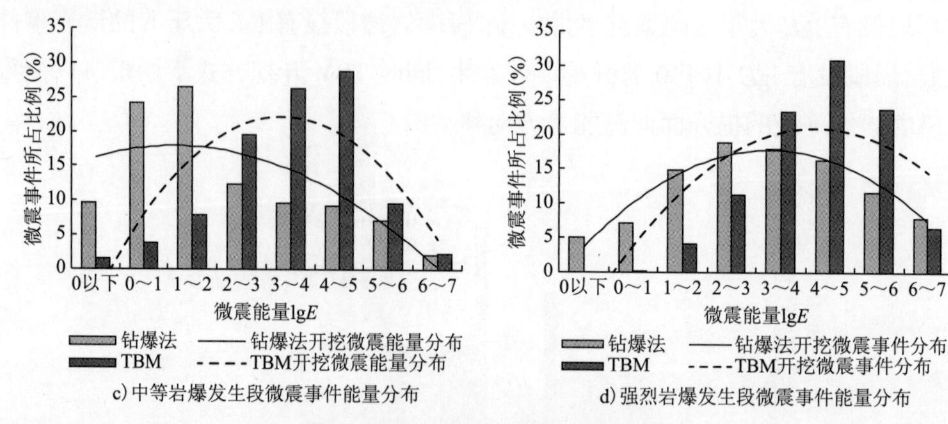

c)中等岩爆发生段微震事件能量分布　d)强烈岩爆发生段微震事件能量分布

图 6-5-8　不同开挖方式下微震事件能量分布

综上所述,深埋隧道开挖过程中不同等级岩爆开挖段的微震事件具有不同的分布特征,并且随着岩爆等级的提升微震事件具有向高能量方向移动的趋势。不同开挖方式下的微震事件的分布特征也不尽相同:①钻爆法开挖是动态过程,由于爆破降低了围岩岩体的完整性,因此围岩承载力大幅度下降,加上爆破应力波的冲击下产生的破裂现象的影响,因此其微震事件主要集中在能量、震级相对较低区域范围内;② TBM 开挖过程静态的,所产生的微震事件均是围岩岩体开挖卸荷过程中所产生的,因此微震事件能量、震级相对较高的所占的比率较大;③相同岩爆等级的情况下钻爆法开挖方式微震事件在震级、能量上与 TBM 开挖方式具有基本相同的活动范围。

6.6　即时型岩爆灾害孕育过程微震信息演化规律

即时型岩爆是相对于时滞型岩爆的另一种岩爆的统称,是指在开挖卸荷影响范围内,完整、坚硬围岩中发生的岩爆。深埋隧洞发生即时型岩爆的主要位置为隧洞掌子面以及其 0 ~ 30m 范围内的拱顶、拱肩、拱脚、底板以及隧洞相向掘进的中间岩柱等位置,一般发生在开挖 1 ~ 3d 的范围内。对伴随着即时型岩爆孕育过程中微破裂的产生、扩展及贯通过程中所产生的微震活动规律及其特征参数进行研究,特别是前兆信息进行研究对即时型岩爆的发生机理具有重大的意义。

6.6.1　钻爆法开挖即时型岩爆过程分析

1)钻爆法开挖即时型岩爆典型案例

2011 年 1 月 11 日,锦屏二级水电站施工排水洞段 1-P-E 掌子面开挖到 K8+706 ~

K8+709 位置时洞段北侧边墙发生岩爆，此次岩爆孕育及发生过程总的能量释放达到 6.91×10^{6}J，造成设备损坏和人员受伤，岩爆现场如图 6-6-1a）所示；2010 年 11 月 6 日，辅引 1、2 洞向西 1-2-W 掌子面引（2）K8+398 ～ K8+402 段南侧边墙发生岩爆，此次岩爆孕育及发生过程总的能量释放达到 6.32×10^{6}J，未造成设备损坏及人员受伤，岩爆现场如图 6-6-1 b）所示；2011 年 8 月 10 日，辅引 1 号、3 号洞向东 1-3-E 掌子面引（3）K8+818 ～ K8+822 段北侧边墙至拱肩发生岩爆，岩爆孕育及发生过程总的能量释放达到 8.92×10^{6}J，造成设备损坏，岩爆现场如图 6-6-1c）所示。

a)2011 年 1 月 11 日爆现场照片

b)2010 年 11 月 6 日岩爆现场照片

c)2011 年 8 月 10 日岩爆现场照片

图 6-6-1 钻爆法开挖岩爆典型案例

2）钻爆法开挖即时型岩爆微震信息特征分析

2011 年 1 月 7 日至 2011 年 1 月 11 日，本次即时型强烈岩爆孕育及发生过程中的微震事件空间分布如图 6-6-2 所示。

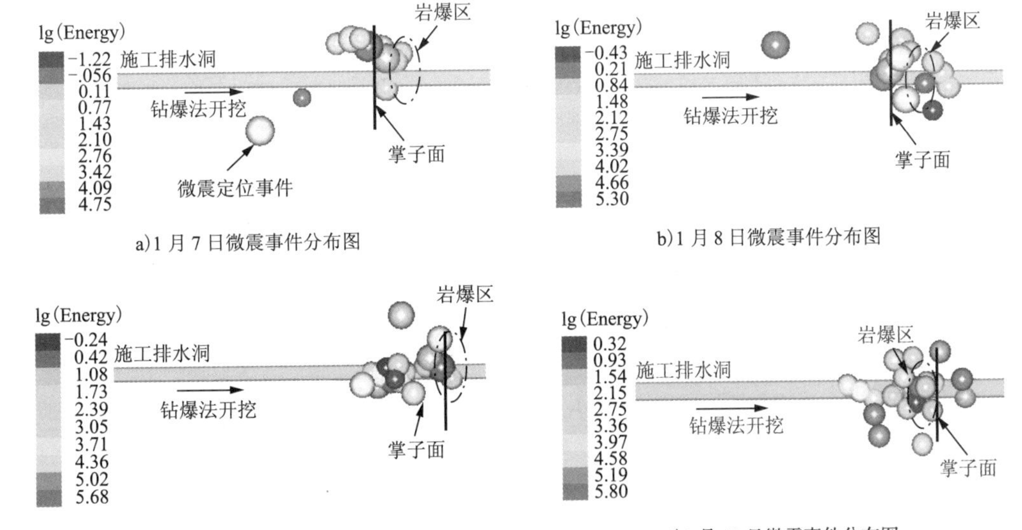

a)1 月 7 日微震事件分布图

b)1 月 8 日微震事件分布图

c)1 月 9 日微震事件分布图

d)1 月 10 日微震事件分布图

图 6-6-2

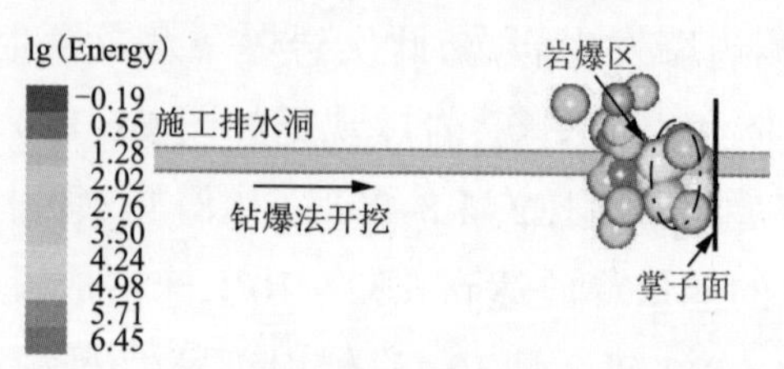

e)1 月 11 日微震事件分布图

图 6-6-2　岩爆活动区微震事件空间分布图

注：图中的 lg（Energy）等于 lg$E$，为能量的对数。

钻爆法开挖即时型岩爆孕育过程中的微震事件主要分布在岩爆区为中心前方 10m 后方 30m 的范围内，并且从图 6-6-2 中可以看出：1 月 7 日微震事件数相对较少、微震释放能相对较小，并且大部分的微震事件岩爆区外呈现出部不规则的零散分布；随着即时型岩爆的孕育过程 1 月 8 日、1 月 9 日微震事件不断增多、能量释放逐渐增大，同时微震事件逐渐集中并不断向岩爆区靠拢；而 1 月 10 日、1 月 11 日的微震事件基本集中于岩爆区域内。钻爆法开挖其他即时型岩爆孕育及发生过程中的微震事件具有相同的演化规律，在此不一一赘述。

3）钻爆法开挖即时型岩爆孕育过程中微震信息分布及演化规律

对 2011 年 1 月 11 日、2010 年 11 月 6 日及 2011 年 8 月 10 日 3 次岩爆孕育及发生过程中的微震事件率随时间变化如图 6-6-3 所示。

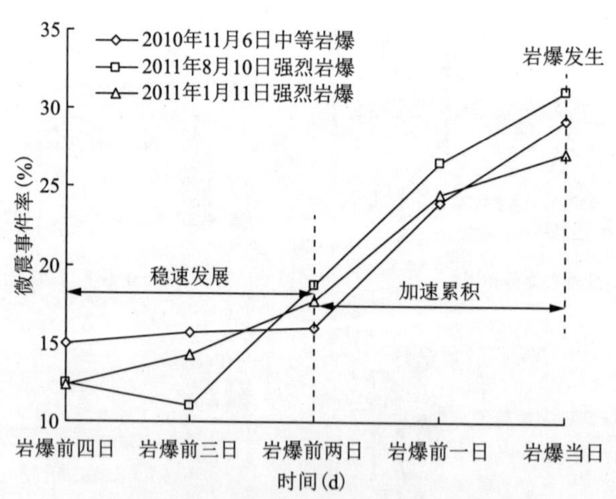

图 6-6-3　岩爆孕育及发生过程中微震事件变化规律图

从图 6-6-3 中可以看出：钻爆法开挖即时性岩爆孕育过程中岩爆活动区的微震事件数在岩爆发生的前四日至前两日的微震事件率相对平稳并且均小于 20%，而在岩爆发生前一日微震事件率迅速上升至 25% 左右，岩爆发生当天微震事件率达到最大值 30% 左右。由于微震事件是围岩破裂的真实反映，因此钻爆法开挖即时型岩爆的孕育过程的围岩岩体主要经历裂隙的稳定发展阶段、加速集聚、岩爆的发生 3 个阶段。

（1）微震事件累计微震释放能可表示为：

$$\mathrm{SRE}=E_1+E_2+\cdots E_i \qquad (i=1,\ 2,\ 3,\ \cdots) \tag{6-6-1}$$

式中：E_1、E_2、E_3⋯、E_i——微震仪器监测每一个微震事件的微震释放能。

（2）微震事件的累计塑性范围区体积，可表示为：

$$V=V_1+V_2+\cdots V_i \qquad (i=1,\ 2,\ 3\cdots) \tag{6-6-2}$$

式中：V_1、V_2、V_3、⋯、V_i——微震仪器监测每一个微震事件的视体积。

（3）每一天微震仪器监测获得的微震释放能为（1.0×10^2kJ）除以当天所有微震事件的塑性范围区体积（视体积）为（$1.0\times10^4\mathrm{m}^3$），得到塑性范围内的平均微震释放能单位为 J /m³，即：

$$\mathrm{ESRE}=\frac{\mathrm{SRE}}{V} \tag{6-6-3}$$

式中：ESRE——微震事件塑性区范围内的平均微震释放能；

SRE——微震事件累计微震释放能；

V——微震事件累计塑性变形区体积。

以上 3 次典型岩爆孕育及发生过程中每一天的累计微震释放能、微震事件塑性体积内的平均微震释放能的变化趋势如图 6-6-4a）、b）所示。

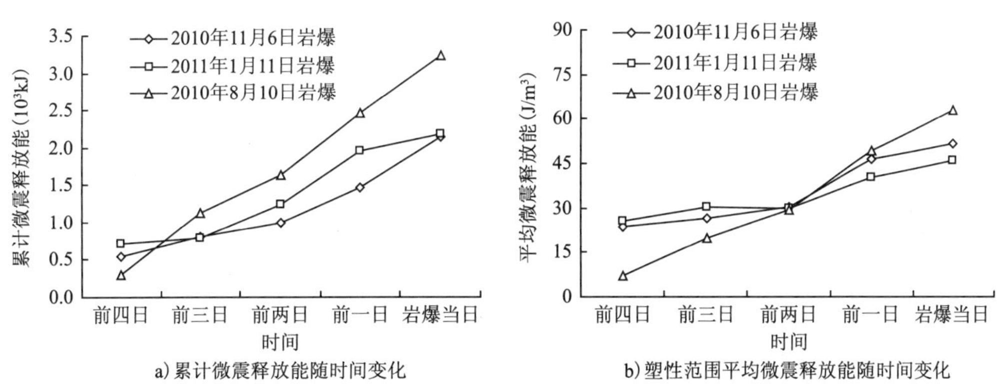

a）累计微震释放能随时间变化　　b）塑性范围平均微震释放能随时间变化

图 6-6-4　岩爆活动区微震事件能量变化图

从图 6-6-4 中可以看出，钻爆法开挖即时型岩爆的孕育过程中：每一天的累计微震释放能主要分布在 $1.0\times10^2\sim3.5\times10^2$kJ 的范围内，并且随着岩爆的孕育过程不断增大，岩爆当日达到最大值；每一天塑性范围内的平均微震释放能主要集中在 10 ～ 60J/m³

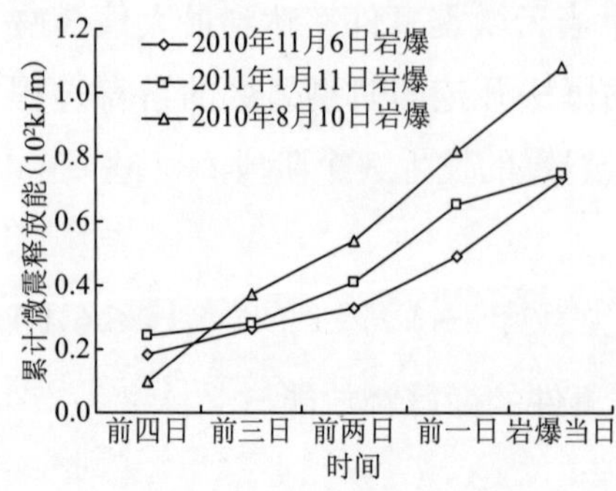

图 6-6-5　开挖单位长度岩爆活动区微震能量变化

的范围内，具有与累计微震释放能同样的演化规律即随着岩爆的孕育过程不断增大，岩爆当日达到最大值的特征。

由于钻爆法每日爆破一次，每次爆破进尺 3m 左右，因此钻爆法开挖方式下掌子面推进单位长度的情况下的微震能量释放如图 6-6-5 所示。

从图 6-6-5 中可以看出：钻爆法开挖即时型岩爆的孕育过程，掌子面推进单位长度情况下的累计微震释放能同样具有随着岩爆的孕育过程不断增大，岩爆当日达到最大值的特征，并且主要分布在 0.2×10^2 ～ 1.0×10^2kJ 的范围内。

6.6.2　TBM 开挖即时型岩爆过程分析

针对 3 号引水隧洞中部 K10+035 ～ K11+159 位置 TBM 施工洞段的整个开挖过程进行了连续性实时微震监测。

此开挖段共发生各等级即时型岩爆共 89 次，其中轻微岩爆 72 次、中等 14 次、强烈 3 次，如图 6-6-6 所示。TBM 开挖微震监测段在 2010 年 6 月 11 日、7 月 5 日及 9 月 9 日共发生三次即时型强烈岩爆，结合图可以看出 TBM 开挖轻微～中等岩爆大多是连续发生的，在时间上具有区域集结的特点，主要集中在这三次即时型强烈岩爆的孕育过程中。

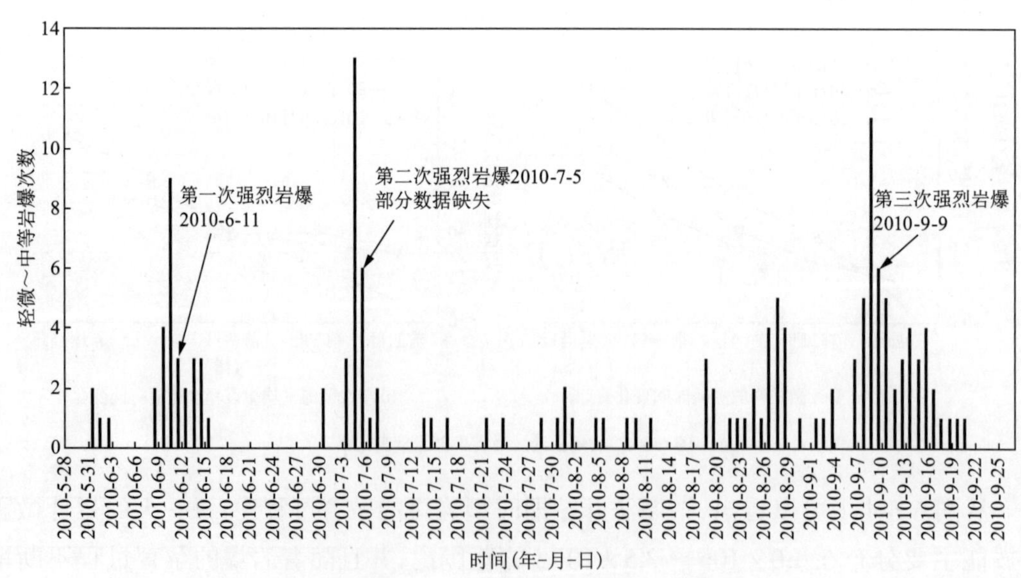

图 6-6-6　深埋隧洞 TBM 开挖过程中掌子面附近岩爆发生情况

1)TBM开挖即时型岩爆典型案例

2010年6月11日0时30分,在3号引水洞TBM开挖至K11+034时,于K11+040～K11+046段南侧边墙至拱肩处发生强烈岩爆,最大爆坑深度1.2m,岩爆发生位置在TBM开挖卸荷效应影响范围内,因此为典型的即时型强烈岩爆,图6-6-7a)为此次岩爆的相片;2010年9月9日2时40分,在3号引水洞TBM开挖至K10+135时,于K11+143～K11+151段南侧边墙处发生强烈岩爆,最大爆坑深度1.4m,图6-6-7b)为本次TBM开挖诱发岩爆的相片。微震系统连续、实时对这两次强烈岩爆的整个过程进行了记录。其中5月28—6月1日及9月2日—9月4日期间均无岩爆发生;两次强烈岩爆孕育过程中(6月2日—6月11日,9月5日—9月9日)轻微～中等岩爆发生情况如表6-6-1所示。

a)2010年6月10日岩爆现场照片

b)2010年9月9日岩爆现场照片

图6-6-7 TBM开挖岩爆典型案例

深埋隧洞TBM开挖强烈岩爆孕育过程中相同区域内轻微～中等岩爆发生情况　　表6-6-1

强烈岩爆	日　期	岩爆伴随发生情况
6月11日强烈岩爆	6月7日	无
	6月8日	⊕ ⊕
	6月9日	⊕ ⊕ ⊕ ⊕
	6月10日	⊕ ⊕ ⊕ ⊕ ⊕ ⊕ ⊕ ⊕ ⊕
	6月11日	⊕ ⊙ ◎
9月9日强烈岩爆	9月5日	无
	9月6日	⊕ ⊕ ⊕
	9月7日	⊕ ⊕ ⊕ ⊕ ⊕
	9月8日	⊕ ⊕ ⊕ ⊕ ⊕ ⊕ ⊕ ⊕ ⊕ ⊕ ⊕
	9月9日	⊕ ⊕ ⊕ ⊙ ⊕ ◎

注:⊕表示一次轻微岩爆;⊙表示一次中等岩爆;◎表示一次强烈岩爆。

在TBM施工洞段,轻微岩爆区域往往伴随多次轻微岩爆,中等岩爆孕育过程中常伴随轻微岩爆,而强烈岩爆则常伴随频发的轻微岩爆和少量的中等岩爆。表6-6-1很好地体现了上述TBM掘进诱发岩爆的前兆特征:TBM施工强烈岩爆发生前岩爆区内轻微岩爆由6月8日的2次和9月6日的3次逐渐上升到6月10日的9次,及9月8日的11次,并且在6月11日及9月9日强烈岩爆当天均有轻微及中等岩爆同时伴随发生。

TBM开挖过程可近似为准静态卸荷,造成的围岩损伤范围相对较小,围岩承载力较强。同时,TBM掘进速率通常大大快于钻爆法开挖。因此,TBM开挖过程中,其围岩内部储存能量将由外向内逐次释放,造成上述岩爆发生现象。而钻爆法开挖过程可近似看作为初始应力动态卸荷,造成的围岩损伤波及范围较大,围岩储能能力相对较差。因此,钻爆法洞段内岩爆通常以单个出现的形式突发性发生,并使能量得到较大程度的释放。综上所知,深埋硬岩隧洞TBM开挖即时型强烈岩爆孕育过程中,围岩的能量具有分步释放的特征,表现为强烈岩爆发生前其区域内多次轻微～中等岩爆的发生。因此,一方面当多次轻微～中等岩爆在同一区域内连续发生时,应当减缓施工速度使该区域内的围岩应力得到调整、围岩能量得到释放;另一方面要确保支护的及时性(即支护紧跟掌子面推进)。以减少甚至避免TBM施工过程中强烈岩爆的发生,确保工程的安全性和高效性。

2)TBM开挖即时型岩爆微震信息特征分析

2011年6月11日即时型强烈岩爆孕育及发生过程中的微震事件演化规律如图6-6-8所示。

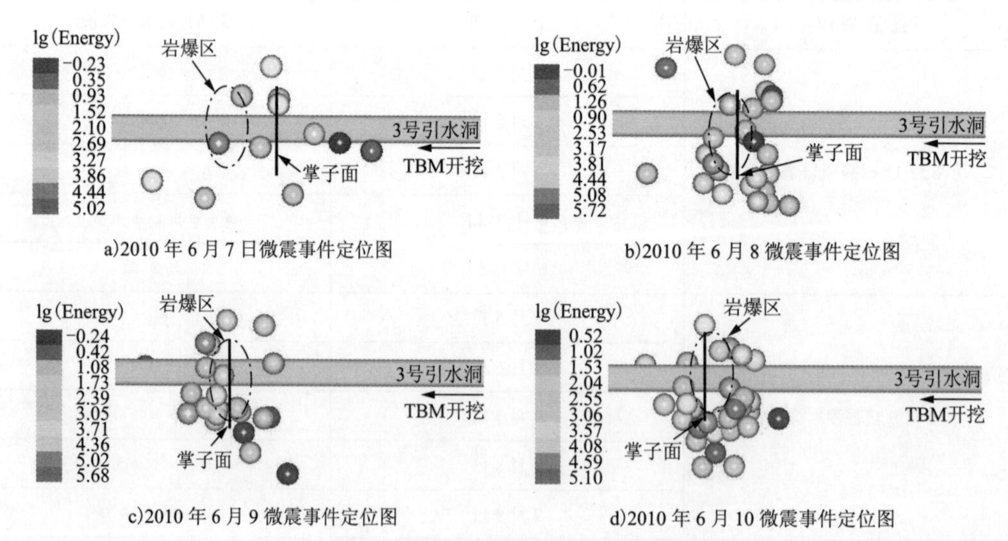

a)2010年6月7日微震事件定位图

b)2010年6月8微震事件定位图

c)2010年6月9微震事件定位图

d)2010年6月10微震事件定位图

图 6-6-8

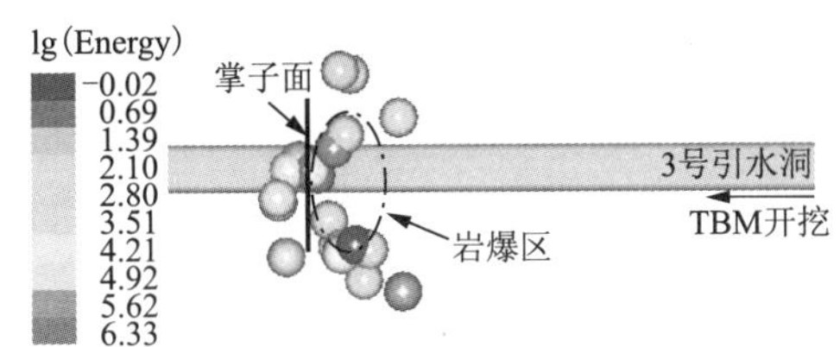

e)2010 年 6 月 11 微震事件定位图

图 6-6-8　岩爆活动区微震事件分布

注：图中的 lg（Energy）等于 lg$E$，为能量的对数，余类同。

TBM 法开挖 2010 年 6 月 11 日即时型岩爆孕育的过程中的微震事件主要分布在岩爆区为中心前方 10m、后方 30m 的范围内，结合图 6-6-8 可以看出：6 月 7 日微震事件数相对较少、微震释放能相对较小，并且大部分的微震事件在岩爆区外呈现出不规则的零散分布；随着即时型岩爆的孕育过程 6 月 8 日、6 月 9 日、6 月 10 日微震事件不断增多、大事件的所占比例不断增大，同时微震事件逐渐集中并不断向岩爆区靠拢；6 月 11 日岩爆发生时的微震事件基本集中于岩爆区域的范围内。

综上所述，TBM 开挖即时型岩爆孕育及发生过程中微震事件在空间上具有与钻爆法相同的活动范围及演化规律：主要分布在岩爆区为中心前方 10m、后方 30m 的范围内，因此认定此范围为微震事件对岩爆活动的影响范围；微震事件在数量上逐渐增多，在空间位置上由掌子面附近的离散状态围绕着岩爆区逐渐呈现出相对集中的分布形态，在能量释放上微震事件累计释放能逐渐增加。微震事件是岩体破裂的真实反映，由此可以推断出深埋硬岩隧洞开挖即时型岩爆孕育及发生过程中微破裂的产生从最初的不规则的零散分布逐渐呈现出规则的分布方式并不断向岩爆区域集核。

3）TBM 开挖即时型岩爆孕育过程中微震信息分布及演化规律

将 TBM 开挖过程两次强烈岩爆孕育及发生过程中，岩爆区影响范围内每一天的累计微震释放能、微震事件塑性体积内的平均微震释放能的变化趋势如图 6-6-9 所示。

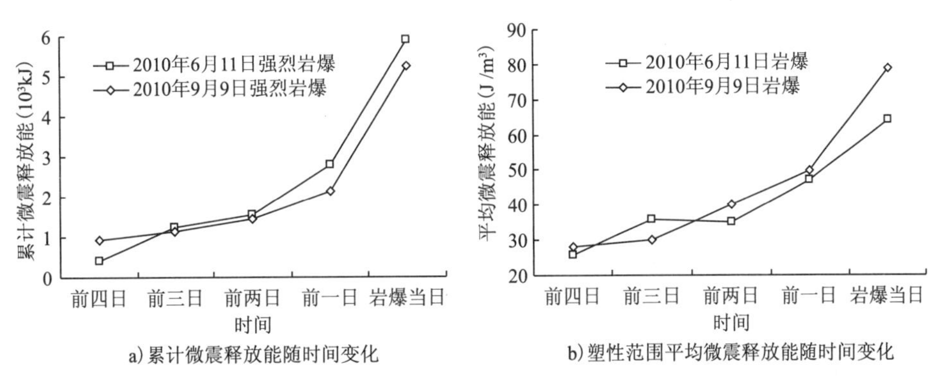

a）累计微震释放能随时间变化　　b）塑性范围平均微震释放能随时间变化

图 6-6-9　TBM 开挖岩爆活动区微震事件能量变化

从图 6-6-9 中可以看出：TBM 开挖即时型岩爆的孕育过程，每一天的累计微震释放、塑性体积内的平均微震释放能均大于钻爆法开挖，且分别分布在 $1.0\times10^2\sim6.0\times10^2$kJ 以及 30 ～ 80J/m³ 的范围内，并且具有与钻爆法即时型岩爆相同的演化规律：随着岩爆的孕育过程不断增大，岩爆当日达到最大值。

根据断裂力学的观点，岩体的开裂尺度越大、开裂速度越快，在开裂过程中向外界辐射的能量就越大，而拟静态开裂过程不会产生辐射能量。两种不同开挖方式下即时型岩爆的孕育及发生过程中每一天的累计微震释放能、塑性范围平均微震释放能均体现出随着岩爆的孕育过程不断增大，当岩爆发生时达到最大值的规律，说明在此过程中岩爆区围岩岩体正处于破坏加速集聚并不断扩展的过程；而 TBM 开挖即时型强烈岩爆孕育及发生过程中每一天的累计微震释放能大于钻爆法开挖，说明其围岩破裂在相同时间范围内的活动性要大于钻爆法开挖。

TBM 开挖方式下的掌子面掘进速度远远大于钻爆法，两次即时型岩爆的孕育及发生过程中掌子面开挖累计进尺情况以及掌子面推进单位长度情况下的累计微震释放能如图 6-6-10、图 6-6-11 所示。

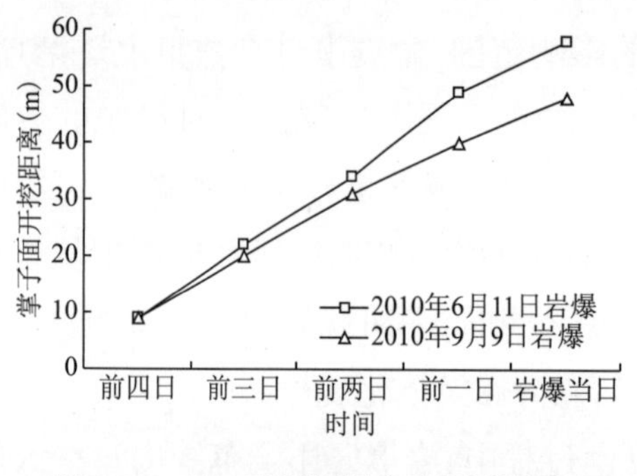

图 6-6-10　TBM 开挖岩爆孕育过程中掌子面开挖累计长度

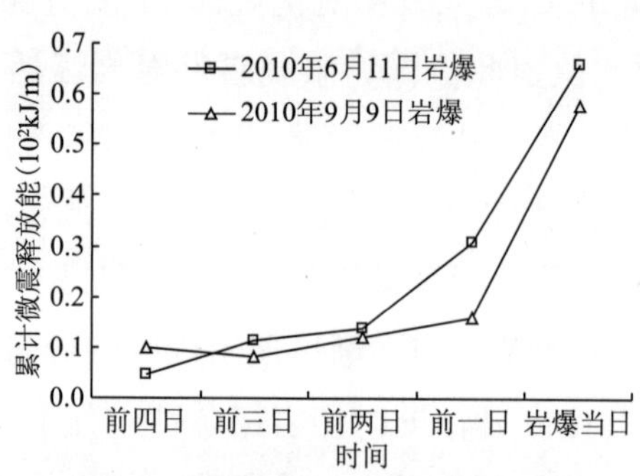

图 6-6-11　TBM 开挖单位长度岩爆活动区微震能量变化

从图 6-6-10、图 6-6-11 中可以看出：两种开挖方式下即时型岩爆的孕育及发生过程中，开挖单位长度的情况下岩爆活动区内微震释放能要小于钻爆法开挖主要分布在 $0.1\times10\sim0.1\times10^2$kJ，同样呈现出不断增大，并且当岩爆发生当天达到最大值的特征。从能量的角度微震的产生是岩体内部储存能量释放的结果，主要有两种表现形式：一部分转化为岩体的动能；另一部分以消耗于围岩破裂的产生，同时产生向外发散的弹性波。锦屏二级水电站引水隧洞声波测试结果表明，钻爆法开挖损伤区范围大于 TBM 开挖，并且其严重损伤区深度占到总损伤区深度的 50% 以上，大于 TBM 开挖的 30%。损伤区是岩体中微破裂的活动区域，微破裂聚集程度越高，岩体的损伤程度就越深，因此钻爆法开挖微破裂事件在空间上的活动性及聚集程度均要大于 TBM 开挖。结合两种不同开挖方式在掌子面开挖为单位长度的情况下钻爆法开挖累计微震释放能要大于 TBM 开挖(假定释放等量弹性变形势能),而岩爆无论在频度还是强度方面均小于 TBM 开挖,故而此过程中钻爆法开挖方式下积存岩体中的弹性应变能消耗于围岩损伤、破裂产生的部分大于 TBM 开挖,而转化为岩体动能方面小于 TBM 开挖。

因此,从深埋隧洞开挖方式选择的角度来看,采用钻爆法和 TBM 开挖各有利弊。采用钻爆法开挖时,围岩损伤产生的范围大且程度深,因此在开挖过程中要确保支护的及时性(即支护紧跟掌子面推进),以防止由于严重损伤区大范围形成而造成的塌方等灾害的发生,该方法适应性强,可以适应各种断面尺寸及复杂的地质条件;采用 TBM 开挖时,相对于钻爆法来说,虽然损伤的范围小、程度轻,但是岩爆特征明显,因此在 TBM 开挖过程中,支护的同时还要合理的选择与控制掌子面开挖速度,当多次轻微～中等岩爆在同一区域内连续发生时应当减缓施工,使该区域内的围岩应力得到调整、围岩能量得到释放,以减少甚至避免强烈岩爆的发生,确保工程的安全性和高效性。另外,该方法的工程适应性也较差。

6.7　本章小结

本章针对深埋隧洞不同开挖方式下的施工过程开展了如下研究工作并取得了相应进展。

(1)依据钻爆法及 TBM 各自的施工特点,有针对性地建立了与其相对应的传感器紧跟掌子面移动的实时微震监测方法,并总结了深埋隧洞开挖过程中多种噪声产生的原因及类型,提出了深埋隧洞掘进过程中典型的岩石破裂信号以及主要的 4 类噪声(电气噪声、打钻噪声、爆破噪声、机械噪声)源信号各自的典型特征。

(2)对深埋隧洞开挖过程中开挖方案及速度、埋深条件对岩爆的影响进行了分析:①开挖方案及开挖速度是影响围岩稳定性的重要因素,相同长度的隧洞开挖过程中随着开挖速度的增加,能量释放值不断增大,岩爆的发生频次具有增加的趋势;②埋深条件是影响围岩稳定性的又一重要因素,隧洞开挖过程中随着埋深的增加,单位长度的隧洞开挖的累计塑性区体积及能量释放值均不断增大,同时岩爆发生的频率、强度同样具有增加的趋势。

(3)对不同开挖方式下的微震信息进行了对比分析,提出以下几点认识:①钻爆法开挖方式微震事件在震级、能量上与 TBM 开挖方式具有基本相同的活动范围;②钻爆法开挖过程中所产生的微震事件主要集中在能量、震级相对较低区域范围内;③ TBM 开挖过程中所产生的微震事件能量、震级较高所占比率较大;④随着岩爆等级的提升微震事件的分布情况具有向高能量方向移动的趋势。

（4）TBM 开挖过程可近似为准静态卸荷,造成的围岩损伤范围相对较小,围岩承载力较强。因此 TBM 开挖即时型强烈岩爆孕育过程中,围岩的能量具有分步释放的特征,表现为强烈岩爆发生前其区域内多次轻微～中等岩爆的发生,并且随着强烈岩爆的孕育过程呈逐渐递增的趋势;而钻爆法开挖过程可近似看作为初始应力动态卸荷,造成的围岩损伤范围较大,围岩储能能力相对较差。因此,钻爆法洞段内岩爆通常以单个出现的形式突发性发生,并使能量得到较大程度的释放。受掌子面应力调整路径的影响,钻爆法开挖与 TBM 开挖过程中储存在岩体内的弹性应变能在损伤产生以及动能转化方面消耗的比例有所不同。此结论可以为开挖方式的选择以及不同开挖方式下岩爆的预测方法与防治手段的确定提供依据。

（5）两种不同开挖方式下,即时型岩爆的孕育过程中岩爆区围岩岩体在正处于破坏加速集聚并不断扩展的过程,在此过程中每一天微震事件的累计能量释放、塑性范围的平均微震释放能、掌子面推进单位长度下的累计微震释放能均具有随着岩爆的孕育过程不断增大,直至岩爆发生达到最大值的特征,并且根据微震特征参数的演化规律,可对即时型岩爆进行预警。

第7章 爆破开挖方式下岩爆孕育过程微震信息分形特征研究

7.1 概 述

自从 Mandelbrot 根据海岸线的自相似性提出了分形几何的概念以来,分形几何迅速发展为一个重要的数学分支。近 20 年来,分形理论发展为一个有效的理论工具,被用于对自然界以及工程技术中不规整的现象进行描述,并且广泛应用到众多领域,在地球物理和岩石力学的研究过程之中已取得许多令人瞩目的成果。

目前对于深部岩体隧道开挖过程中破裂的分布特征及演化规律方面的研究还处于定性分析的阶段,一些学者指出,不论是小范围的裂隙还是大范围的地震事件,其损伤的演化过程是具有分形特征的,因此岩爆的孕育及发生过程中产生的微震事件同样应该具有分形特征。本章根据微震事件分布规律的自相似特征,从微震信息前兆效应的角度出发,提出了微震活动性震源体积分形统计及计算方法,进而运用分形维数的概念针对钻爆法开挖方式下,不同类型、等级岩爆孕育过程中微震震源体积分布特征及演化规律进行了定量分析,并从机理上对分形维数的变化规律进行了分析与阐述。在此基础上,建立了相应的岩爆灾害预警动态预警指标,其研究成果对提高岩爆危险程度判别的准确性具有重要的指导意义。

7.2 不同类型岩爆微震震源体积分形研究

即时型岩爆按照其破坏的类型可分为即时型岩爆与即时性应变—结构面滑移型岩爆。即时性应变型岩爆孕育过程中,微震事件随着掌子面的推进而不断前移,数量持续增加、位置不断集中,且孕育的整个过程均为张拉型破裂;即时性应变—结构面滑移型岩爆的孕育过程中,微震事件逐渐向结构面附近聚集,并且在孕育过程中首先出现张拉破裂，然后张拉、剪切、拉剪或压剪破裂交替出现，最后以剪切滑移的方式抛掷而出。因此，不同类型的即时型岩爆破坏的类型、机制及演化规律均有所不同，在研究的过程中应该区分对待。

7.2.1 岩爆微震震源分形维数计算方法

基于分形几何学原理，微裂隙产生过程中微震震源体积分布的相关积分可以表示为：

$$c(v)=\frac{2N(v)}{N(N-1)} \qquad (v \leqslant V) \tag{7-2-1}$$

式中：V——所有微震事件在震源体积范围区间内的上限值；

v——V体积范围内每一个微震事件的震源体积值；

$N(v)$——v震源体积范围内的微震事件的偶对数目；

N——V体积范围内的微震事件总数。

计算出v体积范围内的相关指数$c(v)$，如果微裂隙产生过程中的微震事件在震源体积上是具有分形结构的，那么可以将微震事件震源体积分布的相关积分表达为：

$$c(v) \propto v^{D_v} \tag{7-2-2}$$

即：

$$D_v=\lim_{v \to V}\frac{\lg c(v)}{\lg v} \tag{7-2-3}$$

如图7-2-1所示，根据岩爆孕育及发生过程中的总微震事件数N，以及v震源体积范围内的微震事件对的数目$N(v)$，计算出$\lg c(v)$。以微震事件体积范围$\lg v$为横坐标、以$\lg c(v)$为纵坐标，建立直角坐标系并进行线性拟合。若拟合直线具有较好的线性相关性，表明此即时性应变型岩爆孕育过程中所产生的岩石微裂隙在震源体积上是具有分形分布关系的。

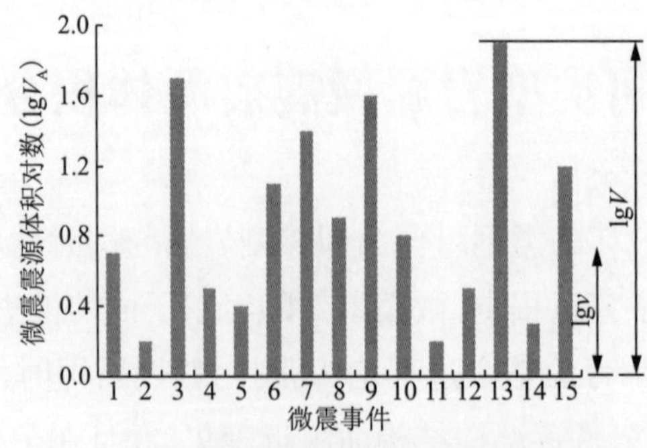

图7-2-1　微震震源体积分形计算参数的选取

7.2.2　即时性应变型岩爆微震典型案例分析

2011 年 11 月 6 日，锦屏二级水电站 2 号引水洞向西 1-2-W 掌子面附近桩号 K8+398 ～ K8+402 位置北侧边墙发生强烈岩爆。该岩爆发生洞段内围岩完整，无结构面发育，围岩岩性为 T_2b 白色巨厚状中粗晶大理岩。岩爆坑最大深度为 1.1m，爆坑呈宽 10m、高 6.5 ～ 8m 的圆形断面，表面起伏不变，其破坏表征形式体现出典型的应变型岩爆特征。结合该岩爆过程中岩体破坏机制与开挖扰动的关系，定义此次强烈岩爆为即时性应变型岩爆。该即时性应变型岩爆发生后岩体的宏观破坏情况如图 7-2-2 所示。选择岩爆中心线前后 30m 范围内的微震事件进行震源体积分形研究，2011 年 11 月 6 日即时型岩爆孕育及发生过程中此范围内的微震事件震源体积对数 lg*v* 的最大值为 2.08，最小值为 0.46，其微震事件空间分布情况如图 7-2-3 所示。

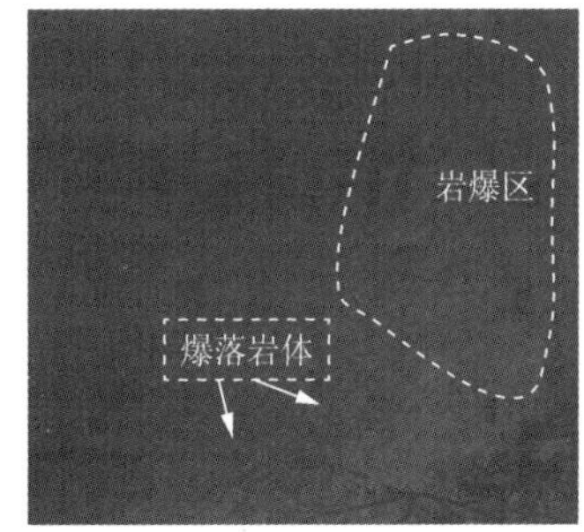

图 7-2-2　2011 年 11 月 6 日岩爆现场照片

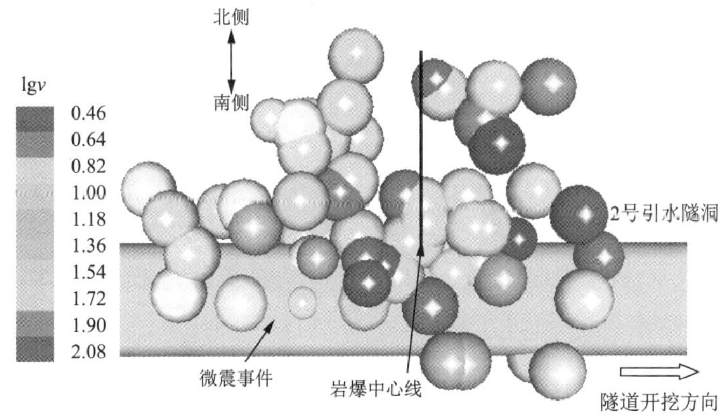

图 7-2-3　2011 年 11 月 6 日岩爆微震事件定位图

根据 2011 年 11 月 6 日即时性应变型岩爆孕育及发生过程中的微震定位事件（图 7-2-3）、式（7-2-2）及微震事件在震源体积上的分布情况计算出 lg*c*（*v*）。以微震事件体积范围 lg*v* 为横坐标（此处选取 0 ～ 0.8、1.1、1.4、1.7、以及最大值 2.08），以 lg*c*（*v*）为纵坐标，建立直角坐标系并进行线性拟合。结果表明，拟合直线具有较好的线性相关性（图 7-2-4），即 2011 年 11 月 6 日即时性应变型岩爆孕育过程中所产生的岩石微裂隙在震源体积上是具有分形分布关系的。即时性应变型岩爆震源体积分形参数选取见表 7-2-1。同时，所求得的直线斜率 D_v 值为此次即时性应变型强烈岩爆孕育及发生过程中微震事件在震源体积上的分形维数值（图 7-2-4 中的◇）。

即时性应变型岩爆震源体积分形参数选取　　　　表 7-2-1

岩爆等级	岩爆日期（年-月-日）	最小震源体积（m^3）	lgv 选取最小值	最大震源体积（m^3）	lgv 选取最大值
强烈	2011-11-6	2.86	0.8	121	2.08
强烈	2011-1-11	1.37	0.8	112	2.05
强烈	2011-1-26	2.38	0.8	95.5	1.98
强烈	2011-4-20	4.03	0.8	107	2.03
中等	2011-2-19	1.87	0.8	105	2.02
中等	2011-8-26	0.704	0.8	93.5	1.97

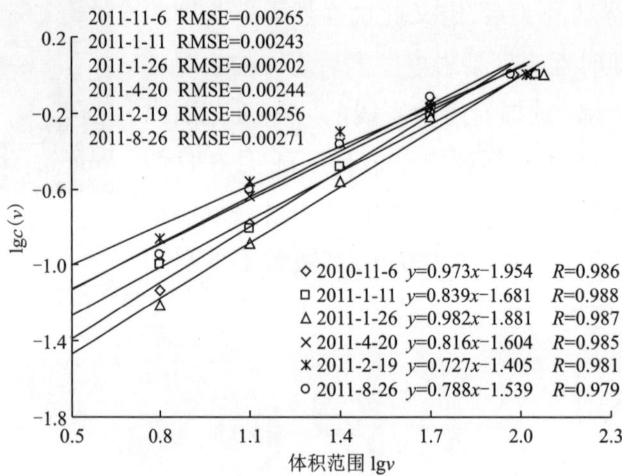

图 7-2-4　即时性应变型岩爆微震事件震源体积分形维数拟合图

运用 7.2.1 节所述的分形计算方法，根据表 7-2-1 中所选取的参数，对多次即时性应变型岩爆孕育及发生过程中的微震事件进行微震震源体积分形计算，如图 7-2-4 所示。图 7-2-4 中线性拟合的平均方差（RMSE）可表示为：

$$\mathrm{RMSE}=\frac{\sum D_i^2}{n} \tag{7-2-4}$$

式中：D_i——线性拟合直线与拟合点之间纵坐标的差值；

n——拟合点的个数（此处 $n=5$）。

从图 7-2-4 中可以看出，lgv 与 lgc(v) 之间具有良好的线性关系，其自相似系数 R 均大于 0.97，平均方差也都小于 0.003。因此，即时性应变型岩爆孕育及发生过程中的微震事件在震源体积上具有分形分布特征，并且表现出良好的自相似性。

7.2.3　应变—结构面滑移型岩爆微震典型案例分析

2010 年 11 月 10 日，3 号引水隧洞桩号 K9+721 ～ K9+710 位置南侧边墙至拱肩处发生强烈岩爆。爆坑最大深度达 1.2m，岩爆爆坑表面可见一条明显的剪切滑移面。此次岩爆既受高地应力的作用，同时也受结构面的控制。结合该岩爆过程中岩体破坏机制与开挖扰动的关系，定义此次强烈岩爆为一条 / 组结构面控制所产生的即时性应变—结构面滑移型岩爆。该即时性应变—结构面滑移型岩爆发生后岩体的宏观破坏情况如图 7-2-5 所示。

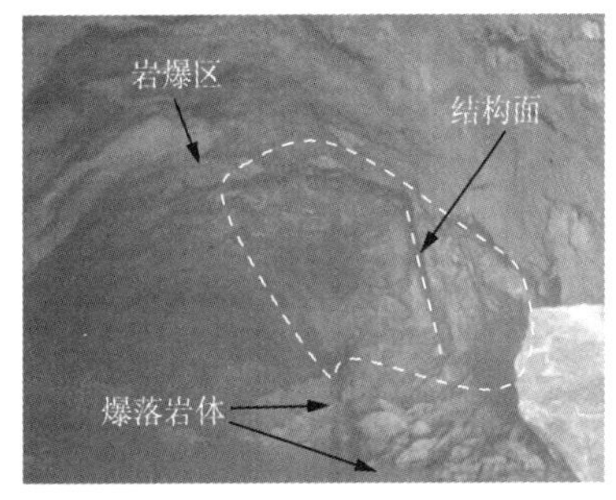

图 7-2-5　2010 年 11 月 10 日岩爆现场照片

同样选择岩爆中心线前后 30m 范围内的微震事件进行体积分形研究，2010 年 11 月 10 日强烈岩爆孕育及发生过程中的微震事件震源体积对数 lg*v* 的最大值为 2.01，最小值为 –0.02，其孕育及发生过程中此范围内的微震事件发生情况如图 7-2-6 所示。

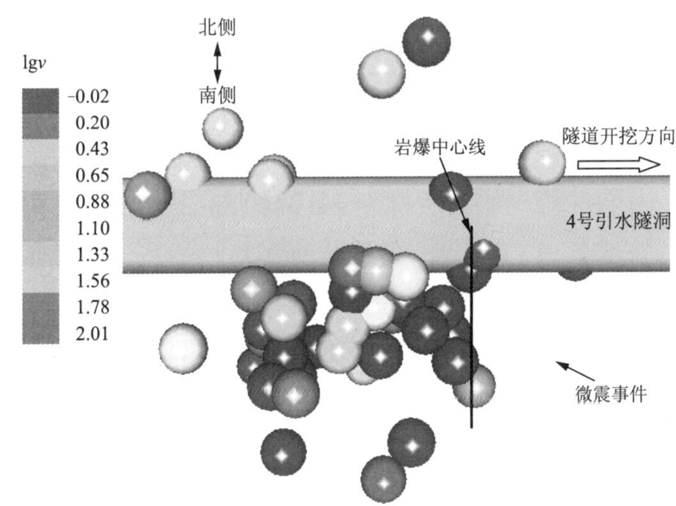

图 7-2-6　2011 年 11 月 10 日岩爆微震事件定位图

运用前文所述的震源体积分形方法，根据表 7-2-2 中所选取的参数，对锦屏二级水电站多次一条结构面控制作用下的即时性应变—结构面滑移型岩爆孕育及发生过程中获得的微震事件进行微震震源体积分形计算，如图 7-2-7 所示。

应变—结构面滑移型岩爆震源体积分形参数(一条结构面)　　表 7-2-2

岩爆等级	岩爆日期(年-月-日)	最小震源体积(m^3)	lg*v* 选取最小值	最大震源体积(m^3)	lg*v* 选取最大值
强烈	2010-11-10	0.942	0.8	102	2.01
强烈	2011-7-26	1.53	0.8	93.3	1.97
强烈	2011-11-21	1.38	0.8	91.2	1.96
中等	2010-12-25	3.14	0.8	109	2.04
中等	2011-3-24	0.887	0.8	95.5	1.98
中等	2011-4-4	0.604	0.8	87.1	1.94

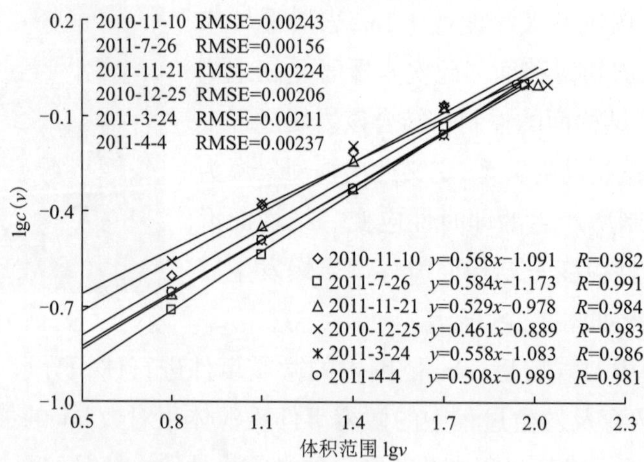

图 7-2-7　一条结构面控制作用下即时性应变—结构面滑移型岩爆微震事件震源体积分形维数拟合图

图 7-2-8　2011 年 1 月 3 日岩爆现场照片

2011 年 1 月 3 日，4 号引水隧洞桩号 K8+051 ～ K8+060 位置掌子面靠近北侧边墙发生中等岩爆，爆坑最大深度达 0.7m、宽度为 7 ～ 9m、高约 5m，岩性为 T_2b 灰色厚层状大理岩。此次岩爆爆坑表面可见多条明显的剪切滑移面（图 7-2-8）。

结合该次中等岩爆发生过程中开挖与扰动的对应关系，定义此次岩爆为两组结构面控制作用下的即时性应变—结构面滑移型岩爆。根据表 7-2-3 中所选取的参数，对施工过程中多条结构面控制作用下的即时性应变—结构面滑移型岩爆进行震源体积分形计算，如图 7-2-9 a）b）所示。

应变—结构面滑移型岩爆震源体积分形参数（多条结构面）　　表 7-2-3

岩爆等级	岩爆日期（年 - 月 - 日）	最小震源体积（m^3）	lgv 选取最小值	最大震源体积（m^3）	lgv 选取最大值
中等	2011-1-3	0.246	0.8	97.7	1.99
强烈	2011-4-5	0.753	0.8	106	2.04
强烈	2011-8-10	2.57	0.8	91.4	1.96
中等	2011-5-16	0.0542	0.8	76.4	1.88
中等	2011-1-13	0.887	0.8	86.9	1.94
中等	2011-6-16	0.278	0.8	105	2.03
中等	2011-7-29	0.916	0.8	91.2	1.96
中等	2011-7-9	1.01	0.8	83.3	1.92
中等	2011-8-12	0.511	0.8	77.8	1.89
中等	2011-7-20	0.416	0.8	81.4	1.91

综合分析图 7-2-7 及图 7-2-9a)、b)发现，lg$v$ 与 lg$c(v)$之间具有良好的线性关系，其自相似系数 R 均大于 0.96，平均方差也均小于 0.003。综上所述，即时性应变—结构面滑移型岩爆孕育及发生过程中的微震事件在震源体积上同样是具有分形分布特征的。

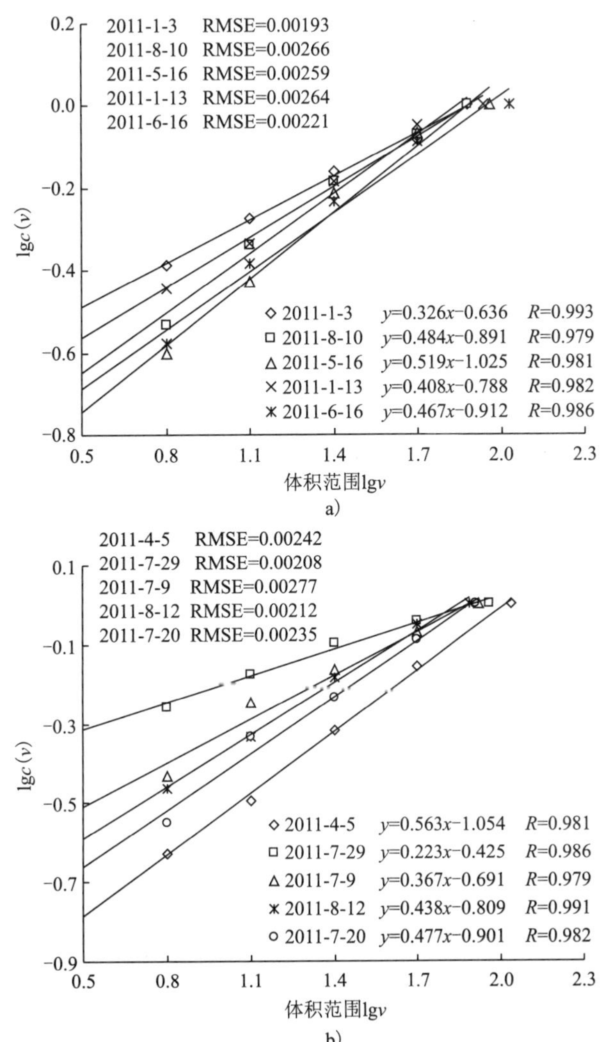

图 7-2-9　多条结构面控制作用下即时性应变—结构面滑移型岩爆微震事件震源体积分形维数拟合图

7.2.4　不同类型即时性岩爆震源体积分形维数分布特征

上述施工排水洞 P 号及 1 号、2 号、3 号、4 号引水洞中等以上即时性应变型岩爆及即时性应变—结构面滑移型岩爆的微震事件震源体积分形维数如图 7-2-10 所示。

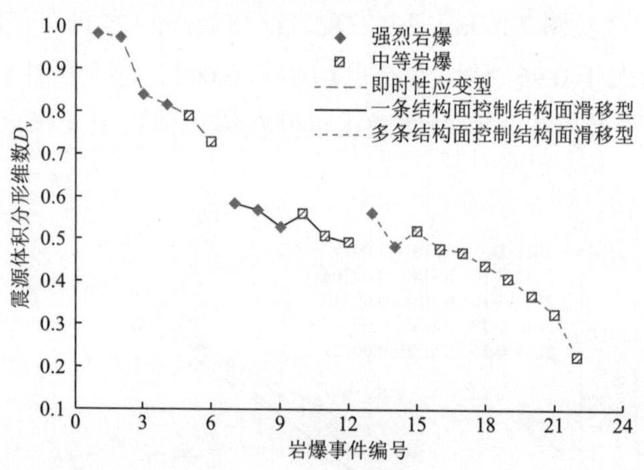

图 7-2-10　不同类型岩爆微震事件震源体积分形维数分布规律

从图 7-2-10 可以看出：即时性应变型岩爆震源体积分形维数均大于 0.7（本书所针对的岩爆实例主要分布在 0.7 ～ 1.0 范围内），即时性应变—结构面滑移型岩爆震源体积分形维数分布在 0.2 ～ 0.6 范围内，这意味着根据微震事件体积分形维数可以对即时性岩爆的类型进行区分；对于即时性应变型岩爆来说，强烈岩爆微震事件震源体积分形维数分布在 0.8 ～ 1.0 范围，大于中等岩爆分布范围（0.7 ～ 0.8）；对于即时性应变—结构面滑移型岩爆，强烈岩爆微震事件震源体积分形维数分布在 0.5 ～ 0.6 范围总体上大于中等岩爆（分布范围在 0.2 ～ 0.6），同时随着结构面数目的增加震源体积分形维数具有降低的趋势（一条结构面控制滑移型分布范围在 0.4 ～ 0.6，多条结构面控制滑移型分布范围在 0.2 ～ 0.6），但是不存在一一对应的情况，分析其原因是对于即时性应变—结构面滑移型岩爆，其震源体积分形维数同样受到结构面长度、角度等方面因素的影响。

微震事件震源体积分形维数表示的是微震事件在微震震源体积上的分布情况，大尺寸的微震事件所占的比重越少，震源体积分形维数越小。即时性应变型岩爆微震震源体积分形维数大于即时性应变—结构面滑移型岩爆，说明即时性应变型岩爆孕育过程中的微震事件在震源尺寸上的分布要高于即时性应变—结构面滑移型岩爆。

图 7-2-11 为相同等级两种不同类型即时性岩爆微震事件震源尺寸（半径）的分布情况，对上述结论进行了印证：从图 7-2-11 a）、b）中可以看出，对于相同等级的即时性岩爆来说，应变—结构面滑移型岩爆震源半径小于 2m 的微震事件率大于应变型岩爆，并且随着震源半径的增加其微震事件率表现出递减的趋势；而应变型岩爆震源半径大于 2m 的事件率高于应变—结构面滑移型岩爆，且在震源半径的分布上表现出一种接近正态的分布规律。同样，对于即时性应变型强烈岩爆的震源体积分形维数大于中等岩爆，说明强烈岩爆孕育及发生过程中大尺寸微震事件分布高于中等岩爆；对于即时性应

变—结构面滑移型岩爆，岩爆等级越低、结构面数量越多，微震信息震源尺寸分布就越低，其微震事件震源体积分形维数与岩爆等级具有正比关系，与结构面数具有反比关系。

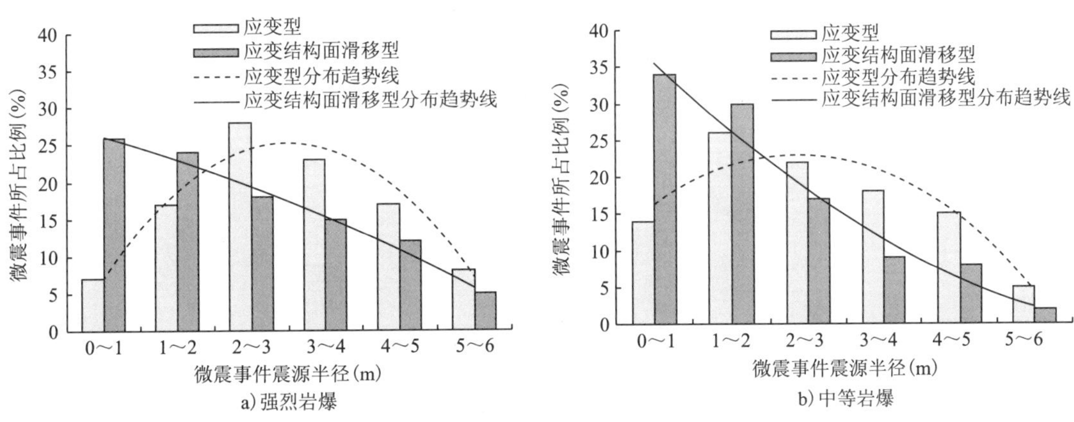

图 7-2-11 相同等级不同类型岩爆震源尺寸的分布情况

综上所述，在即时型岩爆孕育及发生过程中，结构面的发育可以控制微震事件的震源尺寸，使得震源体积分形维数值减小。分析其原因在于：岩体中结构面的发育使得开挖过程中大量小尺寸破裂事件沿着结构面张开、扩展，随着结构面条 / 组数目的增加，小尺寸微震事件的所占比率也不断增大，同时微震震源体积分形维数值就不断降低。在锦屏二级水电站深埋引水隧洞开挖微震监测过程中，运用粒子群的人工智能方法对 P 波及 S 波的波速进行及时的反演，确保微震事件的定位精度达到 97% 以上。

7.3　岩爆孕育过程微震震源体积分形研究

7.3.1　应变型岩爆孕育过程震源体积自相似特征研究

2011 年 4 月 20 日 2:30，3 号引水隧洞掌子面开挖至桩号 K6+106 的位置时，伴随着一声巨大的声响，于掌子面南侧发生强烈岩爆。此次岩爆最大爆坑深度为约 1.2m，爆坑呈现长 13m、高 10m 的圆形断面，爆坑表面起伏不定表现出明显的张拉破坏特征（图 7-3-1）。

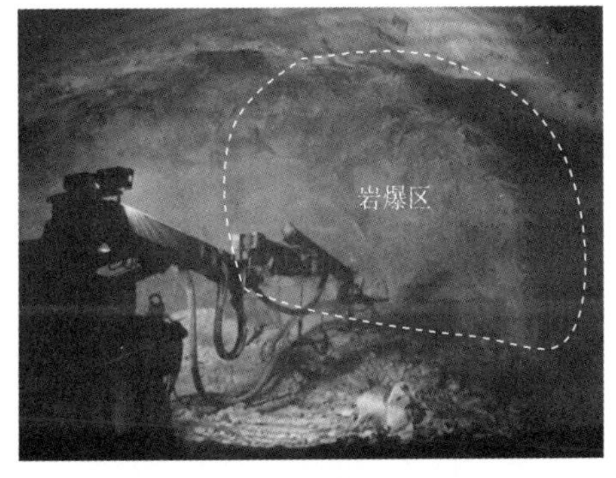

图 7-3-1　2011 年 4 月 20 日岩爆现场照片

基于岩爆过程与掌子面开挖扰动之间的关系，定义其为典型的即时性应变型强烈岩爆。此次岩爆孕育及发生过程中，岩爆影响范围内的有效微震事件（岩爆中心线 ±30m 范围）如图 7-3-2 所示。运用前述的震源体积分形方法，根据表 7-3-1 中所选取的参数，对此次应变型岩爆孕育及发生过程中每一日的微震事件进行震源体积分形计算，其结果如表 7-3-1 所示。

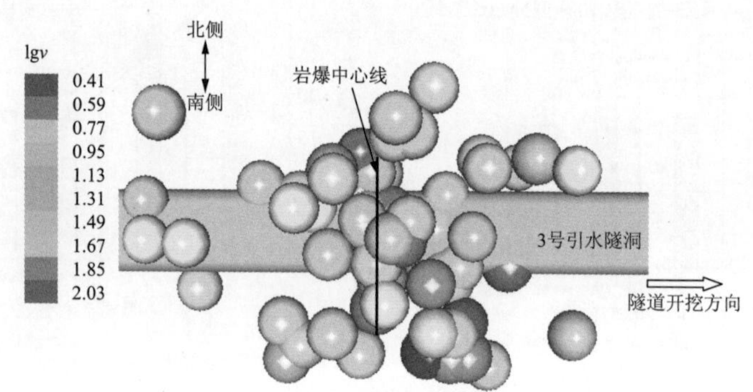

图 7-3-2　2011 年 4 月 20 日岩爆微震事件定位图

应变型岩爆震源体积分形参数选取

表 7-3-1

日期（年 - 月 - 日）	最小震源体积（m^3）	lgv 选取最小值	最大震源体积（m^3）	lgv 选取最大值
2011-4-16	2.42	0.8	85.1	1.93
2011-4-17	2.53	0.8	91.2	1.96
2011-4-18	3.02	0.8	83.3	1.92
2011-4-19	4.87	0.8	93.2	1.97
2011-4-20	6.04	0.8	108	2.03

从图 7-3-3 中可以发现，lg$v$ 与 lg$c$（v）之间同样具有良好的线性关系，其自相似系数 R 均大于 0.98。同时对 1 ～ 4 号引水隧洞施工过程中不同等级的应变型岩爆（表 7-3-2）孕育及发生过程中的微震事件进行震源体积参数分形行为研究，如图 7-3-4a）～ e）所示。其结果表明，应变型岩爆孕育及发生过程中的微震事件在震源体积上同样表现出分形分布特征，并且具有良好的自相似性 [lg$v$-lg$c$（v）之间具有良好的线性关系]。

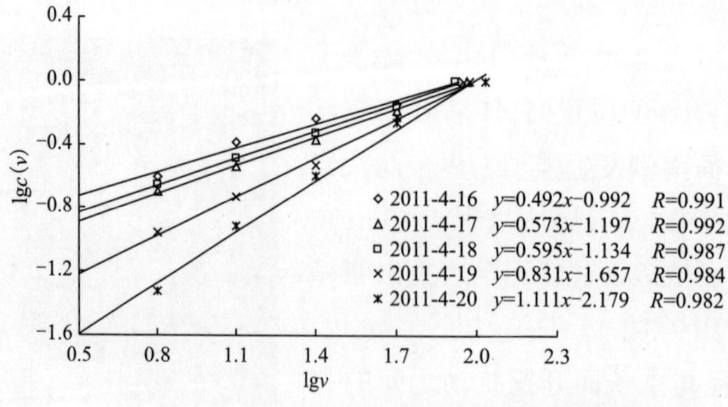

图 7-3-3　2011 年 4 月 20 日岩爆震源体积分形维数拟合图

应变型岩爆的典型实例　　　　表 7-3-2

岩爆强度	隧洞编号	岩爆日期（年-月-日）	岩爆描述
强烈岩爆	4 号引水隧洞	2011-1-26	SK8+753~ SK8 +761 位置南侧边墙发生强烈岩爆，岩爆爆坑表现出圆形断面，爆坑最大深度 1.3m，高度约为 6m，宽 8m
	1 号引水隧洞	2011-1-11	掌子面当开挖到 K8+706 ～ K8+709 位置时洞段北侧边墙发生岩爆，此次岩爆爆坑最大深度 1.4m，高度约为 8 ～ 10m，直径约 10m，造成设备损坏和人员受伤
	2 号引水隧洞	2011-1-16	钻爆法开挖过程中，K9+178 ～ K9+181 北侧边墙强烈岩爆，圆弧形断面，宽 10m，高 8.5 ～ 9m
中等岩爆	4 号引水隧洞	2011-11-6	掌子面向西开挖段，引 K8+393 ～ K8+400 南侧边墙发生岩爆，此次岩爆爆坑宽约为 6.4m，最大深度 0.8m，岩爆过程中未造成设备损坏及人员伤亡
	3 号引水隧洞	2011-2-19	北侧边墙 K11+023 ～ K11+030 上台阶钻爆法开挖，拱肩处强烈岩爆，爆坑为圆弧形断面，最大深度 0.86m，宽 7m，高 8.5 ～ 9m

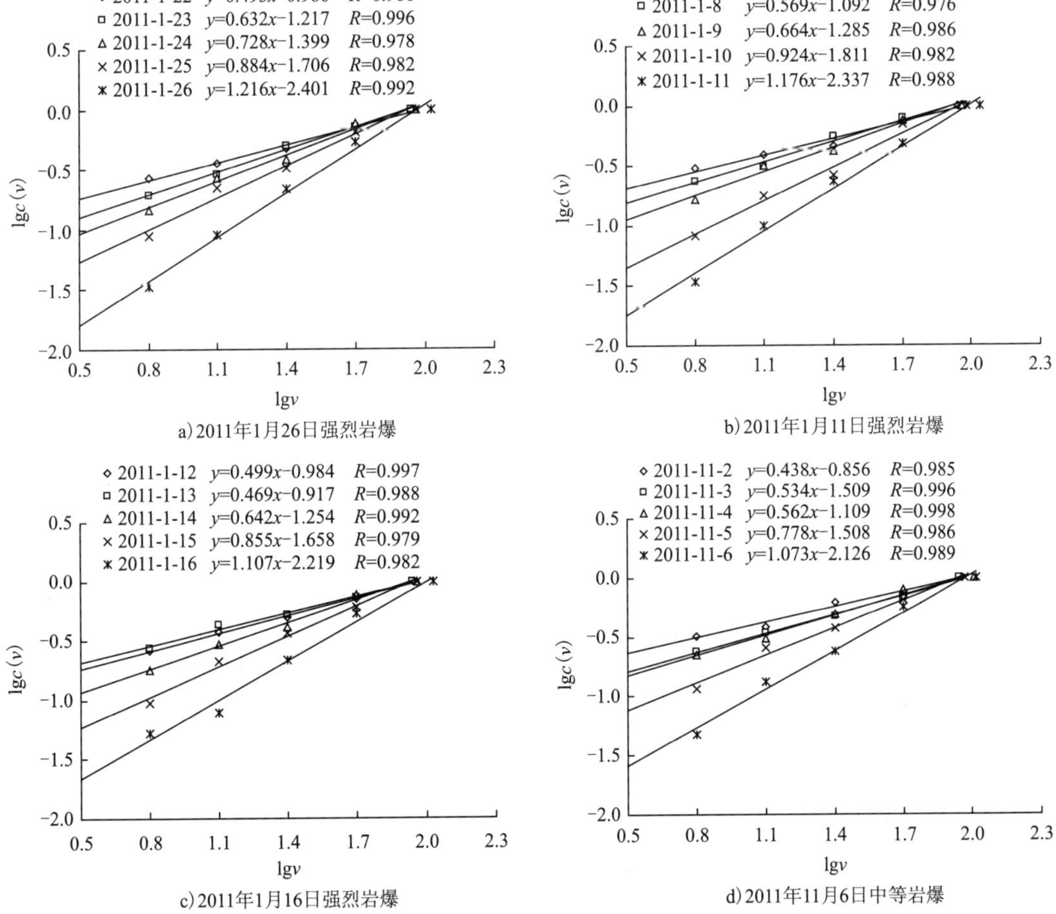

图 7-3-4

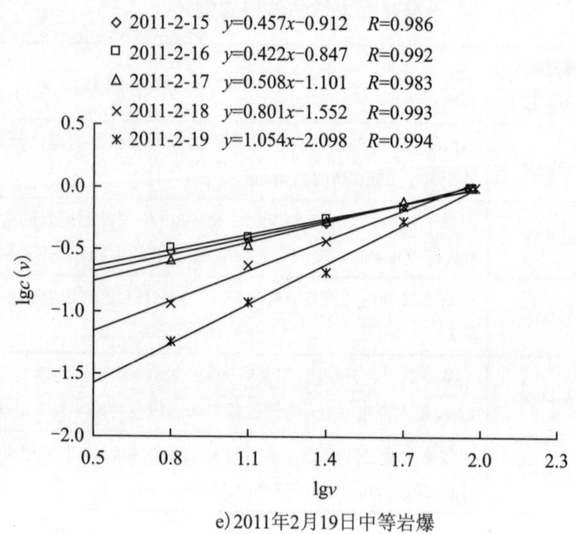

图 7-3-4　应变型岩爆震源体积分形维数拟合图

应变型岩爆孕育及发生过程中每一天的震源体积分形维数变化特征如图 7-3-5 所示。从图 7-3-5 中可以看出，应变型岩爆过程中的震源体积分形维数主要集中分布在 0.4 ～ 1.3 范围内，大于结构面滑移型，同样具有随着岩爆孕育过程不断增加，当岩爆发生时达到最大值的特征，并且在岩爆发生当天的震源体积分形维数均达到 1.0 以上。

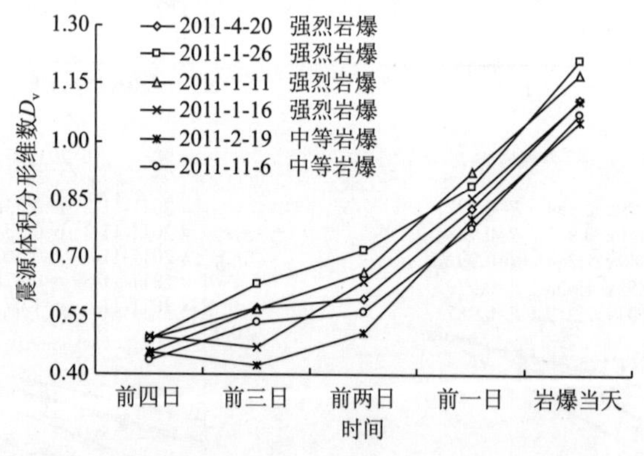

图 7-3-5　即时性应变型岩爆孕育过程的体积分形维数演化特征

7.3.2　应变—结构面滑移型岩爆孕育过程震源体积自相似特征研究

2010 年 12 月 7 日 16:25，4 号引水洞 K10+420 ～ K10+408 位置南侧边墙至拱底处

发生中等岩爆，此开挖段岩性为 T_2b 灰白色～灰黑色厚层状粗晶大理岩。岩爆爆坑最大深度为 0.88m，爆坑呈现宽为 12m、高 8.5 ～ 9m 的楔形断面，岩爆爆坑表面可见明显的剪切滑动面，结合此次岩爆发生的位置及岩爆现场的围岩岩体破坏机制分析，确定此次中等岩爆为即时性应变—结构面滑移型岩爆。上述岩爆发生情况如图 7-3-6 所示。

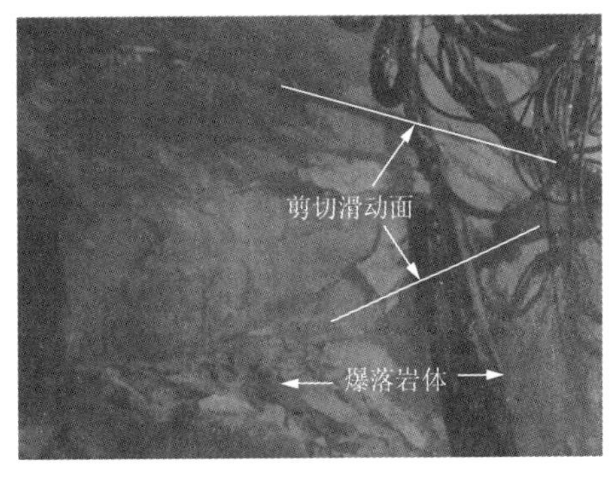

图 7-3-6　2010 年 12 月 7 日岩爆现场照片

2010 年 12 月 7 日应变—结构面滑移型岩爆孕育及发生过程中的微震事件震源体积对数 $\lg V_A$ 的最大值为 1.99，最小值为 -0.61，其孕育及发生过程中此范围（K10+384 ～ K10+444）内的微震事件发生情况如图 7-3-7 所示。

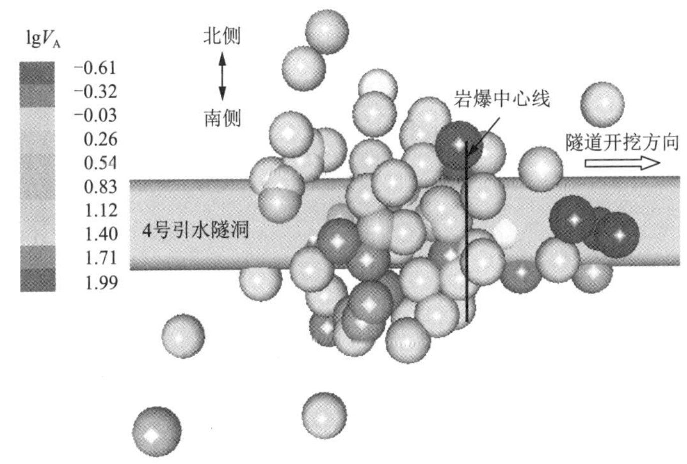

图 7-3-7　2010 年 12 月 7 日岩爆微震事件定位图

基于 2010 年 12 月 7 日应变—结构面型岩爆孕育及发生过程中微震事件在震源体积上的分布特征，确定微震事件数总 N 及体积 v 内微震事件的偶对数目 $N(v)$，并计算出相应的 $\lg c(v)$。以 $\lg c(v)$ 为纵坐标，$\lg v$ 为横坐标（本书 $\lg v$ 选值为：0.8、1.1、1.4、1.7、及最大值）进行线性拟合，所求得直线 $\lg v$-$\lg c(v)$ 斜率即为震源体积上的分形维数值。运用上述计算方法，根据表 7-3-3 中所选取的参数，对 2010 年 12 月 3 日至 12 月 7 日即时性应变—结构面滑移型岩爆孕育及发生过程中每一天的微震事件进行微震震源体积分形行为计算，其结果如图 7-3-8 所示。从图 7-3-8 中可以看出，$\lg v$ 与 $\lg c(v)$ 之间均表现出良好的线性关系，表明 2010 年 12 月 3 日至 12 月 7 日应变—结构面滑移型岩爆孕育及发生过程中的每一天的微震事件在震源体积上均表现出分形分布特征，并且具有良好的自相似性。

应变—结构面滑移型岩爆震源体积分形参数选取　　表 7-3-3

日期(年-月-日)	最小震源体积(m^3)	lg*v* 选取最小值	最大震源体积(m^3)	lg*v* 选取最大值
2010-12-3	0.237	0.8	82.9	1.92
2010-12-4	0.243	0.8	85.4	1.93
2010-12-5	0.403	0.8	84.7	1.93
2010-12-6	0.387	0.8	89.3	1.95
2010-12-7	0.812	0.8	98.6	1.99

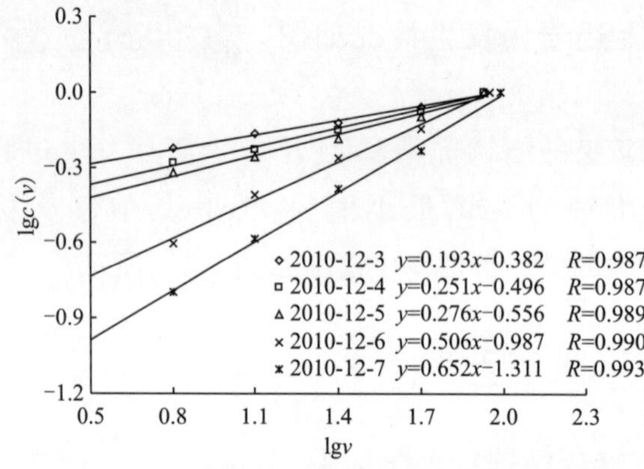

图 7-3-8　2010 年 12 月 7 日岩爆震源体积分形维数拟合图

同时对表 7-3-4 所示 1～4 号引水隧洞施工过程中大量不同等级的应变—结构面滑移型岩爆孕育及发生过程中的微震事件进行震源体积参数分形计算。

应变—结构面滑移型岩爆的典型实例　　表 7-3-4

岩爆强度	隧洞编号	岩爆日期(年-月-日)	岩爆描述
强烈岩爆	1 号引水隧洞	2010-12-25	钻爆法开挖方式下 K7+753 处上台阶钻爆法开挖过程中，顶拱处发生强烈岩爆，岩爆爆坑为圆弧形断面，宽 13m，高 8.5～9m，最大深度 1.4m，见明显剪切滑移面
	2 号引水隧洞	2011-7-26	上台阶开挖过程中，K7+802～K7+808 拱顶处发生强烈岩爆，圆弧形爆坑断面，宽 11m，高 8.5～9m
	3 号引水隧洞	2011-8-10	K8+700～K8+728 北边墙至拱肩处发生结构面滑移型强烈岩爆，圆弧形断面，宽 13m，高 8.7～9m
	4 号引水隧洞	2011-11-21	K6+020～K6+018 向西工作面距离底板高度为 8m 的顶拱发生强烈岩爆，爆坑长度约 7.3m，最大深度约 1.3m
中等岩爆	2 号引水隧洞	2011-1-13	上台阶钻爆法开挖，K8+875 位置拱肩处发生中等岩爆，岩性为 T_2b 灰白色厚层状细晶大理岩，爆坑为圆弧形断面，宽 8m，高 6m，最大深度约 0.86m
	4 号引水隧洞	2011-4-5	K5+997～K5+993 位置中等岩爆，岩性为 T_2b 灰白色厚层状细晶大理岩，爆坑为圆形断面，宽 7.6m，高 6.2m
	1 号引水隧洞	2011-7-20	上台阶钻爆法开挖过程中，K6+786 发生中等岩爆，爆坑为圆弧形断面，宽 9.2m，高 5.5～7m，最大深度 0.74m
	3 号引水隧洞	2011-7-29	K8+697～K8+691 位置发生结构面滑移型中等岩爆。上台阶钻爆法开挖，爆坑呈圆弧形断面，宽 6m，高 6m
	4 号引水隧洞	2011-8-12	4 号引水隧洞 K8+812～K8+837 北边墙至拱肩中等岩爆。上台阶钻爆法开挖，爆坑呈圆形断面，宽 6.5m，高 6.2m

结果表明应变—结构面滑移型岩爆孕育及发生过程中的微震事件在震源体积上均表现出分形分布特征［图 7-3-9a）～ i）］，并且具有良好的自相似性［lg$v$-lg$c$（v）之间均具有良好的线性关系，其自相似系数 R 均大于 0.97］。1 ～ 4 号引水隧洞不同等级应变—结构面滑移型岩爆孕育及发生过程中每一天的震源体积分形维数演化特征如图 7-3-10 a）、b）所示。从图 7-3-10 中可以看出，即时性应变—结构面滑移型岩爆过程中的震源体积分形维数分布在 0.1 ～ 0.8 的范围内，具有随着岩爆孕育过程不断增加，当岩爆发生时达到最大值的特征，并且在岩爆发生当天的震源体积分形维数均大于 0.5。

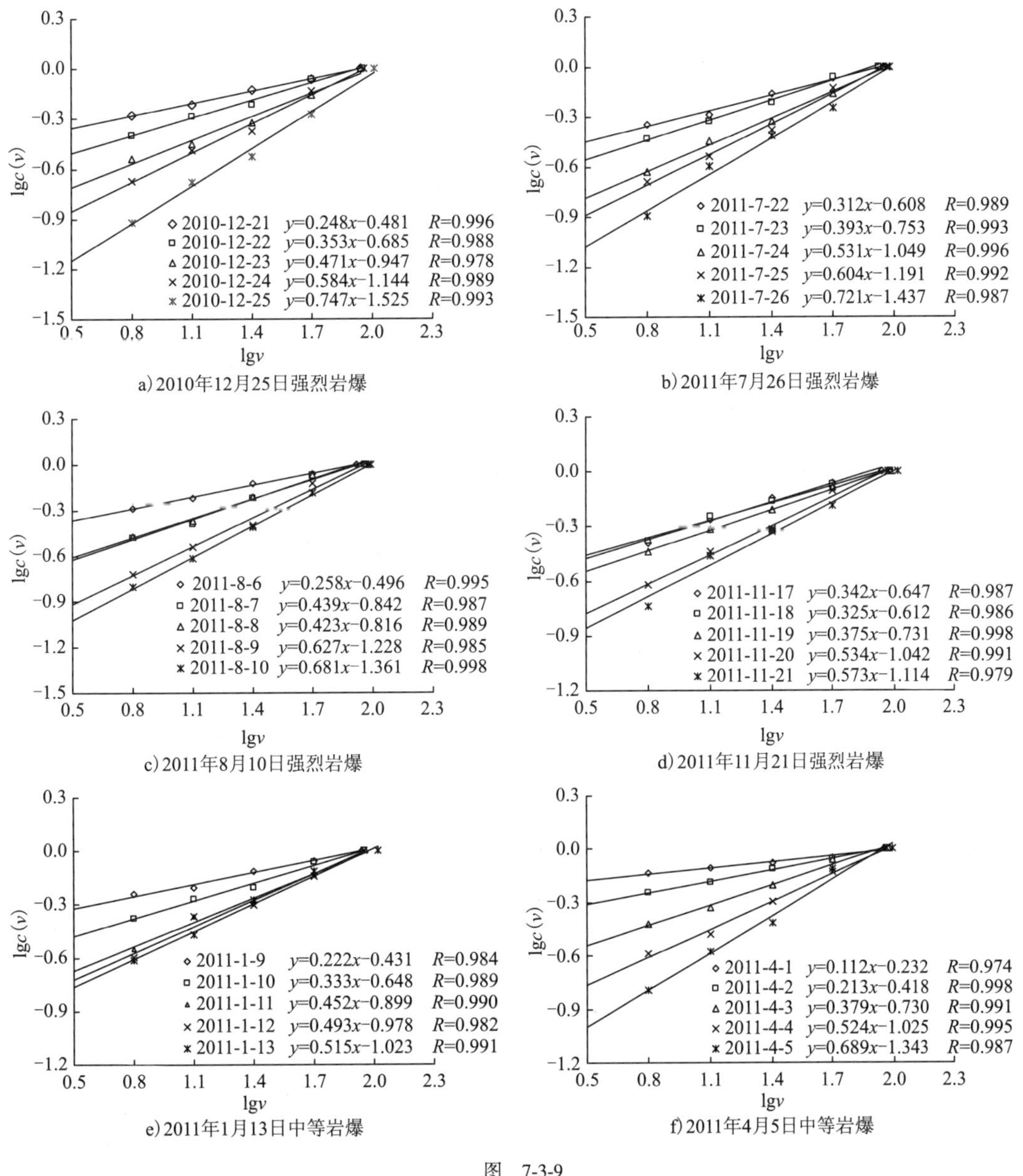

a) 2010年12月25日强烈岩爆
b) 2011年7月26日强烈岩爆
c) 2011年8月10日强烈岩爆
d) 2011年11月21日强烈岩爆
e) 2011年1月13日中等岩爆
f) 2011年4月5日中等岩爆

图 7-3-9

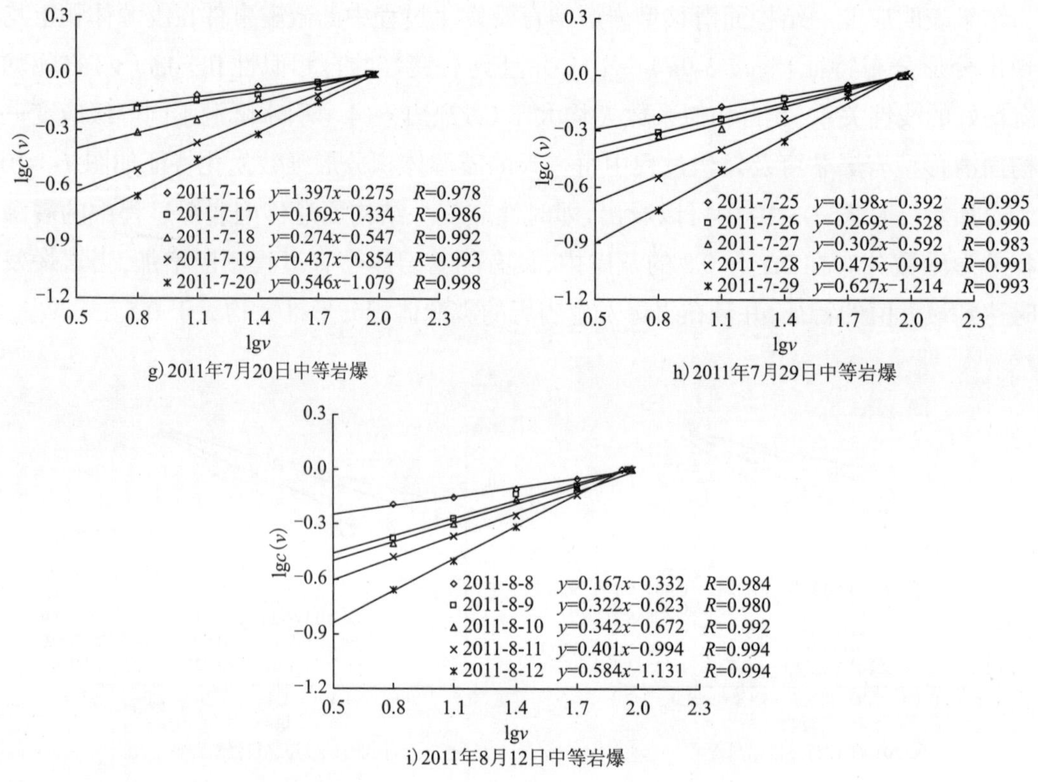

g) 2011年7月20日中等岩爆　　h) 2011年7月29日中等岩爆

i) 2011年8月12日中等岩爆

图 7-3-9　应变—结构面滑移型岩爆震源体积分形维数拟合图

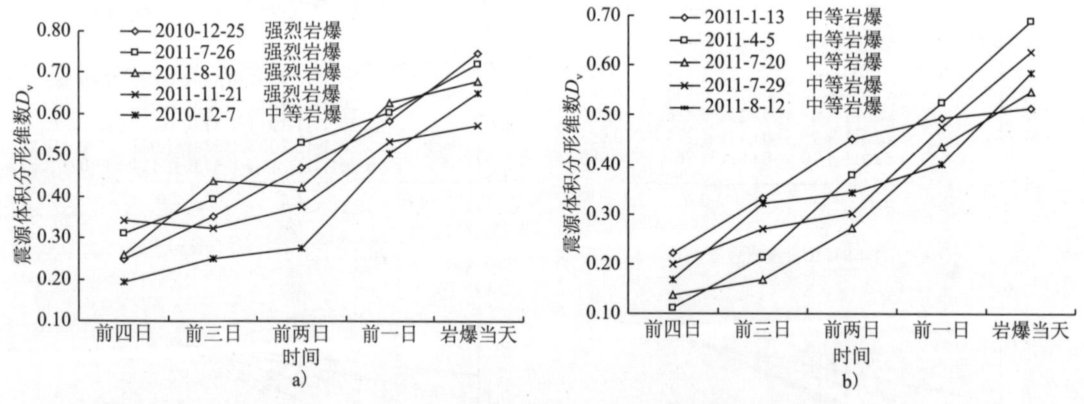

a)　　b)

图 7-3-10　应变—结构面型岩爆孕育过程的体积分形维数演化特征

两种不同类型即时型岩爆（应变—结构面滑移型、应变型）均具有震源体积分形维数随着岩爆孕育过程不断增加，当岩爆发生时达到最大值的特征。其结论从分形的角度证实即时型岩爆孕育及发生过程中，岩爆区围岩岩体均处于破坏区加速积累、不断扩展并相互贯通的过程；当岩体破坏发展到一定范围时，伴随着裂隙的相互贯通、围岩弹性势能的突然释放，就会导致岩爆的发生。不同类型、等级即时型岩爆当天震源体积分形维数分布情况如图 7-3-11 所示，从图 7-3-11 中可以看出，即时性应变型岩爆发生当天的震源体积分形维数（大于 1.0）高于结构面型岩爆震源体积分形维数（小于 0.8）。

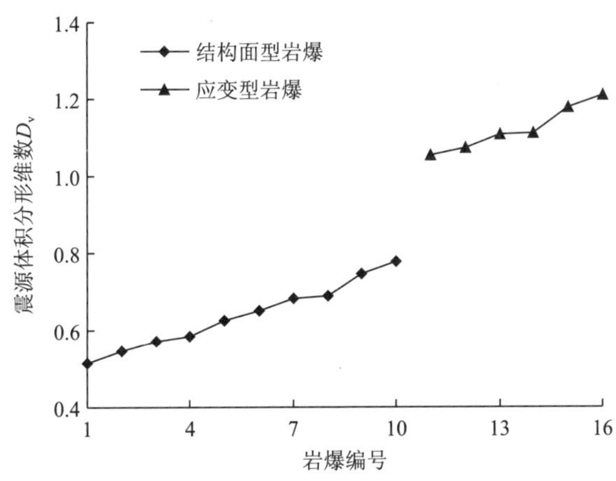

图 7-3-11　岩爆当天微震震源体积分形维数分布规律（按分形维数从小到大进行排列）

7.4　不同开挖方式下岩爆动态预警指标及应用研究

基于隧洞施工过程中掌子面后方的围岩特征及地应力变化情况，采用 FLAC3D 数值计算软件进行计算分析，根据锦屏二级水电站深部岩体隧洞建立数值计算模型，将隧道内轮廓面设为自由边界面，以洞壁约 3 倍洞径的范围设为约束边界，隧洞围岩边界取法向约束，CWFS 模型的其他参数分别为：黏聚力临界塑性应变值 0.14%，摩擦强度的临界塑性应变值 0.48%。在此基础上，微震实时监测获得的微震定位信息进行能量分形计算，将不同等级岩爆发生过程中的局部能量释放率指标与微震信息能量分形值相结合，进而建立不同等级岩爆条件下的局部能量释放率与微震监测相结合的综合预警指标。

7.4.1　基于典型案例的岩爆灾害综合预警方法及指标研究

2 号引水隧洞 K8+813 ～ K8+825 开挖段埋深为 2475m，岩性为厚层状粗晶大理岩，其地应力分布特征（表 7-4-1），对上述断面开挖过程进行局部能量释放率进行计算，图 7-4-1 为隧洞开挖后的局部能量释放分布云图。从图 7-4-1 可以看出，其南、北边墙为开挖过程中的能量释放集中区，局部能量释放率最大值达到 $4.48 \times 10^5 J/m^3$（图 7-4-2）。

同时2010年8月7日至8月11日的微震事件具有明显向能量释放区集中的趋势，定位及能量随时间分布如图7-4-3 a）、b）所示。

2号引水洞K8+813～K8825开挖段地应力情况　　表7-4-1

埋深（m）	σ_x（MPa）	σ_y（MPa）	σ_z（MPa）	τ_{xy}（MPa）	τ_{yz}（MPa）	τ_{xz}（MPa）
2475	-52.3	-54.7	-65.9	-2.11	-4.23	3.43

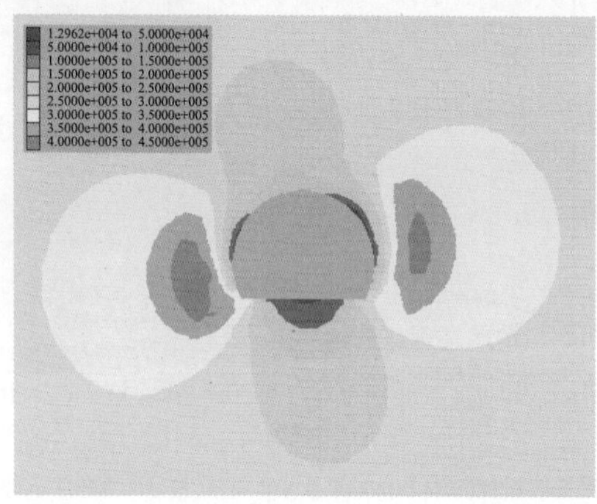

图7-4-1　2号引水洞K8+815～K8+825断面局部能量释放率指标（J/m³）

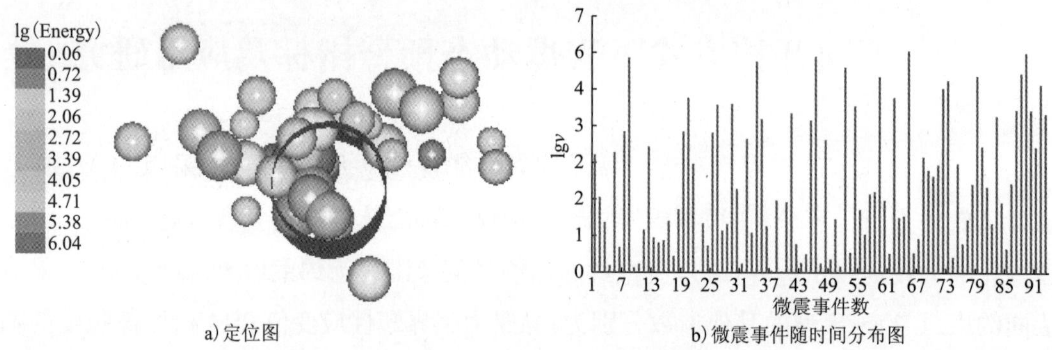

a）定位图　　b）微震事件随时间分布图

图7-4-2　2号引水隧洞K8+815～K8+855桩号范围内的微震信息特征

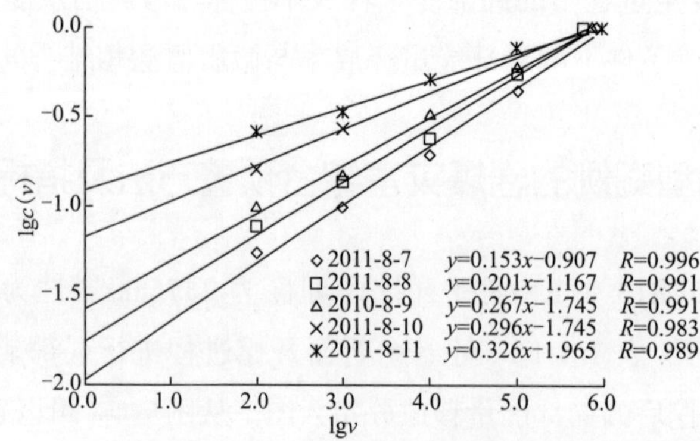

图7-4-3　K8+871～K8+877岩爆微震能量分形维数拟合图

根据表 7-4-2 中的参数（$\lg v$ 选值为 2、3、4、5，微震能量最大值 $\lg E_{max}$），并结合 7.2.1 节所述的能量分形计算方法，对上述范围内每一日（0 ～ 24h）的微震事件进行能量分形计算研究，$\lg v$-$\lg c(v)$之间均具有良好的线性关系（如图 7-4-3 所示自相似系数 R 均大于 0.97），并且能量分形维数随时间变化具有明显增加的趋势，从 8 月 7 日的 0.153 上升至 8 月 11 日的 0.326。与此相对应，2010 年 8 月 12 日 7:30 左右，该区域内北边墙的位置发生强烈岩爆，爆坑最大深度约 1.4m，长度为 12m，高度为 4.5m，此次强烈岩爆孕育过程中的能量分形维数变化特征、岩爆的现场照片及爆坑断面形态如图 7-4-4 所示。

即时性应变滑移型岩爆震源体积分形参数选取　　表 7-4-2

日期（年 - 月 - 日）	最小震源体积（m^3）	$\lg v$ 选取最小值	最大震源体积（m^3）	$\lg v$ 选取最大值
2010-12-3	0.237	2	82.9	5.92
2010-12-4	0.243	2	85.4	5.93
2010-12-5	0.403	2	84.7	5.93
2010-12-6	0.387	2	89.3	5.95
2010-12-7	0.812	2	98.6	5.99

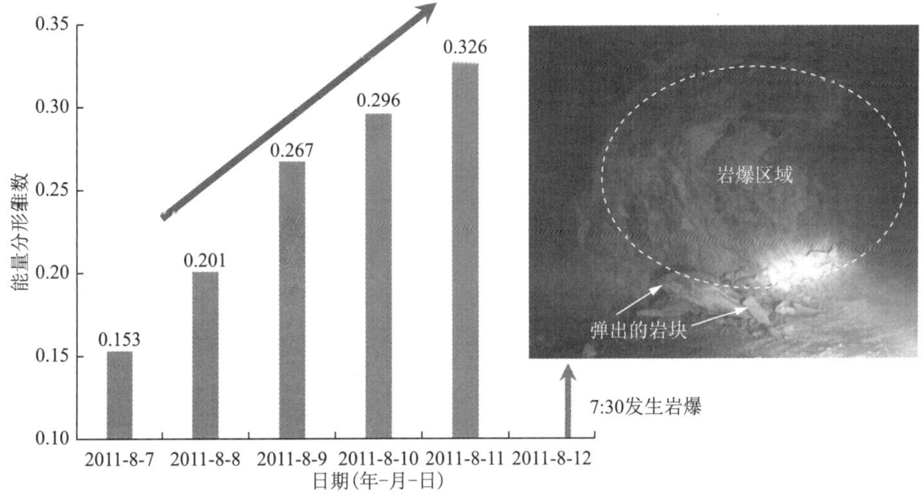

图 7-4-4　2010 年 8 月 12 日岩爆孕育过程中预警区内的能量变化特征

4 号引水隧洞 K8+051 ～ K8060 研究区域埋深 2503m，地应力情况如表 7-4-3 所示，其局部能量释放率计算结果如图 7-4-5 所示，表明此开挖段北侧边墙至底板的位置为能量释放集中区，局部能量释放率最大值达到 $3.95 \times 10^5 J/m^3$。同时，发现在 2010 年 12 月 28 日至 2011 年 1 月 2 日，其微震事件具有向能量释放区集中的趋势（图 7-4-6），并且其能量分形维数也由 2010 年 12 月 28 日的 0.163 不断增长为 2011 年 1 月 2 日的 0.306。与此相对应，2011 年 1 月 3 日 10：00，此开挖段掌子面靠近北侧边墙位置发生中等岩爆，爆坑最大深度达 0.7m、宽度 7 ～ 9m、高约 4 ～ 5m，此次岩爆孕育过程中预警区内的能量变化特征如图 7-4-7 所示。综上所述，将局部能量释放率与微震监测相结合进行分析，不仅能够对岩爆灾害进行预警研究，还能够能较好地预测出岩爆发生的具体位置及范围。

4 号引水洞 K8+050 ～ K8+060 开挖段地应力情况　　表 7-4-3

埋深（m）	σ_x（MPa）	σ_y（MPa）	σ_z（MPa）	τ_{xy}（MPa）	τ_{yz}（MPa）	τ_{xz}（MPa）
2086	-42.9	-44.9	-48.0	-0.35	-3.23	10.19

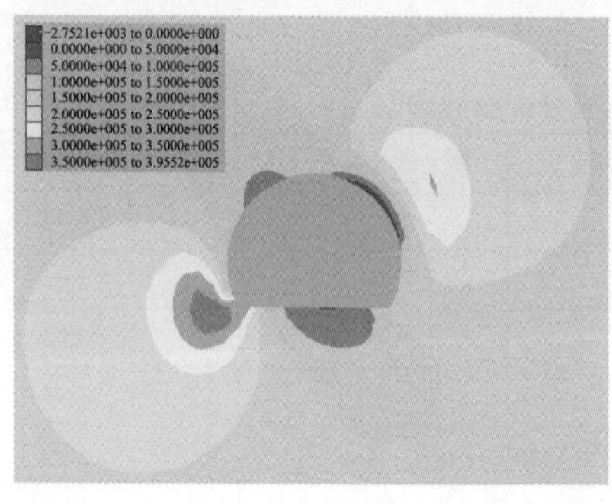

图 7-4-5　4 号引水洞 K8+020 ～ K8+060 断面局部能量释放率（单位：J/m³）

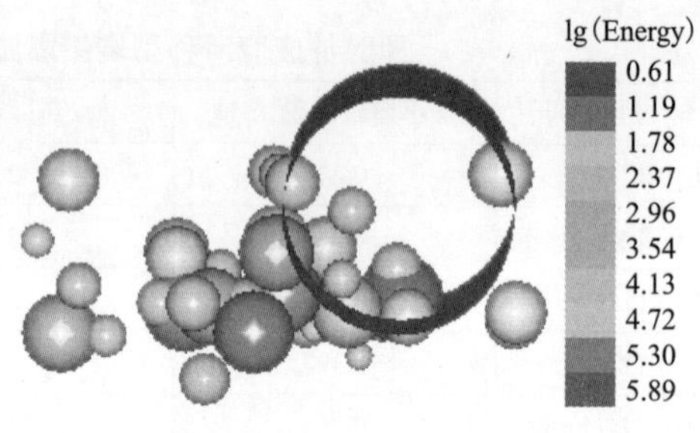

图 7-4-6　4 号引水洞 K8+050 ～ K8+060 断面微震事件分布图

图 7-4-7　2011 年 1 月 3 日岩爆孕育过程中预警区内的能量变化特征

图 7-4-8 为 2010 年 1 月至 2011 年 12 月，锦屏二级水电站深埋隧洞工程 40 次不同等级岩爆发生前的局部能量释放率指标及微震事件能量分行维数的综合指标值，从图 7-4-8 中可以发现：当局部能量释放率对数最大值在 5.4（能量释放率 2.51×10^5J/m³）以上，同时微震信息能量分形维数值大于 0.32 时，将发生强烈岩爆；当局部能量释放率对数值介于 5.1 ～ 5.5（能量释放率 1.25×10^5 ～ 3.16×10^5J/m³）之间，同时微震能量对数

值达到 0.25 ～ 0.32 之间时，具有中等或轻微岩爆风险；当局部能量释放率对数值处于 4.8（能量释放率 $6.3 \times 10^4 J/m^3$）以下时，微震能量分形维数值均小于 0.2，且无岩爆风险。

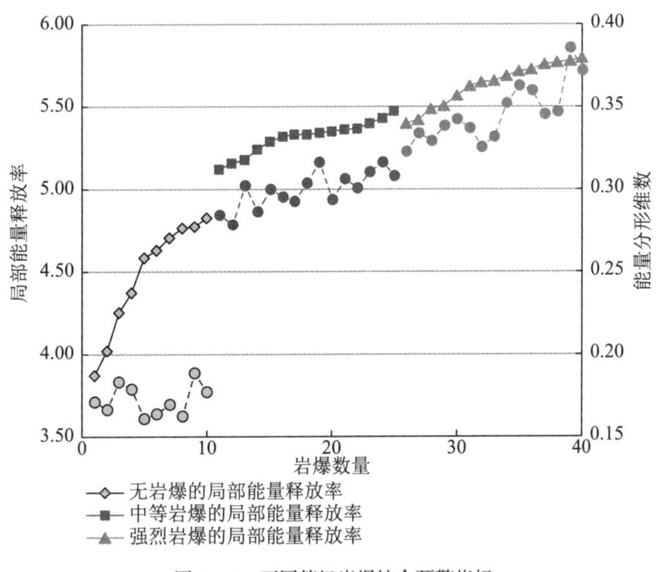

图 7-4-8 不同等级岩爆综合预警指标

综上所述，在锦屏二级水电站深部岩体隧道施工过程中：首先，进行局部能量释放率指标计算，根据其计算指标确定不同等级岩爆发生的潜在风险区域（局部能量释放率最大值在 1.25×10^5 ～ $3.16 \times 10^5 J/m^3$ 范围内时为轻微～中等岩爆潜在风险区域，若大于 $2.51 \times 10^5 J/m^3$ 时则具有强烈岩爆发生风险，小于 $6.3 \times 10^4 J/m^3$ 为非岩爆风险区域）。然后，有针对性地对具有岩爆潜在风险的区域进行微震监测研究，并且将局部能量释放率指标与微震事件能量分形维计算结果紧密结合，进而达到对岩爆的强度、位置以及范围进行动态预警的目的。

7.4.2 综合预警指标的岩爆预警实例

2 号引水隧洞桩号 K8+133 ～ K8+145 施工段经计算后确定北侧边墙位置具有轻微～中等岩爆潜在风险，局部能量释放率最大计算值为 $2.88 \times 10^4 J/m$。2012 年 7 月 1 日至 7 月 8 日此范围内的微震信息能量分形维数维持在 0.151 ～ 0.188 的范围内，自 7 月 9 日微震事件开始向能量释放区聚集，并且微震事件能量分形维数由 7 月 9 日的 0.188 持续增加到 7 月 12 日的 0.276，经综合预警指标认定并于 7 月 13 日凌晨发出岩爆风险警报后停止开挖工作，以减小围岩扰动的基础上对该施工段加强支护，7 月 13 日岩爆风险范围内的微震事件能量分形维数继续上升至 0.313；7 月 14 日在该区域施作直径 30mm、长度为6m左右的中空预应力系统锚杆，进而提高围岩岩体承载能力、控制裂隙扩展，采取上述措施后微震能量分形维数明显降低至0.267，其后自7月15日起能量分形维数恢复0.1804以下，岩爆风险解除。显然上述工程措施的实施有效地抑制了岩爆灾害的发生，此次岩爆的抑制过程见图7-4-9。

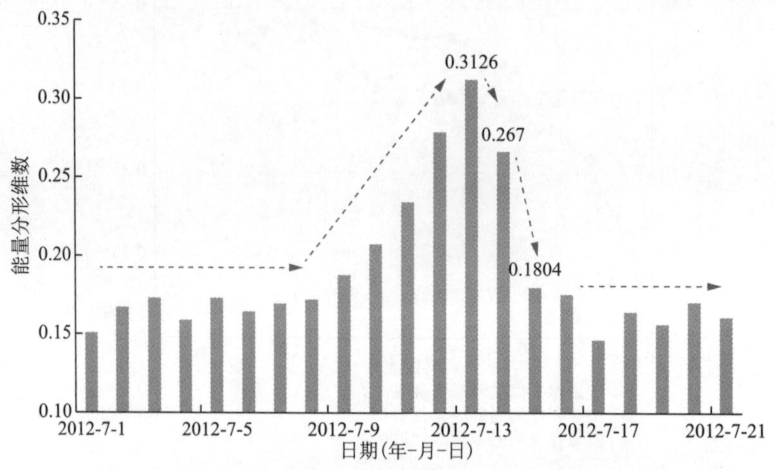

图7-4-9　2号引水洞K6+144～K6+153施工段岩爆抑制过程

上述工程实例有效说明，运用局部能量释放率指标与微震数据相结合的方法，可以快速准确地确定深部岩体隧洞开挖过程中的岩爆风险区域，在施工的过程中有针对性地对风险区域进行重点操作，可以有效提高围岩的整体性和承载能力，改善围岩内部的应力状态，并在消耗能量的基础上，控制岩体裂隙扩展的范围及速度，从而达到控制微震活动性和防治岩爆的目的。因此，该预警指标及方法对地下工程的开挖支护加固设计及安全施工具有重要的指导意义。

7.5　本章小结

对于锦屏二级水电站1～4号引水洞和施工排水洞钻爆法开挖段不同类型、等级的即时型岩爆孕育及发生的微震事件进行了分形研究，从而揭示了不同类型即时型岩爆孕育及发生过程中微震信息震源体积分布的特征。经研究发现：

（1）不同类型即时型岩爆孕育及发生过程中的微震事件在震源体积上是具有分形分布规律的，并且其微震信息能量特征表现出良好的自相似性；基于微震信息特征能量分形维数可以对即时性应变型岩爆及结构面滑移型岩爆进行区分。

（2）不同类型岩爆过程中的震源体积分形维数均具有随着岩爆孕育过程不断增加，

当岩爆发生时达到最大值的特征;对于相同类型即时性岩爆,能量分形维数值与岩爆等级具有正比关系;对于相同等级的即时性应变 - 结构面滑移型岩爆,能量分形维数值与结构面数条数具有反比关系。

在上述基础上,建立了局部能量释放率与微震信息能量分形维数相结合的岩爆风险动态预警指标,并且针对有潜在岩爆风险开挖段,对上述动态预警指标进行工程应用,有效抑制岩爆灾害的发生。

第8章　新型聚能光面爆破的工艺、参数及应用研究

8.1　概　　述

在工程爆破技术中,隧道爆破占有重要地位,这不仅是因为隧道爆破价格昂贵,更重要的是爆破成功与否,直接影响隧道安全、支护类型及投资。从一些事故调查中可知,隧道塌方落石所造成的人身伤亡事故,都直接或间接与隧道爆破技术有关。迄今为止,隧道爆破在国内还没有一套较为系统的设计理论和方法,隧道聚能光面爆破技术也未得到大力推广和应用,因此进一步提高和发展隧道爆破技术意义重大。由于隧道所处的地质条件的不同,爆破施工参数选择必须根据地质条件而动态调整,同时传统的光面爆破具有超(欠)挖难控制,能量扩散不均匀,工艺成本高等缺点。因此,为更好地控制炸药能量释放,使炸药的能量集中向预定方向传递的爆破技术研究越来越重要。

隧道精准双向聚能光面爆破是指利用双聚能槽药卷的聚能作用,通过精准计算并优选爆破参数和精细的施工方法,达到爆破后隧道轮廓线符合设计要求,临空面平整规则的一种控制爆破技术。

8.2　聚能光面爆破原理分析

8.2.1　聚能光面爆破介绍

20世纪50年代末光面爆破首先在瑞典兴起,1952年在加拿大首先使用,现已被规定为隧道掘进工程中的标准方法。光面爆破是指通过正确选择爆破参数和合理施工方法,分区分段微差爆破,达到爆破后轮廓线符合设计要求,临空面平整规则的一种控制

爆破技术。光面爆破技术因其具有取得较理想的爆破面，即不产生超挖，也不欠挖，能减少对围岩的扰动、降低施工费用等优点，被广泛用于隧道爆破。

聚能光面爆破是在光面爆破基础上，采用聚能装置使炸药的能量集中往预定爆破方向传递，从而达到更好的控制炸药能量释放，对隧道预定轮廓线的岩石进行切割，取得更为平整、理想的爆破面。而如何选取周边眼的炮孔直径、炮眼间距、炮孔深度等都将直接关系到爆破的效果，因此正确确定周边眼爆破参数是保证能爆出预设轮廓面的保证。

8.2.2　光面爆破的原理

光面爆破是采用不耦合装药结构，使药包和孔壁之间存在空气间隔层。空气间隔层的存在削减了作用在孔壁上的爆炸压力峰值，由于岩石的抗压强度远大于抗拉强度，当装药量小到可以控制削减后的爆压不至于使孔壁产生明显的压缩破坏，但爆破应力波的叠加应力又能够大于岩石的抗拉强度，同时由于孔间的导向作用会使得孔间连线产生应力集中现象，这样就会在孔间连线产生裂纹，而滞后的高压气体膨胀作用使得孔间连线产生的裂纹全部贯通成缝。这就是光面爆破成缝的实质原因。

8.2.3　聚能爆破原理

聚能爆破的机理是药包爆炸后，靠近聚能缝的爆炸能量会朝向缝的轴线方向汇聚，形成一股高密度、高速度、高压力的气体射流。换言之，当存在聚能缝时，在聚能缝方向可以局部聚集、产生超常规的爆破能量，因此聚能爆破所形成的高密度、高速度、高压力的气体射流能够提高炸药爆炸的功率。该项技术在军事及某些民用爆破火工产品中都有广泛的应用，但应用于光面爆破的工程实例却是罕见。

8.2.4　聚能光面爆破的机理

聚能爆破应用于光面爆破时，由于不耦合装药结构以及双聚能药卷的聚能作用，在裂缝开始形成的同时由于高压气体的膨胀作用和高能气流的气刃作用使聚能射流能够沿着裂缝喷射，这样就进一步增强了裂缝的扩展和延伸。这就是聚能光面爆破的机理所在，也是聚能光面爆破能够降低光面爆破的单位面积装药量和单位面积造孔量的关键。

8.3　聚能光面爆破的设计参数分析

聚能光面爆破轮廓线上的炮眼(周边眼)是在其他炮眼爆破后最后起爆,周边炮眼采用聚能装置装药,使炸药爆炸能量集中、岩体沿开挖轮廓线爆出。本书以长3.5m、直径36mm的PVC管为聚能管进行聚能缝切割(图8-3-1),聚能切缝爆破是指将炸药爆炸时释放的能量沿着切缝槽穴汇集成聚能流,在切缝槽穴处产生高压、高速的高温射流,使之具有超强的穿透能力,从而对岩石进行切割,以获得较为平整的轮廓面。

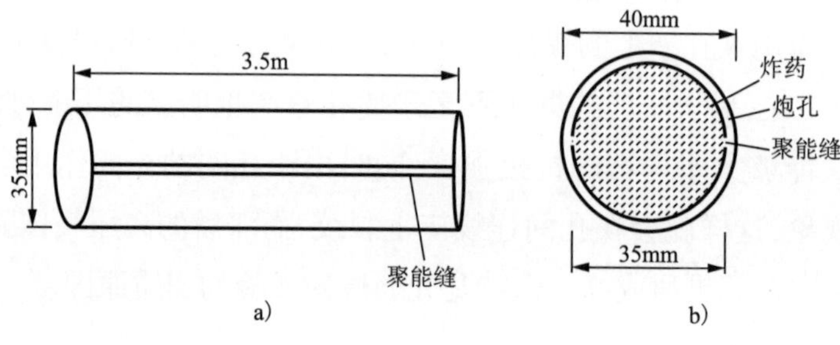

图8-3-1　光面爆破聚能槽示意图

8.3.1　一般爆破爆轰产物产生的轰压

一般光面爆破采用不耦合装药,不耦合装药时,爆轰波首先压缩聚能管与岩壁之间间隙内的空气,引起空气冲击波,而后再由空气冲击波作用于岩壁。因此,在求作用于岩壁荷载时,假设:

(1)爆炸产物在间隙内的膨胀为绝热膨胀,其膨胀规律为PV^3等于常数,遇岩壁激起冲击压力,并在岩石中引起爆炸应力波;

(2)忽略间隙内空气的存在(间隙较小);

(3)爆轰产物开始膨胀时的压力按平均爆轰压力P_m计算。

$$P_m = \frac{1}{8}\rho_0 D^2 \tag{8-3-1}$$

式中:ρ_0——炸药密度(g/cm³);

D——炸药爆速(m/s)。

由式(8-3-1)得到，爆轰产物撞击岩壁前的炮孔内压的关系式为：

$$P = P_{m}\left(\frac{V_{c}}{V_{b}}\right)^{3} = \frac{1}{8}\rho_{0}D^{2}\left(\frac{V_{c}}{V_{b}}\right)^{3} \tag{8-3-2}$$

式中：V_c——炸药体积(m^3)；

V_b——炮孔体积(m^3)。

根据相关研究，爆轰产物撞击炮孔岩壁时，压力将明显增大，增大倍数 n=8 ～ 11。因此，炮孔岩壁受到爆轰压力为：

$$P = \frac{1}{8}n\rho_{0}D^{2}\left(\frac{V_{c}}{V_{b}}\right)^{3} \tag{8-3-3}$$

对隧洞掘进中钻孔柱装药：

$$V_{c} = \frac{1}{4}\pi d_{c}^{2}l_{c} \tag{8-3-4}$$

$$V_{b} = \frac{1}{4}\pi d_{b}^{2}l_{b} \tag{8-3-5}$$

式中：d_b——炮孔直径(m)；

d_c——炸药直径(m)；

l_b——炮孔长度(m)；

l_c——装药长度(m)。

由式(8-3-4)和式(8-3-5)可得，炮孔岩壁受到的爆轰压力为：

$$P = \frac{1}{8}n\rho_{0}D^{2}\left(\frac{d_{c}}{d_{b}}\right)^{6}\left(\frac{l_{c}}{l_{b}}\right)^{3} \tag{8-3-6}$$

8.3.2　爆破能量转化的应变能

为分析问题方便起见，设炸药爆炸时对岩壁的压力是作用在一个两端封闭的薄壁圆柱形圆筒内，爆轰产物的传播是在圆筒内均匀传播，容器承受的内压压强为 P，将岩壁看作一个理想弹塑体、可变形，薄壁容器视作理想弹塑性体。通过计算圆筒上任意点的应力分布状态，得出岩壁所积蓄的应变能 υ_{ε}。爆轰产物对岩壁作用所积蓄的应变能可由下式表示：

$$\upsilon_{\varepsilon} = \frac{1}{2E}\left[\sigma_{1}^{2} + \sigma_{2}^{2} + \sigma_{3}^{2} - 2\mu\left(\sigma_{1}\sigma_{2} + \sigma_{2}\sigma_{3} + \sigma_{3}\sigma_{1}\right)\right] \tag{8-3-7}$$

式中：μ——岩体的泊松比；

σ_1、σ_2、σ_3——薄壁上任意点的环向、轴向以及径向应力；

E——岩体的弹性模量。

假设 $\delta << d_c$，δ 为薄壁圆筒的厚度，纵截面上各点处的正应力 σ_1，该段圆筒表面 y 轴上的合力 $F_y = P \cdot d_c$，由 y 轴的平衡方程关系得：

$$\sum F_y = 0\,,\ P \cdot d_c - 2\sigma_1 \times \delta \times 1 = 0 \tag{8-3-8}$$

按轴向拉伸计算其正应力 σ_2 为：

$$\sigma_2 = \frac{F}{A} = \frac{P \times \dfrac{\pi \cdot d_c}{4}}{\pi \cdot d_c \cdot \delta} = \frac{P \cdot d_c}{4\delta} \tag{8-3-9}$$

径向的正应力 σ_3 为：

$$\sigma_3 = -P \tag{8-3-10}$$

将式（8-3-8）～式（8-3-10）代入式（8-3-7）中，可得爆轰产物对岩壁作用所积蓄的应变能 v_ε 值：

$$\upsilon_\varepsilon = \frac{1}{2E}\left[\frac{P^2 d_c^2}{4\delta^2} + \frac{P^2 d_c^2}{16\delta^2} + P^2 - 2\mu\left(\frac{P^2 d_c^2}{8\delta^2} - \frac{P^2 d_c}{4\delta} - \frac{P^2 d_c}{2\delta}\right)\right] \tag{8-3-11}$$

8.3.3 聚能装置作用下爆破压力与聚能参数的关系

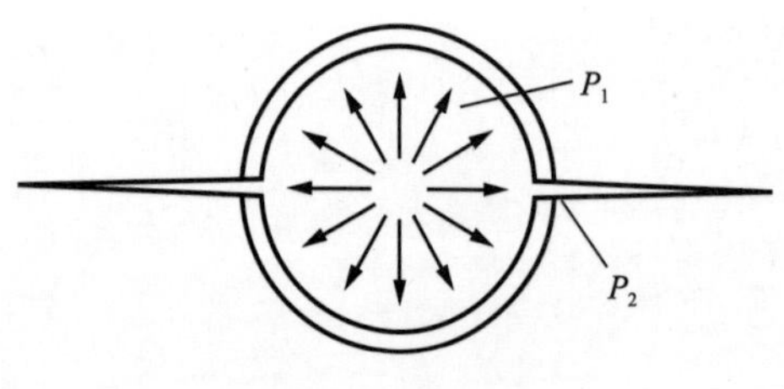

图 8-3-2 内压分布形式

炸药能量沿四周均匀传递。由于聚能缝的存在，爆炸时释放的能量分为两部分；一部分是向孔壁四周均匀传递的能量 V_1，其向四周产生 P_1 的内压，其中 P_1 所积蓄的应变能为 $\upsilon_{\varepsilon 1}$；另一部分是沿着切缝处汇集的能量 V_2，产生集中的内压 P_2，所积蓄的应变能为 $\upsilon_{\varepsilon 2}$。其作用效果如图 8-3-2 所示。

引入影响因素 λ，λ 的影响因素与聚能装置的材质、聚能缝宽度与长度等因素有关，即不妨假设能量分配应按下式分配：

$$\upsilon_{\varepsilon 1} = (1-\lambda)\upsilon_\varepsilon \tag{8-3-12}$$

$$\upsilon_{\varepsilon 2} = \lambda \upsilon_\varepsilon \tag{8-3-13}$$

λ 的边界条件如下：

当 λ=0 时，聚能管的刚度为零，该情况下的爆轰产物对岩壁的作用等同于一般爆破对岩壁的作用，聚能装置对爆破产生的影响不大，即 P_2=0、P_1=P。

当 λ=1 时，即聚能管材为刚性材质，能量只往两侧聚能缝里扩散，即 P_1=0。通过两种情况下的应变能相等来推导出 P_1、P_2 与 P 的关系。

由力与能量的可加性，可先对 P_2 部分的所产生的应变能分析，圆筒两侧只受集中内压作用为 P_2，由图 8-3-3a）列 x 轴的平衡方程关系，具体如下。

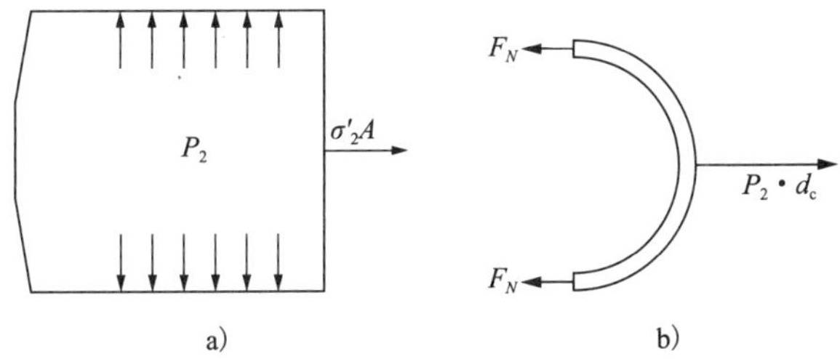

图 8-3-3　受单向集中内压作用下的单元体应力状态图

$$F_{P2} - 2F_N = 0$$

得：

$$P_2 \cdot d_c - 2\sigma_1' \times \delta \times 1 = 0 \tag{8-3-14}$$

圆筒横截面上各点处的正应力 σ_2 相等，按轴向拉伸计算其正应力 σ_2'，由图 8-3-3b）得：

$$\sum F_x = 0$$

$$\sigma_2' = \frac{F_{P2}}{A} = 0 \tag{8-3-15}$$

$$\sigma_3' = -P_2 \tag{8-3-16}$$

σ_3' 的绝对值远小于 σ_1'，所以 σ_3' 近似等于零。

由式（8-3-13）～式（8-3-15）可知，仅 P_2 部分作用下圆筒的任意点处于单轴受拉状态，其应变能表达式应为：

$$\upsilon_{\varepsilon 2} = \frac{1}{2E}\left[\sigma_1'^2 + \sigma_2'^2 + \sigma_3'^2 - 2\nu\left(\sigma_1'\sigma_2' + \sigma_2'\sigma_3' + \sigma_3'\sigma_1'\right)\right] = \frac{1}{2E}\left(\frac{P_2 d_c}{2\delta}\right)^2 \tag{8-3-17}$$

由式（8-3-11）、式（8-3-13）、式（8-3-17），可得 P_2 的表达式：

$$P_2 = \left[\sqrt{\lambda\left(\frac{5}{4} + \frac{4\delta^2}{d_c^2} + \frac{2\mu\delta}{d_c} + \frac{4\mu\delta}{d_c} - \mu\right)}\right]P \tag{8-3-18}$$

在对 P_1 部分的所产生的应变能分析，类比于一般爆破产生的应变能，如图 8-3-4a）所示列 x 轴的平衡方程关系，得：

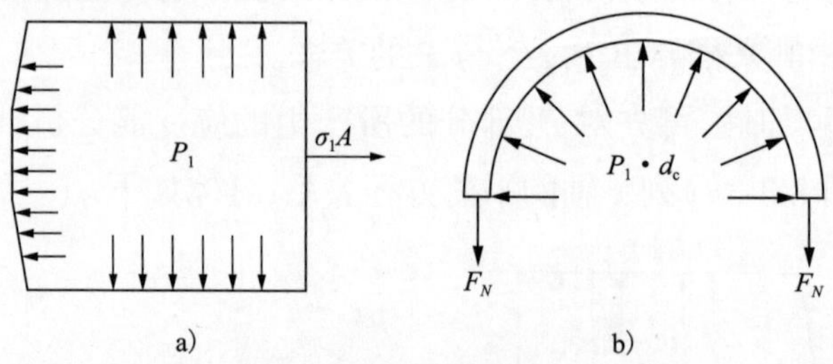

图 8-3-4　受均布内压作用下的单元体应力状态图

由

$$\sum F_y = 0,\quad P_1 \cdot d_c - 2\sigma_1'' \times \delta \times 1 = 0$$

得：

$$\sigma_1'' = \frac{P_1 \cdot d_c}{2\delta} \tag{8-3-19}$$

按轴向拉伸计算，如图 8-3-4b）所示其正应力 σ_2'' 为：

$$\sigma_2'' = \frac{F}{A} = \frac{P_1 \times \dfrac{\pi \cdot d_c}{4}}{\pi \cdot d_c \cdot \delta} = \frac{P_1 \cdot d_c}{4\delta} \tag{8-3-20}$$

径向的正应力 σ_3'' 为：

$$\sigma_3'' = -P_1 \tag{8-3-21}$$

将式（8-3-19）～式（8-3-21）代入式（8-3-7），可得爆轰产物对岩壁作用所积蓄的应变能 $\upsilon_{\varepsilon 1}$ 值：

$$\begin{aligned}\upsilon_{\varepsilon_1} &= \frac{1}{2E}\left[\sigma_1''^2 + \sigma_2''^2 + \sigma_3''^2 - 2\mu\left(\sigma_1''\sigma_2'' + \sigma_2''\sigma_3'' + \sigma_3''\sigma_1''\right)\right] \\ &= \frac{1}{2E}\left[\frac{d_c^2}{4\delta^2} + \frac{d_c^2}{16\delta^2} + P_1^2 - 2\mu\left(\frac{d_c^2}{8\delta^2} - \frac{d_c}{4\delta} - \frac{d_c}{2\delta}\right)\right]P_1^2\end{aligned} \tag{8-3-22}$$

由式（8-3-12）、式（8-3-14）、式（8-3-22）整理可得，P_1 的表达式：

$$P_1 = \sqrt{(1-\lambda)}P \tag{8-3-23}$$

将边界条件代入式（8-3-18）、式（8-3-23），验证可得 $\lambda=0$ 时，$P_1=P$，$P_2=0$。$\lambda=1$ 时，$P_1=0$，满足边界条件。

8.3.4 聚能爆破下的岩壁所受拉应力

周边炮眼施工时沿轮廓线进行钻孔，因此，相邻两炮孔间的岩石受到炸药爆炸的作用对岩体进行切割，如图 8-3-5 所示。沿孔壁四周均匀分布作用于岩壁的内压 P_1，因此作用在四周的力 F_1 向四周 360° 均匀扩散，因此可表示为：

$$F_1=\alpha\cdot\frac{d_b}{2}l_c\cdot P_1 \tag{8-3-24}$$

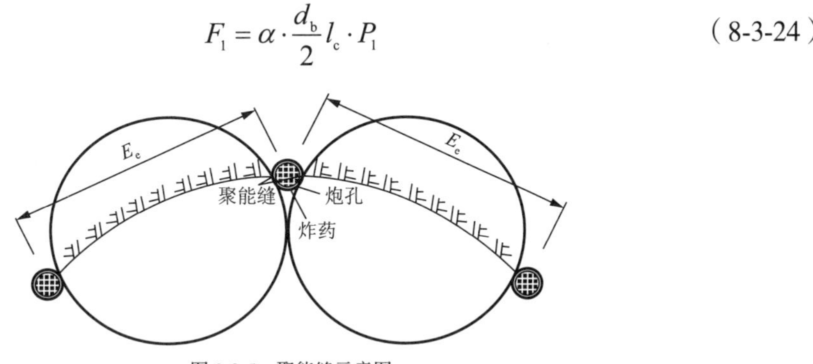

图 8-3-5　聚能缝示意图

根据式（8-3-5）、式（8-3-23）可以将式（8-3-24）写成：

$$F_1=\frac{1}{16}n\rho_0 D^2\left(\frac{d_c}{d_b}\right)^6\left(\frac{l_c}{l_b}\right)^3\sqrt{(1-\lambda)}\cdot\alpha\cdot d_b l_c \tag{8-3-25}$$

式中：α—— 其沿半径方向变化的一个微小角度（rad）。

建立直角坐标系（图 8-3-6），将 F_1 分为两个方向的力，在 x 轴产生作用力和 y 轴产生作用力。在 x 轴产生作用力是作用在围岩侧对岩石的压应力，y 轴产生作用力是作用于临空面侧对岩石的拉应力。由于岩石的抗拉强度为抗压强度的 1/20 ～ 1/10，因而岩石大多都是受拉破坏。沿两炮孔间方向为 x 轴，垂直 x 轴且指向岩石临空面侧为 y 轴，对 F_1 的沿 y 方向进行积分，求由 F_1 作用岩石产生的拉应力为：

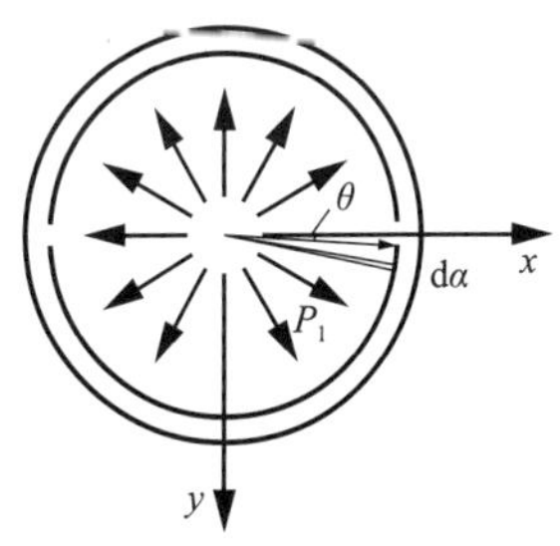

图 8-3-6　直角坐标系示意图

$$\sigma_{y_1}=\frac{2\int_0^{\frac{\pi}{2}}F_1\cdot\sin\alpha\mathrm{d}\alpha}{E_e\cdot l_c} \tag{8-3-26}$$

式中：E_e——周边炮眼间距（cm）。

由式（8-3-25）、式（8-3-26）整理可得：

$$\sigma_{y_1}=\frac{n\rho_0 D^2\left(\frac{d_c}{d_b}\right)^6\left(\frac{l_c}{l_b}\right)^3\sqrt{(1-\lambda)}\cdot d_b}{8E_e} \tag{8-3-27}$$

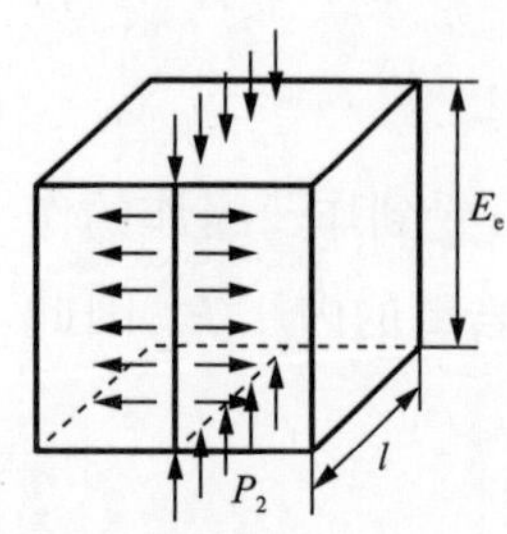

图 8-3-7 集中荷载 F_2 示意图

由集中作用力 P_2 在岩壁上的产生的集中荷载 F_2 简图(图 8-3-7)所示，在 F_2 的作用下，两炮孔间的岩石先是被挤压，而后由于集中压力 F_2 的作用，产生 x 轴方向的拉应力，岩石受拉破坏，其 F_2 的大小可表示为：

$$F_2 = P_2 \frac{d_b}{2} \theta \cdot l_c \tag{8-3-28}$$

式中：θ——聚能缝宽对应的圆心角(rad)。

由式(8-3-5)、式(8-3-18)可将式(8-3-28)写成：

$$F_2 = \frac{n\theta \cdot l_c d_b \rho_0 D^2}{16} \left(\frac{d_c}{d_b}\right)^6 \cdot \left(\frac{l_c}{l_b}\right)^3 \cdot \left[\sqrt{\lambda\left(\frac{5}{4} + \frac{4\delta^2}{d_c^2} + \frac{2\mu\delta}{d_c} + \frac{4\mu\delta}{d_c} - \nu\right)}\right] \tag{8-3-29}$$

其拉应力可用下式表示：

$$\sigma_{y_2} = \frac{2F_2}{\pi E_e l_c} \tag{8-3-30}$$

由式(8-3-29)、式(8-3-30)整理可得：

$$\sigma_{y_2} = \frac{n\theta d_b \cdot \rho_0 D^2 \left(\frac{d_c}{d_b}\right)^6 \cdot \left(\frac{l_c}{l_b}\right)^3 \cdot \left[\sqrt{\lambda\left(\frac{5}{4} + \frac{4\delta^2}{d_c^2} + \frac{2\mu\delta}{d_c} + \frac{4\mu\delta}{d_c} - \nu\right)}\right]}{8\pi E_e} \tag{8-3-31}$$

在聚能管的作用下，爆炸产生的力对岩石进行切割，由 F_1、F_2 作用岩石产生的拉应力为：

$$\sigma_y = \sigma_{y_1} + \sigma_{y_2} \tag{8-3-32}$$

由式(8-3-27)、式(8-3-31)、式(8-3-32)整理，可得：

$$\sigma_y = \left[\frac{n\theta d_b \cdot \rho_0 D^2 \left(\frac{d_c}{d_b}\right)^6 \cdot \left(\frac{l_c}{l_b}\right)^3 \cdot \left[\sqrt{\lambda\left(\frac{5}{4} + \frac{4\delta^2}{d_c^2} + \frac{2\mu\delta}{d_c} + \frac{4\mu\delta}{d_c} - \nu\right)}\right]}{8\pi E_e} + \frac{n\rho_0 D^2 \left(\frac{d_c}{d_b}\right)^6 \left(\frac{l_c}{l_b}\right)^3 \sqrt{(1-\lambda)} \cdot d_b}{8E_e}\right] \tag{8-3-33}$$

8.3.5　聚能管作用下周边眼参数与 λ 之间的关系

由上述关系可知，当炸药爆炸产生的能量作用于岩石产生的拉应力大于岩石的极限抗拉强度时，岩石将沿受拉面破坏。因此，可以通过上式得出周边眼的炮孔间距 E_e 的关系为：

$$\sigma_y \geqslant \sigma_p \tag{8-3-34}$$

将式（8-3-32）代入式（8-3-33）可得：

$$E_e \leqslant \frac{nd_b\rho_0 D^2\left(\frac{d_c}{d_b}\right)^6 \cdot \left(\frac{l_c}{l_b}\right)^3}{8\pi\sigma_p}\left\{\theta\cdot\left[\sqrt{\lambda\left(\frac{5}{4}+\frac{4\delta^2}{d_c^2}+\frac{6\mu\delta}{d_c}-\mu\right)}\right]+\pi\sqrt{(1-\lambda)}\right\} \tag{8-3-35}$$

进而可以确定光面层厚度。周边眼的间距 E_e 与光面层厚度的关系通常以密集系数 K 来表示，其大小对光面爆破效果有较大影响，其关系为：

$$K=\frac{E_e}{W} \tag{8-3-36}$$

式中：W——光面层厚度（cm）。

理论和实践均证明，光面爆破炮眼间距与光面层厚度之比取 0.8 较为适宜，因此，光面层厚度为：

$$W=1.25E_e \tag{8-3-37}$$

$$W \leqslant \frac{10nd_b\rho_0 D^2\left(\frac{d_c}{d_b}\right)^6 \cdot \left(\frac{l_c}{l_b}\right)^3}{\pi\sigma_p}\left\{\theta\cdot\left[\sqrt{\lambda\left(\frac{5}{4}+\frac{4\delta^2}{d_c^2}+\frac{6\mu\delta}{d_c}-\mu\right)}\right]+\pi\sqrt{(1-\lambda)}\right\} \tag{8-3-38}$$

当影响因素 λ 不同取值时，即会导致能量分配不同，直接影响向聚能缝两侧释放的能量的大小，因能量不同即产生作用在两侧的力不同。所以可得出一个合适的 λ 值，使得周边眼的炮孔间距处于最优间距。在聚能爆破作用下周边眼之间的岩石刚好拉裂。其周边眼的间距 E_e 与 λ 的关系可查附表 1。根据附表 1 可得出 λ 与光面层厚度 W、周边眼间距 E_e 之间的关系（图 8-3-8）。从图 8-3-8 可知聚能装置的存在，曲线初始阶段突然上升，其原因在于有聚能装置的作用下，能明显改变能量分布方式。在实际工程中，建议取左右 λ=0.5 时对应的刚度作为光面爆破周边眼聚能装置材料。

聚能影响因素 λ 与聚能缝的开缝宽度有关，当宽度改变时，θ 与之改变，向聚能开缝两侧的集中力响应变化通过附表 2 可查。根据附表 2 可得出聚能缝宽度与周边眼间距

E_e、光爆层厚度 W 关系，如图 8-3-9 与图 8-3-10 所示。

图 8-3-9 为聚能缝宽 2mm 时，聚能参数与周边眼间距 E_e 与光爆层厚度 W 的关系图。图 8-3-10 为聚能缝宽 6mm 时，聚能参数与周边眼间距 E_e 与光爆层厚度 W 的关系图。对比两图可知，随着向聚能缝两侧扩散能量的比例增大，当聚能缝宽从 2mm 变为 6mm 时，周边眼间距从原来的先增大后减小变为逐渐增大，且周边眼间距的极值显著增加。

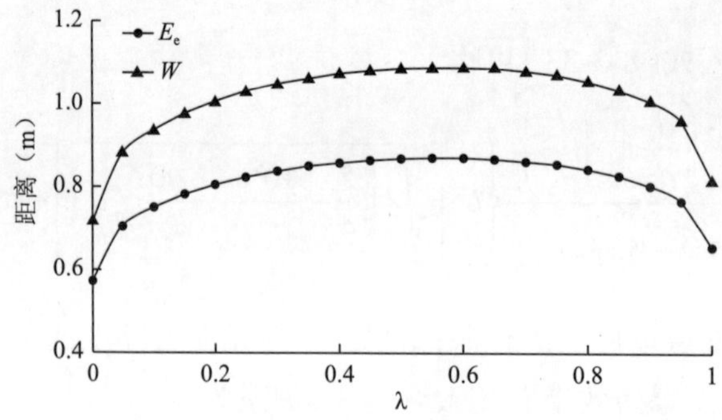

图 8-3-8　λ与光面层厚度 W、周边眼的间距 E_e 关系图

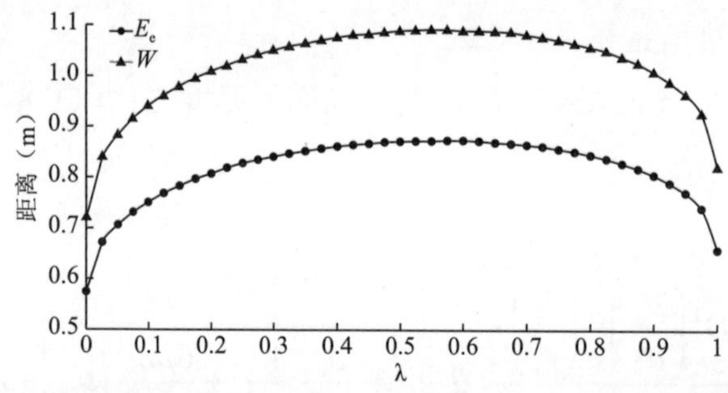

图 8-3-9　聚能参数与周边眼间距 E_e、光爆层厚度 W 关系图（聚能缝宽 2mm）

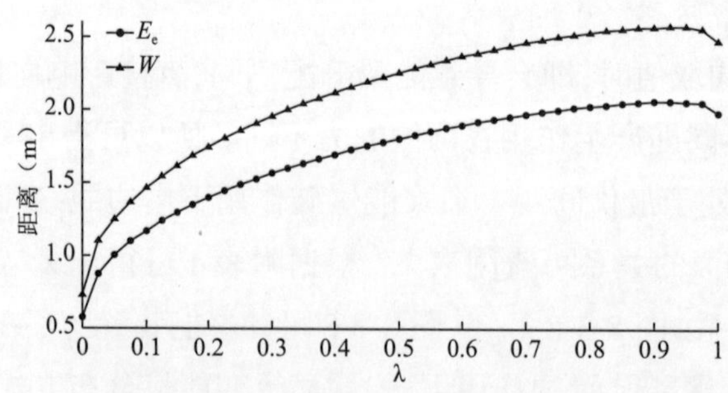

图 8-3-10　聚能参数与周边眼间距 E_e、光爆层厚度 W 关系图（聚能缝宽 6mm）

由两图可知当一定范围内随着聚能缝宽度增加，其所对应的圆心角 θ 增加，往聚能缝两端扩散的力随之增大，对岩石的劈裂效果更佳，相同的计算药量下周边眼的间距更

大，由此可知取合适的聚能缝宽度可以达到节省药量的目的。

当聚能缝宽度持续增大时，向聚能缝扩散的能量逐渐变成向四周均匀扩散的能量，聚能效果就越来越差，由图 8-3-11 可以得到当聚能缝宽度到达极限值，即对应的圆心角 $\theta=\pi$ 时，聚能装置对能量的扩散几乎没有影响，因此随着刚度增大由于聚能缝宽度过大，聚能的效果接近为零，即能量的扩散形式也是向四周均匀分布，周边眼间距几乎不变。

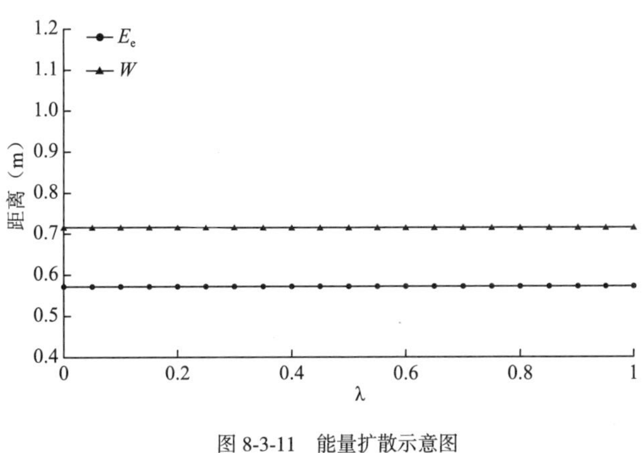

图 8-3-11　能量扩散示意图

8.4　聚能光面爆破工法特点及现场施工工艺

8.4.1　工法特点

（1）相对于普通的爆破，光面爆破对周边孔的钻孔、装药技术要求较高。

（2）隧道轮廓表面光滑、平顺，对围岩扰动少，增加施工安全，减少成本，增加经济效益。

（3）工艺简单，易于掌握，便于操作，投入的机械设备少。

（4）根据不同的围岩等级、预留光爆层的爆破情况调整光爆参数，爆破效果好，作业效率高，炸药单耗小，经济效益显著。

（5）施工方法转换灵活机动，对隧道施工的适用范围广泛。

（6）对围岩的扰动小，施工安全可靠。

8.4.2　主要难点

（1）地形地质条件复杂，施工安全风险大，特殊地形地质段落多、类型多，存在滑坡、冒顶、塌方、透水、危岩落石、顺层、风化剥落、溜塌、页岩气等，对工程实施将造成较大影响。

（2）隧道衬砌类型多，断面尺寸由于曲线地段线间距加宽及接触网锚段加高加宽形式多样。

（3）环境保护、水土保持要求高。隧道位于风景区、自然保护区及珍稀野生动物保护区等，因施工对环境影响较大，必须采取严格的环保、水资源保护措施。

8.4.3 施工工艺

1）工艺原理

双向聚能光面爆破是有效控制隧道开挖轮廓的一种爆破技术，它利用不耦合装药结构和双向聚能槽药卷的聚能作用，提前预制好装药的PVC双向聚能套管，套管上下两侧开有两条长1m、宽3mm的聚能缝，两细缝间距30mm。在周边眼处首先将预先切割的4m导爆索穿进预先制好的套管。首先在套管顶部装一节完整炸药（300g），为使药卷均匀分布，在其间隔40cm处装一节切割后100g的小药卷；其次每隔30cm装一节约为67g切割之后的小药卷（共200g）；最后每间隔30cm装一节75g的小药卷（共150g）。装好炸药以后用胶带缠绕聚能缝，以免炸药散落。将装好药的套管塞入炮孔中，且套管上的聚能细缝应与隧道轮廓线平行。周边眼的炸药统一采用小药卷，由于一节药卷为300g，因此在本次试验中将乳化炸药进行切割，并按计算需要的药量和一定间距捆扎在穿有导爆索的套管中。

裂缝开始形成的同时，由于高压气体的膨胀作用和高能气流的气压作用使聚能射流沿聚能缝喷射，这样就能进一步增强裂缝的扩展和延伸，使其在沿轮廓线方向产生预裂缝，利用掏槽眼爆破后形成的良好临空面，在光爆层中起爆，有效减少围岩的夹制作用，降低炸药的单耗，使其获得平整的隧道开挖轮廓面，减轻围岩的扰动，减少超欠挖现象，减轻产生冒顶和坍塌。

2）施工工艺

双向聚能光面爆破施工工艺流程如图8-4-1所示。

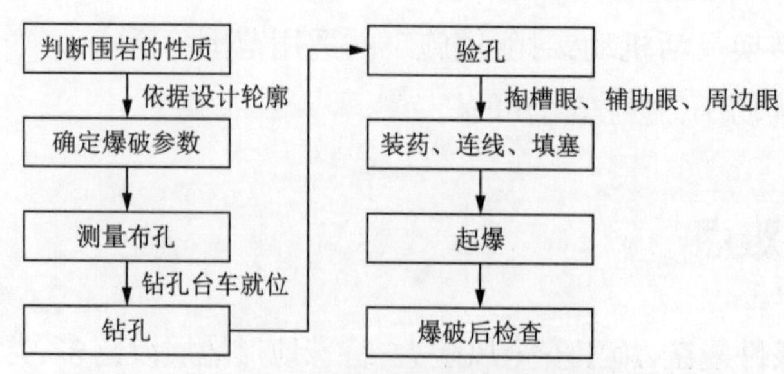

图8-4-1 双向聚能光面爆破施工工艺流程图

3）判断岩层性质

以吴家边隧道为例，隧道断面面积为 165m^2，断面高 11.7m，宽为 13.6m，本区地质灾害较发育，主要类型为滑坡、崩塌、岩溶塌陷、采空区塌陷。总体上本区地质环境条件属复杂程度。围岩主要以页岩、石灰岩为主，弱～微风化灰岩段为Ⅲ、Ⅳ级围岩，极限抗压强度 $0.06 \leqslant f_r \leqslant 0.15$。主要采用台阶法开挖，开挖顺序为开挖上台阶—下台阶左、右分幅开挖—仰拱—次开挖成形。

4）确定爆破参数

爆破参数的选择。光面爆破参数首先与地质条件有关，其次是隧道开挖断面的形状与尺寸，装药结构与起爆方法。本隧道主要为Ⅳ级围岩。

（1）炮眼直径：42 mm。

（2）炮眼深度：周边眼 3.3 ～ 3.6m、辅助眼 3.8m、掏槽眼 4.0m。

（3）炮眼数目：

$$N = 0.0012 \times \left(\frac{qs}{ad^2} \right) \tag{8-4-1}$$

式中：q——单位体积岩石炸药消耗量，一般取 1.2kg/m^3；

s——开挖断面面积；

a——炸药装填系数，即装药深度与炮眼长度的比值，可取 0.7；

d——药卷直径。

（4）单孔药量计算。

采用简易经验公式：

$$g = (E + W) \times L \times a \times (\sigma_c)^{\frac{1}{2}} \tag{8-4-2}$$

式中：g——单孔装药量（kg）；

E——孔距（m）；

W——抵抗线（m）；

a——系数；

L——孔深（m）；

σ_c——岩石抗压强度（MPa）。

根据上式可计算Ⅱ、Ⅲ、Ⅳ类围岩周边眼单孔装药量，结合工程不同的实际情况，掏槽眼、底板眼药量可增加 30%，辅助眼药量可减少 10%。全断面采用楔形掏槽、中空孔直眼掏槽、非电毫秒雷管及导爆管起爆。

5）周边眼最小抵抗线

周边眼间距确定后，在Ⅱ、Ⅲ级围岩下，按炮眼密集度公式 $m=E/W=0.7\sim1.0$，可得最小抵抗线 W=50～75cm。断面跨度大，光面爆破眼所受到的夹制作用小，取较大值，相反，取小值；岩石强度高取小值，相反取大值。

6）周边眼不耦合系数

光面爆破周边孔采用不耦合装药。考虑爆破管道效应和爆破临界半径等因素，一般不耦合系数经验值为 D=1.5～2.0。同时用下式复核不耦合系数。

$$D=\frac{d_{孔}}{d_{药}}=\sqrt{(1-a)\left\{(\rho_0/[\sigma_c])^{1/r}+a\right\}} \tag{8-4-3}$$

式中：D——不耦合系数；

$d_{孔}$——钻孔直径；

a——爆生气体分子容余系数；

ρ_0——爆生气体初始压力；

$d_{药}$——炸药直径；

r——绝热系数。

将参数代入上式，得 D=1.97。现场钻孔孔径为 $d=d_{杆}+15$=42mm，得药卷直径 d=25mm。现场实际采用 25mm，符合 D=1.5～2.0 的条件。

7）周边孔单孔药量

计算周边眼单孔药量有如下两种方法。

（1）用装药集中度计算，数值单位用 kg/m 表示。

$$q=0.33\times e\times k\times W^2 \tag{8-4-4}$$

式中：q——装药集中度（kg/m）；

k——爆出标准漏斗时的单位体积耗药量（kg/m³）；

e——炸药换算系数，为 $320/B$，B 为炸药的爆力（mL）；

W——最小抵抗线（m）。

（2）按下式计算单孔药量。

$$Q_k=\frac{1}{4}\pi\times d_i^2\times\beta\times L\times\rho_0 \tag{8-4-5}$$

式中：Q_k——单孔装药量（g）；

ρ_0——炸药的密度（g/cm³）；

L——炮眼深度；

d_i——药卷直径；

β——光面爆破炮眼装填系数，查表为 0.6，β 也可用下式计算：

$$\beta = \frac{E \times W \times [\tau] + [\sigma_e] \times E \times L}{([\sigma_c] \times d_k + [\sigma_e] \times E) \times L} \tag{8-4-6}$$

式中：E——周边眼间距（cm）；

W——周边眼抵抗线（cm）；

$[\sigma_c]$——岩石极限抗压强度（kg/cm²）；

$[\sigma_e]$——岩石极限抗拉强度（kg/cm²），$[\sigma_e] = (1/50 \sim 1/10)[\sigma_c]$；

$[\tau]$——岩石极限抗剪强度（kg/cm²），$[\tau] = (1/12 \sim 1/8)[\sigma_c]$。

得 β=0.57，和查表值相差不大，按 0.6 取值。

将参数代入得 $Q_k = \frac{1}{4}\pi \times 2.1^2 \times 0.6 \times 320 \times 1 = 0.765$（kg）。

装药集中度 q=0.24kg/m。

通过现场试验和施工经验数据，确定 q=0.15 ～ 0.25kg/m，以上两组计算结果均符合要求。根据围岩情况，光面爆破参数取值范围见表 8-4-1。

光面爆破参数表　　表 8-4-1

岩石类别	炮孔直径（mm）	药卷直径（mm）	间距 E（cm）	不耦合系数 D	抵抗线 W（cm）	密集度 m（E/W）	装药集中度 q（kg/m）
硬岩 $60 \leqslant f_r \leqslant 80$	42	25	40 ～ 50	1.6 ～ 2.0	50 ～ 75	0.7 ～ 1.0	0.15 ～ 0.25

注：1. f_r 为单轴极限抗压强度。

2. 孔间距随岩石强度或轮廓曲率半径变大而增大。

3. 在本断面中，周边眼 45cm，周边眼抵抗线 60cm。装药集中度 0.19kg/m。

8）周边眼爆破死角处理

上台阶周边眼与底板眼连接部夹角小，爆破时，夹制作用大，在角隅处减少药量，将周边眼间距适当加密，最后起爆。角隅处爆破处理如图 8-4-2 所示。

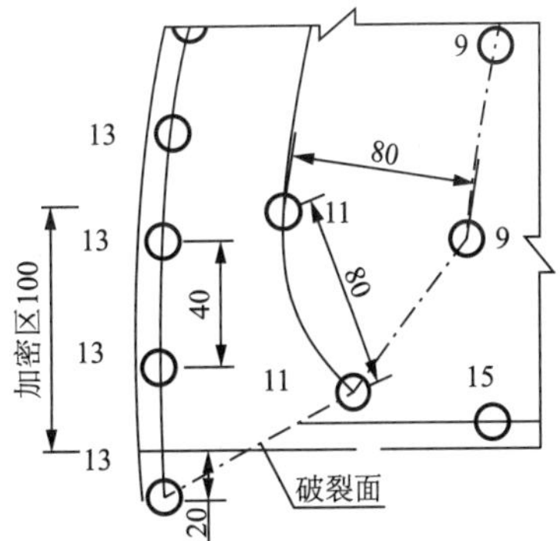

图 8-4-2　角隅处爆破处理（尺寸单位：cm）

9）二圈眼设计

二圈眼爆破质量的好坏直接影响光面爆破的效果，二圈眼间距按不小于周边眼的抵抗线考虑。在本断面中，二圈眼的间距 a 取 60 ～ 80cm，抵抗线取 80cm，上台阶孔数可按下式计算。

$$N = \frac{L \times \frac{R - W}{R}}{a} \tag{8-4-7}$$

式中：R——开挖轮廓线半径（m）；

W——周边眼抵抗线（m）；

L——开挖轮廓线周长（m）；

a——二圈眼间距（m）。

10）掘进眼

掘进眼布置主要是确定炮眼间距和最小抵抗线，炮眼间距和最小抵抗线大小的选取由岩石的坚硬程度和炮眼深度确定。抵抗线 W 与炮眼深度 L 的关系式为 $W=(0.2\sim0.5)L$。在硬岩中，炮眼越深，取较小的系数；反之取较大的系数，结合本隧道Ⅱ、Ⅲ级围岩的掘进眼环向间距通常控制在 $a=0.6\sim1.0$m，掘进眼层间距 b 为 0.8 ~ 1.2m，且环向间距和层间距一般按由内向外逐渐减小的原则布设。

11）底板眼

底板眼主要对岩石进行二次粉碎和起到翻渣的作用，布置原则一般为孔间距 $a=0.8\sim1.2$m，距离二台眼距离 $b=0.8\sim1.0$m。当底板眼位置位于隧道仰拱底部开挖轮廓线时，孔间距一般为 0.5 ~ 0.8m。

12）各类孔炸药分配

（1）周边眼采用不耦合间隔装药结构，其余孔采用连续装药结构。

（2）各类孔装药量分配顺序为掏槽孔—周边孔—二圈孔—掘进孔—底板孔。

（3）孔内炸药长度结合围岩情况、炮口封堵长度和孔所在位置，综合考虑各孔药量。

上台阶布置原则如下：

①掏槽孔一般按照 0.8 ~ 0.9 倍孔深连续装药；

②周边孔按装药集中度计算单孔药量；

③二圈眼按照 0.6 ~ 0.7 倍孔深连续装药；

④掘进眼按照 0.7 ~ 0.8 倍孔深连续装药；

⑤底板孔一般按照 0.7 ~ 0.8 倍孔深连续装药。

⑥同样，由于下台阶和仰拱具有良好的临空面，装药量配置适当减小。

13）光面爆破参数表（表 8-4-2）

光面爆破参数表

表 8-4-2

炮眼名称	参数				
	数量	深度（m）	间距（mm）	单个成孔时间（min）	装药量
掏槽眼	16	4	80 ~ 100	15 ~ 20	8 ~ 9 节炸药（2.4 ~ 2.7kg）
辅助眼	23	3.8	80 ~ 100	15 ~ 20	5 ~ 6 节炸药（1.5 ~ 1.8kg）
周边眼	66	3.3 ~ 3.6	40	15 ~ 20	2.5 ~ 3 节炸药（0.75 ~ 0.9kg）

14）爆破器材的选择

影响爆破效果的主要因素：炸药的安全性主要受炸药的耐热性和敏感度影响，但是敏感度过低，会使起爆能过大，容易发生拒爆现象，相反敏感度过高，则使用不安全；在装药结构一定的情况下，爆破震动的大小主要受炸药的猛度和爆速影响，猛度和爆速越大，其爆轰波速度越大，震动越大；爆力和爆速对岩体的破碎程度也有较大影响；爆力主要体现炸药爆破时对周边介质做功的大小，爆力越大，其爆破能越大；爆破有害气体主要与炸药的成分有关；炸药特阻抗与岩体特阻抗的匹配系数对炸药的爆破功利用效率有较大影响，匹配系数越高，爆破功利用效率越高。

从上面分析得知，为了取得良好的光面爆破效果，一般选用安全效能高、敏感度适中、爆破有害气体少、低猛度、低爆速、高爆力、与岩体的匹配系数高的炸药，根据对炸药相关性能的比选及结合以前山岭隧道施工经验，并通过现场单孔爆破漏斗试验得出岩石破碎效果、炸药与岩石的匹配效果和爆破功大小，确定在无水地段采用 2 号岩石硝铵炸药，地下水丰富地段采用 2 号岩石乳化炸药；考虑防火，防静电，导爆网络由塑料导爆管与非电毫秒雷管组成。

15）测量布孔

（1）测量与放样布眼

钻眼前，测量人员用全站仪和水准仪，准确定出隧道中心线、拱顶面和拱脚高程；用红油漆画出开挖轮廓线，并标出炮眼位置，其误差不得超过 5cm；每次测量放线的同时，要对上次爆破断面进行检查，及时调整爆破参数，以达到最佳爆破效果。

（2）掏槽眼设计

隧道开挖掏槽形式不同主要有楔形掏槽和中空孔直眼掏槽两种形式。楔形掏槽有垂直楔形掏槽、水平楔形掏槽、爬眼等形式。在此次的光面爆破中采用的是斜掏槽，其间距为 80 ～ 100mm，深度约为 4m，单孔药量约为 8 ～ 9 节炸药（2.4 ～ 2.7kg）。其楔形掏槽适用于人工风钻打眼、开挖断面较大的隧道，但打眼深度受断面宽度或高度限制；每当循环进尺改变时，炮眼角度也应及时调整。楔形掏槽眼布置图如图 8-4-3 所示。

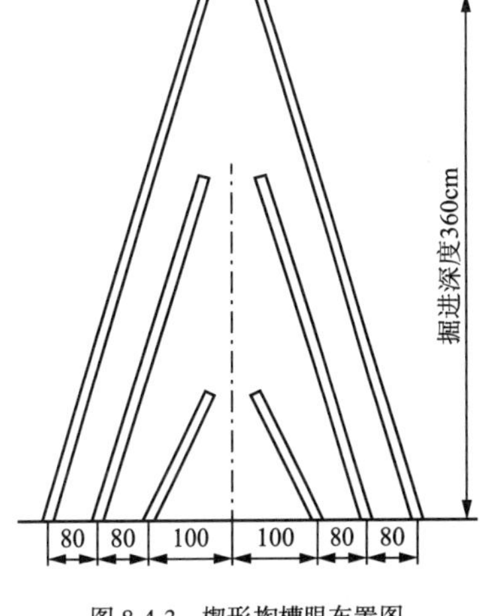

图 8-4-3　楔形掏槽眼布置图

（尺寸单位：cm）

中空孔直眼掏槽（图 8-4-4）由若干个彼此距离很近并垂直于开挖面相互平行的炮眼组成。其中有一个不装药的空眼，空眼用大直径钻头钻取（大于 100mm），空眼的作用是为装药眼创造临空面，以保证掏槽范围内的岩石顺利破碎，它适用于各种硬度的岩层。但在掏槽部位，炮眼集中，炮眼间距近，容易发生殉爆和拒爆，同时要求雷管段数较多，因此，适合使用导爆管雷管并按正确起爆顺序起爆。

上断面炮眼布置图如图 8-4-5 所示。

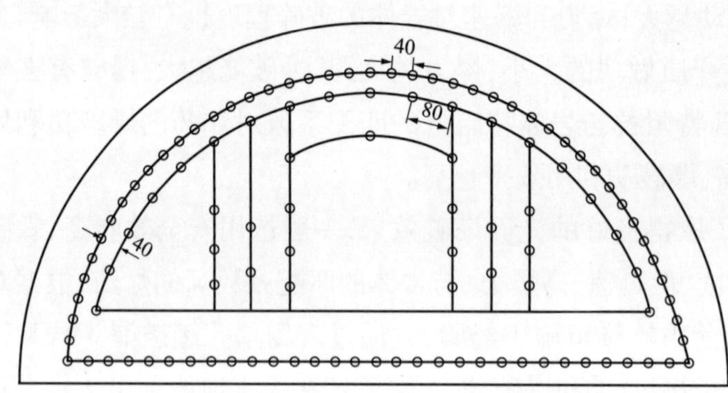

图 8-4-4　中空孔直眼掏槽（尺寸单位：cm）

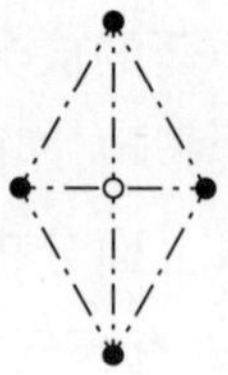

图 8-4-5　上断面炮眼布置图

16）钻孔、验孔与清孔要求

掏槽眼：深度、角度按设计施工，眼口间距误差和眼底间距误差不得大于 5cm。辅助眼：深度、角度按设计施工，眼口排距、行距误差不得大于 10cm。周边眼：开眼位置在设计断面轮廓线上，允许沿轮廓线调整其误差不得大于 5cm。炮眼方向可以 3%～5% 的斜率外插，眼底不得超出开挖断面轮廓线 10cm，最大不得超 15cm。内圈眼至周边眼的排距误差不得大于 5cm；内圈眼与周边眼应采用相同的斜率。当开挖面凹凸较大时，应按实际情况调整炮眼深度（相应调整装药量），力求所有炮眼（除掏槽眼外）眼底在同一平面上。

钻眼完毕，按炮眼布置图进行检查并做好记录，验孔前用小直径高压风管将炮眼内石屑吹净。逐孔检查孔深、孔的角度和孔间距，对不符合要求的孔须重钻，在验收的同时，根据掌子面的平整情况，局部修正装药量。

17）周边孔装药结构

（1）切药

周边眼的炸药统一采用小药卷，由于一节药卷质量为 300g，因此在本次试验中将乳化炸药进行切割，现场布置如图 8-4-6 所示，并按计算需要的药量和一定间距捆扎在穿有导爆索的套管中。

（2）装药

提前预制好装药的 PVC 双向聚能套管，因吴家边隧道周边眼深度大致为 3.2～3.6m，双向聚能套管长约 2.9 或 3.5m，直径为 37～38mm：孔径 D（42mm）$-d$（4/5） mm，套管上下两侧开有两条长 1m、宽 3mm 的聚能细缝，两细缝间距 30mm（图 8-4-7）。首先将预先切割的 4m 导爆索穿进套管，为达到良好的光爆效果与半孔率，拱腰左右两侧与拱顶的药量略有不同。

图 8-4-6　现场布置图

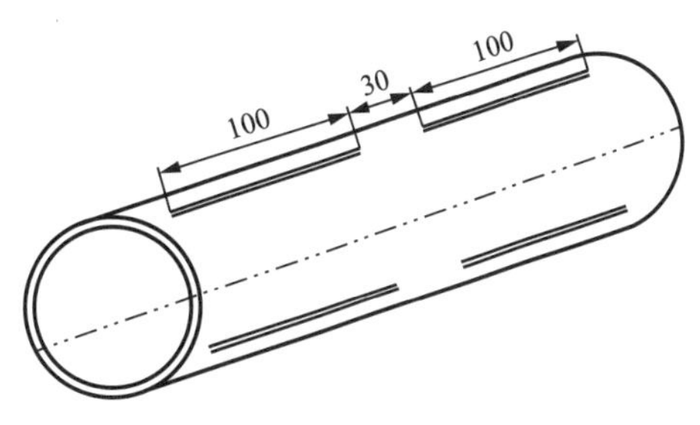

图 8-4-7　预制 PVC 双向聚能套管（尺寸单位：cm）

拱腰两侧装药量为 750g，先在套管顶部装一节完整炸药（300g），在其间隔 40cm 处装一节切割后的 100g 小药卷，其次每隔 30cm 装一节约为 67g 切割之后的小药卷（共 200g），最后每间隔 30cm 装一节 75g 的小药卷（共 150g）（图 8-4-8）。将装好药的套管塞入炮孔中，且套管上的聚能细缝应与隧道轮廓线平行。

拱顶部分药量为 900g，在套管顶部装一节完整炸药（300g），然后每间隔 40cm 装一小节切割后的 100g 小药卷，共 6 小节（600g）（图 8-4-9），将装好药的套管塞入炮孔中，保证入孔时聚能细缝与隧道轮廓线平行。与光爆孔相接近的内圈孔装药也很重要，装药不均匀的话，这些孔爆破时所产生的裂缝，可能扩展到最终形成的断面以外，因此对内圈孔进行仔细均衡装药非常重要。

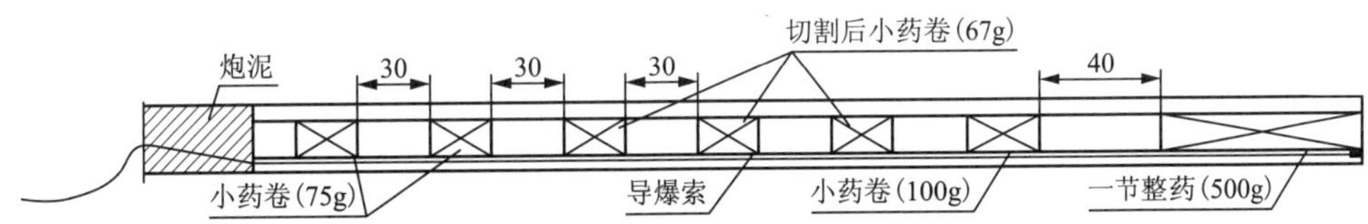

图 8-4-8　拱腰装药结构图（尺寸单位：cm）

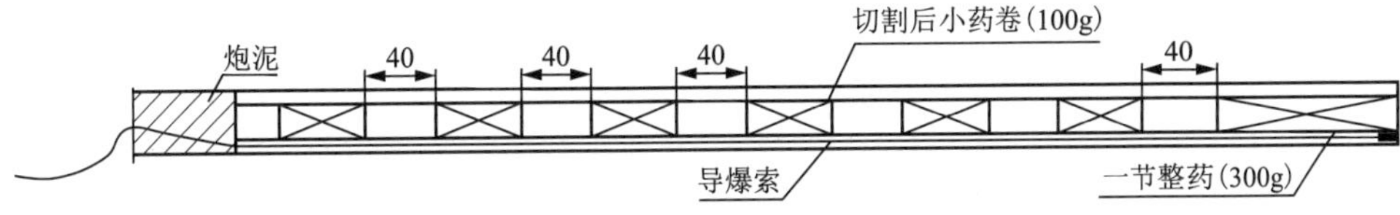

图 8-4-9　拱顶装药结构图（尺寸单位：cm）

装药检查：装药时，将雷管自带的段数铭牌置于孔外明显位置处，由检查人员对雷管段数进行复核，确保每个炮孔的段数按设计方案准确无误，同时核对药卷规格及装药长度，使每孔装药量符合设计要求，检查后做好记录。

（3）装药要求

周边眼按设计装药量和设计的不耦合间隔装药结构进行装药。其他眼按连续装药结构和设计药量装药；当掌子面凹凸不平，其各孔装药量可随炮孔深度变化作相应的调整。当实际炮孔所处位置有软层或者裂缝通过，应取消该孔装药并适当减少相邻内圈孔的用药量；炸药装填必须按《爆破安全规程》（GB 6722—2014）操作，不得硬捅、硬捣；聚能缝朝向隧道轮廓线方向，炸药安装如图 8-4-10 所示。

图 8-4-10　炸药安装

18）填塞

炮孔堵塞要求：预制炮泥，每条长 15 ～ 20cm；各孔堵塞长度周边眼不小于 20m，其余各孔不小于 40cm；堵塞过程要妥善保护网络；堵塞材料应选用黏土材料，不得选用易燃性材料。预制炮泥、炮眼封堵分别如图 8-4-11、图 8-4-12 所示。

图 8-4-11　预制炮泥

图 8-4-12　炮眼封堵

19）连接网络

（1）每个击发雷管连接塑料导爆管数不多于 24 根。

（2）每个连接节点处，起爆雷管的绑扎位置应距离导爆管端头不得小于 15cm。

（3）网络连接自由下垂不得拉紧。

（4）孔内雷管不得错段，具体操作时由班组长分发导爆管雷管并监督完成。

（5）网络连接完成后，应由有经验的爆破员组成检查组，检查组不得少于 2 人，大型或复杂起爆网络检查应由爆破工程技术人员组织实施，保证网络连接可靠，传爆稳定。

（6）引爆雷管应用绝缘胶布包扎在距 1 根导爆管自由端 15cm 处，网络连好后要由专人负责检查后再起爆。

连接起爆网络如图 8-4-13 所示。

20）起爆

（1）起爆网络连接和装药完成后，吹响警戒哨，并由警戒人员从爆破工作面向外清场，待人员、机械和警戒人员全部撤离到安全距离后，再将起爆网络与起爆器连接起爆。

（2）起爆器位置应设置在能抗冲击波、抗飞石、抗噪声的安全位置，一般情况下距起爆区的距离不得小于 300m。

图 8-4-13　连接起爆网络

21）通风和排险

（1）爆破后，一般通风时间不得小于 15min。

（2）爆破后，应该由专职安全人员对爆破点围岩稳定情况、有无盲炮进行查看，确认无危险源后，方可解除警戒。如有危险源，按相关安全规程办理。

（3）派专人对爆破后松动岩石进行排除。

22）爆破后检查

检查项目主要有：断面周边超欠挖检查；开挖轮廓圆顺度，开挖面平整检查；爆破进尺是否达到爆破设计要求；爆出石渣块是否符合装渣要求；炮眼半孔率及两次爆破衔接台阶是否满足规范或设计要求。

（1）爆破安全距离的计算

爆破安全距离应按爆破有害效应如地震波、冲击波、个别飞散物分别核算，并取最大值，爆破振动安全允许距离按下式计算：

$$R=(K/v)^{\frac{1}{\alpha}}\cdot Q^{\frac{1}{3}} \tag{8-4-8}$$

式中：R——爆破振动安全允许距离（m）；

Q——炸药量，齐发爆破为总药量，延时爆破为最大一段药量（kg）；

v——保护对象所在地质点振动安全允许速度（cm/s）；

K、α——与爆破设计点至计算保护对象间的地形、地质条件有关的系数和衰减指数，中硬岩石 K 取 150 ～ 250，α 取 1.5 ～ 1.8。

（2）爆破冲击波安全允许距离

冲击波对人员安全距离：

$$R_r = K_r Q^{\frac{1}{2}} \tag{8-4-9}$$

式中，K_r = 1 ～ 5；Q 为最大装药量。

冲击波对建筑物的安全距离：

$$R_{物}=K_{物}Q^{\frac{1}{3}} \tag{8-4-10}$$

式中，$K_{物}=5\sim10$；Q 为最大装药量。

8.5 聚能光面爆破施工安全质量控制

8.5.1 安全控制措施

（1）隧道开挖爆破后，应由专职人员找顶，防止落石，采用人工找顶时，至少安排 2 名反应快的找顶工，先查清危石位置后方可进行，并时刻注意松动石块落下方向。危石没有清除完毕，其他人员不得进入工作面。

（2）施工爆破人员必须由持有“爆破证”的人员担任，爆破后 20min 方准进入工作面，经检查认为安全方可施工。瞎炮要由有经验的爆破工处理，处理完毕后才允许其他人进入现场。

（3）严格爆破器材的审批、领用、加工的管理，做到按当天需用量领用，多余量送回炸药库。

（4）所有机电设备及施工机械必须由专人保管、专人操作，并在机械旁挂置操作警示牌，严禁违章操作。施工用电线路必须按技术标准架设，各种电气设备应安装漏电保护器。

（5）钻孔台架要设围栏，小滑车上作业要确保滑车稳固，工作人员要佩戴安全带。

（6）加强现场监控量测，特别是拱顶下沉、围岩收敛、底板变形、地表下沉等及时量测记录，通过数据分析，进行判断及采取对策。

（7）必须有防止开挖坍塌的措施，施工时要派专人查看地质变化，在施工现场佩戴安全帽，高空作业佩戴安全带、防滑鞋，主要关口必须挂有安全标语或安全警示牌。

（8）洞内要有充足的照明，除成洞地段可设 220V 电源外，其他作业地段照明均应设 36V 安全灯，动力线用橡胶绝缘电缆，高度符合有关规定。

（9）加强监控量测，用数据指导施工。

8.5.2 质量控制措施

（1）定位。在眼孔选定后，作业班长应将钻机范围定下来，并将穿孔的先后次序分配明确。

（2）开口。首先选好开口位置，刨掉浮渣，根据断面的方向确定支架的角度，使钻杆与开口处断面垂直，当开出 3 ～ 5cm 时，再调整钻孔，保持设计上规定的角度。

（3）穿进。穿进中应充分发挥支架的作用，以加快进度。操作时，支架应尽量放大角度、加强推力。

（4）利用偏斜角控制错台。偏斜角度的大小，可根据孔的深度加以调整，使孔底落在设计轮廓线以外 10cm 以内，偏斜角应尽量减小，一般为 3° ～ 5° 。

（5）利用长钻杆控制错台。为了减小周边孔的倾斜角度，控制错台，无论是浅孔还是深孔都尽量利用长杆钻孔，并且使钻机紧贴岩壁，尽量缩小周边孔与毛洞幅员线的距离。

（6）炮炮眼深度、角度要严格按设计施工；严格控制眼口间距误差和眼底间距误差，其中掏槽眼不大于 5cm，辅助眼不大于 10cm。周边眼的开眼位置应在设计断面的轮廓线上，允许沿轮廓进行调整，其误差不大于 5cm，炮眼方向 3% ～ 5% 的斜率外插，眼底不得超出开挖轮廓线 10cm。

（7）当开挖面凹凸不平，差别较大时，应按实际情况调整炮眼深度（相应调整装药量）。力求所有炮眼（除掏槽眼外）眼底在同一垂直面。

（8）装药前应将炮眼冲洗干净，所有的装药炮眼均应堵塞炮泥，堵塞长度不小于 10cm。

（9）成立光面爆破 QC 小组，根据爆后效果，及时调整参数。执行“三检”制度，钻孔前检查炮眼布置，装药前检查钻孔精度，爆破前检查装药及起爆网络。

8.5.3　安全措施

（1）隧道开挖爆破后，及时通风。

（2）洞内“三管二线”应按规范要求布置，各种电气设备应安装漏电保护器，洞内搭设的作业平台，必须经检验合格后方可使用。

（3）加强现场监控量测，特别是拱顶下沉、围岩收敛、底板变形、地表下沉等及时量测记录，通过数据分析，进行判断及采取对策。

（4）必须有防止开挖坍塌的措施，施工时要派专人查看地质变化，在施工现场佩戴安全帽，高空作业佩戴安全带、防滑鞋，主要关口必须挂有安全标语或安全警示牌。

（5）洞内要有充足的照明，除成洞地段可设 220V 电源外，其他作业地段照明均应设 36V 安全灯，动力线用橡胶绝缘电缆，并挂在衬砌或围岩上，高度符合有关规定。

8.5.4 文明施工与环保措施

(1)洞内的风、水、电管线沿边墙敷设,并挂高处理,应急物资分类摆放。

(2)炸药的包装纸必须由专人收回处理。

(3)报废或过期变质炸药、雷管必须由专人收回并按要求处理。

(4)加强工作面的通风,降低有害气体浓度。采用大功率的通风设备,压入式通风,将新鲜空气由软风管送至工作面。

(5)掌子面爆破后由专人喷洒水雾进行除尘以减少空气中的悬浮颗粒。

(6)在掌子面 50m 范围内派专人每 2h 向洞壁洒水,一方面除尘,另一方面降低岩面温度,在洞内空压站处设降温循环水池,并及时用高压水补充。降低空压机产生的热量。

(7)根据不同的地质构造及围岩级别采用不同的爆破参数,使爆破震动减到最低。在爆破时施工人员撤离到安全地方,防止爆破冲击,达到保护目的。

(8)在满足施工需要的情况下,尽量选择噪声低、震动小的施工机械,对通风机、空压机、凿岩机的操作人员佩戴防声耳塞和耳罩进行个人防护,防止噪声损害施工人员的听觉,以免降低工作效率,影响安全生产。

8.5.5 加强现场管理,严格钻爆工艺

(1)测量人员必须将钻孔的孔位标识在掌子面上,特别是周边眼必须采取多点定位,统一连线,逐个标识其孔位。

(2)司钻过程中,严格控制各类眼的角度、深度和平面位置,使隧道超欠挖符合规范要求。

(3) 严格控制掏槽眼的角度、深度和平面位置,确保掏槽深度满足钻爆设计的要求。

(4) 加强火工品的管理,控制火工品的质量,应选用同厂、同批号近期生产的合格产品,确保隧道爆破效果。

(5)成立专门的爆破小组,熟记钻爆参数及炮孔位置尺寸,准确定位各孔位置,分工合作,分区定人定位钻孔装药,提高钻孔装药速度。

(6)组织专人连接起爆网络并对起爆网络连接的可靠性进行检查。

(7)建立健全质量安全保证体系,加强现场施工管理,是确保隧道光面爆破的重要环节。

8.5.6 光面爆破考核

为了达到良好的光面爆破效果，除了加强技术和工艺管理外，还通过经济手段来加强现场的质量管理，其主要措施有：

（1）项目经理部成立光面爆破考核领导小组，对每个循环的光面爆破进行考核。

（2）组织以安质部为龙头的监管部门，对每个循环的情况进行记录和考核。

（3）对参与光面爆破的管理人员和施工作业人员的职责分工进行明确，各项责任落实到人，细化奖惩标准，并根据各自的职责进行奖罚。

（4）根据每个月的情况和考核结果由项目经理部按照奖惩细则进行奖罚。

8.6 聚能光面爆破效果及经济效益

8.6.1 光面爆破效果

（1）本隧道开挖掘进在开始的试验段进行光面聚能爆破，现已开挖地段光面爆破效果良好。

（2）爆破后炮眼痕迹率达 80% ～ 90%，两茬炮衔接台阶最大尺寸为 11cm，超欠挖量仅为 5% 左右，比非聚能光面爆破的超欠挖量（达 20%）要低得多。

（3）岩渣块度较小也均匀，有利于装渣，节省装运时间。

（4）减少支护投入，降低工程造价。

（5）岩面平整，应力集中小，减少安全隐患。

8.6.2 经济效益

（1）采用聚能光面爆破施工，能有效控制超欠挖，减少后期支护量。据统计，按此参数进行爆破，能减少超挖 10% ～ 20%，减少初期支护混凝土 10% ～ 18%，同时节省炸药 15% ～ 20%，可取得巨大经济效益。

（2）光面爆破对围岩扰动小，有利于围岩稳定，自身支承力强，可有效减少应力集中引起的塌方，减少落石和危险端面。安全效益明显。

（3）光面爆破隧道轮廓光滑、平顺，整体美观，施工进度快，值得推广，社会效益可观。

（4）节省时间。光面爆破施工钻眼及装药时间延长20min，清理危石或补炮时间缩短20min，初期支护时间缩短50min，装渣及出渣时间缩短20min，方便了后续的铺设土工布、防水板施工。

（5）节省材料。光面爆破减少超挖量20%，按现行规范标准平均超挖值为150cm，即每延米少开挖约3.0m^3。初期支护的工程量，减少同强度等级喷射混凝土超挖回填量（含回弹量）约4.0m^3，同时也节省了火工品。

8.7 本章小结

采用聚能光面爆破施工方法，针对位于张家界市永定区吴家边隧道的爆破施工过程展开了应用研究，并取得如下成果：

（1）采用聚能光面爆破时，炮孔残余率比普通光面爆破时的高30%，能明显提升光面爆破效果。

（2）聚能光面爆破周边眼参数与聚能材料的刚度相关性较大，而与聚能缝宽度与长度的相关性较差。

（3）随着聚能影响因素λ增大不断，刚度增大，部分能量耗散在对聚能装置做功上。因此在聚能影响因素继续增大，周边眼间距逐渐减小。完全刚性时，周边眼间距会骤然下降。

第9章　结论与展望

9.1　主要结论

本书首先针对冲击荷载作用下的岩体结构特征、力学特性及其破坏机制展开系统研究；然后分析了爆破开挖方式下施工隧道及既有临近隧道衬砌及围岩的动力响应特征，并针对爆破施工后围岩卸荷的时空效应及长期稳定性进行分析；最后针对高地应力条件下隧道岩爆灾害的孕育及发生过程进行系统研究，并基于分形理论建立了相应的动态预警指标。在上述研究基础上，建立一种新型的聚能光面爆破成套施工方法以及高效的现场施工工艺，在提高爆破施工效率的基础上，有效控制了爆破不利影响。初步结论如下：

（1）爆破冲击荷载可以增加岩体内部的结构损伤、降低岩体的弹性模量以及应力波在岩体中的传播速度，同时冲击气压、围压、冲击次数对岩体结构特征、力学特性具有重要的影响作用。

（2）爆破冲击荷载作用后，具有不同损伤结构特征表现不同的破坏模式：无初始损伤的岩石呈现由外向内剥离形式的劈裂破坏模式，有初始动载损伤的岩石试样随着损伤因子的增大，由局部破坏逐渐发展为整体破坏，且由劈裂破坏向剪切滑移破坏转化。

（3）隧道施工过程中，爆破荷载对隧道本身的衬砌的振速和主应力值在距爆源一定范围内对结构安全影响较大，超过此范围外影响逐渐减小，并且施工过程中拱底受到爆破冲击的影响最大。

（4）不同炸药药量所产生的爆破荷载对一定范围内临近既有隧洞的影响较大，在施工过程中要选择合理的爆破施工方式。

（5）不同围岩级别条件下的爆破施工后的围岩表现出不同的卸荷变形特征，对于Ⅲ级围岩来说，各部位沉降从大到小顺序为拱顶、拱腰、拱脚、墙脚、墙腰，而对Ⅳ、Ⅴ级围岩开挖，各部位沉降从大到小顺序为拱腰、拱顶、拱脚、墙脚、墙腰。

（6）高地应力条件下，不同开挖方式下岩爆的孕育过程中岩爆区围岩岩体在正处于破坏加速集聚并不断扩展的过程，在此过程中每一天微震事件的累计能量释放、塑性范围的平均微震释放能、掌子面推进单位长度下的累计微震释放能均具有随着岩爆的孕育过程不断增大，直至岩爆发生达到最大值的特征。

（7）基于数值计算与微震监测相结合，并引入分形维数的计算方法，可以建立岩爆风险动态预警指标；针对有潜在岩爆风险开挖段，对上述动态预警指标进行工程应用，可有效抑制岩爆灾害的发生。

（8）聚能光面爆破施工方法及工艺可能明显提升光面爆破效果，有效提高炮孔残余率。在吴家边隧道的具体施工过程中采用了聚能光面爆破施工方法，并对施工参数进行了计算分析，其结果在解决隧道超挖、欠挖问题的基础上，有效节省了施工投资20%左右，减少爆破震动25%左右。

9.2　后续研究工作展望

今后还有以下几方面后续工作需要开展：

（1）课题仅针对冲击后不同损伤结构特征的岩石试样展开了单轴实验研究，而在其三轴条件下的强度及破坏机制方面还需要进一步研究。

（2）课题研究与分析了爆破冲击荷载对岩体的结构特征的影响作用与机制，但是如何通过控制爆破冲击荷载调控围岩结构，进而降低与控制围岩灾害的发生，还有待进一步相关研究。

（3）针对聚能光面爆破方法展开了施工应用研究，但是在相关的理论分析与数值计算方面还有待进一步研究展开。

附　录

周边眼间距与影响因数 λ 之间计算表　　附表 1

λ	π	$\dfrac{nd_b\rho_0D^2\left(\dfrac{d_c}{d_b}\right)^6\cdot\left(\dfrac{l_c}{l_b}\right)^3}{8\pi\sigma_p}$	$\left(\dfrac{d_c}{d_b}\right)^6$	$\left(\dfrac{l_c}{l_b}\right)^3$	$\pi\sqrt{1-\lambda}$	θ	$\dfrac{5}{4}+\dfrac{4\delta^2}{d_c^2}-\mu$	$\dfrac{6\mu\delta}{d_c}$	$\sum(F_2)$	E_c
0	3.142	1.8031302	0.281435	0.781364	0.31831	0.2	0.88114	0.211765	0	0.573954171078448
0.025	3.142	1.8031302	0.281435	0.781364	0.314306	0.2	0.88114	0.211765	0.11539816	0.774812241734666
0.05	3.142	1.8031302	0.281435	0.781364	0.31025	0.2	0.88114	0.211765	0.16319764	0.853687925532372
0.075	3.142	1.8031302	0.281435	0.781364	0.306141	0.2	0.88114	0.211765	0.19987548	0.912412953240200
0.1	3.142	1.8031302	0.281435	0.781364	0.301975	0.2	0.88114	0.211765	0.23079632	0.960656550709499
0.125	3.142	1.8031302	0.281435	0.781364	0.297752	0.2	0.88114	0.211765	0.25803813	1.002161311489990
0.15	3.142	1.8031302	0.281435	0.781364	0.293467	0.2	0.88114	0.211765	0.28266661	1.038844299498900
0.175	3.142	1.8031302	0.281435	0.781364	0.289119	0.2	0.88114	0.211765	0.30531483	1.071842161045880
0.2	3.142	1.8031302	0.281435	0.781364	0.284705	0.2	0.88114	0.211765	0.32639528	1.101893414295740
0.225	3.142	1.8031302	0.281435	0.781364	0.280221	0.2	0.88114	0.211765	0.34619448	1.129509020999600
0.25	3.142	1.8031302	0.281435	0.781364	0.275664	0.2	0.88114	0.211765	0.36492102	1.155059010845830
0.275	3.142	1.8031302	0.281435	0.781364	0.271031	0.2	0.88114	0.211765	0.3827324	1.178820712724850
0.3	3.142	1.8031302	0.281435	0.781364	0.266317	0.2	0.88114	0.211765	0.39975095	1.201007527035020
0.325	3.142	1.8031302	0.281435	0.781364	0.261518	0.2	0.88114	0.211765	0.41607398	1.221787034062310
0.35	3.142	1.8031302	0.281435	0.781364	0.25663	0.2	0.88114	0.211765	0.43178038	1.241292885469160
0.375	3.142	1.8031302	0.281435	0.781364	0.251646	0.2	0.88114	0.211765	0.44693515	1.259632883288720
0.4	3.142	1.8031302	0.281435	0.781364	0.246562	0.2	0.88114	0.211765	0.46159264	1.276894618736520
0.425	3.142	1.8031302	0.281435	0.781364	0.24137	0.2	0.88114	0.211765	0.4757988	1.293149489475360
0.45	3.142	1.8031302	0.281435	0.781364	0.236065	0.2	0.88114	0.211765	0.48959293	1.308455601464460
0.475	3.142	1.8031302	0.281435	0.781364	0.230637	0.2	0.88114	0.211765	0.50300892	1.322859877062140
0.5	3.142	1.8031302	0.281435	0.781364	0.225079	0.2	0.88114	0.211765	0.51607626	1.336399577497160
0.525	3.142	1.8031302	0.281435	0.781364	0.21938	0.2	0.88114	0.211765	0.5288208	1.349103374799580
0.55	3.142	1.8031302	0.281435	0.781364	0.213529	0.2	0.88114	0.211765	0.54126535	1.360992058798740
0.575	3.142	1.8031302	0.281435	0.781364	0.207513	0.2	0.88114	0.211765	0.55343013	1.372078928777290
0.6	3.142	1.8031302	0.281435	0.781364	0.201317	0.2	0.88114	0.211765	0.56533322	1.382369890288890
0.625	3.142	1.8031302	0.281435	0.781364	0.194924	0.2	0.88114	0.211765	0.5769908	1.391863250623440

续上表

λ	π	$\frac{nd_b\rho_0D^2\left(\frac{d_c}{d_b}\right)^6\cdot\left(\frac{l_c}{l_b}\right)^3}{8\pi\sigma_p}$	$\left(\frac{d_c}{d_b}\right)^6$	$\left(\frac{l_c}{l_b}\right)^3$	$\pi\sqrt{1-\lambda}$	θ	$\frac{5}{4}+\frac{4\delta^2}{d_c^2}-\mu$	$\frac{6\mu\delta}{d_c}$	$\sum(F_2)$	E_e
0.65	3.142	1.8031302	0.281435	0.781364	0.188315	0.2	0.88114	0.211765	0.58841747	1.400549176874880
0.675	3.142	1.8031302	0.281435	0.781364	0.181465	0.2	0.88114	0.211765	0.59962643	1.408408743045170
0.7	3.142	1.8031302	0.281435	0.781364	0.174346	0.2	0.88114	0.211765	0.61062966	1.415412438984780
0.725	3.142	1.8031302	0.281435	0.781364	0.166923	0.2	0.88114	0.211765	0.62143811	1.421517930503140
0.75	3.142	1.8031302	0.281435	0.781364	0.159155	0.2	0.88114	0.211765	0.63206175	1.426666721446790
0.775	3.142	1.8031302	0.281435	0.781364	0.150988	0.2	0.88114	0.211765	0.64250976	1.430779125379520
0.8	3.142	1.8031302	0.281435	0.781364	0.142353	0.2	0.88114	0.211765	0.65279057	1.433746503090910
0.825	3.142	1.8031302	0.281435	0.781364	0.133159	0.2	0.88114	0.211765	0.66291196	1.435418830309590
0.85	3.142	1.8031302	0.281435	0.781364	0.123281	0.2	0.88114	0.211765	0.67288112	1.435583762922930
0.875	3.142	1.8031302	0.281435	0.781364	0.11254	0.2	0.88114	0.211765	0.68270472	1.433928944393230
0.9	3.142	1.8031302	0.281435	0.781364	0.100658	0.2	0.88114	0.211765	0.69238896	1.429967689599030
0.925	3.142	1.8031302	0.281435	0.781364	0.087173	0.2	0.88114	0.211765	0.7019396	1.422872321633730
0.95	3.142	1.8031302	0.281435	0.781364	0.071176	0.2	0.88114	0.211765	0.71136203	1.411018420214770
0.975	3.142	1.8031302	0.281435	0.781364	0.050329	0.2	0.88114	0.211765	0.72066128	1.390196237760080
1	3.142	1.8031302	0.281435	0.781364	0	0.2	0.88114	0.211765	0.72984204	1.316000236167720

注：λ- 影响因素；ρ_0- 炸药密度（g/cm^3）；D- 炮孔体积（m^3）；n- 增大倍数；d_b- 炮孔直径（m）；d_c- 炸药直径 (m)；l_b- 炮孔长度（m）；l_c- 装药长度（m）；θ- 聚能缝宽对应的圆心角（rad）；δ- 薄壁圆筒厚度（mm）；μ- 岩石泊松比；σ_p- 岩石极限抗拉强度（MPa）；F_2- 集中荷载（MPa）；E_e- 周边眼间距（cm）。

周边眼间距与聚能缝宽之间计算表　　附表 2

λ	π	$\frac{nd_b\rho_0D^2\left(\frac{d_c}{d_b}\right)^6\cdot\left(\frac{l_c}{l_b}\right)^3}{8\pi\sigma_p}$	$\left(\frac{d_c}{d_b}\right)^6$	$\left(\frac{l_c}{l_b}\right)^3$	$\pi\sqrt{1-\lambda}$	θ	$\frac{5}{4}+\frac{4\delta^2}{d_c^2}-\mu$	$\frac{6\mu\delta}{d_c}$	$\sum(F_2)$	E_e
0	3.142	1.8031302	0.281435	0.781364	0.31831	0.1	0.88114	0.211765	0	0.573954171078448
0.025	3.142	1.8031302	0.281435	0.781364	0.314306	0.1	0.88114	0.211765	0.05769908	0.670773288044429
0.05	3.142	1.8031302	0.281435	0.781364	0.31025	0.1	0.88114	0.211765	0.08159882	0.706554626208533
0.075	3.142	1.8031302	0.281435	0.781364	0.306141	0.1	0.88114	0.211765	0.09993774	0.732212199482404
0.1	3.142	1.8031302	0.281435	0.781364	0.301975	0.1	0.88114	0.211765	0.11539816	0.752578643329025
0.125	3.142	1.8031302	0.281435	0.781364	0.297752	0.1	0.88114	0.211765	0.12901906	0.769523138730670
0.15	3.142	1.8031302	0.281435	0.781364	0.293467	0.1	0.88114	0.211765	0.1413333	0.784001949584773
0.175	3.142	1.8031302	0.281435	0.781364	0.289119	0.1	0.88114	0.211765	0.15265742	0.796580962918151
0.2	3.142	1.8031302	0.281435	0.781364	0.284705	0.1	0.88114	0.211765	0.16319764	0.807626815648060
0.225	3.142	1.8031302	0.281435	0.781364	0.280221	0.1	0.88114	0.211765	0.17309724	0.817392159928888
0.25	3.142	1.8031302	0.281435	0.781364	0.275664	0.1	0.88114	0.211765	0.18246051	0.826058951803905

续上表

λ	π	$\dfrac{nd_b\rho_0D^2\left(\dfrac{d_c}{d_b}\right)^6\cdot\left(\dfrac{l_c}{l_b}\right)^3}{8\pi\sigma_p}$	$\left(\dfrac{d_c}{d_b}\right)^6$	$\left(\dfrac{l_c}{l_b}\right)^3$	$\pi\sqrt{1-\lambda}$	θ	$\dfrac{5}{4}+\dfrac{4\delta^2}{d_c^2}-\mu$	$\dfrac{6\mu\delta}{d_c}$	$\sum(F_2)$	E_c
0.275	3.142	1.8031302	0.281435	0.781364	0.271031	0.1	0.88114	0.211765	0.1913662	0.833762539753173
0.3	3.142	1.8031302	0.281435	0.781364	0.266317	0.1	0.88114	0.211765	0.19987548	0.840606019519430
0.325	3.142	1.8031302	0.281435	0.781364	0.261518	0.1	0.88114	0.211765	0.20803699	0.846669251886541
0.35	3.142	1.8031302	0.281435	0.781364	0.25663	0.1	0.88114	0.211765	0.21589019	0.852014765881856
0.375	3.142	1.8031302	0.281435	0.781364	0.251646	0.1	0.88114	0.211765	0.22346758	0.856691748289592
0.4	3.142	1.8031302	0.281435	0.781364	0.246562	0.1	0.88114	0.211765	0.23079632	0.860738803975570
0.425	3.142	1.8031302	0.281435	0.781364	0.24137	0.1	0.88114	0.211765	0.2378994	0.864185894231764
0.45	3.142	1.8031302	0.281435	0.781364	0.236065	0.1	0.88114	0.211765	0.24479646	0.867055703492942
0.475	3.142	1.8031302	0.281435	0.781364	0.230637	0.1	0.88114	0.211765	0.25150446	0.869364591734684
0.5	3.142	1.8031302	0.281435	0.781364	0.225079	0.1	0.88114	0.211765	0.25803813	0.871123231978519
0.525	3.142	1.8031302	0.281435	0.781364	0.21938	0.1	0.88114	0.211765	0.2644104	0.872336994290059
0.55	3.142	1.8031302	0.281435	0.781364	0.213529	0.1	0.88114	0.211765	0.27063267	0.873006110774514
0.575	3.142	1.8031302	0.281435	0.781364	0.207513	0.1	0.88114	0.211765	0.27671507	0.873125635017182
0.6	3.142	1.8031302	0.281435	0.781364	0.201317	0.1	0.88114	0.211765	0.28266661	0.872685190460626
0.625	3.142	1.8031302	0.281435	0.781364	0.194924	0.1	0.88114	0.211765	0.2884954	0.871668482172255
0.65	3.142	1.8031302	0.281435	0.781364	0.188315	0.1	0.88114	0.211765	0.29420873	0.870052521834585
0.675	3.142	1.8031302	0.281435	0.781364	0.181465	0.1	0.88114	0.211765	0.29981321	0.867806481771784
0.7	3.142	1.8031302	0.281435	0.781364	0.174346	0.1	0.88114	0.211765	0.30531483	0.864890042729311
0.725	3.142	1.8031302	0.281435	0.781364	0.166923	0.1	0.88114	0.211765	0.31071905	0.861251018519381
0.75	3.142	1.8031302	0.281435	0.781364	0.159155	0.1	0.88114	0.211765	0.31603088	0.856821903493005
0.775	3.142	1.8031302	0.281435	0.781364	0.150988	0.1	0.88114	0.211765	0.32125488	0.851514746676900
0.8	3.142	1.8031302	0.281435	0.781364	0.142353	0.1	0.88114	0.211765	0.32639528	0.845213305795549
0.825	3.142	1.8031302	0.281435	0.781364	0.133159	0.1	0.88114	0.211765	0.33145598	0.837760543155754
0.85	3.142	1.8031302	0.281435	0.781364	0.123281	0.1	0.88114	0.211765	0.33644056	0.828937628765121
0.875	3.142	1.8031302	0.281435	0.781364	0.11254	0.1	0.88114	0.211765	0.34135236	0.818426193811585
0.9	3.142	1.8031302	0.281435	0.781364	0.100658	0.1	0.88114	0.211765	0.34619448	0.805733967457606
0.925	3.142	1.8031302	0.281435	0.781364	0.087173	0.1	0.88114	0.211765	0.3509698	0.790028072435328
0.95	3.142	1.8031302	0.281435	0.781364	0.071176	0.1	0.88114	0.211765	0.35568102	0.769679237232433
0.975	3.142	1.8031302	0.281435	0.781364	0.050329	0.1	0.88114	0.211765	0.36033064	0.740473180209085
1	3.142	1.8031302	0.281435	0.781364	0	0.1	0.88114	0.211765	0.36492102	0.658000118083858

附图　工程实例照片

附图1　聚能装置装药示意图

附图2　装药间距示意图

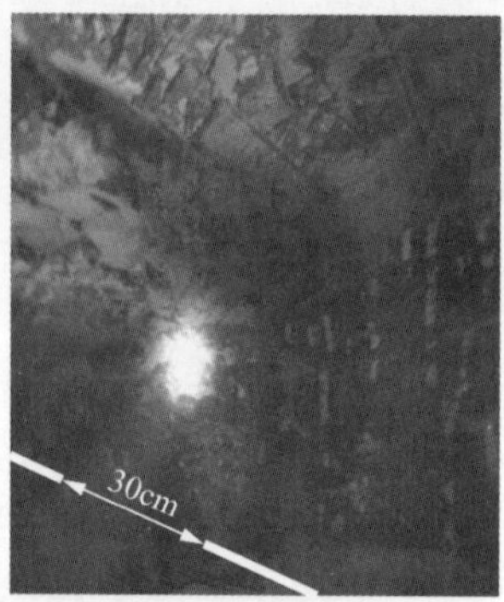

附图3　拱顶聚能光面爆破效果图

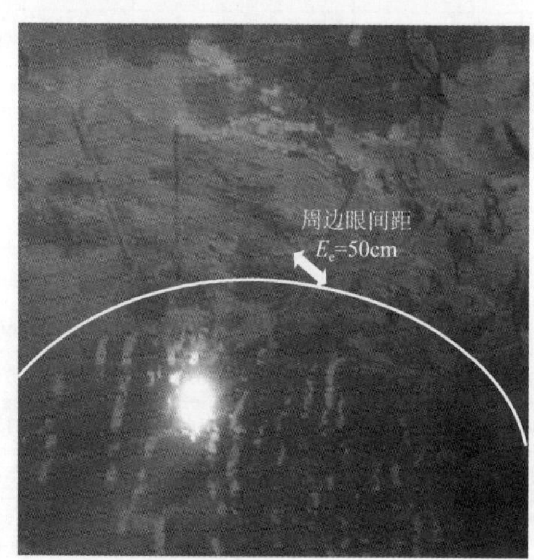

附图4　拱顶聚能光面爆破效果图

附图5　拱腰聚能光面爆破效果图

参考文献

[1] 沈艳平，沈旭，张郊．交通运输业对我国经济发展的作用分析 [J]. 云南交通科技，2000(1)：12-14.

[2] 陈晶晶．中国地铁进程 [J].CITY & LIFE，2009(9)：12-15.

[3] 高伟皓，张夏夏．我国高铁的现状及发展展望研究 [J]. 山西建筑，2016，42(32)：172-173.

[4] 王梦恕．中国铁路、隧道与地下空间发展概况 [J]. 隧道建设，2010，30(4)：351-364.

[5] 洪开荣．我国隧道及地下工程近两年发展与展望 [J]. 隧道建设，2017，37(2)：123-134.

[6] 洪开荣．我国隧道及地下工程发展现状与展望 [J]. 隧道建设，2015，35(2)：95-107.

[7]《中国公路学报》编辑部．中国公路交通学术研究综述·2012[J]. 中国公路学报，2012，25(3)：2-50.

[8] 王毅刚，岳宗洪．工程爆破的发展现状与新进展 [J]. 有色金属(矿山部分)，2009，61(5)：40-43.

[9] 冯夏庭，陈炳瑞，张传庆，等．岩爆孕育过程的机制、预警与动态调控 [M]. 北京：科学出版社，2013.

[10] Kaushik Dey, V.M.S.R. Murthy. Prediction of blast-induced overbreak from uncontrolled burn-cut blasting in tunnels driven through medium rock class[J]. Tunnelling and Underground Space Technology, 2012, 28(1)：49-56.

[11] 何满潮，谢和平，彭苏萍，等．深部开采岩体力学研究 [J]. 岩石力学与工程学报，2005，24(016)：2803-2813.

[12] Liu Changyou, Yang Jingxuan, Yu Bin. Rock-breaking mechanism and experimental analysis of confined blasting of borehole surrounding rock[J]. International Journal of Mining Science and Technology, 2017.

[13] Qingbin Meng, Lijun Han, Yanlong Chen, et al. Influence of dynamic pressure on deep underground soft rock roadway support and its application[J]. International Journal of Mining Science and Technology, 2016, 26(5).

[14] 金解放．静载荷与循环冲击组合作用下岩石动态力学特性研究 [D]. 长沙：中南大学，2012.

[15] 金解放，李夕兵，邱灿，等．岩石循环冲击损伤演化模型及静载荷对损伤累积的影响 [J]. 岩石力学与工程学报，2014，33(08)：1662-1671.

[16] 杨阳．低温作用下岩石动态力学性能试验研究 [D]. 北京：中国矿业大学(北京)，2016.

[17] 洪亮．冲击荷载下岩石强度及破碎能耗特征的尺寸效应研究 [D]. 长沙：中南大学，2008.

[18] 佘诗刚，董陇军．从文献统计分析看中国岩石力学进展 [J]. 岩石力学与工程学报，2013，32(03)：

442-464.

[19] 刘德克．单轴冲击及一维动静组合加载下红砂岩力学特征研究 [D]. 昆明：昆明理工大学，2015.

[20] 金解放，李夕兵，钟海兵．三维静载与循环冲击组合作用下砂岩动态力学特性研究 [J]. 岩石力学与工程学报，2013，32(7)：1358-1372.

[21] 韩靖．强动载荷连续多次冲击加载下的煤岩体力学特性研究 [D]. 淮南：安徽理工大学．2017.

[22] Li X B, Zhou Z L, LOK T S, et al. Innovative testing technique of rock subjected to coupled static and dynamic loads[J]. International Journal of Rock Mechanics and Mining Sciences, 2008, 45(5): 739-748.

[23] 宫凤强，李夕兵，等．三轴 SHPB 岩石材料动力学特性试验研究的现状和发展趋势 [J]. 科技导报，2009，27(18)：109-111.

[24] D. E. Grady, M. E. Kipp. Continuum Modeling of Explosive Fracture in Oil-Shale[J]. International Journal of Rock Mechanics and Mining Sciences, 1980, 17(3): 147-157.

[25] 何聪，金解放，周学进，等．静载荷与循环冲击组合作用下岩石损伤本构模型研究 [J]. 有色金属科学与工程，2016，7(04)：114-120.

[26] Davison L. Continuum measures of spall damage[J]. Journal of Applied Physics, 1972, 43(3): 988-994.

[27] 冯春林，吴献强．周期荷载作用下的白砂岩的疲劳特性研究 [J]. 岩石力学与工程学报，2009，28：2749-2754.

[28] 林大能，陈寿如．循环冲击荷载下岩石损伤规律的试验研究 [J]. 岩石力学与工程学报，2005，24(22)：4094-4098.

[29] 许金余，吕晓聪．围压条件下岩石循环冲击损伤的能量特征研究 [J]. 岩石力学与工程学报，2010，29(Z2)：4159-4165.

[30] Wu B, Kanopoulos P, Luo X, et al. An experimental method to quantify the impact fatigue behavior of rocks[J]. Meas Sci Technol, 2014, 25(7).

[31] 李地元，孙小磊，周子龙，等．多次冲击荷载作用下花岗岩动态累计损伤特性 [J]. 实验力学，2016，31(06)：827-835.

[32] 李夕兵，赖海辉，古德生．不同加载波形下矿岩破碎的能耗规律 [J]. 中国有色金属学报，1992，2(4)：10-14.

[33] 赵伏军．动静荷载耦合作用下岩石破碎理论及试验研究 [D]. 长沙：中南大学，2004.

[34] 刘少虹，毛德兵，齐庆新，等．动静加载下组合煤岩的应力波传播机制与能量耗散 [J]. 煤炭学报，2014(S1)：15-22.

[35] Hong Liang, Zhou Zilong, Yin Tubing, et, al. Energy consumption in rock fragmentation at intermediate strain rate[J]. J.Cent. South Univ. Technol, 2009, 16(4): 677-682.

[36] Ye Zhouyuan, Li Xibing, Liu Xiling, et al. Testing studies on rock failure modes of statically loads under dynamic loading[J]. Transactions of Tianjin University, 2008, 14(S1):530-535.

[37] 李淼,乔兰,李庆文. 高应变率下预制单节理岩石 SHPB 劈裂试验能量耗散分析 [J]. 岩土工程学报, 2017, 39(07):1336-1343.

[38] X. Li, F. Gong, M. Tao, et al, Failure mechanism and coupled static-dynamic loading theory in deep hard rock mining: A review[J]. Journal of Rock Mechanics and Geotechnical Eng, 2017, 9:767-782.

[39] 钱祖文. 非线性声学 [M]. 北京:科学出版社, 2009.

[40] 江益辉. 冲击荷载作用下岩石峰后损伤破坏特性研究 [D]. 长沙:中南大学, 2014.

[41] 朱陈. 冲击荷载作用下硬岩损伤及变形特性分析 [D]. 南昌:华东交通大学, 2018.

[42] 徐倩. 循环冲击荷载下砂岩结构与力学性能分析 [D]. 南昌:华东交通大学, 2019.

[43] Shaohua Li, Wancheng Zhu, et al. Dynamic Characteristics of Green Sandstone Subjected to Repetitive Impact Loading: Phenomena and Mechanisms[J]. Rock Mechanics and Rock Engineering, 2018, 51: 1921-1936.

[44] L.H. Tong, Yang Yu, Changjie Xu. Nonlinear dynamic behavior of cemented granular materials under impact loading[J]. International Journal of Mechanical Sciences, 2019, 151:70-75.

[45] Guo Haosen, Feng Xiating, Li Shaojun, et al. Evaluation of the Integrity of Deep Rock Masses Using Results of Digital Borehole Televiewers[J]. Rock Mechanics and Rock Engineering, 2017, 50:1371-1382.

[46] 陈忠基. 岩爆工程实录、理论与控制 [J]. 岩石力学与工程学报, 1995, 12(6):11-117.

[47] 贵阳勘测设计院. 天生桥二级水电站引水发电隧洞岩爆研究成果汇编 [R]. 1991, 5, 1-103.

[48] Feng, Xiating. Rockburst, Mechanisms, Monitoring, Warning, and Mitigation[M]. Elsevier, 1st Edition, 2018.

[49] Mendecki A J. Principles of monitoring seismic rockmass response to mining[C]. rock-bursts and Seismicity in Mines.Balkema, Rotterdam.1997, 69-79.

[50] Yu Yang, Chen Bingrui, Xu Changjie, et al. The Analysis for Microseismic Energy of Immediate Rockbursts in deep-buried tunnels with Different Excavation Methods[J]. Int. J. Geomech. 2017, 17(5).

[51] Xiao Yaxun, Feng Xiating, Li Shaojun, et al. Rock mass failure mechanisms during the evolution process of rockbursts in tunnels[J]. International Journal of Rock Mechanics and Mining Sciences, 2016, 83:174-181.

[52] Yu Yang, Geng Daxin, Tong Lihong, et al. Time fractal behaviour of micro-seismic events for different intensities of immediate rock-bursts[J]. International Journal of Geomechanics, 2018, 18(7): 06018016-1-11.

[53] 周辉,胡善超,卢景景,等. 板裂体组合条件下岩爆倾向性分析 [J]. 岩土力学, 2014, 35(增2):1-6.

[54] 徐林生. 岩爆形成机理研究 [J]. 重庆大学学报(自然科学版). 2001, 24(2):115-121.

[55] 周辉，孟凡震，张传庆，等．结构面剪切破坏特性及其在滑移型岩爆研究中的应用 [J]. 岩石力学与工程学报，2015，34(9)：1729-1738.

[56] 于洋，冯夏庭，陈炳瑞，等．深部岩体隧洞即时型岩爆微震震源体积的分形特征研究 [J]. 岩土工程学报，2017，39(12)：2173-2179.

[57] 谭以安．岩爆特征及岩体结构效应 [J]. 中国科学(b 辑)，1991(19).

[58] 冯夏庭．智能岩石力学导论 [M]. 北京：科学出版社，2000.

[59] 于洋，冯夏庭，陈炳瑞，等．深埋隧洞不同开挖方式下即时型岩爆微震信息特征及能量分形研究 [J]. 岩土力学，2013，34(9)：2622-2628.

[60] 苏国韶，陈智勇，蒋剑青，等．不同加载速率下岩爆碎块耗能特征试验研究 [J]. 岩土工程学报，2016，38(8)：1481-1489.

[61] 谢和平，彭瑞东，鞠杨，等．岩石破坏的能量分析初探 [J]. 岩石力学与工程学报，2005，24(15)：2603-2608.

[62] 苏国韶，冯夏庭，等．高地应力下地下工程稳定性分析与优化的局部能量释放率新指标研究 [J]. 岩石力学与工程学报，2006，25(12)：2453-2460.

[63] 于洋，徐长节，刁心宏，等．局部能量释放率与微震相结合的岩爆风险动态预警指标研究 [J]. 地下空间与工程学报，2018，104(1)：266-272.

[64] 于洋，刁心宏，赵秀绍，等．深部岩体隧洞岩爆灾害影响因素分析 [J]. 南水北调与水利科技，2017，(3)：183-189.

[65] 冯夏庭，张传庆，陈炳瑞，等．岩爆孕育过程的动态调控 [J]. 岩石力学与工程学报，2012，31(10)：431-435.

[66] 侯靖，张春生，单治钢，等．锦屏二级水电站深埋引水隧洞岩爆特征及防治措施 [J]. 地下空间与工程学报，2011，7(6)：1251-1257.

[67] 张照太，陈竹，陈炳瑞，等．大直径 TBM 通过深埋强岩爆洞段的岩爆防治方法 [J]. 煤炭学报，2011，36(增 2)：431-435.

[68] 于洋，晏志禹，徐长节，等．不同类型岩爆孕育过程中震源体积自相似分布的分形特征分析 [J]. 工程科学与技术，2019，51(7)：121-128.

[69] 何满潮，曹伍富，单仁亮，等．双向聚能拉伸爆破新技术 [J]. 岩石力学与工程学报，2003，22(12)：2047-2047.

[70] 于洋，徐倩，刁心宏，等．循环冲击作用对围压条件下砂岩特征影响 [J]. 华中科技大学学报，2019，47(6)：127-132.

[71] 秦健飞．聚能预裂(光面)爆破技术 [J]. 工程爆破，2007，13(2)：19-24.

[72] 朱飞昊，刘泽功，高魁，等．构造带内巷道定向聚能爆破掘进围岩损伤特征试验研究 [J]. 岩石力学

与工程学报,2018,37(9):2037-2047.

[73] 郭德勇,赵杰超,吕鹏飞,等.煤层深孔聚能爆破动力效应分析与应用[J].工程科学学报,2016,38(12):1681-1687.

[74] 孙俊鹏,李晓杰,缪玉松,等.起爆方式对岩石爆破裂纹扩展影响的实验分析[J].工程爆破,2018,(3):7-13.

[75] 江杰才,崔建井.聚能管在光面爆破中的应用[J].煤炭技术,2001,20(10):18-19.

[76] Liang Wu, Dong XiaoYu, Wei Dong Duan, et al. Rock Failure Mechanism of Air-Decked Smooth Blasting under Soft Inter layer[J].Advanced Materials Research, 2012(402).

[77] 郭东明,杨仁树,等.综采工作面采用聚能管预裂爆破提块研究[J].中国矿业,2006(3):38-43.

[78] 马维.地下管道结构爆振效应和冲击破坏行为研究[J].解放军理工大学学报(自然科学版),2008,9(1):39-46.

[79] 唐建曾.冲击波对工程结构及装备的动载试验研究[J].流体力学实验与测量,2000,14(3):43-46.

[80] 沈俊,顾金才,陈安敏,等.岩土工程抗爆结构模型试验装置研制及应用[J].地下空间与工程学报,2007,3(6):1077-1080.

[81] 辛凯,姜忻良,吴祥云.爆炸荷载作用下两相饱和土中结构响应试验研究[J].岩石力学与工程学报,2009,28(增2):4065-4070.

[82] Nateghi R, Kiany M, Gholipouri O. Control negative effects of blasting waves on concrete of the structures by analyzing of parameters of ground vibration[J]. Tunnelling and Underground Space Technology, 2009, 24(6):508-515.

[83] 高盟,高广运,王滢,等.均布突加荷载作用下圆柱形衬砌振动响应的解析解[J].岩土工程学报,2010,32(2):237-242.

[84] 李杰,王明洋,王德荣.地下爆炸地震效应的评价标准探讨[J].岩土力学,2010,31(12):3842-3848.

[85] 赵星光,邱海涛.光纤 Bragg 光栅传感技术在隧道监测中的应用[J].岩石力学与工程学报,2007,26(3):588.

[86] 罗静,卢凌燕,任卫波,等.浅析运营期间电力隧道自动化监测技术[J].测绘与空间地理信息,2016,39(8):204-206.

[87] 刘小涛.基于 ZigBee 的隧道施工监测系统研究[D].西安:陕西科技大学,2015.

[88] 李志刚.隧道监测远程数据库系统开发[D].上海:同济大学,2007.

后　记

首次接触隧道爆破施工是2008年，当时我跟随中国科学院武汉岩土力学研究所陈炳瑞研究员参与了锦屏二级水电站交通辅助洞爆破施工及现场声发射实验研究，锦屏二级水电站深部岩体隧道工程最大埋深为2525m，最大地应力达到了70MPa以上，施工条件恶劣，难度极大，在此过程中我获益良多。于2011年有幸成为中国科学院武汉岩土力学研究所冯夏庭研究员的博士研究生，跟随其参与了国家973项目：深部重工程灾害的孕育演化机制与动态调控理论（No.2010CB732006）。在上述课题的研究过程中有幸结识了该所周辉研究员、李邵军研究员、张传庆研究员、邱士利副研究员、徐鼎平副研究员、肖亚勋博士以及丰光亮博士，我们针对锦屏二级水电站引水隧洞及施工排水洞爆破施工过程中的岩体灾害展开了微震监测、钻孔摄像、声波测试、三维激光扫描等一系列研究工作，并取得了大量有价值的科研成果。在上述科研成果的支持下，于2014年整理了相关博士毕业论文：深埋隧洞即时型岩爆孕育过程微震信息特征分析及分形研究。

2014年，我进入华东交通大学岩土工程研究所，在徐长节教授的带领下组成了以“隧道与地下空间”为研究方向的科研团队。2015年，了解到中国中铁四局集团第一工程有限公司承建黔张常铁路项目层状岩体隧洞施工过程中超挖严重，并且施工后岩体剥落现象十分明显，对工程的安全性与经济性产生了严重影响。科研团队（主要负责人为我与耿大新教授、黄龙华博士、周双喜教授）与工程项目负责人郭立军总经理、苏玉宝总工程师取得联系，并立项企业合作课题：基于复杂结构岩体隧道的精准聚能光面爆破技术及施工安全评价研究。此后，团队进驻施工现场对聚能光面爆破方法及装置进行了研究与应用，在有效解决隧道超挖问题的同时，控制了围岩岩体的剥落与裂隙扩展，节省了大量的工程资金。在进行现场爆破施工应用的基础上，我同时对爆破开挖方式下的隧道岩体结构以及稳定性特征展开了进一步的实验研究与机理分析，以项目负责人获批了国家自然科学基金（No.51509092、No.51969007）、江西省自然科学基金重点研发计划（No.2018BBG70052）、江西省自然科学基金青年基金（No.20161BAB216141）等项目的资助，并于2019年入选“江西省科技创新杰出青年人才”计划。

在上述科研项目的支持下，先后指导硕士论文2篇（朱陈：冲击荷载作用下硬岩损伤及变形特性分析；徐倩：循环冲击荷载下砂岩结构与力学性能分析），同时发表相关学术论文20余篇（SCI/EI检索），申请/授权相关发明专利9项，授权实用新型专利7项、软件著作7项。并且将其中部分研究成果（循环冲击荷载下砂岩结构与力学性能分析、深部岩体隧洞即时型岩爆微震震源体积的分形特征研究、不同类型岩爆孕育过程中震源体积自相似分布的分形特征分析）结合本人的博士论文整理到了书稿之中。

本书几经修改，终于成稿。在成稿之际，回想研究过程，衷心感谢所有给予帮助的专家、学者！

于 洋

2019年12月